Kräuter & Gewürze

Kräuter & Gewürze

Jill Norman

Fotografien
von Dave King

Dorling Kindersley

DORLING KINDERSLEY

London, New York, Melbourne,
München und Delhi

Für Paul, der dies möglich gemacht hat

PROJEKTBETREUUNG Frank Ritter
REDAKTION Hugh Thompson
PROJEKTBILDBETREUUNG Toni Kay
BILDBETREUUNG Sara Robin
CHEFLEKTORAT Gillian Roberts
CHEFBILDLEKTORAT Carole Ash
GESAMTLEITUNG Mary-Clare Jerram
DTP-DESIGN Sonia Charbonnier, Louise Waller
HERSTELLUNG Joanna Bull

Bibliografische Information Der Deutschen Bibliothek
Die Deutsche Bibliothek verzeichnet diese Publikation
in der Deutschen Nationalbibliografie;
detaillierte bibliografische Daten sind im Internet über
http://dnb.ddb.de abrufbar.

Titel der englischen Originalausgabe:
Herb & Spice

© Dorling Kindersley Limited, London, 2002
Ein Unternehmen der Penguin-Gruppe
Text copyright © 2002 Jill Norman

© der deutschsprachigen Ausgabe by Dorling Kindersley
Verlag GmbH, Starnberg, 2003
Alle deutschsprachigen Rechte vorbehalten

Übersetzung Hannelore Ganslandt
Redaktion Agnes Pahler
Satz Maren Scherer, Germering
Umschlaggestaltung Klaus Meyer, München – Jan Riemer

ISBN 3-8310-0513-3

Printed and bound in Portugal by Printer Portuguesa

Besuchen Sie uns im Internet
www.dk.com

INHALT

Einführung 8

Was definiert ein Küchenkraut oder ein Gewürz und warum gibt man sie ins Essen? Der Charakter regionaler Küchen ist stark von der Kombination und Verwendung bestimmter Kräuter und Gewürze bestimmt. Mit zunehmender Verfügbarkeit frischer Kräuter und Gewürze aus aller Welt lassen sich zu Hause regionale Gerichte originalgetreu nachkochen und neue Kombinationen nach eigenem Geschmack ausprobieren.

Kräuter

Vielfalt der Kräuter 14

In diesem Verzeichnis sind über 60 Kräuter nach Geschmacksklassen geordnet, außerdem gibt es Tipps zu Kauf, Lagerung, eigenem Anbau und zur Verwendung.

Frische und milde Kräuter

Süße Kräuter

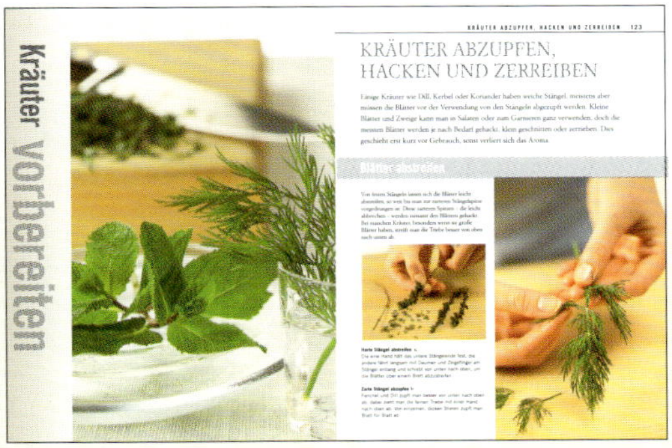

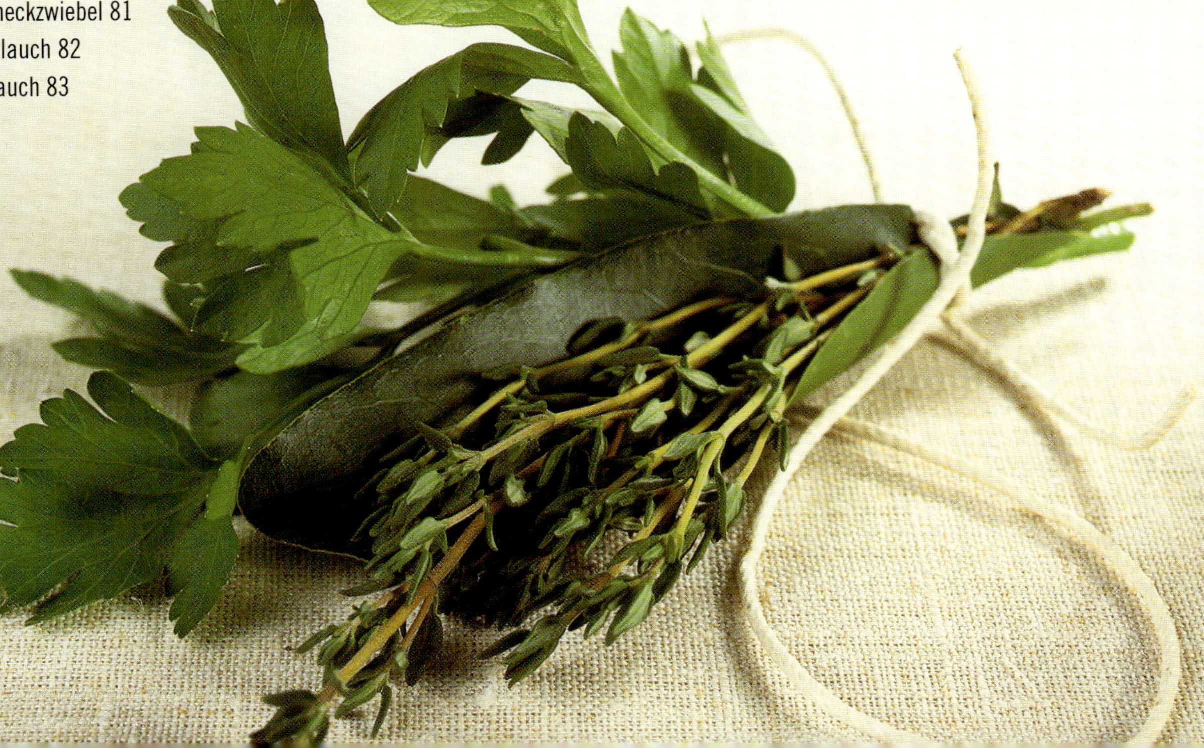

Gewürze

Faszinierende Gewürze · 132

Immer schon wurden Gewürze mit anderen kombiniert, und die Mischungen variieren je nach Gericht und Küche.
Dieses Verzeichnis enthält über 60 Gewürze mit ihren Varianten, nach Geschmack und Aroma in Gruppen geordnet. Es wird erklärt, wie die Gewürze weltweit verwendet werden, welche Kräuter und Gewürze sich kombinieren lassen und welche Gewürze dazu dienen, bestimmte Gerichte abzurunden.

Nussartige Gewürze

Süße Gewürze

Säuerlich fruchtige Gewürze

Zitronenartige Gewürze

Anisartige Gewürze

Erdige Gewürze

Bittere oder herbe Gewürze

Scharfe Gewürze

Gewürze vorbereiten · 266

Einfache Beschreibungen von Techniken, mit deren Hilfe man aus jedem Gewürz das Beste machen kann.

Rezepte

Kräuter- und Gewürzmischungen 280

Die Zubereitung und Verwendung klassischer und moderner Kräuter- und Gewürzmischungen.

Kräuter- und Gewürz-Mischungen

KRÄUTERMISCHUNGEN

Bouquets garnis

Fines Herbes

Winterkräuter

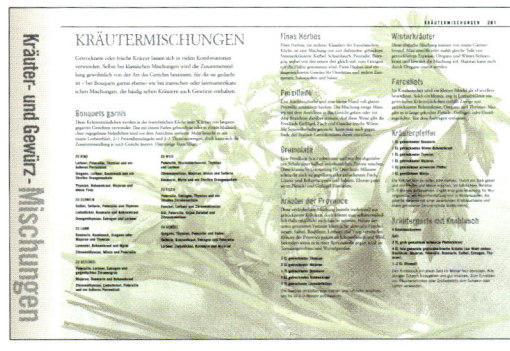

Kochen mit Kräutern und Gewürzen 306

Rezepte für salzige und süße Gerichte.

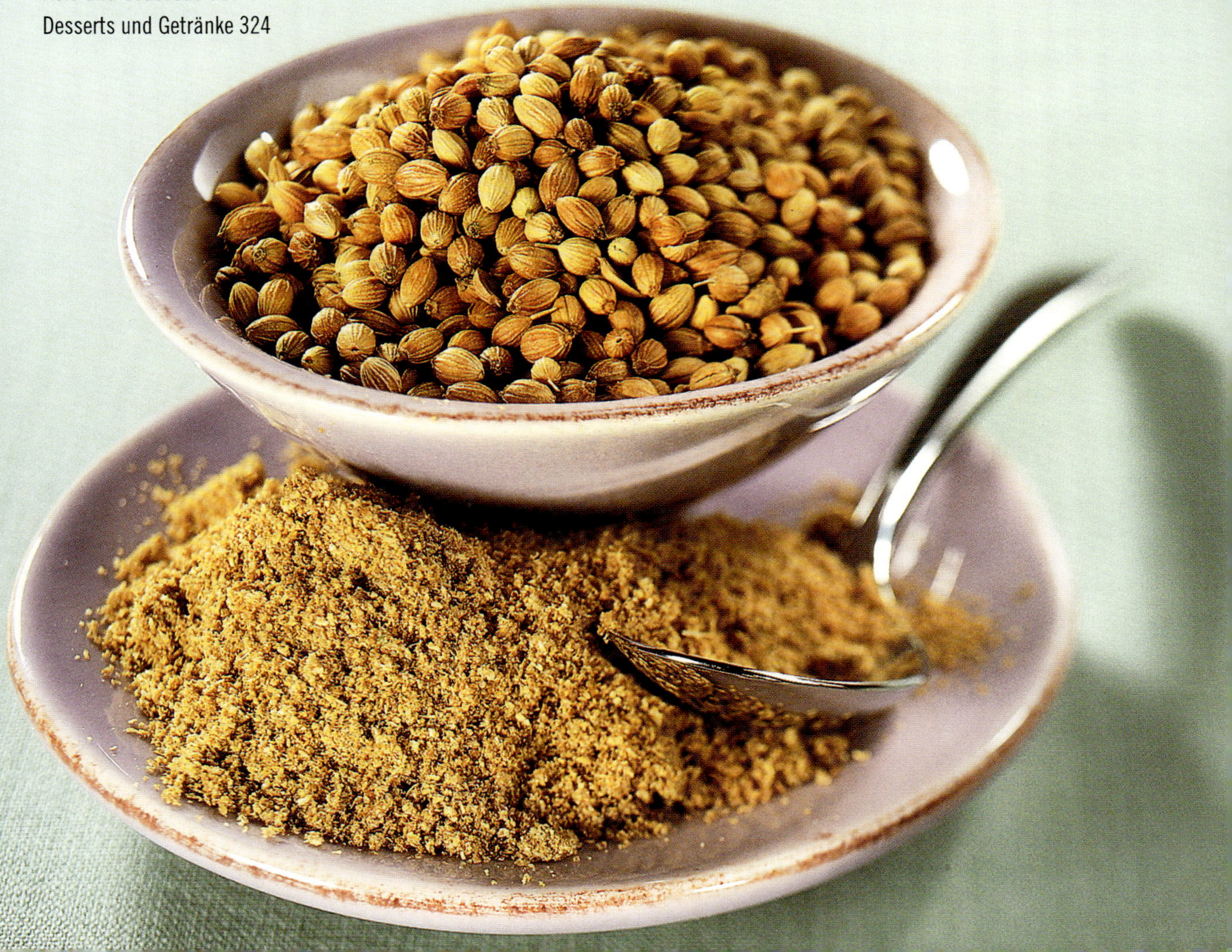

Was als Küchenkraut und was als Gewürz zu bezeichnen ist, lässt sich gar nicht so leicht definieren, wie es zunächst scheint. Nicht alles, was wir landläufig als Kraut bezeichnen, wird in der Küche wegen seines Duftes und Aromas verwendet. Ursprünglich bezog sich das Wort Kraut auf eine kleine Blattpflanze oder nur auf das Blattwerk einer Pflanze. Es wurde dann aber bald speziell für Pflanzen gebraucht, die für den Menschen von Nutzen waren. Die meisten Küchenkräuter wachsen gut in gemäßigten Klimazonen. Gewürze hingegen sind Teile tropischer Pflanzen – aromatische Wurzeln oder Sprosse, Rinde, Samen, Knospen und Früchte, die meist getrocknet, entweder ganz oder gemahlen, zum Würzen in der Küche verwendet werden. Diese Produkte sind seit alters wertvolle Handelswaren. Das Wort »Gewürz« leitet sich ab vom althochdeutschen »Wurz« für Kraut oder Pflanze.

Einteilung der Kräuter und Gewürze

Bei der Unterscheidung zwischen Kräutern und Gewürzen bin ich den in Europa üblichen Kriterien gefolgt und habe außerdem die porträtierten Pflanzen nach ihrem vorherrschenden Geschmack in Gruppen zusammengefasst. Einige ließen sich eindeutig in eine bestimmte Kategorie einfügen, andere waren schwerer zu

definieren und hätten auch in andere Gruppen gepasst. Ringelblumen zum Beispiel schmecken im Grunde süß, haben aber eine bittere Note. Einige asiatische Basilikumsorten nehmen wir eher scharf als süß wahr. Dazu kommt, dass jeder Gerüche und Aromen anders empfindet und somit unterschiedlich zum Ausdruck bringt.

Die europäische Definition, was ein Küchenkraut und was ein Gewürz ist, trifft nicht weltweit zu. In Südostasien gilt jede frisch verwendete aromatische Pflanze als Kraut, sobald sie aber getrocknet ist, als Gewürz

Der gesundheitliche Wert von Kräutern und Gewürzen

Die Küche der meisten Kulturen trägt den Anforderungen einer ausgewogenen Ernährung Rechnung. Die indische Küche folgt ayurvedischen Regeln, um Kräuter und Gewürze für den Wohlgeschmack und zur Erzeugung körperlichen und seelischen Wohlbefindens zu nutzen. In China stehen seit jeher Ernährung und Medizin im Einklang. Die chinesische Kochkunst gründet auf der Ansicht, dass Wohlbefinden sich herbeiführen lässt durch ein sorgfältig ausgewogenes Verhältnis der Konsistenz, der Farbe und der fünf Geschmacksvarianten von Speisen – süß, salzig, bitter, sauer und scharf. Yin-Kräuter wie Minze und Petersilie verlangsamen den Stoffwechsel, während dieser durch Yang-Gewürze wie Chili und Ingwer beschleunigt wird. Ähnliche Regeln werden auch im Iran befolgt, wo man beim Kochen bestrebt ist, als »wärmend« oder »kühlend« eingeordnete Zutaten in Einklang zu halten. Bei uns stellen Kräuter und Gewürze heute eine wichtige Geschmacksbereicherung für salz- und fettarme Kost dar. Selbst Knoblauch wird allgemein besser akzeptiert, zumal er den Cholesterinspiegel senken und damit Herzkrankheiten vorbeugen soll.

Traditionen des Würzens

Früher waren Kräuter und Gewürze auch wegen ihrer konservierenden Eigenschaften wichtig. Bevor es Kühlgeräte gab, halfen ihre ätherischen Öle und andere Inhaltsstoffe dabei, Lebensmittel haltbarer zu machen. Fleisch, Fisch und Gemüse überdauerten eingelegt oder gepökelt die Wintermonate, und ihr Geschmack wurde durch aromatische Zutaten aufgebessert. Obwohl wir heute auf derlei Konservierungsmethoden nicht mehr angewiesen sind, behalten wir viele von ihnen doch bei, schon wegen des Geschmacks, den Kräuter und Gewürze den Nahrungsmitteln verleihen.

Kräuter und Gewürze regen mit ihrem Duft, Geschmack, ihrer Konsistenz und dem reizvollen Anblick nicht nur die Geschmacksknospen, sondern alle unsere Sinne an. In allen Gegenden der Welt prägten Würztraditionen mit Zutaten der jeweiligen Region die einheimische Küche: In Spanien geben Safran, Piment, Knoblauch und Nüsse den Ton an; Wein und Kräuter in Frankreich; Basilikum, Knoblauch, Olivenöl und Anchovis in Italien; in England Petersilie, Thymian, Salbei und Senf; in Osteuropa Sauerrahm, Dill und Kümmel. Der Vordere Orient verwendet Zitrone, Petersilie und Zimt. In Nordindien spielen Ingwer, Knoblauch und Kreuzkümmel die wichtigste Rolle; in Südindien Senfsamen,

Kokosnuss, Chili und Tamarinde. Thailand hat seine Fischsoße, Zitronengras, Galgant und Chili; in China sind es Sojasoße, Ingwer und Szechuanpfeffer. Und Mexiko vertraut auf Chilis, Koriander und Zimt.

Neue Möglichkeiten für die kulinarische Experimentierfreude

Mit wachsender Nachfrage nach authentischen Nahrungsmitteln aus fremden Ländern werden uns diese traditionellen Muster immer bewusster. Eine verwirrende Anzahl neuer Kräuter und Gewürze kommt bei uns in immer neuer Form auf den Markt. Moderne Methoden wie das Konservieren gehackter Kräuter in Öl oder das Gefriertrocknen erweisen sich als viel versprechend. Auch Kräuter und Gewürze aus biologischem Anbau sind häufig zu haben, und der Gewürzhandel bringt ständig neue Mischungen heraus. Wir werden immer sachkundiger und wagemutiger.

Auf die richtige Mischung kommt es an

Zum Schluss noch ein kleiner Rat: Kräuter und Gewürze sollten nie im Übermaß verwendet werden, denn nur ihre behutsame Mischung ergibt ein gelungenes Gericht. Und ebenso wie eine Spur zu viel von diesem oder jenem Kraut oder Gewürz ein Gericht verderben kann, heben sich die Aromen in Kräuter- und Gewürzmischungen womöglich gegenseitig auf. Probieren Sie ruhig Kombinationen aus, die Ihnen gefallen könnten, aber tun Sie dies mit Bedacht – Sie werden erleben, dass Kräuter und Gewürze zur Raffinesse, Harmonie und Vielfalt Ihrer Küche beitragen.

Kräuter

Vielfalt der Kräuter

Als ich die Kräuterliste für dieses Buch zusammenstellte, wurde mir erst bewusst, wie stark sich der expandierende Welthandel auf das Angebot an frischen Kräutern auswirkt. Seit langem ist es für uns selbstverständlich, dass Gewürze – und in geringerem Umfang auch getrocknete Kräuter – weite Entfernungen unbeschadet zurücklegen. Neuerdings ist es auch mithilfe der Luftfracht möglich, frische Gewürze wie Ingwer, Zitronengras, Chilis und Kurkuma zu importieren. Kräuter galten hingegen immer als zu empfindlich für weite Transportwege. Als ich vor sechs oder sieben Jahren zum letzten Mal über Kräuter schrieb, war es fast unmöglich, asiatisches Basilikum oder japanische Kräuter wie Shiso oder Mitsuba zu bekommen. Da nur an wenige Kräuter leicht heranzukommen war, brachte ich mir Pflanzen aus aller Welt mit, um sie in meinem Garten zu ziehen. Zum Glück gediehen die meisten, und einige überlebten sogar mehr als eine Saison.

Neue Märkte für frische Kräuter

Heute finden wir in den Regalen der Supermärkte ganz selbstverständlich Kräuter, die in der Türkei, auf Zypern und in Israel kultiviert wurden. Mindestens einmal pro Woche werden Spezialgeschäfte mit weniger bekannten tropischen Kräutern aus Japan, Thailand und Singapur beliefert. Die Nachfrage kommt nicht nur von ausländischen Mitbürgern, sondern ich stelle allgemein bei Liebhabern fremder Küchen eine große Neugier und

Experimentierfreude fest. Vielleicht werden schon in einigen Jahren auch unsere Geschäfte neben vertrauten europäischen Kräutern frischen Culentro, Rau Ram und Epazote anbieten.

Die europäische Küchentradition

Für unsere Küche sind und bleiben allerdings europäische Kräuter unentbehrlich: in Frankreich Estragon, Thymian, Lorbeer und Knoblauch; in Italien Basilikum, Salbei und Rosmarin; in Griechenland Oregano; in Skandinavien Dill; in Deutschland Petersilie, Schnittlauch, Dill, Kresse, Majoran, Kümmel und Liebstöckel; und in England Petersilie, Salbei, Thymian und Lorbeer. Immer noch werden in unserer Küche die traditionellen Kräuter verwendet, doch es ändern sich die Gerichte, die Art der Zubereitung und ebenso die Geschmackskombinationen. Weil man die Zutaten leichter bekommt, werden vielfach aus Neugier andere Möglichkeiten ausprobiert. Können Sie erst einmal einschätzen, wie stark die Mischung von Aromen ein Gericht beeinflusst, wird es Sie reizen, eigene Kombinationen zu erfinden.

Gegenwärtig entdecken wir viele Kräuter neu, die früher alltäglich waren, dann jedoch vergessen oder als Unkraut abgetan wurden. Im Europa des 17. Jahrhunderts wurden viele Salatkräuter gezogen und allenthalben verwendet. 1699 führte John Evelyns *Acetaria* mehr als 30 verschiedene Salatkräuter auf, darunter Basilikum, Melisse, Zichorie, Feldsalat, Muskat-

ROSMARIN　　　　　**GLATTE PETERSILIE**　　　　　**BASILIKUM**　　　　　**KNOBLAUCH**

ellersalbei, verschiedene Kresse-Arten, Löwenzahn, Fenchel, Ysop, Malve, Minze, Melde, Portulak, Rauke und Sauerampfer. Einige hiervon werden inzwischen wieder angebaut und angeboten, doch andere wie Süßdolde, Muskatellersalbei und Ysop werden Sie selber ziehen müssen.

Spezialisierte Gärtnereien erweitern ständig ihr Angebot, um die Nachfrage nach einer größeren Auswahl an Kräutern zu bedienen. Doch manchmal kommen bestimmte Kräuter auch übertrieben in Mode, was hoffentlich nicht zu ihrem Verschwinden führt, wenn die Mode sich wieder ändert.

Auswahl und Verwendung von Kräutern

Allgemein verwendet man Kräuter, um das Aroma von Speisen zu heben, nicht aber um sie geschmacklich dominieren zu lassen. Das leichte Aroma von Dill, Petersilie und Kerbel passt gut zu Fisch und Meeresfrüchten, das intensivere von Rosmarin, Oregano und Knoblauch würzt köstlich geschmortes oder gebratenes Lamm oder Schweinebraten. Thymian und Rosmarin ergänzen sich gut mit Wurzelgemüse, Auberginen mit Kräutern der Provence, grüne Erbsen mit Schnittlauch, Tomaten mit Basilikum und Petersilie. Wichtig ist, dass man immer zarte und kräftige Aromen miteinander in Einklang bringt und die Kräuter mit Bedacht einsetzt.

Die Vielfalt der heute frisch erhältlichen Kräuter hat erfreulicherweise viele Tütchen mit faden getrockneten Kräutern aus der Küche verbannt. Auf einige der angebotenen getrockneten Kräuter wie Basilikum oder Petersilie kann man getrost verzichten – ihr Geruch ist allenfalls heuartig und ihr Geschmack langweilig. Solche Kräuter wollen frisch gegessen werden. Das saubere, krautige Aroma frischer Petersilie und der komplexe, süße Anis- und Nelkenduft, den ein Basilikumbund verströmt, erfreut erst unseren Geruchssinn und später auch die Geschmacksknospen. Anders als viele Kräuter werden uns diese beiden auch in großen Mengen nie zu viel – wie das Basilikum in einem Pesto oder die Petersilie in einem Tabbouleh. Robuste Kräuter wie Oregano, Thymian, Salbei, Bohnenkraut, Minze und

KRÄUTER HACKEN
Hacken Sie Kräuter immer kurz vor Gebrauch – frisch geschnittene Kräuter riechen und schmecken am besten.

BLÄTTER ZERKLEINERN
Für Soßen oder Pasten werden die Blätter im Mörser zerkleinert. Zugleich lassen sich weitere Zutaten einarbeiten.

KRÄUTER TROCKNEN
Manche Kräuter kann man selbst trocknen. Die getrockneten Blätter halten sich in einem luftdicht verschlossenen Gefäß.

Rosmarin vertragen das Trocknen gut, ihr Aroma bleibt erhalten und wird dadurch sogar oft konzentriert.

Fügt man Kräuter beim Kochen frühzeitig hinzu, geben sie ihre Aromen an das Gericht ab. Getrocknete Kräuter sollten immer von Anfang an zugegeben werden. Kräuter mit harten Blättern wie Rosmarin, Lavendel, Bohnenkraut, Thymian und Lorbeer vertragen langes Kochen gut. Mitgekochte Kräuterzweige entfernt man vor dem Servieren. Um verlorenes Aroma von Kräutern, die lange mitgekocht wurden, wieder aufzufrischen, rührt man am Ende der Garzeit ein paar fein gehackte Blätter des Würzkrautes unter. Stark aromatische Kräuter wie Minze, Estragon, Fenchel, Majoran und Liebstöckel können Sie während des Kochens jederzeit zugeben. Hingegen verflüchtigen sich die ätherischen Öle empfindlicher Kräuter wie Basilikum, Kerbel, Schnittlauch, Dill, Koriander, Perilla und Zitronenmelisse, sobald sie erhitzt werden. Damit sie in Geschmack, Aussehen und Farbe frisch und intensiver bleiben, fügt man sie am besten erst kurz vor dem Servieren zu.

PETERSILIE
Petroselinum crispum

Petersilie ist vermutlich das einzige Küchenkraut, das in der westlichen Küche fast durchweg als unverzichtbar gilt. Die winterharte zweijährige Pflanze stammt aus dem östlichen Mittelmeergebiet. Heute wird sie in fast allen gemäßigten Klimazonen kultiviert. Wurzelpetersilie wurde in Deutschland bereits im 16. Jh. angebaut.

AROMA

Petersilie hat ein leicht würziges Aroma mit einem Hauch von Anis und Zitrone. Sie schmeckt würzig mit einer leicht pfeffrigen Note. Die Glatte Petersilie mit ihrer feineren Textur schmeckt intensiver und ausgewogener als die Krause. Beide bringen die Aromen anderer Gewürze zur Geltung.

VERWENDETE TEILE

Hauptsächlich die frischen Blätter; die Stängel dienen als Gewürz für Brühe. Bei Wurzelpetersilie die verdickte Wurzel.

KAUF UND LAGERUNG

Frische Petersilie als großen Bund kaufen; in einer Kunststofftüte im Kühlschrank aufbewahren. Alle ungesund aussehenden Blätter entfernen, dann hält sie sich 4–5 Tage. Man kann sie auch hacken und in kleinen Behältern oder mit etwas Wasser im Eiswürfelbehälter einfrieren.

ANBAU UND ERNTE

Petersiliensamen brauchen einige Wochen zum Keimen, doch kann man den Keimvorgang beschleunigen, indem man sie vor der Aussaat über Nacht in warmem Wasser einweicht. Sämlinge vereinzeln, wenn sie groß genug sind. Jedes Jahr neu aussäen, um auch im zweiten Jahr verwendungsfähige Petersilie zu haben. Ernte ab dem späten Frühjahr.

In der Küche

Petersilie wird wegen ihres reinen, frischen Geschmacks und ihres Gehalts an Eisen und Vitamin A und C geschätzt. In vielen Teilen der Welt wird sie in Soßen, Salaten, Füllungen und Omeletts verwendet. Jedes Gericht schmeckt frisch, wenn am Ende der Garzeit gehackte Petersilie darüber gestreut wird. Sträußchen von kurz frittierter Krauser Petersilie sind eine beliebte Beigabe zu gebratenem Fisch. Petersilienwurzel wird für Suppen und Eintöpfe verwendet, kann aber auch als Gemüse blanchiert, gebraten, gekocht oder zusammen mit Kartoffeln püriert werden.

Unentbehrlich ist sie in traditionellen Würzmischungen wie Bouquets garnis, Fines Herbes und Persillade, italienischer Gremolata und Salsa verde sowie in Tabbouleh.

Passt zu Eiern, Fisch, Linsen, den meisten Gemüsen, Reis, Tomaten, Zitrone.
Harmoniert mit Basilikum, Chilis, Estragon, Kapern, Kerbel, Knoblauch, Lorbeer, Majoran und Oregano, Minze, Pfeffer, Rosmarin, Sauerampfer, Gerbersumach, Zitronenmelisse.

Krause Petersilie *P. crispum*
Krause Petersilie ist nicht nur praktisch zum Garnieren, sie verleiht auch Mayonnaise und anderen Soßen einen frischwürzigen Geschmack und eine attraktive grüne Farbe.

Glatte Petersilie

P. c. var. 'Neapolitanum'

Die glatte Italienische Petersilie hat zum Kochen das beste Aroma und wird in ganz Europa und dem Nahen Osten verwendet.

STÄNGEL
Petersilienstängel schmecken derber als die Blätter. Sie kommen als Bund in lange gekochte Fonds und Eintöpfe. Nach dem Kochen entfernen.

Wurzelpetersilie

P. c. var. *tuberosum*

Die hauptsächlich in Mittel- und Nordeuropa angebaute Wurzelpetersilie ist nicht schwieriger zu ziehen als Blattpetersilie. Die Wurzel sieht aus wie eine kleine Pastinake oder sie wächst rund wie Knollensellerie. Ihr leicht nussiges Aroma liegt zwischen Petersilie und Sellerie. Die Blätter sind in Geschmack und Aussehen derb.

Frische und milde Kräuter

PORTULAK
Portulaca oleracea

Portulak ist eine einjährige Pflanze mit kriechend-aufsteigendem Wuchs. Seit Jahrhunderten dient er in Südeuropa und dem Nahen Osten zur Ernährung. Er ist nicht nur ein Lieferant von Eisen und Vitamin C, sondern auch die beste pflanzliche Quelle für Omega-3-Fettsäuren, die wichtig für die Herzfunktion sind.

AROMA

Portulak hat wenig Aroma; die fleischigen Blätter und Stängel schmecken erfrischend, leicht pikant, adstringierend und zitronenartig; sie sind knackig und saftig.

VERWENDETE TEILE

Blätter und junge Sprossen. Die Blüten eignen sich für Salate. Wird in aller Regel nur roh verzehrt.

KAUF UND LAGERUNG

Frischer Portulak hält sich in einer Kunststofftüte im Gemüsefach des Kühlschranks 2–3 Tage. Im Sommer bieten griechische und türkische Läden oft große Bündel Portulak an.

ANBAU UND ERNTE

Portulak gedeiht am besten in feuchter, lockerer Erde an einem sonnigen Platz. Die Samen werden ab Frühsommer direkt ins Freie gesät; die Ernte der Blätter beginnt nach etwa 60 Tagen. Bei Hitze braucht Portulak viel Wasser. Portulak schneidet man etwas über der Erde ab und lässt zwei Blätter zum Nachtreiben stehen. Für Salat erntet man regelmäßig junge Blätter. Die im Spätsommer erscheinenden gelben Blüten öffnen sich nur kurz um die Mittagszeit.

In der Küche

Die jungen Blätter isst man als Salat. Im Vorderen Osten werden gehackter Portulak und Jogurtdressing mit Knoblauch zu gegrilltem Fleisch serviert. Im Libanon gehört er in den typischen Fattoush-Salat. Ältere Blätter serviert man blanchiert als Gemüse. Da die fleischigen Blätter beim Kochen Schleim absondern, dienen sie zum Andicken von Suppen und Eintöpfen. In der Türkei werden große Portulakbündel in einem traditionellen Lammragout mit Bohnen verwendet, und rings um das Mittelmeer trifft man ihn in Suppen an. Die Mexikaner kombinieren Portulak mit Schweinefleisch, Tomatillos und Chilis, vor allem mit ihren geräucherten Chipotle-Chilis (*S. 261*). Portulak passt gut in einen mit Olivenöl und Zitronensaft angemachten Spinat.

Passt zu Dicken Bohnen, Eiern, Feta, Gurke, Jogurt, jungen Kartoffeln, Roten Beten, Spinat, Tomaten.

Harmoniert mit Borretsch, Kerbel, Kresse, Rauke, Sauerampfer, Wiesenknopf.

Frische Blätter und Blüten

Portulak hat dicke, sukkulentenartige Blätter und einen runden Stängel, der leicht rötlich gefärbt ist.

TELLERKRAUT
Claytonia perfoliata

Tellerkraut, auch Winterportulak oder Kubaspinat genannt, ist eine kälteverträgliche einjährige Pflanze, die ausgezeichnet als Wintersalat schmeckt. Bergleute verzehrten die Wildpflanze zur Zeit des kalifornischen Goldrauschs zum Schutz vor Skorbut. Sie enthält, wie der nicht verwandte Portulak (*linke Seite*), viel Vitamin C.

AROMA

Tellerkraut besitzt wenig Aroma. Es ist mild und hat einen reinen, sauberen Geschmack.

VERWENDETE TEILE

Blätter, junge Stängel und Blüten.

KAUF UND LAGERUNG

In Deutschland wird Tellerkraut häufig von biologisch wirtschaftenden Betrieben und gelegentlich auf dem Wochenmarkt angeboten. Am besten schmeckt es unmittelbar nach der Ernte. Im Gemüsefach hält es sich in einer Kunststofftüte 1–2 Tage.

ANBAU UND ERNTE

Tellerkraut lässt sich aus Samen leicht selber ziehen. Im Frühling gesät, kann man im Sommer ernten; wird im Sommer gesät, hat man im Winter Nachschub. In milden Wintern und in geschützten Lagen übersteht die Pflanze die Wintermonate im Garten. Die Pflanze bevorzugt lockeren Boden, passt sich aber dem Standort an. Gut geeignet als Beeteinfassung.

In der Küche

Die Blätter, jungen Stängel und Blüten passen gut in Salate.
Tellerkraut schmeckt vor allem im Winter, wenn das Aroma anderer Salatkräuter zu wünschen übrig lässt. Blätter und Stängel können gekocht werden – allein, mit anderem Grünzeug oder im Wok mit etwas Austernsoße.
Harmoniert mit Kresse, Rauke, Schnittlauch, Sauerampfer.

Frische Pflanzen mit Blüten

Die glatten Stiele entspringen dem Zentrum der Blattspreite. Im Sommer zeigen sich winzige weiße Blüten auf dünnen Stielchen.

BORRETSCH
Borago officinalis

Diese robuste einjährige Pflanze, die aus Südeuropa und Vorderasien stammt, ist heute in ganz Europa und Nordamerika heimisch. Allein schon wegen der blauen, sternförmigen Blüten lohnt es, sie anzupflanzen. Die überlieferte Volksheilkunde verwendete die Pflanze, um die Stimmung positiv zu beeinflussen. Heute weiß man, dass Borretsch die Nebennieren anregt und Depressionen abmildert.

In der Küche

Borretsch ist vor allem ein Salatkraut. Die jungen Blätter werden wegen ihrer sonst unangenehmen Borsten klein gehackt. Sie lassen sich gut mit Gurke und Jogurt oder saurer Sahne mischen oder zum Würzen von Dressings und Salsas verwenden. Zähe alte Blätter können kurz angebraten oder gedünstet und wie Spinat behandelt werden. In Italien mischt man Borretsch zu Spinat oder mit Brotkrumen, Ei und Parmesan und füllt damit Ravioli oder Cannelloni. Die Türken würzen damit grüne Erbsensuppe. Die Blüten geben Salaten eine delikate Gurkennote und wirken wunderschön auf einer sahnigen Suppe. Kandiert ergeben sie eine hübsche Dekoration für Kuchen und Desserts. Borretsch sollte sparsam verwendet werden.

Passt zu Aal und anderem fettreichen Fisch, Kartoffelsalat, Jogurt, Quark und sommerlichen Longdrinks.

Harmoniert mit Dill, Kerbel, Knoblauch, Kresse, Minze, Wiesenknopf, Rauke.

Frische Blätter und Blüten

Von den Borretsch-Arten ist nur *B. officinalis* essbar. Die Sorte 'Alba' mit weißen Blüten wird ebenso wie die blau oder violett blühenden Typen verwendet.

KLEINER WIESENKNOPF
Sanguisorba minor

Wiesenknopf, im Volksmund auch fälschlich Pimpinelle genannt, ist eine zierliche, dichte Staude mit gefiederten dunkelgrünen Blättern. Sie wirkt zwar zart, ist aber kräftig und winterhart, und ihre immergrünen Blätter durchstoßen häufig eine dünne Schneedecke. Das aus Europa und Vorderasien stammende Kraut gelangte über frühe europäische Siedler nach Nordamerika, wo es sich eingebürgert hat.

In der Küche

Am besten genießt man das feine Aroma der jungen gefiederten Blätter im Rohzustand. Der Kleine Wiesenknopf schmeckt im Salat besonders gut im Herbst und Winter, wenn interessante Blattsalate eher knapp sind. Gehackte Blätter garnieren Gemüse oder Eierspeisen; für Fines Herbes kann man sie mit Estragon, Schnittlauch und Kerbel kombinieren. Gut schmecken Wiesenknopfblätter über Suppen und Schmorgerichte gestreut oder in Soßen und Kräuterbutter.
Passt zu Blattsalat, Dicken Bohnen, Eiern, Fisch, Gurke, Quark, Tomaten.
Harmoniert mit Tellerkraut, Estragon, Kerbel, Minze, Petersilie, Rosmarin, Schnittlauch.

Frische Zweige
Am besten schmecken die zarten jungen Blätter. Die schönen roten Blütenstände schmecken nach nichts.

PERILLA, SHISO
Perilla frutescens

Die aromatischen Blätter der Perilla – die in Japan Shiso heißt – werden in Japan, Korea und Vietnam ausgiebig verwendet. In den letzten Jahren wurden sie auch für die europäische Küche entdeckt. Das einjährige, mit Minze und Basilikum verwandte Gewürzkraut stammt aus China. Getrocknete Perilla besitzt ein wesentlich schwächeres Aroma als frische.

AROMA

Grüne Perilla ist süßlich, aber stark aromatisch mit Noten von Zimt, Kümmel, Zitrus und Anisbasilikum. Am Gaumen hinterlässt sie eine angenehme Wärme. Rote Perilla schmeckt weniger aromatisch und zurückhaltender. Sie erinnert entfernt an Most und Hölzer mit Untertönen von Kümmel, Koriandergrün und Zimt.

VERWENDETE TEILE

Blätter, Blütenstände und Sprossen. Aus kommerziell geernteten Samen wird Öl gewonnen.

KAUF UND LAGERUNG

Frische Perillablätter werden als Shiso in Asienläden verkauft. Die Blätter halten sich in einer Kunststofftüte 3–4 Tage im Gemüsefach des Kühlschranks. Eingelegte rote Blätter gibt es in Vakuumverpackung zu kaufen. Getrocknete Perilla aus dem Asienladen hält sich im luftdicht verschlossenen Behälter 6–8 Monate.

ANBAU UND ERNTE

Perilla stellt kaum Ansprüche an Boden und Standort, doch reagiert sie empfindlich auf Staunässe und Frost. Am besten eignet sich durchlässiger Boden und ein geschützter sonniger oder halbschattiger Platz. Damit die Pflanzen buschig wachsen, die Spitzen auszwicken. Perilla versamt sich leicht, besonders die rote Sorte.

Samensprossen
Shiso- bzw. Perillasprossen sind inzwischen gelegentlich im Handel zu finden. Die Keimlinge werden ähnlich wie Senf- oder Kressesprossen angeboten.

Grüne Perilla P. frutescens

Grüne Perilla hat weiche, flaumige Blätter mit gekräuseltem Rand. Sie ähneln Brennnesselblättern.

Rote Perilla P. f. var. *crispa*

Das Laub der Roten Perilla variiert von Tiefrot bis Bronzeviolett. Die großen Blätter sind gekräuselt oder flach mit gesägtem Rand; die Blütenrispen sind violett. Im Garten bildet sie einen hübschen, lebendigen Kontrast zu den meist grünen Kräutern.

In der Küche

In Japan wird Rote Perilla hauptsächlich zum Einfärben und Einlegen von Umeboshi (salzig eingelegte Pflaumen) verwendet. Grüne Perilla reicht man zu Sushi und Sashimi – sie wirkt angeblich gegen Parasiten in rohem Fisch. Die Blätter werden auch in Suppen, Salaten und zum Einwickeln von Reiskuchen verwendet. Einseitig mit Teig bestrichen, werden sie für Tempura frittiert. Die Vietnamesen schneiden Perilla in Streifen und streuen diese über Nudeln oder in Salat; gegrilltes Fleisch, Garnelen und Fisch wickeln sie in Grüne Perilla ein und servieren sie mit einer würzigen Dipsoße.

Gehackter Grüne Perilla, die man eventuell durch getrocknete ersetzen kann, gibt gekochtem Reis ein köstliches Aroma. In den letzten Jahren habe ich mir angewöhnt, meine eigene Perilla zu ziehen, und während ich Rote meist nur in Salaten und zum Garnieren verwende, finde ich immer neue Verwendungen für die Grüne: Ich gebe sie zu Zitronen- oder Limettenscheiben in einen Fisch, der gebraten oder gedünstet werden soll, in Soßen für Fisch und Huhn und statt Basilikum in Salsa verde. Manchmal verwende ich sie statt Basilikum zu Tomaten, Pasta oder Nudeln.

Erst kürzlich entdeckte man, dass Öl aus Perillasamen eine der reichsten Quellen für essentielle, mehrfach ungesättigte Omega-3-Fettsäuren ist. **Passt zu** Fisch, Huhn, Kartoffeln, Mooli (ein weißer Rettich), Nudeln und Pasta, Reis, Rind, Tomaten, Zucchini.

Harmoniert mit Basilikum, frischem und eingelegtem Ingwer, Mitsuba, Petersilie, Sansho, Schnittlauch, Wasabi, Zitronengras.

MITSUBA
Cryptotaenia japonica

Mitsuba ist auch als Steinpetersilie oder Japanische Petersilie bekannt. Diese elegante Staude des kühleren Klimas wächst in Japan wild und ist dort ein beliebtes Küchenkraut. Heute wird sie in Australien, Nordamerika und Europa angebaut – ursprünglich um speziell japanische Restaurants zu beliefern.

AROMA

Mitsuba besitzt wenig Aroma, hat aber einen charakteristischen, milden, unaufdringlichen und angenehmen Geschmack. Sie erinnert an Kerbel, Engelwurz und Sellerie mit dem Säuerlichen des Sauerampfers und einem Hauch Nelken.

VERWENDETE TEILE

Blätter und Stängel.

KAUF UND LAGERUNG

Vielleicht finden Sie Mitsuba in einem Asienladen, andernfalls versuchen Sie eine Pflanze über einen Spezialversand für Kräuter zu bekommen. Die Blätter halten sich in feuchtem Küchenpapier oder in einer Kunststofftüte 5–6 Tage im Gemüsefach des Kühlschranks.

ANBAU UND ERNTE

Mitsuba ist eine Waldpflanze und gedeiht gut im Halbschatten. Sie versamt sich leicht. Im Sommer trägt Mitsuba oberhalb der Blätter unauffällige weiße Blüten. Blätter und dünne Stängel werden vom Frühling bis in den Winter hinein geerntet. Misuba ist nicht langlebig. Nach 4–5 Jahren sollte sie ersetzt werden.

In der Küche

In Japan würzt man mit Mitsuba Suppen, langsam gegarte Gerichte (Nabemono), würzige Sülzen, Salate und gebratene oder saure Gerichte. Mit ihrem ganz individuellen, zarten Aroma würzt sie Matsutake No Dobinmushi, ein Gericht, das nur für wenige Wochen während der Erntezeit der teuren Pinienpilze zubereitet wird. Man lässt die Pilze in Brühe ziehen und gibt am Ende der Garzeit Mitsuba für einige Sekunden hinzu. Kleine Mitsuba-Sträußchen werden unterhalb der Blätter verknotet und für Tempura frittiert. Oft wird Mitsuba kurz blanchiert, damit die Blätter zarter werden, oder im letzten Moment Wok-

Gerichten beigefügt. Zu starkes Erhitzen macht sie bitter. Die kresseähnlichen Sprossen schmecken gut in Salaten.
Passt zu Eiern, Fisch und Meeresfrüchten, Geflügel, Reis und als Garnierung zu den meisten Gemüsen, besonders zu eher süßem Wurzelgemüse wie Karotten und Pastinaken.
Harmoniert mit Basilikum, Ingwer, Majoran, Schnittlauch, Sesam, Zitronengras, Zitronenmelisse.

Frische Blätter

Mitsuba bedeutet im Japanischen »drei Blätter«, denn jedes Blatt besteht aus drei Fiedern.

MELDE
Atriplex hortensis

Die Melde ist wie Epazote (*S. 120*) ein Gänsefußgewächs. Sie wächst wild in Europa und in den gemäßigten Klimazonen Asiens. Früher wurde sie als Gemüse gesammelt und auch kultiviert. Im Volksmund hieß sie früher Bergspinat. Lange Zeit war sie aus der Mode, doch neuerdings wird Melde als attraktiver Blattsalat entdeckt.

In der Küche

Am besten schmeckt Melde als Salat, doch sie kann auch mit Spinat oder Sauerampfer (dessen Säure sie mildert) gekocht werden. Die dreieckigen Blätter, vor allem die der Roten Melde, machen sich ebenso gut in einem gemischten Salat sowie als dekoratives Element im Garten. **Passt zu** Catalogna (Blattzichorie), Feldsalat, Kopfsalat, Mizuna, Seraptasenf und anderem Blattgemüse. **Harmoniert mit** Borretsch, Chicoree, Dill, Fenchel, Kresse, Portulak, Rauke, Sauerampfer, Wiesenknopf.

Frische Blätter

Grüne Melde kann rot getönte Stiele haben; Rote Melde hat violettrote Blätter und Stiele.

AROMA

Die wenig aromatischen Blätter schmecken mild, angenehm, spinatähnlich, was einen guten Kontrast zu schärferem Blattgemüse bildet.

VERWENDETE TEILE

Junge Blätter.

KAUF UND LAGERUNG

Samen und Pflanzen erhält man in spezialisierten Kräutergärtnereien. Am besten verwendet man frisch gepflückte Blätter sofort, sie halten sich aber in einer Kunststofftüte im Gemüsefach des Kühlschranks 1–2 Tage. Manchmal findet sich Melde als Bestandteil in abgepackten Salatmischungen.

ANBAU UND ERNTE

Melde bringt größere Blätter hervor, wenn sie auf humusreichem, durchlässigem Boden angepflanzt wird. Rote Melde gedeiht gut im Halbschatten; die Blätter versengen nämlich leicht in der Sonne. Da sie schnell wächst, sät man am besten im späten Frühjahr und erneut im Sommer aus, um ständig junge Blätter zu haben. Melde neigt dazu, hoch und sparrig zu wachsen, doch sie bleibt buschig, wenn die Blätter regelmäßig gepflückt und die Blütenansätze ausgezwickt werden.

RINGELBLUME, STUDENTENBLUME

Calendula officinalis und *Tagetes*-Arten

In Georgien schätzt man die getrockneten, gemahlenen Blüten der Ringelblume (*Calendula officinalis*) und der Studentenblume (*T. patula*), in Mexiko und den südlichen US-Staaten wird die Glänzende Studentenblume (*T. lucida*) als Estragonersatz verwendet, als Huacatay (*T. minuta*) ist sie in Peru ein Grundgewürz, und in Europa dienen frische Blütenblätter als Garnierung oder Zutat in Salaten.

AROMA

Die Gartenringelblume besitzt ein süßes, harzähnliches Aroma, die Studentenblume einen eindeutigen Moschusgeruch mit leichten Zitrusnoten, die an Koriandersamen erinnern. Frische Ringelblumenblüten sind von zarter, aromatischer Bitterkeit und schmecken erdig. Die Blätter sind leicht pfeffrig.

VERWENDETE TEILE

Frische und getrocknete Blüten, frische junge Blätter.

KAUF UND LAGERUNG

Blätter der Ringelblume kann man bei schwacher Hitze im Ofen trocknen und anschließend mahlen. In Naturkostläden bekommt man sie getrocknet, seltener gemahlen. Beide bewahrt man luftdicht verschlossen auf. Die Blätter der mexikanischen Glänzenden Studentenblume halten sich in einer Kunststofftüte im Kühlschrank 1–2 Tage.

ANBAU UND ERNTE

Ringelblumen gedeihen in jedem Boden, am besten jedoch an einem sonnigen Platz. Abpflücken der Blumen verlängert die Blühphase, doch sobald die Samen reif sind, versamen sie sich. Die Gartenringelblume ist einjährig, nur *Tagetes lucida* ist ausdauernd; sie sollte aber im Haus überwintern.

GARTENRINGELBLUME
C. officinalis
Die langlebige einjährige Pflanze hat hellgrüne, langzettliche Blätter und trägt Blütenkörbchen mit einem einfachen oder doppelten Blütenkranz.

In der Küche

Abgesehen von ihrer Verwendung als Salatgarnierung werden Ringelblumenblätter schon seit langem zum Färben und Aromatisieren von Speisen verwendet. Man gibt frische Blüten in Gebäck, Pudding, Kräuterbutter und Suppen. Mit den getrockneten Blüten täuscht man oft Safran vor; so dienen sie als preiswerter Ersatz zum Färben von Reis.

In Georgien sind sie ein Grundgewürz und werden in Gewürzmischungen und mit anderen aromatischen Zutaten wie Chilis, Knoblauch und Walnüssen verwendet. Dort bevorzugt man eher die Studentenblume, deren Aroma sich besonders gut mit Zimt und Nel-

ken mischen lässt. Die Glänzende Studentenblume wird zu einheimischen Gemüsen wie Avocado, Mais, Kürbis und Tomaten gegeben, außerdem zu Fisch, Huhn und anderen Nahrungsmitteln, zu denen auch Estragon passen würde. Auch zu Melone, Beerenobst und Steinobst schmeckt sie.

Huacatay, auch Riesengewürztagetes genannt, ist stark aromatisch mit Zitrus- und Eucalyptusnoten und einem bitteren Nachgeschmack. Außerhalb Südamerikas findet man sie kaum frisch, doch in den USA gibt es sie als Paste im Glas. Zusammen mit Chilis würzt man damit Grillfleisch, Suppen und Eintöpfe.

Glänzende Studentenblume *T. lucida*

Die langen, schmalen Blätter duften mehr nach Anis als nach Minze, mit leichtem Anklang von Heu und etwas würziger Wärme. Im Englischen heißt sie auch Mexican Tarragon (»Mexikanischer Estragon«), was auf den Estragongeschmack hinweist.

Studentenblume

T. patula

Diese kompakte, einjährige Pflanze besitzt gegenständige, gezähnte Blätter und Blütenkörbchen mit flachem einfachen oder krausem doppelten Blütenkranz, der von Gelb bis Tieforange variiert.

Süße Kräuter

BASILIKUM
Ocimum species

Streift man leicht an Basilikum vorbei, entströmt ihm ein Aroma, das Wärme und Sonnenlicht verspricht – in jedem griechischen Dorf ist die Luft vom betörenden Duft des Basilikums erfüllt. Basilikum zählt zu den Lippenblütlern, der gleichen Pflanzenfamilie, der die Minzen angehören. Das erkennt man an den Duftnoten, die seine Süße begleiten. In seiner asiatischen Heimat wurde er bereits vor 3000 Jahren angebaut. Heute zieht man ihn fast überall, wo es das Klima erlaubt.

Gewöhnliches Basilikum *O. basilicum*

Das Basilienkraut hat große, kräftig grüne, seidige Blätter und kleine weiße Blüten in den Blattachseln. Es ist ideal für Pesto, Pistou und Tomatensalate und lässt sich bestens mit Knoblauch kombinieren. Ein Vorschlag zum Konservieren: Basilikum in ein luftdicht verschließbares Glas geben, leicht salzen und dann mit Olivenöl bedecken. Im Kühlschrank aufbewahrt, werden die Blätter zwar schwarz, doch sie würzen köstlich das Öl.

In der Küche

In der westlichen Küche ist Basilikum der natürliche Begleiter von Tomaten, ob im Salat, in der Soße oder in der Suppe. Es ergibt ein raffiniertes Geflügelgewürz: Man kombiniert hierfür weiche Butter mit gehacktem Basilikum, Knoblauch, geriebener Zitronenschale und Semmelbröseln und schiebt die Mischung vor dem Braten unter die Haut des Hähnchens oder der Hühnerteile. Das Kraut passt zu Fisch und Meeresfrüchten, besonders zu Hummer und Jakobsmuscheln, aber auch zu gebratenem Kalb und Lamm. Basilikum verträgt sich gut mit Johannisbeeren. Aromatisiert man Essig mit Purpur-Basilikum, färbt er sich blassrosa. Gewöhnliches Basilikum wird schwarz, behält aber seinen Geschmack, wenn man es in Tomatensoße oder in anderen sauren Flüssigkeiten mitkocht. Da es beim Kochen schnell sein Aroma verliert, ist es ratsam, das Kraut zur Geschmacksverfeinerung mitzukochen, am Ende aber mit frischem Blatt nachzuwürzen. Man kann Basilikum zerrupfen, hacken oder mit einem Messer in Streifen schneiden, aber beim Schneiden wird das Blatt gequetscht und verfärbt sich schnell schwarz.

Unentbehrlich ist es in Pesto und Pistou. Passt zu Auberginen, Eiern, Erbsen, grünen Bohnen, Kartoffeln, Mozzarella, Oliven, Pasta, Pizza, Reis, Sahnequark, Tomaten, Zitrone, Zucchini, Zuckermais.
Harmoniert mit Kapern, Knoblauch, Koriander, Majoran, Minze, Oregano, Petersilie, Rosmarin, Schnittlauch, Thymian.

Purpur-Basilikum *O.b.* var. *purpurascens*

Diese hübsche Pflanze, auch Opal-Basilikum genannt, besitzt violette oder fast schwarze Blätter und rosa Blüten. Sie ist ausgesprochen aromatisch, mit deutlichen Anklängen von Minze und Nelken. Verwenden Sie dieses Basilikum zu Reis und Getreide und geben Sie das Blatt als Farbtupfer in Salate.

Weitere Basilikum-Arten

Es gibt viele verschiedene Arten von Basilikum, deren Bezeichnungen zum Teil auf ihr Aroma oder ihr Aussehen hinweisen. Alle haben als Grundnote das angenehm süßliche, nelken- und anisähnliche Aroma des Gewöhnlichen Basilikums, doch dominieren unterschiedliche Geschmacksnoten: eine wohltuende Schärfe bei 'Purple Ruffles' oder eine pfeffrige Note bei Busch-Basilikum. In der mediterranen Küche sind Knoblauch, Olivenöl, Zitrone und Tomate die natürlichen Partner des Basilikums.

O. b. 'Purple Ruffles'

Die dekorative Sorte 'Purpur Ruffles' besitzt große, glänzende, bräunlich violette Blätter mit gekräuseltem Rand und rosa Blüten. Das angenehme Aroma erinnert an Lakritze. 'Green Ruffles' hat große, limettengrüne Blätter mit gerüschtem Rand und weißen Blüten. Beide werden wie Gewöhnliches Basilikum verwendet. (*S.30*).

Busch-Basilikum   *O. b.* var. *minimum*

Das griechische Busch-Basilikum wächst zu einem dichten Strauch mit kleinen Blättern, weißen Blüten und pfeffrigem Aroma heran. Es lässt sich gut im Topf ziehen. Wie Gewöhnliches Basilikum verwenden.

O. b. 'Cinnamon'

Bei dieser Sorte aus Mexiko sind die Blätter violett überhaucht und die Blüten rosa. Sie hat einen deutlich süßen Duft mit klaren Zimtnoten, über die sich Spuren von Kampfer legen. Man würzt damit Bohnen- und andere Gerichte mit Hülsenfrüchten sowie würziges pfannengerührtes Gemüse.

O. 'African Blue'

Die Blätter sind grünviolett gesprenkelt, die Blüten sind violett. Die Pflanze duftet stark nach Pfeffer, Nelken und Minze mit einer Spur Kampfer im Hintergrund. Man verwendet die Sorte zu Reis, Gemüse und Fleisch; sie würzt ebenso einen Kartoffelsalat sehr gut und ergibt ein köstliches Pesto. Im Gegensatz zu den anderen ist dieses Basilikum langlebig, vorausgesetzt es erleidet keinen Frost.

Salatblättriges Basilikum *O. b. var. crispum*

Dieses Basilikum trägt große, weiche, runzlige Blätter mit weicher Textur und ist vor allem in Süditalien beliebt. Es passt ausgezeichnet in Salate oder ergibt, gehackt und mit Tomatenwürfelchen und Olivenöl gemischt, ein Pasta-Dressing.

Asiatische Basilikum-Arten

Es gibt ebenso viele asiatischen Basilikum-Arten wie europäische; einige werden bereits in hiesigen Gärtnereien gezogen. Sie schmecken sehr anders als westliches Basilikum, weil ihre ätherischen Öle völlig anders zusammengesetzt sind. Während der dominierende Geschmacksstoff des Gewöhnlichen Basilikums (*S. 30*) Linalool (blumig) mit etwas Methyl-Chavicol (Anis) und etwas Eugenol (Nelke) ist, dominiert im asiatischen Basilikum Chavicol mit etwas Eugenol und Kampfer.

Thai-Basilikum *O. b. horapa*

Thai Bai Horapha hat ein schweres, süßlich pfeffriges Aroma, das von ausgeprägten Anisnoten und einem angenehmen, langsam abklingenden Anis- und Lakritzaroma begleitet wird.

Anis-Basilikum *O. b. Anise*

Diese dekorative Pflanze, auch Anis-Basilikum genannt, hat violett geäderte Blätter, rötliche Stängel, rosa Blüten und ein angenehmes Anis- und Lakritzaroma. Wird wie Thai-Basilikum verwendet.

Rotes Tulsi *O. sanctum*

Rotes Tulsi, oder in Thailand Bai Gaprao, ist intensiv aromatisch mit einer würzigen, süßen Schärfe, Spuren von Minze und Kampfer und einem Hauch von Moschus. Als Ersatz bietet sich Gewöhnliches Basilikum mit einigen Minzeblättern an. Durch Kochen verstärkt sich das Aroma, roh schmeckt das Kraut etwas bitter. Es ist Hauptzutat für Thai-Huhn mit Chilis und Basilikum und ebenso in Fleisch-currys.

In der Küche

Asiatische Basilikum-Arten würzen südostasiatische Salate, Wok-Gerichte, Suppen und Currys. Das Kraut wird nach dem Kochen hinzugefügt. Es ist außerdem Bestandteil der thailändischen grünen Currypaste.

Passt zu Fisch und Meeresfrüchten, Huhn, Kokosmilch, Nudeln, Reis, Rind, Schwein.

Harmoniert mit Chilis, Fingerwurzel, Galgant, Ingwer, Kaffirlimetten, Knoblauch, Korianderkraut und -wurzel, Kurkuma, Tamarinde, Zitronengras.

Zitronenbasilikum *O. b. citriodorum*

Dieses kompakt wachsende Basilikum hat einen zitronenartigen Duft. In Indonesien, wo man es Kemangie nennt, wird es mit Fisch und Meeresfrüchten gebraten. Man gibt es in Salate und streut esüber gedünstete Jakobsmuscheln, gegrillten Fisch oder Schweine-Kebabs.

Thai-Zitronenbasilikum *O. canum*

Dieses auch Bai Manglak genannte Basilikum hat ein attraktives zitronenartiges, kampferähnliches Aroma und einen pfeffrigen Zitronengeschmack. In der Thai-Küche wird das Kraut kurz vor dem Anrichten in Nudeln oder in Fischcurry gerührt. Die Samen gibt man eingeweicht in Kokosmilch-Desserts und Erfrischungsgetränke. Manchmal wird es auch als »Grünes Tulsi« verkauft.

Limonenbasilikum *O. americanum*

Dieses Basilikum ähnelt *O. canum*, doch sind die Blätter etwas dunkler, und das Aroma entspricht eindeutig dem von Limetten und nicht dem von Zitronen. Geeignet für Salate, zu Fisch und Meeresfrüchten.

LORBEER
Laurus nobilis

Der Lorbeerbaum stammt aus Kleinasien, wird aber schon seit langem im ganzen Mittelmeerraum kultiviert. Griechen und Römer machten ihn zu einem Symbol für Weisheit und Ruhm und flochten Herrschern, Dichtern, siegreichen Feldherren und Olympioniken Kränze aus den glänzenden, ledrigen Blättern. Aus der großen Lorbeerfamilie wird nur *L. nobilis* in der Küche verwendet.

AROMA

Lorbeer hat ein süßes Balsamaroma mit Anklängen von Muskat und Kampfer sowie eine kühlende Säure. Frische Blätter schmecken etwas bitter, doch die Bitterkeit verliert sich nach 1–2 Tagen Aufbewahrung. Völlig getrocknete Blätter haben ein kräftiges Aroma und sind kurz nach dem Trocknen am besten.

VERWENDETE TEILE

Frische und getrocknete Blätter.

KAUF UND LAGERUNG

Frisch gepflückte Blätter können zwar gleich verwendet werden, doch etwas länger aufbewahrt sind sie weniger bitter. Um sie völlig zu trocknen, legt man sie flach an einen dunklen, gut belüfteten Ort. In einem luftdichten Gefäß behalten sie Aroma und Duft für mindestens ein Jahr, doch zu alte Blätter schmecken nicht mehr.

ANBAU UND ERNTE

Obwohl Lorbeer ein Gewächs wärmerer Klimate ist, hält er sich bei uns gut als Kübelpflanze, die man allerdings im Haus überwintern muss. In wärmeren Regionen bringt er im Frühjahr kleine gelbe Blüten hervor, die violette, nicht essbare Beeren bilden. Die Blätter lassen sich das ganze Jahr über ernten.

Frische Blätter
Frische Blätter müssen zerstoßen oder zerhackt werden, damit sie ihr volles Aroma abgeben können. In der mediterranen Küche ist Lorbeer unverzichtbar.

Bouquet garni
Ein Bouquet garni ist ein Kräutersträußchen, das man zum Würzen von langsam
gekochten Gerichten verwendet. Dieses hier
besteht aus ein paar Thymian- und Petersi-
lienzweigen mit Lorbeer (*Rezepte S. 280*).

GETROCKNETE BLÄTTER
Getrocknete Lorbeerblätter sollten matt und blassgrün, aber nicht gelblich oder bräunlich sein. Sie
werden erst kurz vor Gebrauch zerstoßen oder
gemahlen.

In der Küche

Lorbeerblätter verströmen ihr Aroma langsam, was Brühen, Suppen,
Eintöpfen, Soßen, Marinaden und
Pickles zugute kommt. Vor dem
Garziehen legt man ein oder zwei
Lorbeerblätter auf eine selbst gemachte Pastete oder Terrine; man
gibt Lorbeer in Fischragouts oder
mit Zitrone und Fenchel in einen
bratfertig ausgenommenen Fisch;
man fädelt sie auf Kebabspieße
(trockene Blätter vorher einweichen)
oder würzt damit Pilaws. Lorbeer
gehört immer in ein Bouquet garni
und zieht in der Béchamelsoße mit.
Er passt zu Bohnen, Linsen und
Tomaten, besonders eignet er sich
zum Würzen von Tomatensoße.

Die Türken verwenden Lorbeer
in gedünsteten Lammgerichten, die
Marokkaner in Huhn- und Lamm-
tagines, bei den Franzosen kommt er
in den provenzalischen Rinderschmor-
braten (Daube). Lorbeer verleiht
auch Sülzen, Reispudding und
Früchtekompotts ein angenehm
würziges, ungewöhnliches Aroma.
In türkischen Gewürzbazars werden
oft die Kisten mit getrockneten
Feigen ringsum mit Lorbeerblättern
besteckt.

Zwei oder drei Lorbeerblätter reichen für ein Gericht für 4–6 Personen; nimmt man zu viele, drängt sich
der Geschmack zu sehr auf. Die
Blätter werden vor dem Servieren
entfernt. Übrigens werden in Indien,
Teilen der Karibik und in Südamerika Blätter anderer Arten als Lorbeer bezeichnet.

Unentbehrlich ist Lorbeer in Bouquet garnis und in Béchamelsoße.

Passt zu Fisch, grünen Bohnen,
Huhn, Maronen, Lamm, Linsen,
Reis, Rind, Tomaten, Wild, Zitrus-
früchten.

Harmoniert mit Bohnenkraut,
Knoblauch, Majoran und Oregano,
Petersilie, Piment, Salbei, Thymian,
Wacholderbeeren.

MYRTE
Myrtus communis

Die Brautmyrte oder Gewöhnliche Myrte ist heimisch in den hügeligen Regionen rund um das Mittelmeer und im Vorderen Orient. Obwohl das europäische Festland mit der Zeit lieber orientalische Gewürze einführte, blieb Myrte auf den Mittelmeerinseln Kreta, Korsika und Sardinien ein wichtiges Gewürz.

In der Küche

Die Myrtenblüten werden direkt vom Strauch gepflückt in Salaten oder als Garnierung verwendet. Die Blätter würzen Schwein und Wildschwein, Reh, Hase und Tauben. Man verwendet sie äußerst sparsam und fügt sie einem Ragout erst gegen Ende der Garzeit zu. Zu Fleisch- und Wildgerichten kann man sie mit Thymian oder Bohnenkraut kombinieren, zu Fisch mit Fenchel. Vor dem Braten oder Grillen füllt man in Täubchen oder Wachteln ein paar Myrtenbeeren und eine Knoblauchzehe ein. Ein gutes Gewürz bilden zerstoßene getrocknete Blüten und Beeren.

Noch heute packt man in Süditalien Frischkäsewürfelchen in Myrtenblätter ein; während der Käse reift, saugen die Blätter seine Feuchtigkeit auf und geben ihm zugleich eine feine Würze.

GESCHMACK UND AROMA

Alle Teile der Pflanze sind aromatisch. Die Blätter haben ein etwas harziges Aroma mit einer süßen Orangenblütennote; sie schmecken wacholderähnlich und säuerlich. Die Beeren sind süß mit Anklängen an Wacholder, Piment und Rosmarin. Der Duft der Blüten ist zarter.

VERWENDETE TEILE

Blätter, Blütenknospen, Beeren; alle drei können getrocknet werden.

KAUF UND LAGERUNG

Myrtenpflanzen findet man häufig in Gartencentern und Staudengärtnereien. Man verwendet die Blätter frisch oder trocknet sie, ebenso wie die Blüten und Beeren, an einem dunklen, gut belüfteten Ort. Anschließend in einem luftdichten Behälter aufbewahren.

ANBAU UND ERNTE

Myrte ist ein nicht winterharter, immergrüner Strauch mit kleinen, glänzenden, ovalen Blättern, der im Sommer weiße Blüten mit hübschen gelben Staubblättern und im Herbst blauschwarze Früchte trägt. Kälte und Frost verträgt Myrte auf keinen Fall, deshalb hält man sie am besten im Kübel und überwintert sie im Haus.

Frische Zweige
Am häufigsten wird die Gewöhnliche Myrte verwendet, aber die auf Korsika und Sardinien heimische *M. communis* subsp. *tarentina* besitzt die gleichen aromatischen Eigenschaften.

ENGELWURZ
Angelica archangelica

Die Engelwurz, eine stattliche zweijährige Pflanze, die über 2 m hoch wachsen kann, gedeiht besonders gut in kühlerem Klima und kommt sogar im nördlichen Skandinavien und in Russland vor. Obwohl sie sehr viel Platz braucht, lohnt es, sie wegen ihres dekorativen Laubes und der handgroßen grüngelben Blütendolden anzupflanzen.

Frische Blätter und Stängel
Junge Stängel und Blätter werden am besten im ersten Sommer geschnitten.

In der Küche

Junge Blattstiele werden kandiert. Junge Blätter und Stiele werden in Marinaden und Laken für Fisch und Meeresfrüchte verwendet oder als Gemüse gegessen; in Island und Nordskandinavien ist gekochte oder gedämpfte Engelwurz sehr beliebt. Man gibt die Blätter auch in Salate, zu Füllungen, Soßen und Salsas.

Die moschusähnliche Süße der Engelwurz ergänzt sich gut mit Rhabarber in Kompott, Obstkuchen und Marmelade. Man rechnet eine Hand voll geschnittene oder gehackte junge Stiele auf 1 kg Rhabarber. Auch Milch oder Sahne für Eis oder Pudding kann mit Engelwurz parfümiert werden.

Passt zu Aprikosen, Erdbeeren, Fisch und Meeresfrüchten, Haselnüssen, Mandeln, Orangen, Pflaumen, Rhabarber.
Harmoniert mit Anis, Lavendel, Muskat, Perilla, Pfeffer, Zitronenmelisse.

Es gibt hunderte von Duft-
pelargonien-Sorten, die
nach Apfel oder Zitrus-
früchten, Zimt, Nelken,
Muskat oder Minze, Rosen
oder Pinie duften. Für die
Verwendung in der Küche
eignen sich am besten die
nach Rosen und Zitrone
duftenden Sorten.

VERWENDETE TEILE

Frische Blätter. Die Blüten
duften kaum, wirken aber
dekorativ auf Desserts.
Obwohl die Blätter, wenn sie
an der Pflanze absterben
oder getrocknet werden, ihr
Aroma behalten, schme-
cken sie gekocht nicht gut.

KAUF UND LAGERUNG

Jedes Frühjahr gibt es in
den Gärtnereien neuen
Nachschub an Duftpelargo-
nien. Abgeschnittene Blätter
sind recht robust und halten
4–5 Tage in einer Kunst-
stofftüte im Gemüsefach
des Kühlschranks. Blüten
pflückt man unmittelbar vor
Gebrauch.

ANBAU UND ERNTE

Duftpelargonien sind zarte,
mehrjährige Pflanzen, die
beim leisesten Frost welken.
Daher müssen sie den Win-
ter über an einem geschützten Platz stehen. Sie lassen
sich gut im Topf auf einer
Fensterbank ziehen. Blätter
kann man den ganzen Som-
mer über abschneiden;
Stecklinge zur Vermehrung
entnimmt man im Früh-
herbst.

DUFT-PELARGONIEN
Pelargonium-Arten

Duftpelargonien bieten eine ungeheure Vielfalt an Düften, in denen
sich der Wohlgeruch vieler anderer Pflanzen wiederfindet. Die Pflanzen wurden im 17. Jh. von Südafrika nach Europa gebracht. In der
Mitte des 19. Jh. entdeckte man ihr Handelspotenzial, als die französische Parfümindustrie eine Methode fand, statt des importierten teuren
Rosen-Attars das Öl der nach Rosen
duftenden Pelargonien zu verwenden.

Zitronen-Pelargonie *P. crispum*
Diese Art wächst straff aufrecht und trägt kleine,
raue, gekräuselte Blätter und lavendelfarbene
Blüten. Sie besitzt einen frischen Zitronenduft.

FRISCHE BLÄTTER
Beim Zerreiben oder
auch nur bei Berührung
verströmen Pelargonien-
blätter ihren Duft.

In der Küche

Mit Rosen-Pelargonie aromatisierter Zucker eignet sich für Desserts und Kuchen: Man füllt ein Glas mit Zucker, mischt eine Hand voll Blätter darunter und lässt das Ganze zwei Wochen stehen. Vor Gebrauch werden die Blätter entfernt.

Mit dem Blattsirup lassen sich Sorbets herstellen, oder man verwendet ihn zum Dünsten von Obst oder mit Wasser als Erfrischungsgetränk. Man kocht 250 ml Wasser mit 150 g Zucker auf, fügt 10–12 leicht zerstoßene Pelargonienblätter hinzu, zieht den Topf vom Herd und lässt die Flüssigkeit abkühlen. Durchseihen und bei Blättern mit Zitronenduft 2 EL Zitronensaft, bei solchen mit Rosenduft Rosenwasser hinzugeben. Das Ganze lässt sich für etwa eine Woche luftdicht verschlossen im Kühlschrank aufbewahren.

Man kann Sommerfrüchte in Wein oder einem Sirup mazerieren, dem einige Pelargonienblätter beigefügt sind. Beim Einkochen von Marmelade oder Gelee kann man für die letzten Minuten Blätter zugeben: Rosen-Pelargonie passt gut zu Äpfeln, Brombeeren und Himbeeren, Zitronen-Pelargonie zu Pfirsich, Aprikose und Pflaume. Für Eiscreme, Pudding und Soßen zerquetscht man 10–12 Blätter leicht und lässt sie in 500 ml erhitzter Sahne oder Milch ziehen; die Flüssigkeit gleich nach dem Abkühlen und Durchseihen verwenden. Um einen Biskuitkuchen zu parfümieren, kann die Kuchenform vor dem Teigeinfüllen mit Blättern der Rosen-Pelargonie ausgelegt werden. Nach dem Backen entfernen.

Rosen-Pelargonie

P. graveolens

Diese Art entwickelt sich zu einer aufrechten Pflanze mit tief geschlitzten, im Grundriss dreieckigen Blättern und kleinen rosa Blüten. Ihr Duft ist eine Mischung von Rosen und Gewürzen.

P. 'Lady Plymouth'

Diese nach Zitrone, Minze und Rose duftende mehrfarbige Sorte hat cremefarben gerandete Blätter und rosa Blüten.

Weitere Pelargonien-Sorten

Die südafrikanische Gattung *Pelargonium* umfasst rund
280 Arten mit einer großen Vielfalt an Formen und Farben.
Die Blätter können ausgerandet, spitzenartig eingeschnitten,
farnartig gefiedert oder gekräuselt sein. Die Farben variieren
von Dunkel- bis Blassgrün, oder sie sind samtig graugrün bis
grünsilbern und gelegentlich grün und
cremefarben gemasert.

P. 'Prince of Orange'

Diese niedrige, kompakte Pflanze trägt
leicht gefältelte Blätter und zartrosa
Blüten mit weinroten Adern. Sie hat
einen süßen Orangenduft.

P. 'Fragrans'

Diese meist als Muskat-
Pelargorie bezeichnete Sorte
hat gerüschte, gekerbte Blätter und
weiße Blüten mit roter Strichelung;
sie duften ceutlich nach Muskat.

SÜSSDOLDE
Myrrhis odorata

Die Süßdolde, auch Myrrhenkerbel genannt, ist ein verkanntes Kraut, denn sie süßt auf natürliche Weise mit feinem Aroma. Ihre Blätter kann man vom frühen Frühjahr bis in den Spätherbst essen. Die seit langem in Nordeuropa heimische Staude kommt in der Natur auf Gebirgswiesen zwischen Pyrenäen und dem Kaukasus vor.

In der Küche

Kocht man die Blätter und grünen Samen mit Früchten wie Stachelbeeren und Rhabarber, nimmt sie diesen die Säure, wobei der Geschmack des Krautes verschwindet. Blätter und Samen geben Obstsalat und Quarkdesserts einen anisähnlichen Geschmack; Gebäck, Brot und Obstkuchen erhalten damit Süße und eine würzige Note. Sie passen auch in herzhafte Gerichte, wo sie ihren Geschmack am besten bewahren, wenn man sie erst zum Schluss zufügt. Junge Krautspitzen schmecken sehr fein in Blatt- und Gurkensalaten sowie in Sahne- und Jogurtsoßen zu Fisch und Meeresfrüchten. Gehackt würzen die Kräuter Omeletts und klare Brühen.

Passt zu Aprikosen, Johannisbeeren, Nektarinen, Pfirsichen, Rhabarber, Stachelbeeren, Wurzelgemüse; Garnelen, Huhn und Muscheln.

Harmoniert mit Kerbel, Minze, Schnittlauch, Vanille, Zitronenmelisse.

Frische Zweige

Im späten Frühjahr tragen die großen Pflanzen mit ihren mehrfach gefiederten Blättern süß duftende, filigrane weiße Blütendolden und später attraktive Samenstände.

Lavendel hat einen süßlich blumigen und würzigen Duft mit Zitronen- und Minze-Noten. Der Geschmack geht in die gleiche Richtung mit Kampfertönen und einem leicht bitteren Nachgeschmack. Den höchsten Duftstoffgehalt weisen die Blüten auf, doch auch die Blätter können verwendet werden.

VERWENDETE TEILE

Frische und getrocknete Blüten; Blätter.

KAUF UND LAGERUNG

Ab dem Frühling bieten Gartencenter und Gärtnereien eine ganze Reihe von Lavendelsorten an. Frische Lavendelblüten und -blätter halten sich bis zu einer Woche in einer Kunststofftüte im Kühlschrank. Getrockneter Lavendel lässt sich ein Jahr und länger aufbewahren. Zum Trocknen hängt man die ährigen Blütenstände in Bündeln auf. Danach reibt man die Blüten von den Stängeln und bewahrt sie im luftdichten Behälter auf.

ANBAU UND ERNTE

Ob im Topf oder im Beet – Lavendel braucht einen offenen, sonnigen Standort und durchlässigen Boden. Man erntet die Blüten am besten kurz ehe sie sich öffnen – wenn der Gehalt ätherischer Öle besonders hoch ist. Blätter kann man jederzeit während der Wachstumsperiode ernten.

LAVENDEL
Lavandula-Arten

Der Anblick tiefvioletter Lavendelfelder, die in der flirrenden Hitze schimmern, ist auf der Fahrt gen Süden, die Rhône entlang, das untrügliche Zeichen dafür, dass man sich dem warmen Süden nähert. Der aus dem Mittelmeerraum stammende Lavendel entwickelte sich in den Schlossgärten des Barock zur beliebten Rabattenpflanze. Heute schätzt man ihn wegen seiner Blüten, seiner Würzkraft und seines aromatischen Öls.

Echter Lavendel *L. angustifolia*

Das graugrüne Blattwerk und die violetten, purpurroten oder weißen Blüten dieses winterharten, immergrünen Kleinstrauchs machen ihn zu einer der attraktivsten Gartenpflanzen. Wegen ihres geringen Kampfergehalts eignet sich diese Art am besten für die Verwendung in der Küche.

FRISCHE BLÄTTER
Lavendel hat wie Rosmarin zähe Blätter, die sehr fein gehackt werden müssen. Auch die Blüten stehen an einem festen Stängel, doch man kann die Blütenblätter leicht auszupfen.

GETROCKNETE BLÜTEN
Der hierzulande kultivierte Echte Lavendel mit seinem zarten, blumigen Duft wird wegen seiner Öle nicht minder geschätzt als die hocharomatische Ausgangsform des Lavendels aus der Provence.

Schopflavendel *L. stoechas*

Dieser Halbstrauch hat schmale grüne Blätter und lila Blüten mit lila Hochblättern an der Spitze. Schopflavendel ist nicht zuverlässig winterhart, wobei die Frosthärte je nach Sorte variiert. Die Art weist im Vergleich zu *L. angustifolia* eine schärfere Kampfernote auf.

In der Küche

Lavendel ist sehr kräftig und muss sparsam eingesetzt werden. Lässt man einige getrocknete Blüten für etwa eine Woche in einem Glas mit Zucker, nimmt dieser ein feines, süßes Aroma an. Man kann aber auch frische Blüten mit Zucker zu einem Pulver vermahlen – das gibt ein stärkeres Aroma, weil durch das Mahlen die Knospen aufgebrochen werden und der Zucker die ätherischen Öle absorbiert. Damit ergibt sich ein guter Zucker zum Backen und für Desserts.

Frische Blüten kann man hacken und in Kuchen- und Gebäckteig mischen. Man kann sie auch auf Kuchen oder Süßspeisen streuen, oder man gibt sie für die letzten Kochminuten in Marmelade, Gelee oder Fruchtkompott. Man kann sie in Sahne, Milch, Sirup oder Wein zum Aromatisieren von Sorbets und anderen Desserts ziehen lassen. Sehr gut schmeckt Lavendel-Eis. Probieren Sie auch Lavendel in Schokoladeneis oder Mousse.

In salzigen Gerichten schmeckt Lavendel ebenfalls. Würzen Sie einen Salat mit gehackten Blättern oder bestreuen Sie ihn mit Blüten. Mischen Sie gehackte Blüten unter Reis, oder würzen Sie Lammhaxe, gebratenes und geschmortes Kaninchen, Huhn oder Fasan mit gehackten Blüten und Blättern. Geben Sie Lavendel in Marinaden und in Essig zum Aromatisieren.

Rund um das Mittelmeer verwendet man Lavendel in Gewürzmischungen. In der Provence wird Lavendel mit Bohnenkraut und Rosmarin kombiniert, in Marokko mischt man ihn manchmal in Ras el-Hanout.
Passt gut zu Blaubeeren, Brombeeren, Erdbeeren, Fasan, Huhn, Kaninchen, Kirschen, Lamm, Pflaumen, Rhabarber.
Harmoniert mit Bohnenkraut, Majoran, Oregano, Petersilie, Perilla, Rosmarin, Thymian.

LAVENDEL *wird hauptsächlich wegen des ätherischen Öls in großem Umfang erwerbsmäßig angebaut. Als Küchengewürz*

wurde er lange vernachlässigt, doch heute entdecken wir
allmählich wieder seine verblüffende Vielseitigkeit.

AROMA

Die frische Pflanze duftet nur schwach, doch beim Abschneiden entfaltet sich der Geruch von frisch geschnittenem Heu und Vanillin. Die Blüten duften weniger als die Blätter; der Geschmack gleicht dem Duft.

VERWENDETE TEILE

Blätter und Blüten, ganze Stängel.

KAUF UND LAGERUNG

Man kann die Pflanzen in Gärtnereien kaufen. Am besten pflückt man das Kraut 1–2 Tage bevor man es verwendet. Das Aroma entwickelt sich intensiver, wenn die Blätter welk oder getrocknet sind. Zum Einfrieren breitet man die Blätter auf einem Tablett aus. Danach bewahrt man die gefrorenen Blätter in einer Kunststofftüte im Gefrierschrank auf.

ANBAU UND ERNTE

Waldmeister lässt sich aus Samen ziehen, doch er braucht lange zum Keimen. Hat sich die Pflanze einen Platz erobert, vermehrt sie sich an schattigen Plätzen gern weiter. Blätter und Blüten kann man im Frühling und Frühsommer sammeln; später im Jahr lässt die Intensität des Aromas nach.

WALDMEISTER
Galium odoratum

Wie sein Name sagt, ist der Wald der natürliche Lebensraum dieses niedrigen, ausdauernden Krautes. Im Frühling handelt es sich um eine höchst attraktive Gartenpflanze mit hübschen sternförmigen Blüten und übereinander stehenden Quirlen aus schmalen, glänzenden Blättern, die den Stiel wie eine Halskrause umrahmen.

In der Küche

Am stärksten ausgeprägt ist das angenehme Aroma von Waldmeister, wenn das Kraut welkt. Berühmt ist Waldmeister wegen der Waldmeister- oder Maibowle. Sie wird mit dem Kraut, Weißwein, Zucker und Sekt angesetzt. Man kann Waldmeister auch in Marinaden für Huhn und Kaninchen ziehen lassen, in Salatdressings und in Wein, aus dem man dann Zabaione oder Sorbet zubereitet. Ein oder zwei Stängel genügen; vor dem Servieren entfernt man sie aus dem Gericht oder der Flüssigkeit. Die Blüten machen sich dekorativ auf Salaten. **Passt gut** zu Äpfeln, Birnen, Erdbeeren, Melone.

Frische Blätter und Blüten
Da Waldmeister Cumarin enthält und diese Substanz, im Übermaß eingenommen, die Leber schädigt und heute als Krebs erregend gilt, sollte man ihn nur in sehr geringen Mengen genießen. Zum Glück genügen 1–2 Stängel, um das betörende Aroma des Krautes zu vermitteln.

PANDAN
Pandanus amaryllifolius, P. tectorius

Den Schraubenbaum findet man in den Tropen von Indien über Südostasien, Nordaustralien bis zu den Pazifischen Inseln. Die Blätter der Art *P. amaryllifolius* werden als Gewürz und zum Einwickeln von Speisen verwendet. Kewra-Essenz, ein beliebtes Gewürz der indischen Mogule, wird aus den Blüten des *P. tectorius* gewonnen.

In der Küche

Um das Aroma der *Pandanus*-Blätter freizusetzen, kratzt oder scharrt man die Oberfläche mit den Zinken einer Gabel an und verknotet das Blatt dann locker, damit sich keine Fasern lösen.

In Malaysia und Singapur fügt man dem Reis zum leichten Aromatisieren vor dem Kochen ein oder zwei Blätter hinzu. Auch Pfannkuchen, Kuchen und cremige Klebreis- oder Tapioka-Desserts werden so aromatisiert.

Man verwendet die Blätter auch zum Einwickeln von Speisen. In der Thai-Küche dämpft oder brät man Huhn in Pandanuspäckchen oder flicht aus den Blättern Behälter für Desserts.
Kewra-Essenz wird in Indien für Pilaws und Fleischgerichte, aber auch für Süßigkeiten und Kulfi verwendet. Sie kann in etwas Wasser aufgelöst und vor dem Servieren über eine Speise gesprenkelt werden. Auch selbst gemachte Limonade wird damit aromatisiert.
Passt gut zu Currygerichten, Huhn, Kokosnuss, Palmzucker, Reis.
Harmoniert mit Chili, Galgant, Ingwer, Kaffirlimette, Koriander, Zitronengras.

Frische Blätter
Der Saft der Blätter wird als Speisefarbe verwendet. Zur Saftgewinnung gibt man 4–5 grob gehackte Blätter mit etwas Wasser in einen Mixer.

MONARDE, GOLDMELISSE
Monarda didyma

Die in Nordamerika heimische Gattung *Monarda* ist nach dem spanischen Arzt Nicolas Monardes benannt, dessen im 16. Jh. verfasstes *Joyfull Newes Out of the Newe Founde Worlde* das erste amerikanische Pflanzenbuch war. Der englische Name »Wild Bergamot« deutet darauf hin, dass das Aroma dem der Bergamotte-Orange sehr ähnelt. Ein anderer Name ist Goldnessel oder Indianernessel.

Frische Blätter
Alle in Kultur gezogenen *Monarda*-Arten mit ihren auffallenden Blütenquirlen in unterschiedlichen Farben und mit etwas verschiedenen Düften werden in gleicher Weise verwendet.

In der Küche

Verwenden Sie nur frische junge Blätter und Blüten zum Kochen. Man kann sie fein geschnitten unter grünen Salat ebenso wie in Obstsalat mischen. Die Monarde passt gut zu Ente, Huhn und Schwein; gehackt kann man sie in Jogurt- oder Sahnesoßen mischen oder an Salsa geben. Die Blüten schmecken gut in Brötchen mit Frischkäse und Gurke.

Aus der Monarde wird auch der in den USA populäre Oswego-Tee hergestellt – benannt nach dem Oswego-Tal in der Nähe des Onta-rio-Sees, wo Indianerstämme einen Tee dar-aus bereiteten. Die frühen europäischen Sied-ler übernahmen diese Sitte. Geben Sie ein paar frische oder getrocknete Blüten oder Blätter zum Aromatisieren in eine Kanne Ceylon-Tee, in selbst gemachte Limonade oder in sommerliche Erfrischungsgetränke. **Passt zu** Äpfeln, Ente, Erdbeeren, Huhn, Kiwi, Melone, Papaya, Schwein, Tomaten, Zitrusfrüchten.

Weitere Monarde-Arten

Wilde Monarde (M. fistulosa), auch als Beebalm (»Bienenmelisse«) bekannt, hat einen stärkeren und derberen Duft als die kultivierten Sorten. Sparsam verwenden. Eine andere Varietät, *M. fistulosa* var. *men-thaefolia*, ähnelt im Geschmack dem Oregano und wird manchmal im Südwesten Amerikas als Ersatz für Oregano verwendet.

Monarda-Soße

Eine Salsa aus gehackten *Monarda*-Blättern, Petersilie und Orange schmeckt köstlich zu Schweine-Kebabs oder gegrilltem Fisch.

Zitronenartige, saure Kräuter

ZITRONENMELISSE
Melissa officinalis

Zitronenmelisse stammt aus Südeuropa und Westasien. Heute wird sie in allen gemäßigten Klimazonen angebaut. Mit ihren runzligen, deutlich gezähnten Blättern und den kleinen weißen oder gelblichen Blüten fällt sie zwar nicht sehr auf, sie verdient aber ein Plätzchen im Garten, denn sie lockt Bienen an und duftet angenehm nach Zitrone.

In der Küche

Hauptsächlich wird Melisse als wohltuender, beruhigender Tee verwendet, der aus getrockneten oder frischen Blättern bereitet wird. Außerdem kann man ein frisches Blatt zu Erfrischungsgetränken oder Longdrinks geben. Der zitronigminzige Geschmack frischer Melisse eignet sich besonders zu Fisch und Huhn in Soßen, Füllungen, Marinaden und Salsas. Mit Melisse lässt sich köstliche Kräuterbutter und duftender Essig herstellen.

Sie schmeckt erfrischend in Obstdesserts, Eiscremes und Kuchen. Ein starker, gut gesüßter Melissentee ist die Grundsubstanz für ein gutes Sorbet.

Passt zu Äpfeln, Aprikosen, Beerenobst, Eiern, Erbsen, Feigen, Fisch, Frischkäse, Huhn, Karotten, Melone, Nektarinen, Pilzen, Pfirsichen, Tomaten, Zucchini.

Harmoniert mit Monarde, Brunnenkresse, Dill, Fenchel, Kerbel, Ingwer, Minze, Petersilie, Schnittlauch.

Frische Blätter

Kochen Sie immer mit frischen Blättern und gehen Sie großzügig damit um, denn das Aroma ist köstlich. Auch die buntlaubige Sorte 'Aurea' eignet sich dafür.

ECHTE KAMMMINZE

Elsholtzia ciliata

Die im gemäßigten Ost- und Mittelasien beheimatete Echte Kammminze oder Vietnamesische Melisse ist eine buschig verzweigte einjährige Pflanze mit hellgrünen gesägten Blättern und lavendelfarbenen Blüten in quirligen Ständen. Im Aroma ähnelt sie etwas der Zitronenmelisse, doch sind die Pflanzen nicht näher miteinander verwandt. In einzelnen Teilen Europas und Nordamerikas ist die Kammminze inzwischen bereits verwildert.

AROMA

Vietnamesische Melisse hat einen klaren Zitronenduft mit blumigen Untertönen. Im Geschmack erinnert sie an Zitronenmelisse, doch ist sie konzentrierter, eher wie Zitronengras. Falls man das eine oder andere nicht bekommt, können die Kräuter einander ersetzen.

VERWENDETE TEILE

Frische Blätter und junge Sprossen.

KAUF UND LAGERUNG

Die Kammminze wird in Gärtnereien gezogen, die südostasiatische Restaurants beliefern, eventuell erhält man sie im Asienladen. Auch Staudengärtnereien haben *Elsholtzia*-Arten im Angebot. Die Blätter halten in einer Kunststofftüte im Gemüsefach des Kühlschranks 3–4 Tage.

ANBAU UND ERNTE

Die Kammminze ist eine mehrjährige Pflanze, die häufig wie eine Einjährige kultiviert wird. Man kann sie nach der Frostperiode im Freien aus Samen ziehen. In warmem, feuchtem Klima kann sie auswildern. Sprossen aus einem Asienladen bilden Wurzeln, wenn man sie in Wasser stellt. Man erntet die Blätter von Frühling bis Frühherbst.

In der Küche

Man verwendet die Kammminze zum Würzen von Gemüse, Eier- und Fischgerichten und zu Nudeln und Reis. Manchmal findet man sie auf den Kräutertellern, die bei vielen vietnamesischen Mahlzeiten mit gereicht werden. In Thailand genießt man sie hauptsächlich als Gemüse.

Passt zu Auberginen, Fisch und Meeresfrüchten, Frühlingszwiebeln, Gurke, Karambole, Pilzen, Salat.
Harmoniert mit asiatischen Basilikumsorten, Chilis, Galgant, Koriander, Knoblauch, Minze, Perilla, Tamarinde.

Frische Blätter

Vietnamesische Melisse wird seit Jahren in Südostasien als Küchenkraut und Heilpflanze genutzt, doch ist sie in Mitteleuropa noch wenig bekannt.

ZITRONENVERBENE

Aloysia citriodora

Die aus Chile und Argentinien stammende Zitronenverbene wurde von den Spaniern nach Europa gebracht. Ein Kapitän aus Neuengland brachte sie im 18. Jh. nach Nordamerika. Die französischen Parfüm-Hersteller schätzen sie ihrer ätherischen Öle wegen. Bis vor 100 Jahren galt sie als rein dekorative Gartenpflanze, doch wegen ihres reinen und betörenden Zitronenduftes verdient sie einen Platz in jedem Aromagarten.

AROMA

Zitronenverbene hat einen intensiven, frischen Zitronenduft. Gleiches gilt für den etwas weniger stark ausgeprägten Geschmack. Er ist reiner als bei der Zitrone, doch ohne deren Säure. Mitgekochte Blätter duften hinterher noch immer. Getrocknete Blätter behalten ihr Aroma bis zu einem Jahr.

VERWENDETE TEILE

Blätter, frisch und getrocknet.

KAUF UND LAGERUNG

Pflanzen gibt es in Staudengärtnereien mit Spezialisierung auf Kräuteranbau. Abgeschnittene Blätter halten im Kühlschrank 1–2 Tage. Zweige bleiben eingestellt in ein Wasserglas für 24 Stunden frisch. Gehackte Blätter kann man in Eiswürfelbehältern einfrieren. Zum Trocknen hängt man Stiele an einem dunklen, gut durchlüfteten Ort kopfüber auf.

ANBAU UND ERNTE

Zitronenverbene braucht Sonne und durchlässigen Boden. Die Blätter kann man während der ganzen Saison ernten. Regelmäßiger Rückschnitt regt das Wachstum an, im Herbst sollte man sie stark zurückschneiden. Da sie nicht zuverlässig frostfest ist, sollte man sie den Winter über in einem Topf im Haus halten. Erst im Mai kommt sie wieder nach draußen.

In der Küche

Zitronenverbene bietet sich von selbst für Fisch und Geflügel an; man legt in deren Körperhöhlung ein paar Zweige ein oder gibt das Kraut gehackt in die Füllung oder Marinade. Der lebhafte, reine Geschmack der Zitronenverbene passt ebenfalls gut zu fettreichem Fleisch wie Schwein und Ente, in Gemüsesuppe oder Reis-Pilaw. Sie eignet sich zum Aromatisieren von Desserts und Getränken. Man kann einige Zweige in einem Kompott mitkochen, sie fein gehackt in Obstsalat oder Obstkuchen geben oder sie für eine frisch duftende Eiscreme in Sahne ziehen lassen.

Passt zu Aprikosen, Fisch, Huhn, Karotten, Pilzen, Reis, Zucchini.
Harmoniert mit Basilikum, Chilis, Knoblauch, Koriander, Minze, Schnittlauch, Zitronenthymian.

Frische Zweige
Eistee oder kühlen Sommergetränken geben die Blätter der Zitronenverbene ein erfrischendes Aroma.

SASSAFRAS
Sassafras albidum

Dieses aromatische Gehölz kommt von Natur aus im Osten der USA, zwischen Maine und Florida, vor. Eingeborene zeigten den ersten Siedlern, wie man aus der Wurzel, der Rinde oder den Blättern einen Tee bereiten kann. Die in die Südstaaten eingewanderten französisch sprechenden Kanadier übernahmen von den Choctaw die Idee, mit getrockneten, gemahlenen Sassafrasblättern Eintöpfe zu würzen.

In der Küche

Filépulver oder Gumbo-Filé aus getrockneten, gemahlenen Sassafras-Blättern wird nur in der Küche Louisianas verwendet, ist aber der Schlüssel zu vielen Cajun- und Kreolischen Suppen und Eintöpfen. Es wird besonders für Gumbo verwendet, eine nahrhafte, würzige Suppe aus vielen Gemüsen, Meeresfrüchten oder Fleisch, die zu Reis serviert wird. Die schleimige Konsistenz von Filé dickt das Gericht an, vorausgesetzt, man gibt es in das heiße, aber nicht mehr kochende Gericht, sonst flockt das Gewürz aus. Einige Sorten Filépulver enthalten neben Sassafras noch andere gemahlene Kräuter wie Lorbeer, Oregano, Salbei oder Thymian.

Getrocknete Blätter
Die großen Blätter, die wunderschöne Herbstfarben annehmen, können an ein und demselben Zweig ein-, zwei- oder dreilappig sein.

FILÉPULVER
Filépulver ist wichtig, um die typischen Gerichte in Louisiana anzudicken und zugleich zu würzen.

SAUERAMPFER
Rumex acetosa, R. scutatus

Sauerampfer, ein Knöterichgewächs, wächst fast überall auf den Wiesen in Europa und Westasien wild. Der Sauerampfer, *R. acetosa,* ist ein traditionelles Würzkraut der Bauerngärten. Der Schildampfer oder Schildsauerampfer, *R. scutatus,* dagegen besitzt ein feineres, zitronenartiges Aroma. Schon die alten Ägypter schätzten den Sauerampfer wegen der Säure, die er fetten Speisen verleiht.

AROMA

Sauerampfer hat keinen Geruch. Der Geschmack rangiert zwischen erfrischend säuerlich und scharf und herb, größere Blätter können etwas bitter sein. Die Textur ist spinatähnlich. Schildampfer hat einen milderen, zitronenartigen und saftigen Geschmack.

VERWENDETE TEILE

Frische Blätter.

KAUF UND LAGERUNG

Man entdeckt Sauerampfer nur ab und zu im Gemüseladen. Aufbewahrt wird er in einer Kunststofftüte im Gemüsefach des Kühlschranks. Er lässt sich schlecht trocknen, eignet sich aber zum Einfrieren. Hierfür entfernt man die Stiele und dämpft die Blätter, oder man dünstet sie in Butter an und friert sie in kleinen Töpfchen ein.

ANBAU UND ERNTE

Sauerampfer gedeiht am besten auf humosem, feuchtem Boden im Halbschatten. Bei zu viel Sonne werden die Blätter bitter. Schildampfer bevorzugt einen trockeneren, wärmeren Platz. Beide sind winterhart, mehrjährig und lassen sich gut aus Samen ziehen. Pflanzen bekommt man in Gemüse- oder Staudengärtnereien. Die Pflanzen wachsen als ansehnliches Büschel.

Sauerampfer *R. acetosa*

Sauerampferblätter kann man von Mai bis in den Herbst hinein ernten. Je mehr man pflückt, umso stärker wachsen sie nach. Die aus Kanada stammende Sorte 'Abundance', deren Blätter dunkelgrün und eher rund als oval sind, wächst als dichte, buschige Pflanze. Sie versamt sich nicht und schmeckt weniger säuerlich.

In der Küche

Sauerampfer ist reich an Vitamin A und C und enthält auch Oxalsäure, die den sauren Geschmack verursacht. Ganzer roher Schildampfer und fein geschnittener Sauerampfer sind eine delikate Zutat in Salat, wobei man am besten in das Dressing etwas Zucker oder Honig mischt, um die Säure der Blätter auszugleichen. Einige fein geschnittene Blätter würzen ein Omelett, Spiegel- und Rühreier, sahnige Gerichte und Soßen angenehm säuerlich. Sauerampfer wird schnell weich und fällt stark zusammen. Er wird dann unansehnlich braungrün, was man kaschieren kann, wenn man ihn in eine Suppe oder Soße gibt oder ihn mit Spinat kocht wie in dem klassischen grünen ukrainischen Borschtsch. In Litauen gibt man in eine sahnige Sauerampfersuppe in Scheiben geschnittene Räucherwurst; in Polen kommt Sauerampfer in eine Suppe aus Mehlschwitze, wobei er halb roh, halb gekocht hinzugegeben wird. In Frankreich bildet meist eine Kartoffelsuppe die Basis für die Sauerampfersuppe. Sauerampfer ist außerdem Bestandteil der Frankfurter Grünen Soße. Italien kennt eine Salsa verde aus rohem Sauerampfer, Brunnenkresse und Zwiebeln, die klein gehackt mit Öl und Essig cremig gerührt werden; man reicht sie zu Geflügel oder Fisch. Für die klassische französische Sauerampfersoße wird der Sauerampfer in etwas Butter gedünstet, mit Fisch- oder Hühnerbrühe abgelöscht und mit Sahne cremig gerührt.

Passt zu Brunnenkresse, Eiern, Fisch (besonders Lachs), Blattsalat, Gurke, Huhn, Kalb, Lauch, Linsen, Muscheln, Schwein, Spinat, Tomaten.
Harmoniert mit Borretsch, Dill, Estragon, Kerbel, Liebstöckel, Petersilie, Schnittlauch.

Schildampfer

R. scutatus

Diese Art ist ein attraktiver Bodendecker mit kleinen, mittelgrünen, schildförmigen Blättern. Es gibt auch eine Sorte ('Silver Shield') mit silbrig gezeichnetem Blatt. Die Art wird auch als Französischer oder Römischer Sauerampfer bezeichnet.

HOUTTUYNIA
Houttuynia cordata

Die südostasiatische Küche schätzt diese mehrjährige, Wasser liebende Pflanze als Würzkraut sehr, nicht so die westliche Küche. Die aus Japan stammende Pflanze wächst heute in fast ganz Ostasien wild. Allgemein wird die grünblättrige Sorte zum Kochen verwendet, doch es gibt auch die auffallende Sorte 'Chameleon' mit gelbweiß gefleckten und im Herbst zusätzlich rot gerandeten Blättern. In Vietnam wird *Houttuynia* Rau Diep Ca genannt; in Europa wurde daraus Vap Ca.

In der Küche

In Japan wird *Houttuynia* weniger als Gewürz als vielmehr als Gemüse zu Fisch und Schweinefleisch gegessen. In Vietnam, wo sie sehr beliebt ist, dünstet man das Kraut gehackt mit Fisch und Huhn. Die Blätter werden roh, zusammen mit anderem rohen Gemüse in das scharfe Nam Prik gedippt, zu Rind und Ente oder als Salat gegessen – z.B. mit Blattsalat, Minze und jungen Blättern und Blüten der Kapuzinerkresse. In feine Streifen geschnitten passen sie auch in pfannengerührtes Gemüse mit Meeresfrüchten oder in Fischsuppen. Als Ersatz eignen sich Koriander, Rau Ram oder Culentro.

Harmoniert mit Chilis, Galgant, Ingwer, Knoblauch, Kresse, Minze, Zitronengras.

Frische Blätter
Die japanische *Houttuynia* hat ein deutliches Orangen- und Korianderaroma, während die chinesische eher stinkt. Rechts das bunte Blatt von 'Chameleon'.

RAU OM
Limnophilia aromatica

Rau Om ist im tropischen Asien heimisch. Die Pflanze, die im Vietnamesischen auch Rau Ngo heißt, wurde vor wenigen Jahrzehnten von Einwanderern aus Südostasien in die USA gebracht. Hierzulande lässt sie leider noch auf sich warten, während andere Arten der Gattung als Sumpffreund bereits zum Sortiment der Staudengärtnereien gehören. Wegen ihres angenehmen Aromas sollte sie auch unsere kulinarische Experimentierlust wecken.

In der Küche

Die Vietnamesen lieben ihr Rau Om über alles. Sie streuen es gehackt kurz vor dem Servieren über Gemüse und saure Suppen, würzen damit Fischgerichte, und selten fehlt es auf dem Kräuterteller, der zu fast jeder vietnamesischen Mahlzeiten gereicht wird. Häufig wird Rau Om zu Süßwasserfisch gegessen. In Nordthailand serviert man es zu fermentiertem Fisch mit Chilisoße und zu Kokosmilch-Currys. In Malaysia genießt man es als Gemüse, ähnlich wie Spinat. Mit seinem zitronenartigen Geschmack eignet es sich auch für Süßspeisen.

Passt zu Fisch und Meeresfrüchten, Kokosmilch, Nudeln, Reis, Schalotten, Blatt- und Wurzelgemüse, Zitronensaft.
Harmoniert mit Chilis, Galgant, Koriander, Tamarinde, Zitronengras.

Frische Zweige
Typisch für die kleine, kriechende Pflanze ist die Blattanordnung: Je 3 längliche Blätter entspringen einem Knoten.

KERBEL
Anthriscus cerefolium

Der aus Südosteuropa und Vorderasien stammende Kerbel gelangte vermutlich mit den Römern nach Nordeuropa. Er gilt traditionell als Symbol für das Leben. Wenn er erstmals im Jahr auf dem Markt angeboten wird, signalisiert er den Beginn des Frühlings. Dann stehen in Frankreich, Deutschland und den Niederlanden Kerbelsoßen und -suppen auf dem Speiseplan.

Frische Blätter

Kerbel wächst schnell und wird bereits 6–8 Wochen nach der Aussaat geerntet. Doch seine Lebensspanne ist kurz: Sobald er blüht, taugt er nicht mehr für die Küche. Es empfiehlt sich daher, häufig zu ernten und immer ganze Stängel abschneiden. Die äußeren entnimmt man zuerst, damit von innen neue nachwachsen.

AROMA

Kerbel schmeckt süßlich aromatisch. Der unaufdringliche und besänftigende Geschmack trägt leichte Anisnoten und Anklänge an Petersilie, Kümmel und Pfeffer.

VERWENDETE TEILE

Frische Blätter; Blüten zum Garnieren.

KAUF UND LAGERUNG

Kerbel eignet sich nicht zum längeren Aufbewahren; in einer Kunststofftüte oder in feuchtem Küchenpapier hält er sich 2–3 Tage im Gemüsefach des Kühlschranks. Gehackt und in kleinen Behältern tiefgefroren hält er 3–4 Monate. Kerbelbutter lässt sich gut einfrieren. Getrocknet hat Kerbel fast kein Aroma.

ANBAU UND ERNTE

Man kann Kerbel leicht aus Samen ziehen. Er bevorzugt humosen, frischen Boden und Halbschatten. Ausgesät wird immer am endgültigen Platz, denn Umpflanzen vertragen die Pflanzen nicht gut. Am besten wächst Kerbel bei kühler Witterung, im Sommer sollte er unter Schatten spendenden Pflanzen wachsen. Alte Blätter werden rosa oder gelblich und haben kein frisches Aroma mehr.

In der Küche

Kerbel ist eines der unverzichtbaren Kräuter in der französischen Küche: Er gehört mit Schnittlauch, Petersilie und Estragon in die klassische Fines-Herbes-Mischung. Fines Herbes oder Kerbel allein unter Eier gerührt, geben ein köstliches Omelett oder Rührei. Eine lange Tradition hat Kerbelsuppe in den Niederlanden und Belgien; sie basiert auf Kartoffeln mit Schalotten, eventuell angereichert durch Sahne und Eigelb.

Kerbel schmeckt köstlich in klarer Brühe und gibt Vinaigretten und Butter- oder Sahnesoßen zu Fisch, Huhn und Gemüse ein delikates Aroma. Besonders gut passt er in Salate, etwa in einen warmen Kartoffelsalat oder einen Salat aus Roten Beten mit Schalotten oder Schnittlauch.

Manchmal gibt man Kerbel zusammen mit Estragon in die Sauce Béarnaise, und er gehört zur Frankfurter Grünen Soße. Etwas Kerbel hebt zwar das Aroma von anderen Kräutern, doch alleine kann man mit ihm großzügig umgehen. Streuen Sie Kerbel reichlich über Gemüse, bei gekochten Gerichten allerdings erst zum Schluss, da sich durch Erhitzen Geruch und Geschmack verflüchtigen.

Die krausen Sorten wie 'Mooskrauser Kerbel' und 'Benarys Krauskopf' haben die gleichen Eigenschaften wie der glattblättrige Kerbel. Unentbehrlich ist Kerbel in Fines Herbes und Frankfurter Grüner Soße.

Passt zu Blattsalat, Dicken Bohnen, grünen Bohnen, Eiern, Erbsen, Fenchel, Fisch und Meeresfrüchten, Frischkäse, Geflügel, Kalb, Karotten, Kartoffeln, Pilzen, Roten Beten, Spargel, Tomaten.

Harmoniert mit Basilikum, Dill, Estragon, Kresse, Minze, Petersilie, Schnittlauch, Senf, Wiesenknopf, Ysop, Zitronenthymian.

Anisartige Kräuter

ESTRAGON
Artemisia dracunculus

Der in Sibirien und Zentralasien heimische Estragon war in Europa unbekannt, bis ihn die Araber während ihrer Herrschaft in Spanien einführten. Im 16. und 17. Jh. fanden sich mit der Verfeinerung der französischen Kochkunst vielerlei Verwendungen für ihn. Daher bezeichnet man den besten Würz-Estragon als Französischen Estragon, der lieblicher schmeckt als der Deutsche oder Thüringische Estragon, im Gegensatz zum eher derben Russischen Estragon.

Französischer Estragon *A. d.* var. *sativa*

Die bevorzugte Varietät für eine kulinarische Verwendung hat grasgrüne Blätter. Diese können praktisch jederzeit geerntet werden, ganze Stängel zum Trocknen schneidet man im Hochsommer.

In der Küche

In der französischen Küche ist Estragon unverzichtbar für Fisch-, Geflügel- und Eiergerichte. Zurückhaltend verwendet, verleiht er Blattsalaten eine angenehme, volle Note. Er passt sehr gut in Fleisch- und Wildmarinaden und würzt in Öl eingelegten Ziegenkäse und Feta. Man kann Fisch auf ganzen Estragonzweigen dünsten oder legt die Zweige gebratenem Hähnchen oder Kaninchen bei – »Estragonhuhn« gehört zum Standardrepertoire jedes gelernten Kochs.

Bouquet garni für Fisch

Dieses speziell für Fischsud geeignete Bouquet garni enthält Estragon, Thymian, Petersilie und einen Streifen Zitronenschale *(Rezepte S. 280)*.

Estragon aromatisiert einen der vielseitigsten Kräuteressige, aber auch Senf und Butter. Er gibt Pilzen, Artischocken und leichtem Gemüseragout einen frischen Geschmack; zu Tomaten schmeckt er fast ebenso gut wie Basilikum. Zurückhaltend eingesetzt, betont Estragon das Aroma anderer Kräuter.

Unentbehrlich ist Estragon in Fines Herbes und ähnlichen Kräutermischungen, Sauce béarnaise, Ravigote und Tartare.

Passt zu Artischocken, Eiern, Fisch und Meeresfrüchten, Geflügel, Haferwurzel, Kartoffeln, Spargel, Tomaten, Zucchini.

Harmoniert mit Basilikum, Dill, Kapern, Kerbel, Lorbeer, Petersilie, Salatkräutern, Schnittlauch.

Verwandte Arten

Wermut (*A. absinthium*) wächst strauchartig und trägt silbrig seidenhaariges Laub, das sehr bitter schmeckt. Diese Art ist seit dem Altertum als Gewürzkraut und Universal-Heilmittel im Gebrauch. Feldmäßig wird die Art für die Herstellung von Wermutwein und Absinthlikör angebaut.

Mexikanischer Estragon, die Glänzende Studentenblume (*Tagetes lucida*), ist eine Tagetes-Art (*S. 29*). Das Aroma ähnelt dem des Estragons, hat aber eine stärkere Anisnote.

Dillblätter haben ein klares, duftendes Anis- und Zitronenaroma. Sie schmecken mild, aber anhaltend nach Anis und Petersilie. Die Samen riechen wegen des Carvon-Anteils im ätherischen Öl wie süßer Kümmel. Im Geschmack sind sie wie Anis mit einem Hauch von Schärfe.

VERWENDETE TEILE

Frische und getrocknete Blätter; Samen.

KAUF UND LAGERUNG

Beim Kauf auf frisches, knackiges Aussehen achten. Große Mengen schnell verbrauchen, nach 2–3 Tagen im Kunststoffbeutel beginnt Dill selbst im Kühlschrank zu welken. Getrockneter Dill behält, im luftdichten Behälter aufbewahrt, sein Aroma bis zu einem Jahr, Samen 2 Jahre. Gemahlener Samen hält sich nicht.

ANBAU UND ERNTE

Dill lässt sich einfach aus Samen ziehen. Im Frühling sät man ihn an einen geschützten, sonnigen Platz in durchlässige Erde und wässert gut. Dillsämlinge sind zart, deshalb nur in gejäteten Boden setzen. Ausgereifte Dolden säen sich gern selbst aus. Nicht verpflanzen, die lange Pfahlwurzel ist empfindlich. Nie Dill in die Nähe von Fenchel pflanzen, sonst kreuzen sie sich, und es entstehen Hybriden.

DILL
Anethum graveolens

Diese einjährige Pflanze stammt aus Südrussland, dem Vorderen Orient und dem östlichen Mittelmeergebiet. Das »Gurkenkraut« wird weit verbreitet wegen seines gefiederten Krauts und der Samen angebaut. Der Indische Dill, Sowa genannt, wird in erster Linie wegen des Samens angebaut, der heller, länger und schmaler ist als europäischer Dillsamen und schärfer schmeckt. Er findet sich häufig in Currymischungen.

Frische Zweige
Für das Aroma ist es besser, den Dill einzufrieren als ihn zu trocknen. Dill fügt man immer erst am Ende der Garzeit einem Gericht bei, denn zu viel Hitze zerstört das Aroma.

DILLKRAUT
Das mehrfach gefiederte Dillblatt ähnelt dem des Fenchels, die Dillpflanze ist allerdings viel kleiner.

GETROCKNETES DILLKRAUT

Man kann Dill trocknen, indem man ihn einige Tage auf einem Tuch ausgebreitet an einem dunklen, warmen, gut gelüfteten Platz liegen lässt, oder man trocknet ihn vorsichtig in der Mikrowelle. Die Blätter behalten etwas von dem Aroma des frischen Krautes.

SAMEN

Die Samen sind oval und abgeplattet mit fünf Rippen, wovon zwei einen breiteren Randriemen bilden. Sie sind extrem leicht: 10 000 wiegen nur 25 g. Man erntet sie, wenn sie hellbraun und ganz ausgebildet sind; zum Trocknen legt man sie in einer größeren Papiertüte an einen warmen Ort. Danach trennt man die Samen von den Stielen, indem man sie zwischen den Handflächen reibt. Die Samen werden für langsam gegarte Gerichte verwendet.

In der Küche

Frischer Dill passt ausgezeichnet zu Fisch und Meeresfrüchten. Typisch skandinavisch sind zum Beispiel in Dill marinierter Hering, Gravad-Lachs (s. S. 310) und Krebse, Jakobsmuscheln oder Riesengarnelen mit einer cremigen Dillsoße.

In Nord- und Mitteleuropa würzt man Wurzelgemüse, Kohl, Blumenkohl und Gurke mit Dill. In Russland verwendet man ihn gelegentlich in Borschtsch, der klassischen Rote-Bete-Suppe, oder man bereitet aus Dill, etwas Senf, Sauerrahm oder Jogurt eine gute Soße für Rote Bete. Die deutsche Küche kennt zu Schmorbraten eine ähnliche Dillsoße, nur wird der Senf durch Meerrettich ersetzt. In Griechenland kommt Dill in die gefüllten Weinblätter. In der Türkei und im Iran würzt Dill Reis, Dicke Bohnen, Sellerie und Zucchini. Spinat mit Dill und Schalotten ist im Iran ein Standardgericht, und ähnlich gibt es in Nordindien ein Gericht mit Spinat und Linsen, das sowohl mit Kraut als auch mit Samen gewürzt wird.

Kraut wie Samen werden zum Einlegen verwendet, wie etwa für Dillgurken und die Knoblauchvariante, die in Polen, Russland und im Iran beliebt ist. Dillsamen mischt man in Skandinavien in Brot, Kuchen und auch in Essig zum Aromatisieren. In Indien verwendet man Samen und Kraut in Currypulver und Masalas.

Blätter passen zu Bohnen, Eiern, Fisch, Meeresfrüchten, Gurke, Karotten, Kartoffeln, Reis, Roten Beten, Sellerie, Spinat, Zucchini.
Blätter harmonieren mit Basilikum, Kapern, Knoblauch, Meerrettich, Paprika, Petersilie, Senf.
Samen passen zu Chili, Ingwer, Knoblauch, Koriandersamen, Kreuzkümmel, Kurkuma, Senf.
Samen harmonieren mit Chili, Ingwer, Knoblauch, Koriandersamen, Kreuzkümmel, Kurkuma, Senfsamen.

GEWÜRZFENCHEL
Foeniculum vulgare

Diese große, aber grazile winterharte Pflanze, die aus dem Mittelmeerraum stammt und heute weit verbreitet ist, gehört zu den ältesten Kulturpflanzen. Die Römer genossen Fencheltriebe als Gemüse, die Chinesen und Inder schätzten Fenchel als Gewürz und Heilkraut. Fencheltee trinkt man heute vorwiegend, um Koliken zu lindern. Das Würzkraut ist nicht mit dem Gemüsefenchel, *F. vulgare* var. *dulce*, zu verwechseln, dessen verdickte Blattbasen verzehrt werden.

Gewürzfenchel *F. vulgare*

Die Blätter sind mehrfach und sehr fein gefiedert. Alle Teile der Pflanze sind essbar: Blätter, Stiele und Früchte (Samen) werden als Gewürz geschätzt, die Wurzeln weniger. Der Anis-Charakter des Fenchels kommt von Anethol, dem Hauptbestandteil seines ätherischen Öls, dessen Konzentration in den Samen am höchsten ist.

STIELE
Die Stiele haben, auch im getrockneten Zustand, ein mildes Aroma.

AROMA

Die ganze Pflanze hat ein angenehmes, anisähnliches Aroma. Der Geschmack ist ebenso angenehm frisch, süßlich, mit einem Hauch Kampfer. Fenchelsamen schmeckt weniger streng als Dill, aber herber als Anis.

VERWENDETE TEILE

Junge Blätter, Blüten, Pollen, Stängel, Samen.

KAUF UND LAGERUNG

Das Kraut hält sich in einem Kunststoffbeutel im Kühlschrank 2–3 Tage. Die Stiele werden frisch verwendet, oder man hängt sie in Bündeln zum Trocknen auf. Aufbewahrt in luftdichtem Behälter, halten sie sich etwa 6 Monate. Samen hält sich luftdicht verschlossen bis zu 2 Jahre. Der intensiv duftende, goldgrüne Pollen von wildem Fenchel wird über das Internet angeboten.

ANBAU UND ERNTE

Gewürzfenchel gedeiht am besten an einem trockenen, sonnigen Platz. Er wird bis zu 1,5 m hoch und höher. Die Pflanzen vermehren sich stark. Pflanzen Sie nie Fenchel neben Dill, sonst kommt es zu wertlosen Kreuzungen. Sobald sich die Samen grüngelb färben, schneidet man die Dolden ab und trocknet sie in einer großen Papiertüte an einem warmen Platz. Später lassen sich die Samen abschütteln. Gewürzfenchel sollte man alle 3–4 Jahre neu pflanzen.

In der Küche

Im Frühjahr gibt Gewürzfenchel Salaten und Soßen eine frische, lebhafte Note. In den USA werden kalte Suppen, sämige Fischsuppen (Chowder) und gegrillter Fisch mit dem Anisaroma des wilden Blütenpollens verfeinert.

Fenchel gibt einen ausgezeichneten Kontrast zu fettreichem Fisch. In Sizilien wird er in einer Pasta mit Sardinen kombiniert. In der Provence werden Meerbarben, Barsche und Meerbrassen auf einem Bett von frischen oder getrockneten Fenchelstielen gebacken oder gegrillt und erhalten so ein köstliches Aroma.

Fenchelsamen würzt Sauerkonserven, Suppen und Brot; im Irak würzt man das Brot mit einer Kombination aus gemahlenen Samen von Gewürzfenchel und Schwarzkümmel. In Griechenland gibt man Blätter oder Samen mit Feta und Oliven in ein Gewürzbrot. Fenchelsamen kommen im Elsass und in Deutschland in Sauerkraut, in Italien an Schweinebraten und in die Finocchiona, die berühmte Florentiner Salami.

Fenchelsamen ist eine Hauptzutat des chinesischen Fünf-Gewürze-Pulvers, das hauptsächlich für Fleisch und Geflügel verwendet wird. Auch die bengalische Gewürzmischung Panch Phoron, die man zu Gemüse, Bohnen und Linsen benutzt, enthält Fenchel. Im übrigen Indien taucht Fenchel in Garam Masala, würzigen Soßen zu Gemüse oder Lamm und in einigen Süßspeisen auf. In Indien wird Fenchelsamen auch nach der Mahlzeit als Verdauungshilfe und um den Atem zu erfrischen gekaut.

Passt zu Bohnen, Ente, Fisch und Meeresfrüchten, Gurke, Kartoffeln, Kohl, Lauch, Linsen, Reis, Roten Beten, Schwein, Tomaten.

Harmoniert mit Bockshornklee, Kerbel, Kreuzkümmel, Minze, Petersilie, Schwarzkümmel, Szechuanpfeffer, Thymian, Zimt, Zitronenmelisse.

Bronzefenchel *F. v.* 'Purpureum'

Diese Sorte wächst weniger kräftig und hat ein milderes Aroma.

BLÄTTER
Nur junge Fencheltriebe eignen sich für die Küche. Sie schmecken mild und sollten frisch gepflückt verwendet werden.

SAMEN
Die Samen des Gewürzfenchels schmecken intensiver als die Blätter und haben einen bittersüßen Nachgeschmack. Durch Rösten kommt ihre Süße heraus. Die Farbe variiert zwischen Hellbraun und Grünlichgelb (mit der besten Qualität). Am besten die Samen erst bei Bedarf mahlen.

AROMA

Anisysop hat ein süßes Anisaroma und besitzt, anders als viele Kräuter, die für sich genommen bitter schmecken, eine natürliche Süße. Koreanischer Fenchel riecht nach Eukalyptus und Minze, doch ähnelt der Geschmack dem Anisysop mit einem anhaltenden Nachgeschmack von Anis.

VERWENDETE TEILE

Frische Blätter; Blüten zur Garnierung.

KAUF UND LAGERUNG

Gut sortierte Staudengärtnereien führen die Pflanzen. Die recht robusten Blätter halten in einer Kunststofftüte im Gemüsefach des Kühlschranks 4–5 Tage. Die Blätter können eingefroren werden, besser sind sie aber frisch. Getrocknete Blätter eignen sich nur für Tee.

ANBAU UND ERNTE

Anisysop und Koreanischer Fenchel bevorzugen durchlässigen Boden und volle Sonne. Beide lassen sich aus Samen ziehen. Nach 2–3 Jahren kann man die Pflanzen teilen und wieder einpflanzen. Lässt man die Blüten stehen, säen sich die Pflanzen selbst aus, doch die Sämlinge erscheinen erst spät im Jahr. Junge Blätter kann man ständig ernten. Kurz bevor die Pflanze blüht, sind sie besonders aromatisch.

DUFTNESSEL
Agastache-Arten

Die Duftnesseln sind in Europa noch wenig bekannt. Es sind winterharte Stauden aus der Familie der Lippenblütler. Zwei davon verdienen besondere kulinarische Beachtung: Der Anisysop, *A. foeniculum,* aus Nordamerika und der Koreanische Fenchel, *A. rugosa,* aus Ostasien. Die Blätter und Blüten der Mexikanischen Bergminze, *A. mexicana,* werden als Tee verwendet. Diese Art ist in Mitteleuropa nicht ganz winterhart.

BLÜTEN
Anisysop riecht nach Anis, und die Blüten ähneln dem Ysop, doch es bestehen keine engen verwandtschaftlichen Beziehungen.

Anisysop

A. foeniculum

Die aufrechte, verzweigte Pflanze, die auch Duftnessel genannt wird, hat graugrüne, ovale, violett überhauchte Blätter. Die violetten Blüten in dichten, attraktiven Quirlen locken im Spätsommer die Bienen an.

In der Küche

Anisysop und Koreanischer Fenchel kann man in der Küche alternativ verwenden. Meist bereitet man damit Tee oder Erfrischungsgetränke, doch können sie auch ähnlich wie Anis verwendet werden: ganze Blätter in Marinaden für Fisch und Meeresfrüchte, gehackte Blätter in Reis, zu Hühner- oder Schweinefleischgerichten. Ihre natürliche Süße ergänzt die Süße von Gemüsen wie Karotten, Kürbis, Roten Beten und Süßkartoffeln. *Agastache* harmoniert gut mit grünen Bohnen, Zucchini und Tomaten. Man kann das Blatt als Garnitur verwenden oder gehackt vor dem Servieren über Gerichte streuen. Einige Blätter im Salat geben diesem eine Anis-Note; zusammen mit anderen Sommerkräutern kann man sie in Pfannkuchenteig mischen oder mit Olivenöl, gerösteten Weißbrotkrumen und Knoblauch zu einer Kräutersoße für Pasta verrühren. Die Kräuter passen auch gut zu Früchten wie Aprikosen, Birnen, Heidelbeeren, Himbeeren, Pfirsichen und Pflaumen. Für *Agastache*-Honig füllt man erwärmten Honig in ein Glas mit Blättern und Blüten und lässt ihn einen Monat lang ziehen.

Passt zu Beeren und Kernobst, grünen Bohnen, Kürbis, Tomaten, Wurzelgemüse, Zucchini.

Harmoniert mit Basilikum, Estragon, Glänzender Studentenblume, Kerbel, Majoran, Monarde, Petersilie, Wiesenknopf.

Koreanischer Fenchel *A. rugosa*

Die unverwüstliche, niedrige und buschig wachsende Staude trägt spitze Ähren aus blau-violetten Blüten. Ihre herzförmigen, gezackten Blätter wirken rauer als die des Anisysops.

MINZE
Mentha-Arten

Die Minzen gehören mit ihrem süßen Duft und dem gleichzeitig kühlenden und scharfen Aroma zu den weltweit beliebtesten Kräutern. Sie stammen aus Südeuropa und aus der Mittelmeerregion, haben sich jedoch schon seit langem an das mitteleuropäische Klima angepasst. Da sich die Arten und Sorten gerne kreuzen, gibt es eine verwirrende Namensfülle, doch kann man grob zwischen Grüner Minze und Pfefferminze unterscheiden.

Frische Blätter
Die am weitesten verbreitete Minze, die Grüne Minze oder Spearmint *(M. spicata)*, hat spitz zulaufende Blätter und blüht im Spätsommer zartlila. Man kann die Blätter das ganze Jahr über ernten, kurz vor der Blüte ist der Gehalt an ätherischen Ölen jedoch am höchsten. Ihr Aroma verdankt die Minze dem Menthol, das im Gaumen eine kühlende und betäubende Wirkung erzeugt.

In der Küche

Minzen finden weltweite und vielseitige Verwendung. Frische und getrocknete Minze können sich in den Rezepten meist nicht gegenseitig ersetzen.

Frische Minze

In der westlichen Küche gibt man Minze zu Auberginen, Erbsen, Karotten, Kartoffeln, Tomaten und Zucchini. Sie passt ausgezeichnet zu Huhn, Kalb, Schwein und dem traditionellen Frühlingslamm, sei es als Marinade, Minzgelee, Mint Sauce oder als Salsa. Die Sauce Paloise (eine Béarnaise mit Minze statt Estragon) eignet sich gut zu gegrilltem Fisch und Huhn.

Im Vorderen Orient gehört Minze in Tabbouleh und als Teil einer Mezze in die Schale mit frischen Kräutern und Salatgemüse. In Vietnam gibt man sie in Salat und zu den Kräutern, die getrennt zu Frühlingsrollen gereicht werden. Auch in südostasiatischen Dipsoßen, Sambals und Currys findet sich Minze. In der iranischen kalten Gurkensuppe mit Jogurt ist Minze ideal wegen ihrer kühlenden Noten. Aus ähnlichem Grund geben die Inder Minze in Chutneys und Raitas. In Gemüse- und Fleischgerichten bildet dort Minze oft das kühlende Gegengewicht zu scharfen

GETROCKNETE BLÄTTER
Bei der im Handel erhältlichen getrockneten Minze handelt es sich meist um Grüne Minze. Ihr Aroma ist scharf und konzentriert, doch ohne die Süße der frischen Minze.

Gewürzen. In vielen Gegenden Südamerikas wird Minze mit Chilis, Petersilie und Oregano als Gewürz in langsam gekochte Speisen gegeben; in Mexiko gibt man etwas Minze in Fleischbällchen und zu Huhn.

Der erfrischende Effekt von Minze hebt den Geschmack von Obstsalat oder Fruchtpunsch, und er gehört zu Pimm's und Mint Julep. Mit Minze lässt sich ein überraschend gutes Eisparfait herstellen, und auch in etliche Schokoladendesserts und -kuchen passt Minze hervorragend.

Harmoniert mit Basilikum, Bockshornklee, Dill, Gerbersumach, Ingwer, Kardamom, Kreuzkümmel, Majoran und Oregano, Nelken, Paprika, Petersilie, Pfeffer, Thymian.

Getrocknete Minze

Rund um das östliche Mittelmeer und in den arabischen Ländern verwendet man Minze oft lieber getrocknet als frisch. In Griechenland gibt man getrocknete Minze – manchmal mit Oregano und Zimt – in Keftedes (Fleischbällchen) und in gefüllte Weinblätter. Auf Zypern würzt man die österlichen Flaounes, ein Quarkgebäck, mit Minze, und auch Cacik, der türkische Gurkensalat mit Jogurt, schmeckt am besten mit getrockneter Minze. Manche türkischen und iranischen Gerichte werden kurz vor dem Auftragen mit in Olivenöl oder Butter angeschwitzter getrockneter Minze gewürzt, z. B. Linsen- und Bohnensuppe, Lamm- oder Gemüse-Eintöpfe.

Weitere Minzen

Die größte Bedeutung für die Küche haben die Grüne Minze und ihre Verwandten. Die Pfefferminze und ihre Sorten sind für die meisten kulinarischen Verwendungen zu scharf. Seit ewigen Zeiten schon schätzt man die verdauungsfördernde Wirkung der Minze, was auch ihre Beliebtheit erklärt, sei es in den türkischen, iranischen und indischen Jogurtgetränken, den in kleinen Gläsern servierten marokkanischen Pfefferminztees und den französischen Tees, denen zum Teil Lindenblüten beigemischt sind.

Marokkanische Minze *M. s. 'Moroccan'*

Diese Sorte hat kräftig grüne Blätter und weiße Blüten. Sie besitzt ein feines würziges Aroma und ist weniger süß als Grüne Minze. Für Tee und alle Gerichte mit Minze.

'Bowles Apfel-minze'

M. suaveolens

Die Apfelminze hat weiche, be-haarte, runde Blätter; die lila Blüten stehen in Quirlen. Nach dem Schneiden welkt sie schnell. Sie hat ein sehr feines Aroma, sollte jedoch wegen der behaar-ten Blätter nur fein gehackt verwendet werden. Geeignet für alle Gerichte.

Apfelminze *M. suaveolens*

Die runzeligen Blätter der Apfelminze sind – wie die ganze Pflanze – mit einem Flaum überzogen. Die dichten Blütenähren sind blassrosa. Die Pflanze riecht fruchtig zart nach Minze und reifem Apfel und hat ein gutes Aroma. Blätter nur fein gehackt verwenden.

Weitere Sorten und Arten
Pfefferminze (*M. x piperita*)
Die robuste Pflanze hat längliche, grüne, etwas behaarte Blätter. Sie schmeckt ziemlich intensiv und scharf. Man verwendet sie sparsam in Desserts, Erfrischungsgetränken und Tee. Angebaut wird sie wegen ihres Öls.
Taschkent-Minze (*M. suaveolens* 'Tashkent') Diese Sorte trägt große Blätter und dunkelrosa Blüten. Sehr kräftig in Duft und Aroma. Wie Grüne Minze zu verwenden.
Ananas-Minze (*M. suaveolens* 'Variegata') Kleiner als Apfelminze, die hellgrünen Blätter weisen einen cremefarbenen Rand auf. Junge Blätter duften nach Tropenfrüchten, ältere Blätter schmecken mehr nach Minze. Junge Blätter eignen sich für Salate, Getränke und Fruchtdesserts.
Basilikum-Minze (*M. x piperita* 'Basil') Die dunkelgrünen, violett überhauchten Blättern duften würzig und haben eine leichte Basilikum-Note. Passt gut zu Auberginen, Zucchini und Tomaten.
Japanische Minze (*M. arvensis* subsp. *piperascens*) Diese Minze hat flaumige, graugrüne Blätter und rosa Blütenquirle am Stängel. Sie ist scharf im Aroma, doch recht mild im Geschmack. Hoher Mentholgehalt.
Poleiminze (*M. pulegium*) Die Pflanze wächst je nach Sorte aufrecht oder auch kriechend. Sie riecht stark nach Pfefferminze, schmeckt aber bitter. Mit Vorsicht zu verwenden.

Schokoladenminze *M. x piperita* 'Chocolate'

Sie besitzt dunkelgrüne bis violette Blätter und duftet nach »After Eight«. Passt gut für Schokoladendesserts und als Garnitur für Eiscreme und Sorbets.

Dunkle Minze

M. x piperita
An tiefvioletten Stängeln stehen die dunkelgrünen, violett überhauchten Blätter. Sie schmeckt leicht scharf.

Amerikanische Bergminze

Pycnanthemum pilosa
Diese zierliche Pflanze ist zwar keine Mentha-Art, doch eignen sich die jungen Blätter und Blüten als Minze-Ersatz. Sie ist jedoch bitterer.

BERGMINZE
Calamintha-Arten

Diese mit dem Salbei verwandten aromatischen Stauden verdienen einen höheren Bekanntheitsgrad. Wichtigste Vertreterin ist die Echte Bergminze, *C. nepeta,* auch Nepitella genannt. Die Waldbergminze, *C. menthifolia,* duftet weniger, eignet sich aber auch als Küchenkraut. Die Blätter der prächtigen Großblütigen Bergminze, *C. grandiflora,* eignen sich für Tee.

In der Küche

Nepitella ist in Sizilien und Sardinien ein beliebtes Küchenkraut, aber auch in der Toskana, wo man damit Gemüse und besonders Pilzgerichte würzt. In der Türkei wird sie wie eine milde Minze verwendet. Sie passt zu Braten, Ragouts, Wild und gegrilltem Fisch, in Füllungen für Gemüse und Fleisch und in Marinaden und Soßen.

Zum Kochen verwendet man frische Blätter, für Aufgüsse getrocknete. Die Art *C. grandiflora* hat große, seicht gelappte Blätter.

Passt zu Auberginen, Blattgemüse, Bohnen, Fisch, Kaninchen, Kartoffeln, Linsen, Pilzen, Schwein.

Harmoniert mit Chili, Knoblauch, Lorbeer, Minze, Myrte, Oregano, Petersilie, Pfeffer, Salbei, Thymian.

Frische Zweige

Die Bergminze wächst buschig verzweigt und trägt ein flaumiges, graugrünes Blattwerk. Sie bringt den ganzen Sommer über zartlila oder weiße Blüten hervor.

KATZENMINZE
Nepeta cataria

Zu dieser Staudengattung gehört auch die weit verbreitete Blauminze, *Nepeta* x *faassenii*, die sich jedoch nicht als Würzkraut eignet. Die attraktive Gewöhnliche Katzenminze stammt aus dem Kaukasus und Südeuropa und ist häufig verwildert. Ihr minzeähnlicher Geruch versetzt Katzen in einen glückseligen Zustand – doch nur, wenn die Blätter gequetscht werden und das Aroma freisetzen.

In der Küche

Früher hatte Katzenminze als Küchenkraut eine größere Bedeutung als heute, nur in Italien wird sie noch in Salaten, Suppen, Eierspeisen und Gemüsefüllungen verwendet. Zweifellos erhält grüner oder gemischter Salat durch einige der scharfen Blätter eine besondere Würze. Das kräftige Aroma passt zu fettreichem Fleisch wie Ente oder Schwein. Hauptsächlich wird sie aber für Kräutertee verwendet.

Frische Zweige

Die graugrünen, herzförmigen Blätter der Katzenminze sind mit weißem Flaum überzogen. Die Blüten sind weißlich bis fliederfarben mit roten Pünktchen auf der Unterlippe.

KNOBLAUCH
Allium sativum

Knoblauch stammt aus den Steppen Zentralasiens und verbreitete sich zunächst im Vorderen Orient. Er war eine der ersten Kulturpflanzen, doch wurde er zunächst für medizinische und kultische Zwecke verwendet – mit Ausnahme des Alten Ägypten, wo Knoblauch bereits in Mengen verzehrt wurde. Schon die ersten Siedler brachten ihn als Heilpflanze auch nach Amerika. Er senkt nachweislich den Blutdruck und den Cholesteringehalt.

Frische Knollen
Zu Beginn der Saison sind junge, frische Knoblauchknollen saftig und mild und haben eine weiche, dicke, weiße Schale.

AROMA

Ungekocht schmeckt getrockneter Knoblauch beißend scharf, frischer Knoblauch ist milder. Das Allicin, das den Knoblauchgeruch im Atem verursacht, bildet sich beim Hacken von rohem Knoblauch. Durch Anbraten verringert sich der Allicingehalt, dafür entwickeln sich weniger stark riechende Disulfidoxide.

VERWENDETE TEILE

Knollen.

KAUF UND LAGERUNG

Knoblauch ist das ganze Jahr über erhältlich. Hat bereits der Neuaustrieb eingesetzt, müssen die unverdaulichen grünen Triebe entfernt werden. Knoblauch muss kühl und trocken lagern. Der Handel bietet gefriergetrocknete Knoblauchflocken, Knoblauchgranulat und Pulver an. Knoblauchpaste gibt es tiefgekühlt.

ANBAU UND ERNTE

Knoblauch wird über die Tochterzwiebeln vermehrt. Er gedeiht am besten in nährstoffreichem, frischem Boden an einem sonnigen Platz. Er ist ausdauernd oder zweijährig, extrem robust und überlebt sogar lange Frostperioden. Man erntet ihn, wenn der Stängel austrocknet und zur Seite knickt. Die ganze Pflanze wird aus der Erde gezogen und im Schatten zum Trocknen aufgehängt.

In der Küche

Die Schale lässt sich leicht entfernen, indem man die Knoblauchzehen mit der flachen Klinge eines schweren Messers presst. Nach dem Schälen kann man sie leicht in einem Mörser zerstoßen. Vermeiden Sie Knoblauchpressen, sie können den Geschmack unangenehm scharf machen.

Ganze mitgekochte Zehen schmecken süß und nussartig; wird Knoblauch hingegen in Scheiben geschnitten mitgekocht, schmeckt er schärfer. Ebenso hinterlässt eine ganze in Öl gedünstete Zehe, die anschließend entfernt wird, ein zarteres Aroma als eine zerstoßene Zehe. Knoblauch darf nie anbrennen, sonst schmeckt er bitter und scharf.

Im Ganzen gebratener Knoblauch passt als Beilage zu neuen Kartoffeln oder Wurzelgemüse. Die europäische Küche gibt Knoblauch an gebratenes Huhn oder Lamm, schmort ihn in Wein, püriert, blanchiert oder dünstet ihn. In Spanien kommen junge gebratene Knoblauchtriebe in Tapas. Roher Knoblauch würzt Salate und wird mit Tomate und Öl auf Brot gerieben. Zerstoßen ergibt er mit Eigelb und Öl eine Aïoli oder mit Nüssen und Basilikum ein Pesto. In Asien gehört er zu Zitronengras, frischem Ingwer, Koriander, Chilis und Sojasoße. Man verwendet ihn in Wok-Gerichten, Currypasten, Sambals und Nam Prik. In Kuba kommt er, mit Kreuzkümmel und Zitrussaft vermischt, in die allgegenwärtige Mojo-Soße. Für Knoblauchöl muss die Knolle für einige Tage in das Öl eingelegt werden, Knoblauchessig muss mindestens zwei Wochen ziehen. In Korea und Russland wird Knoblauch süßsauer eingelegt.

Passt zu fast allem Pikanten.

Harmoniert mit den meisten Kräutern und Gewürzen.

Zwiebeln

GETROCKNETE ZEHEN
Getrocknete Knoblauchzehen können je nach Sorte eine weiße, rosa oder violette Schale haben.

KNOBLAUCH *ist eine der ältesten Kulturpflanzen. Trotz seines oft abgelehnten starken Geruchs und Geschmacks wurden*

seine heilsamen und magischen Eigenschaften nie angezwei-
felt. Am beliebtesten ist er in Südostasien und Europa.

Knoblauch-Verwandte

Mehrere Pflanzen haben ähnliche aromatische Qualitäten
wie Knoblauch. Der Schlangen-Knoblauch, auch Rocambole
oder Echte Rokkenbolle, ist ein naher Verwandter des
Lauchs. Der in Europa heimische Bärlauch kommt
dem Knoblauch im Geschmack am nächsten. Die riesigen Zehen des
Acker-Knoblauchs, *A. ampeloprasum,* sind möglicherweise für echte
Liebhaber zu mild, und der nordamerikanische wilde Knoblauch,
A. canadense, liegt geschmacklich zwischen Knoblauch und Lauch.

Rocambole
A. sativum var. *ophioscorodon*

Rocambole oder Schlangen-Knoblauch stammt aus dem Norden Großbri-
tanniens. Die Stängel zwirbeln sich während des Wachstums spiralförmig,
und die fliederfarbenen Blüten weichen violetten, kleinen Brutzwiebeln.
Alle Teile sind essbar: die spitzen Blätter als Schnittlauch,
die erbsengroßen Nebenzwiebeln und die Zwiebel im
Sommer wie Knoblauch. Alle Teile schmecken
milder als Knoblauch.

Bärlauch *A. ursinum*

Bärlauch wächst fast überall in Europa wild. Die Blätter ähneln
denen von Maiglöckchen, riechen wie wilder Knoblauch, schmecken aber milder. Er gedeiht gut in Kultur, aber er wuchert stark.
Die Blätter werden zu Frühlingsbeginn geerntet, danach erscheinen die stärker riechenden, weißen, sternförmigen Blüten;
die Knollen haben das kräftigste Aroma. Am besten schmecken
die frischen Blätter in Salat, über Kartoffelgerichte mit Eiern
gestreut, in Suppen, Sahne- oder Jogurtsoßen, in einem
Risotto mit Spargel oder Morcheln, kurz angebraten
zu Spinat oder um ein Fischfilet gewickelt.

WINTERHECK-ZWIEBEL *Allium fistulosum*

Ursprünglich stammt die Winterheckzwiebel aus Sibirien. Es handelt sich um die häufigste Zwiebelart in Asien. Im Herbst wird sie bei uns als Schnittlauchersatz angeboten. In europäischen Kochbüchern wird sie meist als Lauchzwiebel bezeichnet, orientalische Kochrezepte sprechen hingegen oft von Frühlingszwiebeln *(A. cepa)*. Diese sehen zwar ähnlich aus, haben aber einen anderen Geschmack.

In der Küche

Winterheckzwiebeln werden zum Würzen und als Gemüse verwendet. In der Küche des Orients sind sie, oft in Kombination mit Knoblauch und Ingwer, unverzichtbar. Man gibt sie zu Fleisch, Fisch, Meeresfrüchten und Geflügel und braucht sie für viele Suppen, Eintöpfe und Schmorgerichte. Gewöhnlich fügt man sie, selbst bei Wok-Gerichten, erst am Ende der Garzeit hinzu, um Farbe und knackige Konsistenz zu bewahren. Fein gehackt kommen sie auch bei uns, ebenfalls kurz vor Ende der Garzeit, in Eintöpfe oder Gerichte mit Kartoffeln und Bohnen. Roh bieten sie Ersatz für Frühlingszwiebeln.

Passt zu Eiern, Fisch und Meeresfrüchten, Fleisch, Geflügel, den meisten Gemüsen.
Harmoniert mit Chili, Galgant, Ingwer, Kerbel, Knoblauch, Koriander, Petersilie, Perilla, Zitronengras.

Frische Stängel

Die asiatischen Formen der Winterheckzwiebel schmecken kräftiger als die europäischen. Die meisten sind zwar grün, manche Arten haben aber rosa Stängel.

AROMA

Winterheckzwiebeln haben, wenn sie geschnitten werden, nur ein schwaches Zwiebelaroma. Der Zwiebelgeschmack ist deutlich, jedoch mild.

VERWENDETE TEILE

Der leicht verdickte, untere weiße Blattabschnitt und grüne Blätter.

KAUF UND LAGERUNG

Falls Sie Winterheckzwiebeln auf dem Markt entdecken, achten Sie darauf, dass das Laub weder welk noch gelblich ist. Nach der Ernte halten sich die Zwiebeln etwa eine Woche im Gemüsefach des Kühlschranks. Damit sich ihr Geruch nicht auf andere Nahrungsmittel überträgt, sollten sie gut eingepackt werden.

ANBAU UND ERNTE

Winterheckzwiebeln sind winterhart und ausdauernd. Man zieht sie aus Samen in gut durchlässigem, humusreichem Boden, am besten satzweise, um fortlaufend ernten zu können. Sie bilden keine Zwiebeln aus, nur die Blätter sind zur Basis hin leicht verdickt. Die Pflanzen werden nach 5–6 Wochen geerntet, wenn sie etwa 25 cm hoch sind. Die echte orientalische Frühlingszwiebel hat runde, hohle Blätter, während die Winterheckzwiebel flaches Laub besitzt.

AROMA

Alle Teile des Schnittlauchs haben ein leichtes Zwiebelaroma und einen würzigen Zwiebelgeschmack.

VERWENDETE TEILE

Stiele und Blüten.

KAUF UND LAGERUNG

Schnittlauch zu trocknen ist sinnlos, doch fein geschnitten und eingefroren behält er sein Aroma recht gut und kann – noch gefroren – direkt verwendet werden.

ANBAU UND ERNTE

Schnittlauch wächst grasähnlich in dichten Horsten aus röhrenförmigen, kräftig grünen Stängeln, die kleine runde, rosa oder violette Blütenstände hervorbringen. Er ist winterhart, ausdauernd, wächst auf jedem Boden, muss aber wegen der kleinen, dicht unter der Erdoberfläche liegenden Zwiebelchen gut gewässert werden. Die Pflanze stirbt im Winter ab, erscheint aber zeitig im Frühjahr wieder. Am besten immer abschneiden, nicht herausziehen, und immer vom Rand aus schneiden, um den Ballen ordentlich zu halten. Damit der Wurzelstock kräftig bleibt, einige Spitzen stehen lassen.

SCHNITTLAUCH
Allium schoenoprasum

Dieser kleinste Angehörige der Zwiebelfamilie mit dem zartesten Aroma entstammt nördlichen gemäßigten Breiten. Als Wildpflanze kommt er seit langem in ganz Europa und Nordamerika vor, doch wurde er in Europa vermutlich erst seit dem frühen Mittelalter kultiviert. Erst im 19. Jh. entwickelte er sich zum beliebten Würzkraut.

In der Küche
Schnittlauch sollte nie gekocht werden, denn dadurch verflüchtigt sich sein Geschmack. Mit dem Messer oder der Küchenschere klein geschnitten, kann man ihn großzügig über allerlei Salate und Gerichte streuen. Mit seinem zarten Zwiebelaroma, der knackigen Konsistenz und dem frischem Grün darf er in keinem Kartoffelsalat, den wenigsten Suppen und auf keinen Fall in Kräutersoßen fehlen. Gebackene Kartoffeln mit Butter oder Sauerrahm sind ohne Schnittlauch nicht denkbar. Jogurt mit Schnittlauch ergibt eine frische Soße zu gegrilltem Fisch. Die attraktiven großen Blüten schmecken angenehm leicht nach Zwiebel und machen sich gut auf Salat oder zu Omelett. Unentbehrlich ist er in Fines Herbes.
Passt zu Avocados, Eierspeisen, Fisch und Meeresfrüchten, geräuchertem Lachs, Kartoffeln, Sahnequark, Wurzelgemüse, Zucchini.
Harmoniert mit Basilikum, Estragon, Fenchel, Kerbel, Koriander, Myrrhenkerbel, Paprika, Petersilie.

Frische Schlotten
Schnittlauch sollte knackig, nicht schlaff sein. Nach dem Schneiden rasch verbrauchen.

CHINALAUCH
Allium tuberosum

Der Chinalauch, Schnittknoblauch oder Knolau ist in Zentral- und Nordasien beheimatet, wächst aber auch im subtropischen China, in Indien und Indonesien. Die Pflanzen haben im Gegensatz zu dem röhrenförmigen Laub unseres Schnittlauchs flache Blätter, die sternförmigen Blüten sind weiß.

In der Küche

Klein geschnitten kann Chinalauch schnell blanchiert und zu Schweinefleisch oder Geflügel serviert werden. Man würzt damit Frühlingsrollen und gibt ihn, damit er sein Aroma behält, in letzter Minute in Wok-Gerichte mit Rindfleisch, Garnelen, Tofu und vielen Gemüsen. Gebündelt wird er in Teig getaucht und frittiert. Blühender Chinalauch wird als eigene Gemüsevariante verkauft. In China und Japan mahlt man die Blüten und verwendet sie mit Salz als Gewürz. Gebleichter Chinalauch ist eine beliebte, aber teure Delikatesse; man gibt ihn in letzter Minute an Suppen, Nudelgerichte und gedünstetes Gemüse. Blühende Stängel und Blätter von Chinalauch machen sich gut in einer Flasche mit Weißweinessig.

Blätter und Blütenstängel

In Asienläden bekommt man Chinalauch oder Schnittknoblauch (japanisch Nira) als dunkelgrüne Blätter, gebleicht oder als Stängel mit Knospen.

Geruch und Geschmack von Schnittsellerie erinnern an Petersilie, gepaart mit etwas Schärfe und einer bitteren Note. Chinesischer Sellerie schmeckt ähnlich. Wasserfenchel hat einen frischen Geschmack, wobei die Petersiliennoten dominanter sind als die angenehme Bitterkeit des Selleries.

VERWENDETE TEILE

Blätter, Stängel und Früchte (Samen).

KAUF UND LAGERUNG

Schnittsellerie und die Blätter des Staudenselleries halten sich 4–5 Tage. Chinesischer Sellerie wird häufig mit Wurzeln verkauft und hält, wenn er im Ganzen aufbewahrt wird, eine Woche. Wasserfenchel hält sich 1–2 Tage. Bewahren Sie alle in Kunststoffbeuteln im Kühlschrank auf. Samen bewahren ihr Aroma im luftdichten Behälter bis zu 2 Jahre.

ANBAU UND ERNTE

Der natürliche Lebensraum des Selleries sind feuchte Wiesen, doch lässt er sich im Garten leicht aus Samen ziehen, wobei er viel Feuchtigkeit braucht. Die Blätter lassen sich die ganze Saison über ernten. Wasserfenchel wächst wild in Südostasien. In Mitteleuropa hält man ihn am besten als Topfpflanze, da er wuchert.

SELLERIE
Apium graveolens

Wilder Sellerie, auch Eppich genannt, ist eine alte europäische Kulturflanze, aus der im 17. Jh. der Staudensellerie (Stangensellerie) und der Knollensellerie gezüchtet wurden. Schnittsellerie ähnelt dem wilden Sellerie noch am meisten. Chinesischer Sellerie hat hellgrüne Blätter, ähnlich denen des Bleichselleries. Der nicht verwandte Wasserfenchel oder Vietnamesische Sellerie, *Oenanthe javanica,* hat aufrecht stehende Stängel mit kleinen gesägten Blättern; er darf nicht mit der giftigen europäischen Wassermelisse, *O. crocata,* verwechselt werden.

Schnittsellerie *A. graveolens*

Schnittsellerie sieht wie dunkelgrüne, glänzende glatte Petersilie aus. Die dicht buschige Pflanze bringt an aufrechten Stängeln eine Vielzahl an Blättern hervor.

SAMEN
Selleriesamen riechen und schmecken weitaus intensiver als das Kraut. Sie schmecken durchdringend, würzig, mit einem Hauch von Muskat, Zitrus und Petersilie und hinterlassen einen etwas bitteren, brennenden Nachgeschmack.

In der Küche

Schnittsellerie wird in den Niederlanden und in Belgien wie unsere Petersilie als Garnitur verwendet oder kurz vor dem Servieren einem Gericht beigegeben. Er ist eines der Kräuter, die in die traditionelle Grüne Soße zu Aal gehören. In Frankreich gilt er als Suppenkraut; in Griechenland würzt man damit Fisch- und Fleischkasserollen. Schnittsellerie hat den Vorteil, dass man statt einer ganzen Selleriestange einzelne Blätter für ein Bouquet garni, Suppen und Eintöpfe abpflücken kann.

Chinesischer Sellerie wird zum Würzen und als Gemüse verwendet. Selten wird er roh verzehrt. Die Stängel gibt man in Stücke geschnitten in Wok-Gerichte. In ganz Südostasien würzen Blätter und Stängel Suppen, Schmorgerichte, Reis und Nudeln.

Stangensellerie und Knollensellerie werden als Gemüse roh oder gekocht verzehrt, aber die Blätter eignen sich gleichfalls zum Würzen. Durch Kochen verlieren alle Arten von Sellerie etwas von ihrer Bitterkeit, ihre übrigen aromatischen Eigenschaften bleiben jedoch erhalten. Wasserfenchel ist in Vietnam wegen seines milden Geschmacks ein sehr beliebtes Salatkraut; kurz angedünstet gibt man ihn in Suppen, zu Fisch und Hühnergerichten. Die Thai-Küche verwendet ihn ähnlich und serviert ihn roh zu Larp oder blanchiert zu Nam Prik. Die Japaner verwenden ihn für Sukiyaki und würzen auch Tomatensalat damit.

In Russland und Skandinavien schätzt man die Samen als Suppengewürz. In Indien kombiniert man in Currys Selleriesamen mit Tomaten. Probieren Sie Selleriesamen in Kohlgerichten, Eintöpfen und Brot. Die Samen werden meist ganz verwendet, weil sie so winzig sind. Sparsam verwenden, das Aroma ist stark.
Passt zu Fisch, Gurke, Huhn, Kartoffeln, Kohl, Reis, Sojasoße, Tofu, Tomaten.
Harmoniert mit Ingwer, Koriandergrün, Kreuzkümmel, Kurkuma, Nelken, Petersilie, Pfeffer, Senf.

Chinesischer Sellerie

A. graveolens
Chinesischer Sellerie (Kun Choi) sieht wie ein zierlicher Stangensellerie aus. Die Stängel sind dünn und hohl.

Bittere oder herbe Kräuter

Liebstöckel ist stark aromatisch und ähnelt dem Sellerie (im Französischen heißt
er auch Céleri bâtard, also
falscher Sellerie), ist jedoch
herber, mit Moschustönen
und Anis-, Zitronen- und
Hefenoten. Geruch und
Geschmack sind
unverwechselbar und
durchdringend.

VERWENDETE TEILE

Blätter, Stängel, Wurzeln,
Samen.

KAUF UND LAGERUNG

Samen und gemahlene
getrocknete Wurzeln sind im
Feinkosthandel erhältlich.
Saatgut oder Pflanzen werden in Gartenmärkten angeboten. Die Blätter können
jederzeit geerntet werden. In
einer Kunststofftüte im Kühlschrank halten sie 3–4 Tage.
Die Stängel schneidet man
knapp über dem Boden ab,
die äußeren zuerst. Wenn
die Samen braun werden,
hängt man die eingetüteten
Fruchtstände kopfüber zum
Trocknen auf. Die Samen
halten sich 1–2 Jahre.

ANBAU UND ERNTE

Die ausdauernde Staude
wird aus Samen oder durch
Teilung des Wurzelstocks
gezogen. Sie gedeiht im
Schatten wie in der Sonne,
doch brauchen die tief rei-
chenden Wurzeln frischen,
nährstoffreichen, gut durchlässigen Boden. Die Pflanze
zieht im Winter ein, ist aber
extrem winterhart.

LIEBSTÖCKEL
Levisticum officinale

Liebstöckel oder Maggikraut stammt aus Westasien und Südeuropa,
wo es seit der Römerzeit verwendet wird; außerhalb Europas kam es
als Gewürzkraut nie in Mode. Wildformen und Kulturformen lassen
sich nicht voneinander unterscheiden. Lange schon ist es auch anderswo heimisch – selbst in Australien. In Italien wird es mit Ligurien in
Verbindung gebracht – der lateinische Name soll eine Verballhornung
von »ligusticum« oder »ligurisch« sein. Angeblich brachten bereits
die Pilgerväter Liebstöckel mit nach Amerika.

Frische Stiele
Liebstöckel wächst zu einem hohen,
stattlichen Doldengewächs mit recht
großen, dunkelgrünen gefiederten
Blättern und gefurchten, hohlen
Stängeln heran. Die riesigen Dolden
setzen sich aus kleinen, aber attraktiven
gelben Blüten zusammen, die im
Spätsommer viele Samen bilden.

In der Küche

Liebstöckel lässt sich wie Sellerie oder Petersilie in fast jedem Gericht verwenden, schmeckt aber viel kräftiger als die beiden und muss sparsam dosiert werden. Seine Schärfe verliert sich etwas beim Kochen.

Die Blätter, gehackten Stängel und Wurzeln passen gut an Schmorgerichte, Suppen und Eintöpfe. Für einige Diäten kann es praktisch sein, dass Liebstöckel als Salzersatz fungieren kann. Aus jungen Blättern lässt sich eine gute, einfache Suppe kochen, eventuell ergänzt durch Kartoffeln, Karotten oder Topinambur. Oft werden Eintöpfe aus Meeresfrüchten mit dem Kraut

gewürzt. Die Blätter passen in Blattsalate, und ältere Blätter geben Bohnen- oder Kartoffelgerichten Farbe und schmecken in Geflügelfüllungen.

Es lohnt sich, eine mit Liebstöckel gewürzte Kartoffel- und Kohlrübengratin zu probieren, ebenso Kartoffelgebäck mit Liebstöckel und Cheddar oder Gruyère sowie sahnige Gemüse-Aufläufe mit Liebstöckel. Die Samen werden ganz oder gemahlen in Pickles, Soßen, Marinaden, Brot und Gebäck verwendet. Die hohlen Stängel können blanchiert und als Gemüse gegessen werden.

Passt zu Äpfeln, Eiergerichten, Hülsenfrüchten, Karotten,

Kartoffeln und anderem Wurzelgemüse, Lamm, Mais, Pilzen, Räucherfisch, Reis, Sahnequark, Schwein, Speck, Tomaten, Thunfisch, Zucchini, Zwiebeln.
Harmoniert mit Chili, Dill, Knoblauch, Kümmel, Lorbeer, Oregano, Petersilie, Schnittlauch, Thymian, Wacholder.

SAMEN
Die winzigen gerieften und aromatischen Samen schmecken ähnlich den Blättern, doch haben sie zusätzlich einen wärmenden Charakter mit einem Anklang an Nelken.

GETROCKNETE BLÄTTER
Getrocknet oder eingefroren behalten die Blätter nahezu ihre gesamte Würzkraft. Die getrockneten schmecken stärker nach Hefe und Sellerie als die frischen.

YSOP
Hyssopus officinalis

Der niedrige, winterharte Halbstrauch mit nahezu immergrünem Laub stammt ursprünglich aus Nordafrika, Südeuropa und Westasien. Die hübsche, kompakt wachsende Pflanze ist seit langem in Mittel- und Westeuropa verwildert. Die Römer bereiteten daraus einen Kräuterwein, und im frühen Mittelalter wurde Ysop in den Klostergärten als Arznei- und Gewürzpflanze gezogen.

In der Küche

Ysopblätter und junge Triebe eignen sich als Gewürz in Salaten (die Blüten als rustikale Garnitur) oder Suppen. Besonders gut schmeckt das Kraut in Kaninchen-, Zicklein- und Wildragouts. Reibt man fettreiches Fleisch wie Lamm damit ein, wird es besser verdaulich. Seit langem wird Ysop zum Aromatisieren von nicht alkoholischen Erfrischungsgetränken sowie von Digestiven und Likören verwendet. Sehr gut schmeckt er in Obstkuchen und Kompotten, in Sorbets und Desserts mit Aprikosen, Sauerkirschen, Pfirsichen und Himbeeren. Auch Zuckersirup für ein Fruchtdessert bekommt durch einen mitgekochten Zweig Ysop Aroma.

Passt zu Aprikosen, Eierspeisen, Hülsenfrüchten, Karotten, Kohl, Kürbis, Pfirsichen, Pilzen, Roten Beten, Wild.

Harmoniert mit Kerbel, Lorbeer, Minze, Petersilie, Thymian.

Frische Zweige
Ysop immer sparsam verwenden, sonst übertönt er andere Aromen.

BLÄTTER
Blätter wie Blüten behalten auch getrocknet viel von ihrer Würzkraft. Die winzigen Blüten haben ein zarteres Aroma als die Blätter.

ZICHORIE
Cichorium intybus

Die Zichorie hat keinen Geruch. Sie sondert einen milchigen Saft ab, der Inulin enthält und für die Bitterkeit sorgt – was bei den knackigen jungen Blättern angenehm, bei älteren herb schmeckt. Die Blüten sind überhaupt nicht bitter.

VERWENDETE TEILE

Junge, grüne Blätter; Blüten.

KAUF UND LAGERUNG

Samen und junge Pflanzen bekommt man im Gartencenter oder beim Gemüsegärtner. Die Blätter halten sich in einer Kunststofftüte im Gemüsefach des Kühlschranks 2–3 Tage. Blüten müssen sofort verwendet werden.

ANBAU UND ERNTE

Zichorie lässt sich in fast jedem durchlässigen Boden, in dem sich die tief gehende Pfahlwurzel entwickeln kann, aus Samen ziehen. Die hellgrünen Blätter sind an der Basis sehr breit und verschmälern sich zur Spitze hin. Bis in den Herbst hinein erscheinen die großen hellblauen, gänseblümchenartigen Blüten, die nur für einen Tag aufgehen und sich bereits am Nachmittag schließen. Ein Auszwicken der Blütenstände fördert das Blattwachstum.

Die Zichorie oder Wegwarte ist eine Staude mit sparrigem Wuchs, die aus dem Mittelmeerraum und Kleinasien stammt. Die heute angebauten Formen haben ihren Ursprung im 16. Jh. Mit der Zeit entstanden daraus zwei ganz verschiedene Typen: Im späten 18. Jh. zogen die Niederländer die Wurzeln für billigen Kaffee-Ersatz. Als koffeinfreier Ersatz war Zichorienkaffee auch in der Nachkriegszeit in Deutschland verbreitet. Mitte des 19. Jahrhunderts züchteten belgische Gärtner den Chicorée. Verwandt sind Radicchio sowie Fleischkraut.

In der Küche

Junge Blätter werden als Salat gegessen; die essbaren Blüten können als dekoratives Element in Speisen dienen. Ältere Blätter werden kurz blanchiert und dann in gekochten Speisen verwendet – für Salat sind sie nicht mehr geeignet. **Passt zu** frischem Käse, allen Blattsalaten, Nüssen. **Harmoniert mit** Kerbel, Kresse, Koriander, Süßdolde, Petersilie, Portulak, Wiesenknopf.

Frische Blätter

Zichorie (oder Wegwarte) wächst in fast ganz Europa und in weiten Teilen Asiens wild. Im Garten wird sie zur Blütezeit bis 1 m hoch.

OREGANO UND MAJORAN

Origanum-Arten

Oregano und Majoran sind niedrige Halbsträucher oder Sträucher aus der Familie der Lippenblütler. Sie stammen aus der Mittelmeerregion und aus Vorderasien. Die Pflanzen werden häufig verwechselt, denn das Wort »Oregano« wird oft als Oberbegriff für einen bestimmten Geschmacks- und Aromatypus verwendet. Allerdings vertragen sich die eng miteinander verwandten Kräuter in der Küche überhaupt nicht.

Dost, Wilder Majoran

O. vulgare
Die Art hat rötliche, unten verholzte Triebe. Die mittelgrünen Blätter sind an der Unterseite behaart; die Blüten sind dunkelrosa, weiß oder rosa.

GETROCKNETE BLÄTTER
Getrocknet sind Majoran- und Oregano-Blätter viel aromatischer und würzkräftiger als frische. Einige Oregano-Sorten werden getrocknet unter dem griechischen Namen »Rigano« angeboten.

AROMA

Der Grundgeschmack ist angenehm scharf und bitter mit einer Kampfernote. Bei Majoran kommt selbst in gemäßigtem Klima eine feine süße Würze hinzu. Oregano ist derber, pfeffriger und etwas beißend, häufig mit einem Anklang an Zitrone. In kühleren Regionen nehmen diese Eigenschaften ab.

VERWENDETE TEILE

Blätter, Blütenknöspchen.

KAUF UND LAGERUNG

Majoran und Oregano bekommt man in allen Gärtnereien und Gartenmärkten. Zum Trocknen erntet man die Stängel nach der Knospenbildung und hängt sie in Büscheln an einem luftigen Ort auf. Die abgerebelten Blätter werden luftdicht verschlossen aufbewahrt. In Supermärkten bekommt man Oregano häufiger getrocknet als frisch. Getrocknet hält er sich ein Jahr.

ANBAU UND ERNTE

Am besten zieht man die Kräuter aus Samen heran. Sie verlangen durchlässigen Boden und viel Sonne. Ein Zurückschneiden vor dem Winter verhindert, dass die Pflanzen struppig wachsen. Die Blätter können jederzeit geerntet werden. Zum Trocknen erntet man unmittelbar nach der Knospenbildung. Obwohl Majoran ein winterharter Halbstrauch ist, wird er meist ein- oder zweijährig gezogen.

In der Küche

Oregano ist in vielen italienischen Gerichten zu einer unverzichtbaren Zutat geworden, vor allem in Pastasoßen, Pizza und zu gebratenem Gemüse. Die Griechen lieben ihn zu Souvlaki, gebratenem Fisch und griechischem Salat. In Mexiko würzt er Bohnengerichte, Burritos, Taco-Füllungen und Salsas. In ganz Spanien und Lateinamerika gibt man ihn in Fleischragouts und zu Braten, Suppen und überbackenem Gemüse. In Verbindung mit Paprika, Kreuzkümmel und Chili würzt er Chili con Carne und andere Tex-Mex-Eintöpfe mit Fleisch. Sein kräftiges Aroma passt gut zu allem Gegrillten und in Füllungen, herzhafte Suppen, Marinaden, Gemüse-Eintöpfe, sogar in Hamburger; auch aromatisiert er Öle und Essige.

Das feinere Aroma des Majoran geht beim Kochen verloren: Man gibt ihn erst im letzten Moment zu. Er passt in Salate, Eiergerichte und Pilzsoßen, zu Fisch und Geflügel. In Füllungen schmeckt er delikater als Oregano. Aus frischem Majoran kann man ein Sorbet herstellen. Für Salate, zu Mozzarella und Frischkäse lassen sich Blätter und Blütenknospen verwenden.

Passt zu Anchovis, Artischocken, Auberginen, Blumenkohl, Bohnen, Eiern, Ente, Fisch und Muscheln, Geflügel, Huhn, Kalb, Karotten, Kartoffeln, Käsespeisen, Kohl, Kürbis, Lamm, Mais, Paprikaschoten, Pilzen, Schwein, Spinat, Tomaten, Wild, Zucchini.
Harmoniert mit Basilikum, Chili, Knoblauch, Kreuzkümmel, Lorbeer, Paprika, Petersilie, Rosmarin, Salbei, Gerbersumach, Thymian.

Echter Majoran *O. majorana*

Majoran, auch Wurstkraut genannt, hat graugrüne, flaumig behaarte Blätter. Die weißen Blüten sitzen in dichten Quirlen. Er schmeckt feiner und etwas süßer als Oregano und sollte nie lange mitgekocht werden.

scharfe und würzige Kräuter

Verwandte Origanum-Arten

Neben dem bekannten Oregano und dem Majoran gibt es eine Vielzahl anderer *Origanum*-Arten und Pflanzen mit ähnlichen Eigenschaften. Geruch und Geschmack werden von der jeweiligen Konzentration der ätherischen Öle Carvacrol und Thymol bestimmt. Carvacrol ist für den typischen Oregano-Geruch verantwortlich, den höchsten Anteil haben der Griechische Oregano und einige mexikanische Arten.

Diptamdost *O. dictamnus*

Diese nur in Kreta und Südgriechenland heimische Pflanze wird weniger groß als die meisten anderen Arten und hat dicke, silbergraue Blätter und dunkelrosa Blüten. Im Geschmack erinnert sie stark an Majoran und passt gut zu gegrilltem Fisch.

Französischer Majoran *O. onites*

Dieser eigentlich in Spanien, auf Sizilien und auf dem Balkan heimische Zwergstrauch hat hellgrüne, flaumige Blätter und weiße oder rosa Blüten. Als enger Verwandter unseres Majorans schmeckt er weniger süß, aber schärfer.

Griechischer Oregano

O. heracleoticum (O. v. hirtum)

Diese auch Wintermajoran genannte Pflanze ist in Südosteuropa und Westasien heimisch. Wegen seiner dunkelgrünen, schwärzlichen Farbe wird er in der Türkei manchmal als Schwarzer Oregano bezeichnet. Er hat kleine weiße Blüten, wird höher und schmeckt pfeffriger als die meisten anderen Origanum-Arten. Dieser Typ wird in Griechenland und der Türkei als wichtiges Exportgut für Europa und die USA angebaut.

Weitere »Oregano«
Einige andere Pflanzen werden ebenfalls wie Oregano verwendet und unter diesem Namen verkauft: **Jamaica-Thymian** (*Plectranthus amboinicus*)Die zarte und intensiv duftende Staude stammt aus Malaysia und wird heute in den Tropen weithin angebaut. Ihre prickelnd scharfen, länglichen, dicken Blätter schmecken roh sehr gut; auf den Philippinen und in Kuba würzt man damit vor allem Schwarze Bohnen.

Sie lässt sich gut aus Stecklingen ziehen und liebt Halbschatten. Ebenfalls als »Oregano« gehandelt werden *Poliomintha longiflora* und *Monarda fistulosa* var. *menthaefolia*. Diese wachsen im Südwesten der USA und in Mexiko, wo man sie ihrer Schärfe wegen schätzt. In der Küche sind Kreuzkümmel und Koriander ihre natürlichen Partner. **Golpar,** ein oft fälschlich als Majoran- oder Engelwurzsamen beschriebenes iranisches Gewürz, ist eigent-

lich der Samen des in der Osttürkei und im Iran anzutreffenden *Heracleum persicum*. Golpar hat ein kräuterähnliches, balsamartiges Aroma mit Anklängen an Hefe. Im Geschmack ist es zunächst süßlich, gefolgt aber von einer anhaltend bitteren Note. Wird es mitgekocht, überwiegt der süßliche Charakter. Man verwendet es in Suppen (eine der besten wird mit Granatapfel-Melasse gewürzt), Eintöpfen, Pickles und zu Dicken Bohnen und Kartoffeln.

Goldblättriger Oregano

O. vulgare 'Aureum'
Diese schmückende Sorte ergibt einen hübschen Bodendecker mit dichtem gelbem bis hellgrünem Laub.
Sie kann wie normaler Oregano verwendet werden, ist aber milder.

Mexikanischer Oregano

Lippia graveolens
Die attraktive Pflanze trägt graugrüne, ovale Blätter und cremeweiße Blüten. Sie ist mit der Zitronenverbene verwandt und enthält einen hohen Anteil an ätherischen Ölen.

Syrischer Oregano *O. syriacum*

Diese Art wird im Vorderen Orient als Küchenkraut gezogen. Sie erinnert in der Schärfe an Thymian, Majoran und Oregano, ist aber beißender. Gelegentlich wird diese Art als Za'atar verkauft (*S. 102*).

ROSMARIN
Rosmarinus officinalis

Stark aromatisch, wärmend und pfeffrig, harzig und etwas bitter, mit Noten von Kiefernnadeln und Kampfer. Im Geschmack erinnert Rosmarin an Muskat und Kampfer, der Nachgeschmack ist holzig, balsamartig und herb. Sobald die Blätter geschnitten werden, verflüchtigt sich das Aroma.

VERWENDETE TEILE

Die kleinen, nadelförmigen Blätter, Zweige, Blüten.

KAUF UND LAGERUNG

Pflanzen kann man in Gärtnereien kaufen oder selbst aus Stecklingen ziehen. Frische Zweige aus dem Laden halten sich mehrere Tage im Kühlschrank oder eingestellt im Wasserglas. Da Rosmarin das ganze Jahr über zu bekommen ist, macht er getrocknet wenig Sinn, obwohl er das Aroma gut hält und man die Blätter leicht zerreiben kann.

ANBAU UND ERNTE

Rosmarin lässt sich nur schwer aus Samen, aber leicht aus Stecklingen oder Ausläufern ziehen. Er braucht leichten, durchlässigen Boden und viel Sonne, bevorzugt an einem geschützten Platz. Relativ kräftiger Rückschnitt im Frühling fördert einen buschigen Wuchs. Die hübschen kleinen Blüten sind meist blau, manchmal rosa oder weiß. Blätter und Zweige können jederzeit entnommen werden.

Rosmarin ist ein dichter, immergrüner, aber nicht immer winterharter Strauch aus der Mittelmeerregion, der seit langem in den gemäßigten Klimazonen Europas und Amerikas angebaut wird. Im frühen 9. Jh. nahm ihn Karl der Große bereits in seine berühmte Liste *Capitulare de villis* als eine der Pflanzen auf, die in den königlichen Ländereien des karolingischen Reiches anzupflanzen waren. Rosmarin wird traditionell in Kräutersträußen, als Einstreu und als Räucherkraut verwendet.

Frische Blätter
Rosmarinblätter können zäh sein, deshalb sollte man sie für Gerichte, in denen sie mitgegessen werden, besser hacken.

In der Küche

Rosmarin hat ein kräftiges und derbes Aroma. Da sich dies auch durch Kochen nicht abschwächt, sollte man ihn sparsam verwenden. In der mediterranen Küche gibt man ihn gern zu Gemüse, das in Olivenöl gebraten wird; in Italien ist er zu Kalbfleisch beliebt. Ganze Zweige kann man in Marinaden, besonders für Lamm, geben. Legt man beim Grillen Zweige unter Fleisch oder Geflügel, verströmen sie ein delikates Räucheraroma. Ältere, kräftige Zweige eignen sich als Kebabspieße oder als Büschel zum Beträufeln während des Bratens. Rosmarin schmeckt sehr gut in salzigem wie süßem Gebäck, ebenso in Brot. Junge Zweige würzen Olivenöl, man kann sie für Desserts in Milch, Sahne oder Sirup und auch in Limonade ziehen lassen. In Eiswürfeln eingefrorene Blüten sind hierfür eine hübsche Garnitur.

Schön, aber umständlich herzustellen sind kandierte Rosmarinblüten.
Passt zu Aprikosen, Auberginen, Eiern, Fisch, Frischkäse, Geflügel, Kalb, Kaninchen, Kartoffeln, Kohl, Kürbis, Lamm, Linsen, Orangen, Pastinaken, Pilzen, Schwein, Tomaten, Zwiebeln.
Harmoniert mit Bohnenkraut, Knoblauch, Lavendel, Liebstöckel, Lorbeer, Minze, Oregano, Petersilie, Salbei, Schnittlauch, Thymian.

Kräuter der Provence

Die Kräutermischung wird frisch oder getrocknet zu Fleisch, Wild, Gemüse und Tomatengerichten verwendet. Die hier gezeigte Variante enthält Rosmarin, Thymian, Majoran, Bohnenkraut und Lorbeer (*Rezept S. 281*).

SALBEI
Salvia-Arten

Diese aromatischen Sträucher oder Halbsträucher stammen vorwiegend aus der nördlichen Mittelmeerregion und gedeihen auf warmen, trockenen Böden. Durch die Farbenvielfalt der runzligen, samtigen Blätter – vom blassen Graugrün über silbern oder golden schimmerndes Grün bis hin zum Violettgrün – wird Salbei als attraktive Gartenpflanze ebenso geschätzt wie als unschätzbare Bereicherung der Gewürzpalette.

Echter Salbei *S. officinalis*

Es gibt breit- und schmalblättrige Typen des Echten Salbeis. Junge, grüne Blätter sind weniger scharf als die älteren grauen. Schmalblättriger Salbei hat hübsche zartlila, blaue oder weiße Blüten. Breitblättrige Formen sind wenig blühfreudig.

AROMA

Salbei kann mild, moschusartig und balsamartig oder stark kampferähnlich sein und herbe Noten mit angenehmer Würze haben. Generell sind Sorten mit mehrfarbigen Blättern milder als der Echte Salbei. Getrockneter Salbei ist kräftiger als frischer und kann bitter und seifig schmecken.

VERWENDETE TEILE

Blätter, frisch oder getrocknet. Alle Salbei-Arten haben attraktive Lippenblüten, mit denen sich schön garnieren lässt.

KAUF UND LAGERUNG

Frische Salbeiblätter soll man am besten gleich nach dem Pflücken verwenden. Nach dem Kauf kann man sie, in Küchenpapier eingeschlagen, nur wenige Tage im Gemüsefach des Kühlschranks aufbewahren. Getrockneter Salbei hält sich vor Licht geschützt und luftdicht verschlossen bis zu 6 Monate.

ANBAU UND ERNTE

Salbei gedeiht am besten auf warmen, trockenen Böden. Die Intensität des Aromas hängt von Boden und Klima ab. Die Blätter werden von Frühling bis Herbst geerntet. Nach der Blüte schneidet man die Pflanzen zurück. Sorten mit violetten, zwei- und dreifarbigen Blättern (*S. 97–99*) sind weniger ausdauernd als Echter Salbei. Ananas-Salbei (*S. 98*) ist frostempfindlich.

In der Küche

Salbei fördert die Verdauung fett- und ölhaltiger Speisen. In Großbritannien würzt man Schweinefleisch, Gans und Ente sowie Füllungen mit Salbei. Salbei ist ein ausgezeichnetes Gewürz für Schweinswürste, in Deutschland besonders auch für Aal. Die Griechen verwenden ihn in Fleischragouts und zu Geflügel, aber ebenso als Tee. In Italien gibt man Salbei an Leber und Kalb (im Saltimbocca alla Romana) und würzt damit Foccaccia und Polenta; für eine köstliche Pastasoße werden einige Blätter kurz in Butter erhitzt. Wegen des kräftigen Aromas ist Salbei sparsam zu verwenden.

Passt zu Äpfeln, Käse, Tomaten, Zwiebeln, Gerichten aus Trockenbohnen.
Harmoniert mit Bohnenkraut, getrocknetem Ingwer, Knoblauch, Kümmel, Liebstöckel, Lorbeer, Majoran, Paprika, Petersilie, Sellerieblättern, Thymian.

Purpursalbei

S. officinalis 'Purpurascens'
Dieser Salbei hat moschusähnliche, würzige Töne und ist etwas weniger scharf als Echter Salbei. Er blüht selten, doch wenn, dann nehmen sich die blauen Blüten vor den Blättern wunderschön aus.

Bouquet garni für Fleisch

Zu jedem Gericht lässt sich ein derartiges Kräuterbündel zusammenstellen. Eine schmackhafte Kombinationen für Fleischragouts sind Zweige von Thymian, Salbei, Schnittsellerie und Petersilie (*Rezepte S. 280*).

Weitere Salbei-Arten

Man kennt vom Salbei viele Arten und Kulturformen. Die Sorten wurden überwiegend der Farbe der Blätter oder der Blüten wegen ausgelesen. Alle eignen sich als Gewürz, und jede Art hat ihr eigenes Aroma. Einige sind milder und schmecken deutlich fruchtig: Namen wie Honigmelonen-, Ananas- oder Johannisbeer-Salbei weisen bereits auf die Duftnoten hin. Muskateller-Salbei, eine stattliche zweijährige Pflanze mit großen, runzligen Blättern, wird zum Aromatisieren von Muskatellerwein verwendet.

S. o. 'Tricolor'

Dieser wohl auffälligste Salbei trägt graugrün und cremeweiß gemaserte, rosa getuschte Blätter und blaue Blüten. Das Aroma ist recht mild.

Schwarzer-Johannisbeer-Salbei

S. microphylla

Zerrieben duften die Blätter stark nach Schwarzer Johannisbeere; der Geschmack ist allerdings weniger stark. Im Spätsommer erscheinen weinrote Blüten.

Griechischer Salbei *S. fruticosa*

Die großen graugrünen, mit Flaum überzogenen Blätter dieser Sorte sind stark aromatisch mit harzigen Noten. In der Küche sparsam oder als Tee zu verwenden.

Muskatellersalbei
S. sclarea

Der Duft dieser aromatischen zweijährigen Pflanze erinnert an Muskattrauben; das Blatt schmeckt leicht bitter und balsamartig. Die Blätter können frittiert werden.

S. o. 'Icterina'

Diese Sorte hat hübsche, goldgrün gemusterte Blätter, trägt aber selten Blüten. Im Geschmack ist sie bedeutend milder als Echter Salbei.

Ananas-Salbei *S. elegans*

Diese nicht winterharte Art entwickelt sich zu einem großen Strauch. Die langen Blätter duften deutlich nach Ananas, doch ihr Geschmack ist schwächer. Im Herbst erscheinen leuchtend rote Blüten.

THYMIAN
Thymus-Arten

Die ganze Pflanze verströmt beim Reiben einen angenehm erdigen, pfeffrigen Duft. Der Geschmack ist würzig mit Noten von Nelke und Minze, einem Hauch Kampfer und einem erfrischenden Nachgeschmack.

Thymian ist ein ausdauernder, immergrüner Halbstrauch mit kleinen, aromatischen Blättern. Er stammt aus dem Mittelmeerraum und wächst auf den warmen, trockenen Hügeln seiner Heimat wild; dort ist er weitaus aromatischer als die wild wachsenden Formen kühlerer Regionen. Wilder Thymian neigt zum Verholzen und zu struppigem Wuchs; die kultivierten Sorten haben zartere Zweige. Es gibt hunderte verschiedene, jede etwas anders im Aroma.

VERWENDETE TEILE

Blätter und Zweige; Blüten zum Garnieren.

Gartenthymian   *T. vulgaris*

Der in der Küche am häufigsten verwendete Gartenthymian ging durch Auslese aus dem mediterranen wilden Thymian hervor. Er bildet einen kräftigen Halbstrauch mit graugrünen Blättern und weißen oder blassrosa Blüten. Es gibt zahlreiche Sorten, darunter die englischen »breitblättrigen« und die französischen »schmalblättrigen« Typen.

KAUF UND LAGERUNG

Gärtnereien bieten viele Sorten des Gartenthymians an; prüfen Sie durch leichtes Reiben, ob sie duften. Garten- und Zitronenthymian bekommen Sie frisch auf dem Markt. Frische Blätter halten sich in einer Kunststofftüte im Kühlschrank bis zu einer Woche. Getrockneter Thymian behält sein Aroma den ganzen Winter über.

ANBAU UND ERNTE

Alle Thymian-Arten brauchen lockeren, sandigen Boden und möglichst viel Sonne. Sie gedeihen besonders gut zwischen Steinen, in oder auf einer Trockenmauer und im Steingarten. Am einfachsten lassen sie sich durch Teilung der Wurzelstöcke vermehren. Die Blätter werden ganz nach Bedarf gepflückt – je öfter desto besser. Zum Trocknen kurz vor der Blüte ernten.

In der Küche

Thymian zählt in vielen Küchen Europas und des Vorderen Orients zu den wichtigsten Gewürzen. Im Gegensatz zu den meisten anderen Kräutern verträgt er langes, langsames Kochen. Zurückhaltend eingesetzt verstärkt er die Aromen anderer Kräuter, ohne sie zu übertönen; in Eintöpfen und Kasserollen verträgt er sich gut mit Zwiebeln, Bier oder Rotwein. Ohne Thymian ist jeder französische Eintopf, vom Pot-au-feu bis zum Cassoulet, undenkbar, ebenso in Spanien, Mexiko und Latein-Amerika, wo sich zu Thymian oft Chili gesellt. Weithin verwendet man Thymian als Gewürz in Pasteten und Terrinen, kräftigen Gemüsesuppen, Soßen auf Tomaten- und Weinbasis und in Marinaden für Schweinefleisch und Wild. In Großbritannien würzt er Füllungen, Pasteten und Hasenpfeffer. Unentbehrlich ist Thymian in den meisten Bouquets garnis.

Passt zu Auberginen, Hülsenfrüchten, Kaninchen, Karotten, Kartoffeln, Kohl, Lamm, Lauch, Mais, Tomaten, Waldpilzen, Zwiebeln.
Harmoniert mit Basilikum, Bohnenkraut, Chilis, Knoblauch, Lavendel, Lorbeer, Majoran, Muskat, Nelken, Oregano, Paprika, Petersilie, Piment, Rosmarin.

Zitronenthymian *T. citriodorus*

Dieses kleine, kompakte Sträuchlein, das sich mit altrosa Blüten schmückt, gibt Fisch und Meeresfrüchten, Brathähnchen oder Kalb ein frisches Zitronenaroma. Zitronenthymian passt auch in Gebäck, Brot und Obstsalat. Nach dem Gartenthymian ist Zitronenthymian in der Küche die wichtigste Sorte.

Weitere Thymian-Arten

Die Sorten des Gartenthymian (*T. vulgaris*) und des Zitronenthymian (*T. citriodorus*) sowie andere Arten bieten der Küche vielerlei Aromen. Mit dem arabischen Namen Za'atar werden im Vorderen Orient sowohl Thymian als auch *Thymbra spicata* und andere Kräuter mit einem Aroma aus dem Thymian-Bohnenkraut-Oregano-Umfeld bezeichnet: Syrischer Oregano (*S. 93*), Persischer Thymian (*S. 103*) und Thryba (*S. 106*). Jeder davon kann mit Sesam und Gerbersumach zur gleichfalls Za'atar genannten Gewürzmischung kombiniert werden.

Kümmelthymian *T. herba-barona*

Diese auf Korsika und Sardinien heimische, teppichbildende Pflanze hat rote, kriechende Stängel mit schmalen, glänzenden Blättchen und rosa Blüten. Sie weist eine leichte Kümmelnote auf, die gut zu Wurzelgemüse, Käsegerichten und Sahnesoßen passt.

Feldthymian *T. serpyllum*

Diese auch Quendel genannte Art findet man im gesamten Mittelmeergebiet und ebenso in Mittel- und Nordeuropa. Sie schmeckt milder als Gartenthymian und kann frisch über Salat oder gegrilltes Gemüse gestreut werden.

Za'atar *Thymbra spicata*

Der Strauch mit dunklem Laub ähnelt mehr dem Bohnenkraut. Mit seinen auffallenden, dicht beieinander stehenden Blüten ergibt er eine hübsche Steingartenpflanze, doch ist er außerhalb seiner Heimat, dem Nahen Osten, nicht zuverlässig winterhart.

Persischer Thymian *T. capitatus*

Die arabische Bezeichnung für diese Art lautet
Za'atar farsi, also Persischer Thymian.
Im Vorderen Orient ist dies der am
häufigsten verwendete Thymian.

Mehrfarbiger Thymian

T. c. 'Golden Queen'

Dieser goldgrün panaschierte Thymian ist mild im Geschmack. Das Aroma der einzelnen Thymian-Arten wird
von der Zusammensetzung ihrer ätherischen Öle bestimmt.

Orangen-Thymian

T. c. 'Fragrantissimus'

Die Blätter lassen sich
anstelle von Orangenschale
verwenden.

Thymian mit Zitronenduft

T. sp. 'Lemon Mist'

Diese nach Zitrone duftende Züchtung besitzt
schmale Blättchen und bildet kugelförmige
Polster. Man verwendet sie in Salaten und
zum Aromatisieren von Tee. Gibt man einige
gehackte Blätter in den letzten Kochminuten
zu Suppen, erhalten diese eine köstliche
Würze.

BOHNENKRAUT

Satureja-Arten

Das hocharomatische Bohnenkraut, auch Kölle oder Pfefferkraut genannt, war eines der schärfsten Aromen, ehe andere Gewürze Europa erreichten. Das Sommerbohnenkraut (*S. hortensis*) ist im östlichen Mittelmeerraum und im Kaukasus heimisch, das Winterbohnenkraut (*S. montana*) in Südeuropa, der Türkei und Nordafrika. Mit den Römern kamen beide über die Alpen.

AROMA

Bohnenkraut schmeckt pfeffrig und etwas brennend. Sommerbohnenkraut hat einen feinen Kräuterduft. Der Geschmack ist angenehm pikant, leicht harzig und erinnert an Thymian, Minze und Majoran. Winterbohnenkraut hat ein intensiveres, durchdringenderes Aroma, mit Noten von Salbei und Kiefernnadeln.

VERWENDETE TEILE

Blätter und Zweige, Blüten zum Garnieren und für Salate.

KAUF UND LAGERUNG

Bohnenkraut ist zusammen mit Buschbohnen als Bund auf dem Markt erhältlich, Pflanzen im Topf werden in Gärtnereien angeboten. Sommerbohnenkraut hält sich in einer Kunststofftüte im Kühlschrank 5–6 Tage. Ganz oder gehackt eingefroren behält Bohnenkraut sein Aroma. Zum Trocknen hängt man die Stängel an einem luftigen, dunklen Ort auf.

ANBAU UND ERNTE

Sommerbohnenkraut ist einjährig, Winterbohnenkraut mehrjährig und immergrün. Beide lassen sich aus Samen ziehen. Winterbohnenkraut kann man durch Teilung im Frühling vermehren. Beide bevorzugen lockeren, durchlässigen und insbesondere Sommerbohnenkraut nährstoffreichen Boden und volle Sonne. Abschneiden der Blütenstände fördert das Wachstum.

Sommerbohnenkraut

S. hortensis
Diese einjährige Art mit schlankem, aufrechtem Wuchs hat sehr zarte, weiche graugrüne Blättchen und weiße oder zartlila Blüten.

FRISCHE ZWEIGE
Die Würzkraft der Blätter ist unmittelbar vor der Blüte am intensivsten.

In der Küche

Wegen ihrer Schärfe eignen sich beide Bohnenkraut-Arten gut als Gewürz für lange gegarte Fleisch- und Gemüsegerichte und Füllungen. Wie schon der Name sagt, wird Bohnenkraut gerne zu Bohnen gegeben: Sommerbohnenkraut vor allem an Busch-, Stangen- und Dicke Bohnen, beide an Weiße Bohnen und andere Hülsenfrüchte. Das Kraut passt auch gut zu Kohl, Wurzelgemüse und Zwiebeln, denn es mildert ihre starken Gerüche.

Oft gibt man Sommerbohnenkraut in Bouquets garnis zu Lamm-, Schweinefleisch- und Wildgerichten. Es eignet sich für fettreichen Fisch wie Aal und Makrelen. Fein gehackt kann man Bohnenkraut in Salate geben, vor allem in Kartoffel-, Bohnen- und Linsensalat.

Winterbohnenkraut wird rund um das Mittelmeer besonders intensiv verwendet. Man gibt fein gehackte Blätter in Suppen, Fisch-Eintöpfe, zu Frittiertem, Pizza, Kaninchen- und Lammgerichten.

Passt zu Bohnen, Eiern, Fisch, Hülsenfrüchten, Kaninchen, Kartoffeln, Käse, Kohl, Paprika, Roten Beten, Tomaten.

Harmoniert mit Basilikum, Knoblauch, Kreuzkümmel, Lavendel, Lorbeer, Majoran, Minze, Oregano, Petersilie, Rosmarin, Thymian.

Winterbohnenkraut 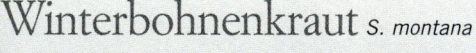 S. montana

Dieser winterharte Kleinstrauch trägt steife, glänzend dunkelgrüne Blätter und lavendelfarbene oder weiße Blüten. In der Verwendung sind beide Bohnenkraut-Arten nahezu austauschbar, doch sollte man sie mit Bedacht verwenden und Winterbohnenkraut in noch kleineren Mengen als Sommerbohnenkraut.

FRISCHE ZWEIGE
Die Blätter des Winterbohnenkrauts lassen sich vom Frühjahr bis in den späten Herbst ernten.

Weitere Bohnenkraut-Arten

Die Gattung Satureja umfasst viele Pflanzen mit scharfem, würzigem Aroma aus dem Minze-Thymian-Oregano-Spektrum; viele werden in ihren Herkunftsgebieten als Gewürzkraut verwendet. In der Umgangssprache kennt man dafür viele Bezeichnungen. Teilweise gibt es bei den Bezeichnungen Überschneidungen mit den Micromeria-Arten.

Indianerminze (*S. douglasii*)
Der hübsche Bodendecker entwickelt herzförmige, gesägte Blättchen und winzige weiße Blüten. Die Pflanze weist einen ziemlich künstlich anmutenden süßen Geruch mit Minzenoten (etwas wie Kaugummi) auf und hat einen minzeartigen, eher bitteren Geschmack. Die Indianer-minze ist in West- und Mittelamerika heimisch und wurde bereits von den Ureinwohnern als Gewürzkraut verwendet. In Kalifornien heißt sie Yerba buena (»gutes Kraut«), und man gießt damit – sparsam dosiert – einen Gesundheitstee auf. In Mexiko heißt jede minzeartige Pflanze, ob *Mentha*- oder *Satureja*-Art, Yerba oder Hierba buena.

Jamaicaminze (*S. viminea*) hat kleine ovale, glänzende, helle Blätter und riecht und schmeckt angenehm nach Minze. Heimisch in Mittelamerika und der Karibik, wächst die Art in den südlichen und westlichen Regionen der USA. In Trinidad und Tobago wird sie zum Würzen von Fleisch verwendet; anderswo offenbar eher für Tee.

Thryba *S. thymbra*

Dieser kleine Strauch, der auf Sardinien, Kreta und den Ägäischen Inseln sowie an der Westküste der Türkei wild vorkommt, wird auch Thymianblättriges Bohnenkraut genannt. Er duftet nach Thymian, Minze und Bohnenkraut und schmeckt angenehm scharf. Blätter und Blütenspitzen werden zum Würzen von Fleisch, Wild und Gemüse-Eintöpfen, für gegrilltes Fleisch und Olivenmarinaden verwendet.

FELSENLIPPE
Micromeria-Arten

Die Stauden oder Zwergsträucher der Gattung *Micromeria* sind in Südeuropa, dem Kaukasus, in Südwestchina und im westlichen Amerika heimisch. In diesen Gegenden schätzt man sie als Küchen- und Teekräuter. In Europa gedeihen Felsenlippen vor allem auf dem Balkan. Die Gattung *Micromeria* ist sind eng mit dem Bohnenkraut (*Satureja*-Arten, S. 104) verwandt, daher tragen die Arten teilweise identische oder anderweitig irreführende Pflanzennamen.

In der Küche

Das feinste Aroma hat die Art *M. thymifolia*: Sie schmeckt angenehm aromatisch mit zarten Thymian- und Bohnenkrautnoten. Auch ist sie reich an ungesättigten Fettsäuren. In Italien verwendet man die jungen Blätter zum Würzen von Suppen, Marinaden und Fettgebackenem, in Fleisch- und Gemüsefüllungen und zu Brathähnchen oder Täubchen. Fein gehackte Blätter gibt man in Pastasoßen oder bestreut damit vor dem Grillen Fleisch und Geflügel. In der Balkanküche werden die Blätter wie Thymian eingesetzt. Felsenlippe bringt das Aroma reifer Tomaten und von Frischkäse zur Geltung.

Aus *M. fruticosa* wird ein Tee, ähnlich wie Pfefferminztee, aufgegossen. Zwar gilt Pulegone, der Hauptbestandteil des ätherischen Öls dieser Pflanze, als giftig, doch in normalen Mengen verursacht der Tee keine gesundheitlichen Probleme. *M. croatica* ist diejenige Art, die sich am häufigsten im Sortiment deutscher Staudengärtnereien findet.

»Kaiserminze« *M. species*

Die »Kaiserminze« hat ein vernehmliches Aroma, ähnlich der Grünen Minze. Sie schmeckt leicht bitter und minzeartig.

AROMA

Das Aroma einiger Felsenlippen geht in die Richtung von Minze, andere ähneln dem von Thymian und Bohnenkraut. *M. juliana* hat ein dem Bohnenkraut vergleichbares Aroma, *M. fruticosa* ähnelt der Poleiminze *(S. 73)*.

VERWENDETE TEILE

Frische Blätter.

KAUF UND LAGERUNG

Felsenlippen gibt es als Frischware nicht zu kaufen. Pflanzen erhält man über spezialisierte Staudengärtnereien oder über Versandgärtnereien. Zweige halten in einer Kunststofftüte im Gemüsefach des Kühlschranks einige Tage.

ANBAU UND ERNTE

In der freien Natur siedeln sich *Micromeria*-Arten auf magerem Boden, an trockenen, exponierten Felswänden und auf steinigem Grasland an. Man kann sie aus Samen oder aus geteilten Wurzelstöcken ziehen, indem man sie in lehmiger Blumenerde in Pflanzgefäße oder in den Garten setzt. Mit ihrem buschigen Wuchs und den dünnen Stängeln mit weißen, roten oder dunkelroten Blüten, die aus den Blättern hervorschauen, ergeben sie attraktive Pflanzen für den Steingarten. Die Blätter kann man vom Frühjahr bis in den Herbst hinein ernten.

AROMA

Blätter, Wurzeln und unreife Samen haben alle das gleiche Aroma. Manche Menschen sind ganz süchtig nach seinem erfrischenden zitronigen Ingweraroma mit Salbei-Noten, die anderen fühlen sich an abstoßenden Wanzengeruch erinnert. Der Geschmack ist zart, aber komplex mit Anklängen von Pfeffer, Minze und Zitrone.

VERWENDETE TEILE

Blätter und Zweige, Wurzeln, Samen.

KAUF UND LAGERUNG

Frischen Koriander bekommt man beim Gemüsehändler und im Asienladen. Dort wird er häufig im Bund mitsamt den Wurzeln angeboten, aber man kann ihn auch selbst ziehen. Im Gemüsefach des Kühlschranks hält sich Koriander in einer Kunststofftüte 3–4 Tage. Tiefgefrorener Koriander behält das Aroma recht gut – er wird fein gehackt und in kleinen Gefäßen oder Eiswürfelbehältern mit etwas Wasser bedeckt eingefroren.

ANBAU UND ERNTE

Das einjährige Kraut lässt sich leicht aus Samen ziehen. Die Ernte erfolgt die ganze Saison über. Die Dolden stehen in dichten weißen oder rosa Blüten. Diese sollte man erst ganz reif ernten. Zum Trocknen hängt man die Stängel gebündelt und in einer Papiertüte verpackt kopfüber an einem warmen Ort auf.

KORIANDER
Coriandrum sativum

Der aus dem Mittelmeerraum und Vorderasien stammende Koriander wird heute weltweit angepflanzt. Er ist Küchenkraut und Gewürz in einem. Die asiatische, lateinamerikanische und portugiesische Küche schätzt besonders die frischen Blätter. Die Thai-Küche verwendet auch die dünne, spindelförmige Wurzel. In der westlichen Küche werden Frucht oder Samen als Gewürz verwendet. Im Vorderen Orient und in Indien finden Kraut und Samen Verwendung.

Frische Zweige
Koriander wurde im 16. Jh. von dem Kräuterkundler Gerard als »stinckend Kraut« bezeichnet, doch die Chinesen nennen ihn »duftende Pflanze«. Bis heute ruft das Kraut Abscheu oder Begeisterung hervor.

WURZELN
Die Wurzeln haben einen schärferen Geruch als die Blätter, mit einer leichten, zitronigen Note.

In der Küche

Korianderblätter werden, außer in einer Curry- oder ähnlichen Paste, immer am Ende der Garzeit zugegeben, denn starkes oder langes Kochen vermindert ihr Aroma. In fast ganz Asien werden Korianderblätter in großen Mengen in fein abgestimmten Suppen, Wok-Gerichten mit Ingwer und Frühlingszwiebeln, Currys und Schmorgerichten verwendet. Die Thai-Küche gebraucht die Wurzeln für Currypasten und kombiniert die Blätter mit Basilikum, Minze und Chilis. In Indien garnieren die Blätter viele schmackhafte Gerichte, und man mischt sie mit anderen Kräutern und Gewürzen in grünen Masala-Pasten. Indien und Mexiko lieben beide Koriander mit grünen Chilis in Chutneys, Relishes und Salsas. Auch die Mexikaner kombinieren Koriander mit Chilis, Knoblauch und Limettensaft zu einem Dressing für Gemüse oder als Fischsud. In Bolivien und Peru würzen Koriander, Chilis und Huacatay eine pfeffrige Tischsoße. Im Vorderen Orient ist Koriander Hauptbestandteil der scharfen jemenitischen Gewürzpasten Zhug und Hilbeh und wird mit Nüssen und Gewürzen, Zitronensaft und Olivenöl in Würzmischungen kombiniert. Die Portugiesen sind die einzigen, die weiterhin Koriander genau so verwenden wie schon im 16. Jh.: Sie essen ihn zu Kartoffeln, Dicken Bohnen und ihren ausgezeichneten Muscheln. Unentbehrlich ist er in Hilbeh, Zhug, Chermoula, Ceviche, Guacamole.
Passt zu Avocados, Fisch und Meeresfrüchten, Gurke, Hülsenfrüchten, Kokosmilch, Mais, Reis, Wurzelgemüse, Zitronen und Limetten.
Harmoniert mit Basilikum, Chilis, Dill, Galgant, Ingwer, Knoblauch, Minze, Petersilie, Schnittlauch.

Jemenitische Zhugpaste
Diese Mischung aus Chilis, Knoblauch, Koriander, Kreuzkümmel, Kardamom und manchmal kleinen Paprikaschoten wird als Würzsoße verwendet (*Rezept S. 290*).

CULENTRO
Eryngium foetidum

Die zarte zweijährige Pflanze wächst auf vielen karibischen Inseln wild und wird mal Shado Beni (Trinidad), mal Chadron Benee (Dominikanische Republik) oder Recao (Puerto Rico) genannt. In Europa ist sie nun unter Namen wie Sägeblattkraut, Stacheliger oder Mexikanischer Koriander angekommen, häufig findet sich auch die Schreibweise Culantro.

AROMA

Culentro besitzt ein intensives Aroma mit einem übel riechenden Beiton. Im Geschmack ist er erdig und ziemlich scharf – eine konzentrierte Variante des Korianders mit einem leicht bitteren Nachgeschmack.

VERWENDETE TEILE

Frische Blätter.

KAUF UND LAGERUNG

Pflanzen gibt es in spezialisierten Kräutergärtnereien und über Internetanbieter zu kaufen. Asienläden bieten manchmal gebündelte Blätter an, vereinzelt noch mit den Wurzeln. Sie halten 3–4 Tage im Kühlschrank. Die Blätter lassen sich gut einfrieren: Man entfernt die dicke Mittelrippe und püriert die Blattmasse mit etwas Wasser oder Sonnenblumenöl und friert sie dann ein.

ANBAU UND ERNTE

Culentro gedeiht am besten in durchlässigem Boden und im Halbschatten. Im Schatten entwickeln die Pflanzen größere, grünere und schärfer schmeckende Blätter, Sonne hingegen regt die Pflanze zur schnelleren Samenbildung an. Entfernen der Blütenstängel fördert dichteren Blattwuchs. Culentro hat lange, zähe Blätter mit gesägten Rändern. Man schneidet sie knapp über dem Boden.

In der Küche

In seinen Ursprungsländern würzt man leidenschaftlich gern mit Culentro: Weder darf er in den Fisch- und Fleischmarinaden Trinidads fehlen, noch im puertoricanischen Sofrito, einer Mischung aus Knoblauch, Zwiebeln, grünem Pfeffer, Chilis, Koriander und Culentro, welche die Basis vieler Gerichte dieser Insel bildet. In Mexiko gibt man ihn in Salsas. In Asien überdeckt man oft damit den Geruch des Rindfleischs, den viele Leute dort nicht schätzen. Man gibt ihn in den nordthailändischen Larp, ein feuriges Gericht mit kurz gebratenem oder rohem Rindfleisch mit Klebreis. In Vietnam finden sich junge Blätter immer in dem Schälchen mit frischen Kräutern, das jede Speise begleitet.

Harmoniert mit Chilis, Galgant, Kaffirlimetten, Knoblauch, Koriander, Minze, Petersilie, Zitronengras.

Frische Blätter
Falls die Blätter Stacheln haben, müssen diese entfernt werden, oder man kocht die Blätter. Culentro kann anstelle von Koriander verwendet werden, aber sparsamer dosiert.

RAU RAM
Polygonum odoratum (Persicaria odorata)

Rau Ram scheint sich als Name für dieses beliebte tropische Kraut aus Asien durchzusetzen, obwohl es auch als Vietnamesischer Koriander (Cilantro), Vietnamesisches Basilikum, Wohlriechender Knöterich und Laksablatt verkauft wird. Vietnamesische Emigranten brachten es um 1950 nach Frankreich und etwa um 1970 in die USA.

AROMA

Rau Ram riecht wie eine schärfere Variante des Korianders mit einer klaren Zitrusnote und schmeckt ähnlich: erfrischend mit einem scharfen, beißenden, pfeffrigen Nachgeschmack. Manche Menschen empfinden das Aroma als seifig.

VERWENDETE TEILE

Frische junge Blätter.

KAUF UND LAGERUNG

Pflanzen erhält man nur in spezialisierten Kräutergärtnereien, als Bund findet sich Rau Ram in Asienläden. In einer Kunststofftüte halten sich die Blätter – sofern sie beim Kauf frisch waren – im Gemüsefach des Kühlschranks 4–5 Tage.

ANBAU UND ERNTE

In seiner Heimat wächst Rau Ram wild als buschiges Kraut an Teich- und Bachufern. Die ausdauernde Pflanze wird hierzulande als Einjährige gezogen, ihre Winterhärte gilt als unsicher. Am besten gedeiht sie im Halbschatten und beginnt in nährstoffreichem, feuchtem Boden schnell zu wuchern. Die Stängelbasis neigt zum Verholzen. In den Tropen blüht die Pflanze rot oder rosa. Regelmäßiger Rückschnitt fördert den Blattwuchs. Für 2–3 Tage in Wasser gestellt, bilden die Stängel rasch Wurzeln, sodass man sie auspflanzen kann.

In der Küche

Rau Ram wird als Gewürz für Fisch, Meeresfrüchte, Geflügel und Schwein verwendet. Die Vietnamesen kennen einen ausgezeichneten Hühnersalat mit Kohl, der mit Rau Ram, Chilis und Zitronensaft gewürzt wird. Die Thailänder servieren die Blätter auch roh mit Nam Prik, oder sie schneiden sie fein und geben sie in Larp und Curries. Mit am häufigsten werden sie in Singapur und Malaysia als aromatische Garnitur für Laksa verwendet, eine würzige Fischsuppe mit Meeresfrüchten und Kokosmilch. Rau Ram wird wie Koriander verwendet. Fein geschnitten oder zerpflückt kommt es in Wok-Gerichte, Suppen und Nudeln. **Passt zu** Bohnensprossen, Eierspeisen, Fisch und Meeresfrüchten, Fleisch, Geflügel, Kokosmilch, Nudeln, roten und grünen Paprikaschoten, Wassernuss. **Harmoniert gut** mit Chilis, Galgant, Ingwer, Knoblauch, Salatkräutern, Zitronengras.

Frische Blätter

Rau Ram verträgt Kochen besser als Koriander und verleiht gekochten Gerichten, wenn es nach Ablauf der halben Garzeit hinzugefügt wird, ein feines Aroma. Die Blätter können eine Salatplatte bereichern.

RAUKE, RUCOLA
Eruca sativa

Die Rauke stammt aus Asien und Südeuropa und ist inzwischen auch in Nordamerika verwildert, wo sie Arugula heißt. Bis ins 18. Jh. war sie in Europa beliebt, danach verschwand sie aus den Küchen und Gärten – mit Ausnahme von Italien. Nach fast zwei Jahrhunderten erlebt sie nun ihre Wiederentdeckung und ist augenblicklich sowohl in Europa als in Nordamerika ein populärer Blattsalat.

In der Küche

Im Ganzen verwendet passen die Blätter in jeden gemischten Salat und Kartoffelsalat, oder man serviert sie als eigenständigen Salat, besonders mit einem Nussöl-Dressing. Raukeblätter können als duftendes Bett für andere Arten von Salat, für pochierte Eier oder gegrillte rote Paprika dienen. Rauke mit rohem Schinken schmeckt gut in einem Sandwich, mit Pilzen oder Käse gibt sie eine gute Ravioli-Füllung. In feine Streifen geschnittene Blätter passen, mit Butter verknetet, gut zu Meeresfrüchten oder in Kräutersoßen, vor allem für Pasta.

Passt zu Blattsalat, Kartoffeln, Salatkräutern, Tomate, Ziegenkäse.

Harmoniert mit Basilikum, Borretsch, Dill, Koriander, Kresse, Liebstöckel, Minze, Petersilie, Wiesenknopf.

Rucola *E. sativa*

Je länger die Blätter an der Pflanze bleiben, umso pfeffriger werden sie, doch sobald sich Blüten entwickeln, schmecken sie weniger intensiv.

Wilde Rauke *Diplotaxis muralis*

Wilde Rauke hat schmalere, tiefer eingeschnittene Blätter als ihr kultiviertes Gegen-
stück und schmeckt deutlich schärfer. Samen
erhält man in Gartenmärkten und bei
Kräutergärtnereien.

Türkische Rauke *Bunias orientalis*

Die Türkische Rauke, das Orientalische Zackenschötchen, wächst wild
in Teilen Europas und im Vorderen Orient. Sie hat ein scharfes, herbes
Aroma, ähnlich dem Meerrettich, mit einem Hauch Schwefel. Türkische
Läden verkaufen sie in großen Büscheln. Roh schmeckt sie weniger gut
als gegart, etwa in einer Gemüse-Frittata.

JAPAN. MEERRETTICH
Wasabia japonica

Diese Staude wächst entlang kalten Gebirgsbächen in Japan; neuerdings wurde mit ihrem Anbau in Kalifornien und Neuseeland begonnen. Ihr japanischer Name Wasabi bedeutet übersetzt Gebirgsmalve. Bei uns spricht man von Japanischem Meerrettich, was zum einen auf ihre Schärfe hinweist und zum anderen deutlich macht, dass es sich bei dem etwa 10–12 cm langen, knorrigen Rhizom um den essbaren Teil handelt.

AROMA

Der Japanische Meerrettich hat einen scharfen, brennenden Geruch, der in der Nase kitzelt, und einen beißend scharfen, aber frischen und reinigenden Geschmack. Getrocknete entwickelt er sein durchdringendes Aroma erst, wenn man ihn mit Wasser mischt und etwa 10 Minuten quellen lässt.

VERWENDETE TEILE

Das Rhizom, die unterirdische, verdickte Sprossachse.

KAUF UND LAGERUNG

Außerhalb Japans ist Wasabi selten frisch zu bekommen, allenfalls im Kühlfach eines Asienladens. Meist wird Japanischer Meerrettich entweder in der Tube als Paste oder in der Dose als Pulver verkauft. Frisch hält er sich in einer Kunststofftüte im Kühlschrank eine Woche lang. In Pulverform hält er sich mehrere Monate, kann dann aber einen schalen Nachgeschmack entwickeln. Einmal geöffnet, muss Wasabi-Paste kühl aufbewahrt werden; sie verliert ihre Würzkraft schneller als das Pulver.

ERNTE

Die Pflanze kann nur in kaltem, reinem, fließendem Wasser angebaut werden; erwerbsmäßiger Anbau erfolgt gewöhnlich auf gefluteten Terrassen, meist im Halbschatten. Die Produktion ist deshalb sehr kostspielig.

Frisches Rhizom
In Japan wird das frische Wasabi-Rhizom in Wasser verkauft. Unter der zähen, bräunlich grünen Rinde verbirgt sich blassgrünes Gewebe.

In der Küche

Japanischer Meerrettich verliert beim Kochen sein Aroma, deshalb wird er meist mit kalten Speisen serviert oder diesen beigegeben. In Japan begleitet er die meisten rohen Fischspeisen. Auf Sashimi- und Sushi-Platten befindet sich immer ein winziges Häufchen aus geriebenem Wasabi oder Wasabi-Paste, die dann je nach Geschmack mit einer Dipsoße auf Soja-Basis gemischt werden. Bei Sushi ist er sowohl Zutat als auch Garnierung zwischen rohem Fisch und Essigreis. Mit Sojasoße und Dashi (Brühe), ergibt Wasabi die beliebte Wasabi-Joyu-Soße. Dressings und Marinaden erhalten durch Wasabi eine pikante Schärfe. Eine Kräuterbutter mit Wasabi hält sich im Kühlschrank wochenlang und ergibt auf Tournedos oder anderem feinem Rindfleisch eine köstliche Abwechslung.

Passt zu Avocado, Meeresfrüchten, Reis, Rind, rohem Fisch.

Harmoniert gut mit Ingwer, Sojasoße.

GERIEBENES RHIZOM

In Japan wird das geschälte Wasabi-Rhizom auf einer flachen, dicht mit schmalen Zähnen bespickten Reibe fein gerieben. Man erhält sie aus Chromstahl, verzinktem Kupfer oder Kunststoff in Asienläden.

WASABI-PASTE

Weil Wasabi so teuer ist, wird der grober schmeckende Meerrettich, mit Senf und grünem Farbgeber vermischt, häufig als Wasabi-Paste oder -Pulver ausgegeben. Echte Paste kostet doppelt so viel wie falsche und hat ein früheres Verfallsdatum.

MEERRETTICH
Armoracia rusticana

Der winterharte, mehrjährige Meerrettich stammt aus Osteuropa und Vorderasien, wo er in den Steppen Russlands und der Ukraine wild vorkommt. Vermutlich begann auch seine kulinarische Verwendung in Russland und Osteuropa; von dort breitete er sich im frühen Mittelalter nach Mitteleuropa aus und später nach Skandinavien und Westeuropa. Der Meerrettich wird seit dem Mittelalter in den Klostergärten kultiviert und fehlt in keinem Bauerngarten. Um 1860 wurde Meerrettich im Glas eines der ersten Fertiggewürze.

AROMA

Frisch geriebener Meerrettich verströmt einen sehr scharfen, senfähnlichen Geruch, sodass die Augen tränen und die Nase zu laufen beginnt. Der Geschmack ist beißend scharf. Die Blätter riechen beim Zerreiben ebenfalls scharf, schmecken aber viel milder als die Wurzel.

VERWENDETE TEILE

Frische, junge Blätter, frische und getrocknete Wurzeln.

KAUF UND LAGERUNG

Frischen Meerrettich bekommt man von Oktober bis März auf dem Markt. Selbst angebauter Meerrettich hält sich monatelang in trockenem Sand eingeschlagen, gekaufte Stangen bleiben gut 2–3 Wochen in einer Kunststofftüte im Kühlschrank frisch, auch angeschnitten. Geriebener Meerrettich lässt sich einfrieren. Getrocknete Wurzeln werden als Pulver oder Flocken angeboten.

ANBAU UND ERNTE

Meerrettich wird aus Wurzelablegern, den Fechsern, vermehrt. Er gedeiht sehr gut in sandigem, durchlässigem Lehmboden, wuchert aber stark, daher setzt man die Pflanzen wie Minze in einen Topf ohne Boden. Geerntet wird in der Regel, nachdem die ersten Fröste das Kraut zum Absterben gebracht haben; die Wurzeln sind frostfest.

Frische Wurzeln
Schält man eine lange, dicke, gelbbraune Meerrettichwurzel, kommt weißes Gewebe zum Vorschein. Beim Reiben wird das überaus scharfe ätherische Öl freigesetzt, das allerdings schnell verfliegt und das Kochen nicht übersteht.

In der Küche

Frisch geriebener Meerrettich behält seine Farbe, wenn er mit etwas Zitronensaft beträufelt wird. Er schmeckt gut in Kartoffelsalat oder zu Wurzelgemüse und fördert die Verdauung von fettreichem Fisch. Er gehört traditionell zu Roastbeef, Sied- und Räucherfleisch, zu Rinderzunge und Würsten.

Mit Meerrettich lässt sich leicht eine Soße zubereiten, indem man ihn mit Sahne und Essig oder nur mit saurer Sahne und eventuell etwas Zucker verrührt. In Österreich kennt man den Apfelkren, ein Gemisch aus geriebenem Meerrettich und Apfel mit etwas Zitronensaft. Mit Aprikosenkonfitüre und etwas Senf gemischt, ergibt Meerrettich eine gute Schinkenglasur. Meerrettich, mit Butter und Senf verknetet, passt zu Maiskolben und Karotten. Grüner Salat bekommt durch ein paar untergemischte zarte, junge Blätter eine würzige Schärfe. Verarbeiteter Meerrettich wird mit der Zeit braun und verliert an Schärfe. Viele Fertigzubereitungen enthalten zu viel Zucker, wodurch das frische, scharfe Aroma überdeckt wird.

Passt zu Apfel, Avocado, fettreichem oder geräuchertem Fisch, Schinkenbraten oder Kochschinken, Kartoffeln, Meeresfrüchten, Rind, Roten Beten, Würsten.

Harmoniert mit Dill, Essig, Jogurt, Kapern, Sahne, Schnittlauch, Sellerie, Senf, Tomatenpüree.

GERIEBENE WURZEL

Damit Meerrettich nach dem Reiben weiß und scharf bleibt, beträufelt man ihn mit Zitronensaft. Bei den im Handel angebotenen Fertigzubereitungen wird hierfür Essig verwendet.

BRUNNENKRESSE
Nasturtium officinale

Brunnenkresse ist in Europa und Asien heimisch und in weiten Teilen Nordamerikas verwildert. Die ausdauernde, krautige Wasserpflanze aus der Familie der Kreuzblütler wächst am Grund von Quellbächen, nur die Triebspitzen steigen auf. Ihre Verwendung als Salat lässt sich bis zu den Persern, Griechen und Römern zurückverfolgen. Der erste Anbau ist seit 1630 in Erfurt-Dreienbrunnen dokumentiert.

VERWENDETE TEILE

Zweige und Blätter.

KAUF UND LAGERUNG

Saatgut von Kresse und Brunnenkresse findet man in Samenhandlungen und Gartenmärkten. Auf dem Markt und im Supermarkt wird Brunnenkresse gelegentlich, Gartenkresse dagegen fast immer angeboten. In einer Kunststofftüte im Gemüsefach des Kühlschranks hält sich Kresse 4–5 Tage. Die Blüten der Kapuzinerkresse sollten sofort verwendet werden. Im Herbst kann man Samen für die Aussaat im nächsten Jahr abnehmen.

ANBAU UND ERNTE

Brunnenkresse wächst an Quellen und fließenden, offenen Wasserläufen. Dies wird beim kommerziellen Anbau in Hydrokulturen imitiert. Brunnenkresse lässt sich relativ einfach aus Samen in einer Wanne ziehen, wo ihre leuchtend grünen Blätter bald die gesamte Oberfläche bedecken.

In der Küche

Es gibt eine köstliche Vielfalt an Suppen mit Brunnenkresse – mit Brühe, Sahne oder Jogurt. Am bekanntesten ist die französische Potage au cresson, eine heiß oder kalt servierte Kartoffelsuppe mit Brunnenkresse. In Italien gibt man Brunnenkresse in Minestrone und andere Gemüsesuppen, in China in Eierstich- und Wan-Tan-Suppen und in die kantonesischen Brühen mit Meeresfrüchten. Oft wird sie mit Ingwer zu Fisch gereicht. Als Soße zubereitet passt sie, ähnlich wie Sauerampfer, zu Lachs. In China wird Brunnenkresse blanchiert, gehackt und in hellem Sesamöl geschwenkt oder mit Salz, Zucker und etwas Reiswein im Wok gebraten.

Passt zu Fisch, Gurke, Huhn, Kartoffeln, Lachs, Orangen, Zwiebeln.

Harmoniert mit Fenchel, Ingwer, Petersilie, anderen Salatkräutern, Sauerampfer.

Frische Zweige
In Mitteleuropa genießt man Brunnenkresse meist roh, als Garnierung, auf oder in belegten Brötchen oder als Salat, alleine oder z.B. mit Gurke, Fenchel, Orangenschnitzen, Papaya oder roter Zwiebel.

Weitere Kresse-Arten

Eine Vielzahl von Pflanzen, die der Brunnenkresse ähneln oder wie diese verwendet werden, sind nicht unbedingt mit *N. offici-nale* verwandt. So wird die aus Südamerika stammende Kapuzinerkresse, die allenthalben wegen ihrer leuchtenden Blüten ausgesät wird, im Englischen ebenfalls »Nasturtium« genannt. Die Namensgebung rührt daher, dass die Blätter ähnlich schmecken wie Brunnenkresse.

Barbarakraut *Barbarea verna, B. praecox*

Wie die häufige Bezeichnung Winterkresse schon sagt, ist diese Pflanze ausgesprochen frostfest. Ihre zarten Blättchen schmecken sehr würzig. Sie ist zweijährig und lässt sich im Garten aus Samen heranziehen.

Gartenkresse *Lepidium sativum*

Diese Kresse hat dunkelgrüne, manchmal gekräuselte Blätter und einen kräftigen pfeffrigen Geschmack. In der Kultur liebt sie es kühl und eher trocken; sie gedeiht auf fast jedem Boden. Ebenso wie Senf sind die Keimlinge beliebt als schnell wachsende Schnittkräuter fürs Fensterbrett.

Kapuzinerkresse *Tropaeolum majus*

Weder Blätter noch Blüten dieser Pflanze besitzen viel Aroma, doch schmecken beide angenehm pfeffrig und kresseähnlich – die Blüten etwas süßer und zarter. Junge Blätter kann man in Salaten verwenden; die Blüten wirken auf grünem Salat, einem Kartoffelsalat mit grünen Bohnen oder schwimmend in einer Schale mit Fruchtpunsch hinreißend schön und schmecken obendrein. Knospen und Samen können eingelegt werden und dienen als Kapernersatz.

EPAZOTE
Chenopodium ambrosioides

Der Wohlriechende Gänsefuß, auch Jesuitentee genannt, stammt aus dem tropischen Amerika und war in der Maya-Küche Yucatáns und Guatemalas unentbehrlich. Heute wird er als Epazote in Südmexiko, im Norden Südamerikas und in der Karibik angebaut und verwendet. Auch in Nordamerika, wo er oft als Unkraut wächst, findet er zusehends Eingang in die Küche. Obwohl die Art auch in Mittel- und Südeuropa verwildert ist, lässt seine kulinarische Entdeckung noch auf sich warten.

AROMA

Epazote ist nicht jedermanns Geschmack. Jene, die ihn verabscheuen, vergleichen den Geruch mit Terpentin oder Leim, die anderen erinnert er an Bohnenkraut, Minze und Zitrusfrüchte. Ich empfinde ihn als kampferartig, erdig und minzig. Sein Geschmack ist scharf und erfrischend, etwas bitter mit anhaltenden Zitrusnoten.

VERWENDETE TEILE

Frische oder getrocknete Blätter.

KAUF UND LAGERUNG

In Europa ist es praktisch unmöglich, frischen Epazote zu bekommen, es sei denn, man baut ihn selbst an. Getrocknet hat er weitaus weniger Geschmack, ist aber zum Kochen noch brauchbar. Achten Sie darauf, dass Sie Blätter und nicht Stängel bekommen, die sich nur für Tee eignen.

ANBAU UND ERNTE

Der Wohlriechende Gänsefuß lässt sich gut auf trockenem Boden aus Samen selber ziehen, doch kann man Saatgut vermutlich nur über das Internet ordern. Sein Geschmack wird davon abhängen, wie viel Sonne er bekommt – in kühleren Regionen ist er weniger aromatisch. Die einjährige Pflanze versamt sich im Garten oft reicher, als einem lieb sein kann. Gut eingewurzelte Pflanzen lassen sich eventuell im Haus überwintern.

In der Küche

Das frische Kraut wird häufig in mexikanischen Bohnengerichten verwendet, einerseits wegen des Aromas, andererseits gegen Blähungen. Fein gehackt streut man es über Suppen und Eintöpfe. Obwohl es zu Salsas roh gegeben wird, kommt sein Aroma beim Kochen besser heraus; man darf das Kraut erst in den letzten Garminuten zugeben, sonst werden die Blätter bitter. Epazote ist Hauptbestandteil in Mole verde, einer grünen, mit Nüssen oder Samen angedickten Tomatillo-Soße mit grünen Chilis. Man sollte damit zurückhaltend würzen, denn das Kraut überdeckt leicht andere Aromen. In größeren Dosen wirkt es leicht toxisch und kann Schwindel hervorrufen.

Passt zu Chorizo, Fisch und Meeresfrüchten, Blattgemüse, Hülsenfrüchten, Kürbis, Limone, Mais, Paprika, Pilzen, Reis, Schwein, Tomatillo, Weißkäse, Zwiebeln.

Harmoniert mit Chili, Knoblauch, Korianderkraut, Kreuzkümmel, Nelken, Oregano.

Frische Blätter
Der Name Epazote leitet sich von einem aztekischen Dialekt ab; er nimmt Bezug auf einen unangenehmen Geruch – »epati« bedeutet Stinktier und »tzotl« Schweiß.

GETROCKNETE BLÄTTER
Nur wenn frische Blätter nicht erhältlich sind, empfehlen sich die getrockneten.

BEIFUSS
Artemisia vulgaris

Beifuß ist eine Staude, die fast überall in den gemäßigten Zonen der Nordhalbkugel wild vorkommt. Im Mittelalter verwendete man ihn anstelle von Hopfen als Bitterstoff zum Bierbrauen; im 18. Jh. war Beifuß in Europa eines der meist genutzten Küchenkräuter. Inzwischen ist er aber aus der Mode gekommen, außer vielleicht in Deutschland, wo er bezeichnenderweise auch »Gänsekraut« heißt.

AROMA

Beifuß hat ein etwas scharfes Wacholder- und Pfefferaroma, mit einem Hauch von Minze und Süße. Dazu kommt ein bitterer, aber milder Beigeschmack.

VERWENDETE TEILE

Frische, junge Triebe; frische oder getrocknete Blätter und Blütenknospen.

KAUF UND LAGERUNG

Pflanzen bekommt man aus der Gärtnerei. Die jungen Blätter pflückt man nach Bedarf. Zum Trocknen hängt man die Blütenstängel an einem dunklen und warmen Ort gut 3 Wochen lang auf oder legt sie für 4–6 Stunden in den warmen Backofen. Getrocknete Knospen und Blätter kann man luftdicht verschlossen bis zu einem Jahr aufbewahren.

ANBAU UND ERNTE

Beifuß ist recht anpassungsfähig, bevorzugt aber volle Sonne und nährstoffreichen, frischen Boden. Er neigt zum Wuchern. Im Spätsommer blühen zahllose, aber unscheinbare rotbraune Blütenköpfchen an den langen Blütenrispen. Die Stängel werden kurz vor Öffnen der Blütenknospen geerntet, denn die Blüten könnten unangenehm bitter werden.

In der Küche
Beifuß schmeckt zu fettreichem Fisch, Fleisch oder Geflügel wie Ente oder Gans und macht sie besser verdaulich. Er passt in Füllungen und Marinaden und ist ein gutes Brühegewürz. Da sich sein Aroma beim Garen entfaltet, sollte er frühzeitig hinzugegeben werden. Beifuß harmoniert nicht mit anderen Kräutern, doch verträgt er sich gut mit Knoblauch und Pfeffer. Unter dem Namen Yomogi wird er in Japan als Gemüse gegessen, ist eine beliebte Zutat in Mochi (Reiskuchen) und würzt Soba-Nudeln. In ganz Asien werden die jungen Blätter gekocht oder im Wok gegart. In Streifen geschnitten streut man sie über grünen Salat oder mischt sie mit dem Dressing. Gut für Salate und Marinaden ist Apfelessig, der einige Wochen mit Beifuß aromatisiert wurde.
Passt zu Aal, Bohnen, Ente, Gans, Reis, Schwein, Wild, Zwiebeln.
Harmoniert mit Knoblauch, Pfeffer.

Frische Blätter
Die fiederschnittigen Blätter sind oben glatt und grün, unten flaumig weiß.

GETROCKNETE BLÄTTER
Beifuß gibt es fast nur getrocknet zu kaufen, in den Sommermonaten wird er gelegentlich auf Wochenmärkten frisch angeboten.

Kräuter vorbereiten

KRÄUTER ABZUPFEN, HACKEN UND ZERREIBEN

Einige Kräuter wie Dill, Kerbel oder Koriander haben weiche Stängel, meistens aber müssen die Blätter vor der Verwendung von den Stängeln abgezupft werden. Kleine Blätter und Zweige kann man in Salaten oder zum Garnieren ganz verwenden, doch die meisten Blätter werden je nach Bedarf gehackt, klein geschnitten oder zerrieben. Dies geschieht erst kurz vor Gebrauch, sonst verliert sich das Aroma.

Blätter abstreifen

Von festen Stängeln lassen sich die Blätter leicht abstreifen, so weit, bis man zur zarteren Stängelspitze vorgedrungen ist. Diese zarteren Spitzen – die leicht abbrechen – werden mitsamt den Blättern gehackt. Bei manchen Kräuter, besonders wenn sie große Blätter haben, streift man die Triebe besser von oben nach unten ab.

Harte Stängel abstreifen ▲
Die eine Hand hält das untere Stängelende fest, die andere fährt langsam mit Daumen und Zeigefinger am Stängel entlang und schiebt von unten nach oben, um die Blätter über einem Brett abzustreifen.

Zarte Stängel abzupfen ▶
Fenchel und Dill zupft man besser von unten nach oben ab, dabei zieht man die feinen Triebe mit einer Hand nach oben ab. Von einzelnen dicken Stielen zupft man Blatt für Blatt ab.

Blätter hacken

Wie fein die Kräuter gehackt werden, hängt immer vom jeweiligen Gericht ab: Sehr fein gehackt mischen sie sich gut mit anderen Zutaten. Sie sorgen unmittelbar für Aroma, da ihre ätherischen Öle durch das Hacken freigesetzt werden und sich rasch mit der Speise verbinden. Jedoch können sie durch das Kochen an Aroma verlieren. Grob gehackte Kräuter überstehen das Kochen besser als fein gehackte, auch bleiben Charakter, Aroma und Konsistenz länger erhalten

Das Wiegemesser ▶

Für größere Mengen von Kräutern empfiehlt sich die Verwendung eines Wiegemessers. Durch Hin- und Herbewegen der Schneide arbeitet man damit sehr effektiv. Kräuter lassen sich aber auch in der Küchenmaschine durch ganz kurze Momentschaltung hacken. Die Kräuter müssen völlig trocken sein, sonst werden sie zu einer matschigen Paste püriert. Mit der Küchenmaschine wie mit der Kräutermühle weiß man nie sicher, ob die Kräuter wirklich gleichmäßig zerkleinert werden.

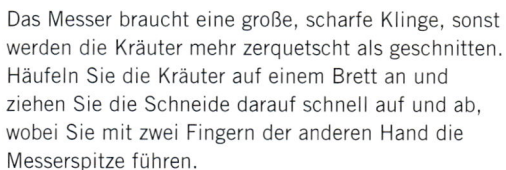

① Das Messer braucht eine große, scharfe Klinge, sonst werden die Kräuter mehr zerquetscht als geschnitten. Häufeln Sie die Kräuter auf einem Brett an und ziehen Sie die Schneide darauf schnell auf und ab, wobei Sie mit zwei Fingern der anderen Hand die Messerspitze führen.

② Schieben sie die Kräuter immer wieder mit dem Messer zu einem Häufchen zusammen. Hacken Sie so lange weiter, bis die Kräuter fein genug zerteilt sind.

Chiffonade schneiden

Jedes in feine Streifen geschnittene Küchenkraut, das zum Garnieren verwendet wird, bezeichnet man als Chiffonade. In feine Streifen geschnittene Kräuter sind nicht nur dekorativ, sondern behalten in einer Soße auch gut ihre Substanz.

1 Bei Blättern wie Sauerampfer werden zuvor die dicken Mittelrippen entfernt.

2 Stapeln Sie einige etwa gleich große Blätter aufeinander und rollen Sie sie eng zusammen

3 ▶ Die Blätterrolle mit einem scharfen Messer in feine Streifen schneiden.

Kräuter im Mörser zerreiben

Im Mörser können Kräuter zu einer Paste zerrieben werden, auch Knoblauch lässt sich auf diese Weise mit etwas Salz leicht pürieren. Glatter und schneller püriert allerdings der Mixer.

1 ▲ Pesto (*Rezept S. 296*) ist die klassische, im Mörser zubereitete Kräutersoße. Beginnen Sie mit dem Zerreiben von Basilikum und Knoblauch.

2 ▶ Nach und nach Pinienkerne, geriebenen Parmesan und Olivenöl einarbeiten und zur Paste verrühren.

TROCKNEN UND ZERREIBEN

Nicht allen Kräutern bekommt das Trocknen. Jene mit holzigen Stängeln und zähen Blättern (wie Oregano, Rosmarin, Thymian und Zitronenverbene) trocknen gut und behalten dabei ihr Aroma. Dagegen verlieren Kräuter mit weichen Blättern und Stängeln (wie Basilikum, Majoran, Petersilie und Schnittlauch) ihr Aroma fast völlig. Einzige Ausnahme ist hier die Pfefferminze. Üblicherweise hängt man Kräuter zum Trocknen in Büscheln auf, doch lassen sie sich auch in der Mikrowelle trocknen. Die Kräuter bewahren ihr Aroma am besten, wenn sie kurz vor der Blüte – dann, wenn die ätherischen Öle besonders konzentriert sind – und früh am Morgen geerntet werden.

Kräuter einfrieren

Weiche Kräuter, die sich nicht gut trocknen lassen, kann man einfrieren. Sie behalten ihr Aroma für 3–4 Monate. Verwendung finden sie in Suppen, Eintöpfen, Schmorgerichten und Soßen.

◀ **Gehackte Kräuter einfrieren**
Die Kräuter gut waschen und trocknen, hacken und in kleinen Gefäßen oder im Eiswürfelbehälter mit etwas Wasser oder Öl einfrieren. Die Würfel lagert man in Kunststoffbeuteln ein.

▲ **Pürierte Kräuter einfrieren**
Alternativ kann man jedes Kraut für sich mit etwas Öl im Mixer pürieren und in Kunststoffbeutelchen oder -töpfchen einfrieren.

Kräuter trocknen

Aufgehängt an einem gut belüfteten Ort, sind Kräuter innerhalb weniger Tage getrocknet. In der Küche allerdings trocknen sie wegen der hohen Luftfeuchtigkeit schlecht. Vermeiden Sie direktes Sonnenlicht oder zu große Hitze, sonst verflüchtigen sich die ätherischen Öle.

Kräuter in der Mikrowelle ▷
Verteilen Sie zwei Hand voll saubere Blätter oder Zweige gleichmäßig auf eine doppelte Schicht Küchenpapier und stellen Sie die Mikrowelle für 2½ Minuten auf höchste Stufe. Lorbeer verträgt es etwas länger. Die Farbe bleibt in der Mikrowelle gut erhalten.

1. Vor dem Trocknen werden zunächst alle alten oder gelblichen Blätter entfernt. Man hängt sie in kleinen Gebinden an einem gut belüfteten Ort auf, zu dem kein direktes Sonnenlicht durchdringt (Dachboden oder Schuppen).

2. Ausreichend getrocknete Blätter fühlen sich spröde an. Große Blätter oder kleine Knospen lassen sich zwischen den Handflächen zerreiben. Ansonsten werden die Blätter einfach von den Stängeln abgestreift und in luftdichten Gläsern aufbewahrt.

KRÄUTERESSIG, KRÄUTERÖL UND KRÄUTERBUTTER

Für Soßen, Dressings und Marinaden sind aromatisierte Essige und Öle köstliche Zutaten. Mit Basilikum, Estragon, Dill, Knoblauch, Lavendel, Rosmarin, Thymian und Zitronenverbene lässt sich ausgezeichneter Essig zubereiten. An Gewürzen eignen sich hierfür Chilis, Dill, Fenchel, Pfefferkörner, Senf- oder Koriandersamen. Öl lässt sich mit Anis, Basilikum, Chilis, Dill, Fenchel, Knoblauch, Kreuzkümmel, Lorbeer, Minze, Oregano, Rosmarin, Salbei oder Thymian aromatisieren. Butter mit Kräutern und Gewürzen gibt ein schnelles Dressing für gegrillten oder gebratenen Fisch, Geflügel und Fleisch, gedünstetes oder gekochtes Gemüse – oder schlicht einen Brotaufstrich.

Kräuteressig und Kräuteröl

Aromatisierte Essige halten sich mehrere Jahre und werden durch Altern immer süßer. Öle halten sich ein Jahr. Beide müssen kühl und dunkel oder im Kühlschrank aufbewahrt werden.

1. Für Kräuter- oder Gewürzessig werden etwa 60 g Kräuterzweige oder ganze Gewürze im Mörser zerstoßen, um ihr Aroma freizusetzen.

2. ◀ Sie kommen in ein Einmachglas und werden mit 500 ml Weißweinessig, Apfelessig oder Reisessig übergossen. Das verschlossene Glas lässt man 2–3 Wochen ziehen. Das Aroma entwickelt sich schneller, wenn das Gefäß in der Sonne steht.

3. Nach dem Abseihen in Flaschen fügt man zur Dekoration jeweils einen Kräuterzweig hinzu und verschließt sie mit einem Korken oder Kunststoffstöpsel. Etikettieren nicht vergessen.

Kräuteröl
Man geht nach der gleichen Methode vor, füllt jedoch das Gefäß mit Olivenöl Extra Vergine, mit Sonnenblumenöl oder Traubenkernöl auf. Das Öl wird möglichst nicht dem direkten Sonnenlicht ausgesetzt. Wenn sich das Aroma entwickelt hat, abseihen und in Flaschen füllen.

Kräuter- oder Gewürzbutter

Für Kräuterbutter eignen sich die meisten frischen Kräuter und von den Gewürzen u.a. gemahlener Kreuzkümmel, schwarzer Pfeffer, Kardamom, Piment, Paprika oder Cayenne: Man rechnet 1½–2 EL auf 150 g Butter (bei Gewürzen mit Kräutern weniger). Die Butter hält sich im Kühlschrank eine Woche, sie lässt sich auch einfrieren.

1 150 g weiche Butter in einer Schüssel mit 1–2 EL Zitronensaft und 4–5 EL gehackten Kräutern schaumig schlagen oder in der Küchenmaschine verkneten.

2 Ein Stück Klarsichtfolie auf der Arbeitsfläche ausbreiten, die gewürzte Butter in die Mitte häufeln und in eine längliche Form drücken. Mit einem weiteren Stück Klarsichtfolie gut umwickeln.

3 Die Butter zu einer Rolle formen, dabei darauf achten, dass die Folie nicht hineingeknetet wird. Die Enden der Folie zum Knoten verdrehen und in Klarsichtfolie verpackt kühl stellen.

Gewürze

Faszinierende Gewürze

Was die Menschen einer Region essen und aßen, war immer schon weitgehend davon bestimmt, was dort wuchs und angebaut wurde. Die Kochweise hing ursprünglich von den örtlichen Gegebenheiten und den vorhandenen Rohmaterialien ab; doch der tiefe Unterschied zwischen den großen Küchen dieser Welt beruht auf den verwendeten Gewürzen und der Art und Weise, wie diese gemischt werden.

Erzeugnisse des tropischen Asien

Die meisten wichtigen Gewürzpflanzen (Zimt, Nelken, Galgant, Ingwer, Muskat und Pfeffer) stammen aus dem tropischen Asien. Darüber und wie Gewürze im Gefolge von rücksichtslosen Eroberungszügen, Piraterie und Habsucht den Grundstock zu Reichtum und Macht legten, ist schon viel geschrieben worden. Meine Sichtweise hierbei war allerdings immer eine europäische. Wir kennen die Handelsstraßen von China nach Byzanz, wir wissen, welche Rolle arabische Seefahrer bei der Einführung von Gewürzen in das Zweistromland um Euphrat und Tigris und später bis an die Mittelmeerhäfen spielten, und wir haben über die portugiesischen, niederländischen und englischen Gewürzmonopole gelesen.

Doch uns ist wenig bekannt über den genauso bedeutsamen frühen Handel innerhalb Asiens, der zu verschiedenen Zeiten von den großen Handelsflotten des koreanischen Königreichs von Silla (frühes 7. bis Mitte 9. Jh.), dann von Südchina während der Sung-Dynastie (960–1276) und schließlich von Ceylon beherrscht wurde. Noch weniger wissen wir von den viel früheren indischen Händlern, die ab 600 v. Chr. auf Ceylon, in Malaysia und auf einigen indonesischen Inseln neue hinduistische oder buddhistische Zentren gründeten und sie mit den Gewürzen ihrer Heimat versorgten.

Als Kolumbus Amerika »entdeckte«, gab es auf diesem Kontinent bereits alte und hoch entwickelte Kulturen, und die Gewürze der amerikanischen Tropen und Subtropen (Piment, Chili, Vanille) spielten dort bereits seit langem eine gewichtige Rolle. Den Europäern fiel insofern Bedeutung zu, als sie durch die rasche Verbreitung der Pfefferschoten in ihren Kolonien die Küchen der halben Welt veränderten.

Die Verbreitung der Gewürze

Europa selbst hatte indessen schon einiges zur Welt der Gewürze beigetragen. Viele aromatische Samen wie Koriander, Fenchel, Bockshornklee, Senf und Mohn sind in der Mittelmeerregion heimisch, und Europas kühlere Regionen steuerten Kümmel, Dill und Wacholder bei. Der europäische Handel blieb hauptsächlich auf den Kontinent und Westasien beschränkt, doch viele heimische Gewürze fanden über Siedler ihren Weg in die Neue Welt. Doch nicht jede Verbreitung von Gewürzen verdanken wir dem Handel. Manches Mal mussten zunächst eifersüchtig gehütete Monopole durchbrochen werden. So waren französische Botaniker und Entdecker

KARDAMOM   MOHN   ZITRONENGRAS   INGWER

VANILLE
Vanilleschoten mit ihren winzigen klebrigen Samen würzen Eiscreme, Kuchen und süße Sirups. Auch zu Meeresfrüchten und Huhn passt Vanille gut.

KURKUMA
Gemahlene Kurkuma-Rhizome verleihen vielen indischen und karibischen Gerichten ein angenehm erdiges Aroma und färben sie überdies leuchtend gelb.

TAMARINDE
Tamarinde gibt vielen asiatischen Speisen und Konfitüren eine fruchtige Säure. Das Mark der Tamarinde wird vor Gebrauch in Wasser eingeweicht.

besonders tüchtig im Schmuggeln von Pflanzen für neue Bestimmungsorte, an denen dann großflächiger Plantagenbau betrieben wurde.

Die Verbreitung von Gewürzen erfolgte weitaus nachhaltiger durch Migration als durch Handel. So führten z.B. Schiffe aus Südchina stets zur Eigenversorgung in Töpfen gepflanzten Ingwer mit sich, woraufhin er im gesamten Pazifik angebaut wurde. Einwanderer brachten jeweils ihre eigenen traditionellen Zutaten mit und kombinierten sie mit lokalen Erzeugnissen – wie bei der malaysischen und Cajun-Küche, der niederländischen »Rijstafel« und der Verwendung von Colombo-Pulver auf den ehemals französischen Westindischen Inseln.

Der Wunsch nach der authentischen Küche

Uns ist mittlerweile klar, dass das Standardessen in chinesischen Restaurants der kantonesischen Küche entlehnt ist, wogegen Peking, Szechuan oder Hunan einen ganz anderen Kochstil haben.

Inzwischen finden wir in den meisten Städten chinesische, japanische, thailändische, türkische oder mexikanische Restaurants. Was ihre Besonderheit ausmacht, hat viel mit der Verwendung ihrer Gewürze zu tun.

Man sagt immer, Chemie sei wie Kochen, doch müsste es heute besser heißen, Kochen wird immer mehr wie Chemie. Die Nahrungsmittelindustrie erfindet ständig neue Aromen und versucht bekannte synthetisch herzustellen. Es gibt inzwischen elektronische Nasen, Zungen und andere ausgeklügelte Apparate, um »Aroma-Fingerabdrücke« herzustellen.

QALAT DAQQA
(Rezept S. 291)

Sie sammeln »Kopfnoten«, d.h. Aromamoleküle von Gewürzen, Kräutern, Früchten oder Speisen, um sie im Labor zu reproduzieren und danach auf Fertiggerichte zu übertragen. Keine Frage, das Ergebnis ist beeindruckend, doch viele kulturelle, sensorische und ernährungsphysiologische Werte der Originalspeisen gehen verloren.

Gegen das Erfolgserlebnis, eine eigene gelungene Gewürzmischung zusammengestellt zu haben, kommt kein noch so würziger Tuben- oder Flascheninhalt an. In Ländern, in denen Gewürzmischungen zur täglichen Küche gehören, gibt es hierfür nie feststehende Rezepte. Die Zutaten richten sich nach regionalen und familiären sowie eigenen Vorlieben, und selbst relativ standardisierte Mischungen werden dem jeweiligen Gericht angepasst.

GEMAHLENER AKAZIENSAMEN

INGWER REIBEN
Frische Ingwerwurzeln enthalten einen höchst aromatischen Saft. Nach dem Reiben wird das Mus in ein Mulltuch gewickelt und der Saft ausgepresst.

GEWÜRZE MAHLEN
Gewürze bewahrt man am besten im Ganzen auf und mahlt sie nach Bedarf. Viele Gewürze verlieren schon kurz nach dem Mahlen an Aroma.

GEWÜRZE RÖSTEN
Für einige Gerichte werden die Gewürze vorher in Öl geröstet, um ihr Aroma freizusetzen. Das Öl dient als Würze für das Gericht.

Gewürze kombinieren

Das komplexe Aroma einer Gewürzmischung entsteht durch die Verwendung einander ergänzender Gewürze (oder Kräuter). Einige werden wegen ihres Geschmacks, andere wegen ihres Aromas gewählt. Die einen steuern ihre Säure bei, die anderen ihre Farbe. Auch ist entscheidend, in welchem Moment die Gewürze zugefügt werden. Werden sie, geröstet oder nicht, von Anfang an dem Kochgut zugegeben, überträgt sich ihr Aroma auf das Gericht; kommen sie erst gegen Ende dazu, schmeckt man ihr Aroma im fertigen Gericht deutlich heraus.

Im Anhang finden Sie Gewürzmischungen aus aller Welt. Sie sind als Basisrezepte zu betrachten, als Grundvoraussetzung bestimmter Kochstile, die für alle Improvisationen und Experimente offen sind. Es empfiehlt sich, die Rezepte erst einmal genau nach Vorgabe auszuprobieren, um sie dann dem persönlichen Geschmack und dem geplanten Gericht anzupassen.

SESAM
Sesamum orientale

Sesam gehört nachweislich zu den ältesten Pflanzen, die ihrer Samen wegen angebaut wurden. Ägypter und Babylonier würzten mit den gemahlenen Samen ihr Brot, ein Brauch, der im Vorderen Orient bis heute erhalten geblieben ist. Ausgrabungen in der Osttürkei belegen, dass bereits um 900 v.Chr. aus den Samen Öl gewonnen wurde. Das aus den rohen Samen gepresste Öl, das reich an mehrfach ungesättigten Fettsäuren ist, eignet sich hervorragend zum Kochen.

AROMA

Sesamsamen sind nicht sehr aromatisch, haben aber einen mild nussigen, erdigen Geruch. Der Geschmack ist noch ausgeprägter, und nach dem Rösten (ohne Fett) oder als Sesampaste tritt er noch stärker hervor. Schwarze Samen schmecken erdiger als helle und bleiben meist ungemahlen.

VERWENDETE TEILE

Samen, ganz und als Paste; Öl.

KAUF UND LAGERUNG

Weiße Samen erhält man im Supermarkt sowie in Reformhäusern, ebenso die blassbraune Sesampaste (Tahina) und indisches Sesamöl. Öl und Paste aus dem Vorderen Orient findet man in türkischen Läden, ebenso schwarze Sesamsamen. Die japanische Küche bevorzugt die goldgelben Samen mit ihrem volleren Aroma, doch sind sie schwerer zu bekommen. Die Samen müssen luftdicht verschlossen aufbewahrt werden; geröstet wird nach Bedarf.

ERNTE

Die Pflanzen werden geerntet, ehe die Fruchtkapseln ganz reif sind und platzen. Die Kapseln werden getrocknet und meist mechanisch gedroschen.

Ganze Samen
Sesamsamen werden von der einjährigen tropischen Pflanze gewonnen und können je nach Sorte blassgold oder weiß, rot, braun oder schwarz sein. Die Samen sind oval, klein und flach und wegen ihres Ölgehalts glänzend, schlüpfrig und ziemlich weich. Am häufigsten sind die cremeweißen Samen.

In der Küche

Mit Sesam wird Brot bestreut, aber man mischt ihn auch gemahlen in Brotteig. Er ist unerlässlich in Za'atar, einer Gewürzmischung des Vorderen Orients, sowie im japanischen Sieben-Gewürze-Pulver. Die orientalische Süßigkeit Halva besteht hauptsächlich aus Sesam. Auch in Indien gibt es Sesam-Konfekt wie die beliebten Til Laddoos, mit Kardamom gewürzte Sesamkugeln. Die indische Küche verwendet blassgoldenes Sesamöl, das dort Gingili oder Til-Öl heißt. Tahina wie das Öl werden aus rohen Samen hergestellt.

Die tiefbraune orientalische Sesampaste und das amberfarbene orientalische Öl werden aus gerösteten Samen bereitet; das macht sie nussiger im Geschmack und dunkler in der Farbe. So verwendet sie auch die chinesische, koreanische und japanische Küche. Das Öl des Vorderen Orients dient zum Würzen, nicht zum Kochen, denn es verbrennt bei niedrigen Temperaturen. Orientalische Sesampaste ist recht sämig und wird in Soßen für Nudeln, Reis und Gemüse verwendet.

Die Chinesen lieben die knusprige Beschaffenheit von Sesamsamen und wälzen darin ihre Garnelenbällchen. In Japan richtet man kaltes Hühnerfleisch, Nudeln und Gemüsesalat in einem Dressing aus weißem oder goldenem Sesam, Sojasoße und Zucker an.

Die chinesische und japanische Küche streut schwarzen Sesam über Reis und Gemüse und paniert Fisch und Schalentiere damit. Die japanische Würzmischung Goma Shio, die über Gemüse, Salat und Reis gestreut wird, besteht aus Sesam und grobem Salz. Die Chinesen wälzen vor dem Frittieren kandierte Äpfel und Bananen in schwarzen Sesamsamen.

Passt zu Auberginen, Blattgemüse, Blattsalaten, Fisch, Honig, Hülsenfrüchten, Nudeln, Reis, Zitrone, Zucchini.

Harmoniert mit Chili, Gerbersumach, Ingwer, Kardamom, Kassiazimt, Koriander, Muskat, Nelken, Oregano, Pfeffer, Thymian, Zimt.

SESAMÖL

Im Vorderen Orient wird Sesamöl dem Gericht kurz vor dem Auftragen zugefügt. Die Szechuan-Küche verwendet es gern zusammen mit Chili, Knoblauch und Ingwer.

TAHINA

Für die hellbraune Tahina-Paste wird Sesam im Vorderen Orient mit Knoblauch und Zitronensaft gemischt. Sie dient als Grundlage für Dressings zu Gemüse- und Fischgerichten und würzt den Kichererbsen-Dip Hummus.

Nussartige Gewürze

SCHWARZKÜMMEL
Nigella sativa

Schwarzkümmel ist nahe verwandt mit unserer Jungfer im Grünen. Die wegen ihres Samens angebaute Art ist weniger dekorativ. Sie stammt aus Kleinasien und Südeuropa, wo sie wild wächst und auch angebaut wird. Indien, der größte Schwarzkümmel-Produzent, hat einen besonders hohen Verbrauch. Häufig werden die kleinen schwarzen Samen fälschlicherweise als Zwiebelsamen verkauft.

AROMA

Schwarzkümmel besitzt kein starkes Aroma; zerrieben duftet er kräuterähnlich, wie milder Oregano. Die knusprigen Samen schmecken nussig, erdig, pfeffrig, ziemlich bitter, trocken und recht durchdringend.

VERWENDETE TEILE

Samen.

KAUF UND LAGERUNG

Samen sollte man ungemahlen kaufen, so halten sie sich besser. (Gemahlene Samen können ranzig sein.) Im luftdichten Gefäß bewahren sie ihr Aroma bis zu 2 Jahre. Schwarzkümmel erhält man im Reformhaus oder in türkischen und asiatischen Lebensmittelläden.

ERNTE

Schwarzkümmelsamen sind mattschwarz, klein und tropfenförmig. Ihre Oberfläche ist rau. Die Balgfrüchte werden nach und nach, jeweils kurz vor dem Aufplatzen, gesammelt, getrocknet und behutsam aufgedrückt, um die Samen leicht herauszuschütteln.

In der Küche

Schwarzkümmel wird allein oder mit Sesam und Kümmel auf Fladenbrot, Brötchen und Salzgebäck gestreut. In der bengalischen Küche vermischt man Schwarzkümmel mit Senfsamen, Kümmel, Fenchel und Bockshornklee zur Gewürzmischung Panch Phoron, die Hülsenfrüchten und Gemüse-Gerichten einen speziellen Geschmack gibt. In anderen Gegenden Indiens kommt Schwarzkümmel in Pilaws, Kormas und Currys sowie Pickles. Im Iran verwendet man ihn häufig zum Einlegen von Früchten und Gemüsen. Er schmeckt köstlich zu Bratkartoffeln und Wurzelgemüse. Zum Würzen eines orientalischen Kartoffel- oder Gemüse-Omeletts wird er mit Koriander und Kümmel vermahlen.
Passt zu Brot, Blatt- und Wurzelgemüse, Hülsenfrüchten, Reis.
Harmoniert mit Bohnenkraut, Fenchel, Ingwer, Kardamom, Koriander, Kreuzkümmel, Kurkuma, Pfeffer, Piment, Thymian, Zimt.

Ganze Samen

In Indien werden die Samen, damit sie ihr Aroma entfalten, meist angeröstet und dann über vegetarische Gerichte und Salate gestreut.

MOHN
Papaver somniferum

Der Mohn, genauer der Schlafmohn, stammt aus dem Raum zwischen dem östlichem Mittelmeer bis Zentralasien. Schlafmohn wird wegen der Samen und wegen des narkotisierenden Opiums schon seit frühester Zeit kultiviert. Rohopium entsteht aus dem Latexsaft, der beim Anritzen der unreifen Samenkapseln herausquillt. Weder die reifen Samen noch die getrockneten Samenkapseln besitzen betäubende Eigenschaften.

In der Küche

In der westlichen Küche bestreut man Brot, Brötchen und Feingebäck mit Mohn. Gemahlen und mit Honig oder Zucker verrührt, verwendet man Mohn als Strudel- oder Gebäckfüllung. In der Türkei gibt man ihn geröstet mit Sirup und Nüssen in Halva oder Desserts. In Indien werden die gerösteten Samen gemahlen und mit Gewürzen kombiniert, um Kormas, Currys und Bratensoßen zu würzen und anzudicken. Die bengalische Küche verwendet ihn in Shuktas (bitteren Gemüse-Eintöpfen) und zum Panieren von Gemüse. Er schmeckt in Nudelsaucen oder über Gemüse gestreut.
Passt zu Auberginen, Blumenkohl, Brot und Gebäck, grünen Bohnen, Kartoffeln und Zucchini.

Ganze Samen

Mohnsamen lassen sich nicht leicht mahlen, am besten röstet man sie vorher und mahlt sie kurz in einer nur zu diesem Zweck verwendeten Kaffeemühle. Zum Andicken eines Gerichts weicht man sie einige Stunden in wenig Wasser ein und lässt sie kurz mit der Flüssigkeit ziehen.

MAHLEP
Prunus mahaleb

Dieses angenehme, außerhalb des Orients kaum bekannte Gewürz stammt von der Steinweichsel, einer Wildkirsche, die in Südeuropa, in Vorder- und Mittelasien fast überall wächst. Die Kerne der kleinen, dünnfleischigen schwarzen Kirschen dienen zum Würzen von Brot und Gebäck. Mahlep verwendet man in Griechenland, Zypern, der Türkei und den benachbarten arabischen Ländern.

AROMA

Mahlep duftet süßlich und blumig und erinnert an Mandel und Kirsche. Die Kerne schmecken köstlich nussartig mit zarter Mandelsüße, haben jedoch einen etwas bitteren Nachgeschmack.

VERWENDETE TEILE

Kerne.

KAUF UND LAGERUNG

Man kauft Mahlep am besten ganz und mahlt die Kerne nach Bedarf. Gemahlen verlieren sie schnell an Aroma. Luftdicht verschlossen aufbewahren. Türkische und eventuell griechische Lebensmittelläden führen Mahlep.

ERNTE

Die weichen Kerne werden aus den Kirschsteinen gelöst und getrocknet. Sie sind klein, oval und in der Farbe beige oder hellbraun.

In der Küche

Gemahlener Mahlep wird hauptsächlich zum Backen verwendet, vor allem in Festtags-Broten und Gebäck. Eine pikante Note verleiht Mahlep dem griechischen Osterbrot Tsoureki, den armenischen süßen Brötchen Chorek und dem arabischen Ma'amool, einem kleinen mit Nüssen oder Datteln gefülltem Gebäck, das die libanesischen Christen zu Ostern zubereiten. Auch die türkischen Kandil-Kringel, die jedes Jahr für die fünf religiösen Kandil-Nächte gebacken werden, enthalten Mahlep. Mahlep passt zum Beispiel in Gewürz- oder Früchtekuchen oder in Kleingebäck. Am besten wird Mahlep in einer Mohn- oder umfunktionierten Kaffeemühle gemahlen, wobei das Mahlen je nach Rezept mit etwas Salz oder Zucker leichter geht.

Passt zu Aprikosen, Datteln, Mandeln, Pistazien, Rosenwasser, Walnüssen.

Harmoniert mit Anis, Nelken, Mastix, Mohn, Muskat, Schwarzkümmel, Sesam, Zimt.

Ganze Kerne
Die beigefarbenen Steinweichsel-Kerne sind innen cremeweiß, außen recht weich und elastisch.

GEMAHLENE KERNE
Gemahler Mahlep muss hell aussehen, dunkler oder gelblicher ist zu alt.

AKAZIENSAMEN
Acacia-Arten

Mehrere hundert Akazienarten sind in Australien beheimatet, doch nur wenige haben essbare Samen. Am häufigsten werden die Samen der beiden Akazienarten *Acacia victoriae* und *A. aneura* (dem Mulga-Baum) geerntet. Nach dem Trocknen, Rösten und Mahlen verwandeln sich die grünen, unreifen Samen in ein körniges, tiefbraunes Pulver, das gemahlenem Kaffee ähnelt.

AROMA

Akaziensamen erinnert in seinem intensiven Röstaroma entfernt an Kaffee. Im Geschmack finden sich Noten von Kaffee und gerösteten Haselnüssen mit einem Hauch Schokolade.

VERWENDETE TEILE

Geröstete, gemahlene Samen.

KAUF UND LAGERUNG

In Australien wird Akaziensamen im Gewürzladen und in guten Feinkostgeschäften verkauft. In Mitteleuropa taucht er allmählich im Angebot des Versandhandels auf. In einem luftdichten Behälter aufbewahrt, bleibt er bis zu 2 Jahre frisch.

ERNTE

Akaziensamen ist ziemlich teuer, da er wild gesammelt wird und seine Gewinnung extrem arbeitsintensiv ist. Die grünen Hülsen werden über Dampf geöffnet. Anschließend werden die ganzen grünen Samen über Glut geröstet, nach dem Abkühlen von Asche gereinigt und gemahlen. Noch immer wird diese Arbeit überwiegend im Busch von den Frauen der Aborigines erledigt.

In der Küche

Damit das Aroma gelöst wird, muss Akaziensamen in heißer Flüssigkeit ziehen. Nicht aufkochen, sonst wird der Samen bitter. Entweder man verwendet die Flüssigkeit mitsamt dem gemahlenen Samen oder seiht sie ab und verwendet sie alleine. Akaziensamen eignen sich besonders gut zum Würzen von Sahne- und Jogurtdesserts, für Mousse, Eiscreme oder Käsekuchen und Tortenfüllungen. Auch süßer Brotteig oder ein englischer Brotpudding lässt sich mit einer Prise Akaziensamen schön würzen. Als Alternative zu Kaffee wird Akaziensamen manchmal auch als Getränk aufgebrüht.

Gemahlener Samen
Die nährstoffreichen Akaziensamen dienen schon seit langem den Ureinwohnern Australiens als Nahrung. Seit die Küche der Aborigines in Mode gekommen ist, übersteigt die Nachfrage das Angebot.

ZIMT
Cinnamomum zelanicum

Echter Zimt stammt ursprünglich aus Sri Lanka. Es handelt sich dabei um die Zweigrinde eines immergrünen Baumes aus der Familie der Lorbeergewächse. Über 200 Jahre kontrollierten zunächst die Portugiesen, später die Niederländer und zuletzt die Briten das höchst profitable Monopol. Erst im späten 18. Jh. wurden dann auch auf Java, in Indien und auf den Seychellen Zimtbäume angepflanzt.

AROMA

Zimt besitzt ein angenehm süßes, holziges Aroma, das zart und doch intensiv ist; im Geschmack ist er wohlduftend würzig, mit Anklängen an Nelke und Zitrusfrucht. Der Bestandteil von Eugenol im ätherischen Öl unterscheidet Zimt von Kassiazimt und gibt ihm die Nelkennote.

VERWENDETE TEILE

Getrocknete Rinde in Form von Stangen oder als gemahlener Zimt.

KAUF UND LAGERUNG

Gemahlener Zimt – je blasser die Farbe, umso feiner die Qualität – ist überall erhältlich, doch verliert er schnell das Aroma, daher kauft man besser nur kleine Mengen. Ganze Stangen bekommt man in den meisten Lebensmittelmärkten. Luftdicht verschlossen aufbewahrt, behalten sie ihr Aroma 2–3 Jahre.

ANBAU UND ERNTE

Die Zimtplantagen Sri Lankas liegen in den Küstenebenen südlich von Colombo. Die jungen Gehölze entwickeln etwa daumendicke Schösslinge. In der Regenzeit werden diese an der Basis abgeschnitten und geschält. Es erfordert äußerste Geschicklichkeit, um die papierdünnen Rindenstücke abzuschälen und von Hand zu bis zu 1 m langen Stangen zu rollen. Danach werden sie getrocknet.

Zimtstangen
Hellbraune oder gelbbraune Streifen von getrockneter Zweigrinde werden zu langen, schmalen, glatten Stangen ineinander gerollt.

SORTIERUNGEN
Man unterschiedet verschiedene Sortierungen von Zimt. Die Stangen aus eingerollter Rinde werden je nach Dicke als Continentale, Mexikaner oder Hamburger bezeichnet, die dünnen Continentalen sind die aromatischsten. Zerbrochene Stangen und Splitter werden meist zu gemahlenem Zimt verarbeitet.

In der Küche

Das feine Zimtaroma passt gut zu allen Arten von Süßspeisen, Gewürzbroten und Kuchen; besonders gut schmeckt die Kombination von Zimt mit Äpfeln, Bananen, Birnen und Schokolade. Würzen lassen sich damit Apfelmus oder Bratäpfel, in Butter gebratene und mit Rum aromatisierte Bananen und in Rotwein pochierte Birnen. In der Küche des Orients und Indiens gilt Zimt als ausgezeichnetes Gewürz für viele Fleisch- und Gemüse-Gerichte. Die marokkanische Küche verwendet ihn gern in den zu Couscous gegessenen Lamm- oder Hühner-Tajines und vor allem in Bstilla, einer knusprigen, mit Täubchen und Mandeln gefüllten Pastete. Auch der köstliche arabische Lammeintopf mit Aprikosen, Mishmisheya genannt, wird unter anderem mit Zimt gewürzt. Zimt spielt außerdem in vielen iranischen Khoreshs (Eintöpfen) eine Rolle. In Indien ist Zimt in vielen Masalas oder Gewürzmischungen, Chutneys und Würzsoßen sowie würzigen Pilaws vorhanden.

Mexiko ist der Hauptimporteur von Zimt, denn dort wird er zum Aromatisieren von Kaffee und Schokoladengetränken gebraucht; Zimttee ist in ganz Mittel- und Südamerika beliebt. Früher würzte man sogar Bier damit, heute aromatisiert er zusammen mit Nelken, Zucker und Orangenscheiben den Glühwein.

Passt zu Äpfeln, Aprikosen, Auberginen, Bananen, Birnen, Geflügel, Kaffee, Lamm, Mandeln, Reis, Schokolade.

Harmoniert mit Ingwer, Kardamom, Koriandersamen, Kümmel, Kurkuma, Mastix, Muskat und Muskatblüte, Nelken, Tamarinde.

GEMAHLENE RINDE
Gemahlen ist Zimt sofort aromatisch; die Stangen entfalten ihre aromatischen Eigenschaften erst, wenn man sie bricht oder in Flüssigkeit kocht.

Süsse Gewürze

KASSIAZIMT
Cinnamomum cassia

Kassiazimt oder Chinesischer Zimt entsteht aus der getrockneten Rinde einer in Assam und Nord-Myanmar heimischen Art der Lorbeergewächse. Ein chinesisches Kräuterbuch von 2700 v. Chr. erwähnt bereits Kassiazimt. Den höchsten Anteil auf dem Weltmarkt liefern heute Südchina und Vietnam, die feinste Qualität kommt aus Nordvietnam. Viele Länder verwenden Kassiazimt und Zimt gleichrangig. In den USA zieht man Kassiazimt wegen seines ausgeprägteren Aromas dem Echten Zimt vor.

AROMA

Kassiazimt besitzt wegen seines höheren Anteils an ätherischem Öl ein intensiveres Aroma als Echter Zimt. Er schmeckt süßlich und deutlich pfeffrig mit etwas adstringierender Schärfe. Vietnamesischer Kassiazimt enthält das meiste ätherische Öl und ist am aromatischsten.

VERWENDETE TEILE

Getrocknete Rinde in Stangen oder gemahlen; getrocknete, unreife Früchte als »Kassiaknospen«; Tejpat-Blätter.

KAUF UND LAGERUNG

Da sich Kassiazimt schwer mahlen lässt, ist es ratsam, kleine Mengen sowohl von gemahlenem als auch von Stücken und Stangen zu kaufen. Letztere behalten ihr Aroma im luftdichten Behälter bis zu 2 Jahre. Man bekommt die Rinde, Knospen und Blätter im Feinkostladen oder über den Versand.

ERNTE

Geerntet wird in der Regenzeit, wenn sich die Rinde leicht abziehen lässt. Beim Trocknen rollt sie sich schneckenförmig ein; die Stangen werden nach Länge, Farbe und Gehalt ihres ätherischen Öls klassifiziert. Die rotbraunen Stangen haben im Vergleich zum Echten Zimt dickere Schichten. Die Rinde ist grober und spröder als beim Zimt.

Ganze Rinde
Die glatte Innenrinde ist rotbraun, die Außenseite graubraun.

STANGEN
Die Rinde von Kassiazimt ist dick und rau, deshalb lassen sich die Stangen weniger eng rollen, als es bei der dünneren, elastischeren Rinde des Echten Zimts möglich ist.

Knospen

Die Knospen des Kassiazimts ähneln kleinen Nelken. Im runzligen, graubraunen Kelch ist der harte, rotbraune Samen gerade erkennbar. Die Knospen haben ein würzig angenehmes Aroma, ihr Geschmack ist moschusartig, süß und scharf, jedoch weniger intensiv als bei der Rinde.

Getrocknete Tejpat-Blätter

Die Blätter des verwandten *C. tamala* sind länglich oval und von drei Längsadern durchzogen. Sie werden in der nordindischen Küche verwendet. Zunächst riechen Tejpat-Blätter nach Gewürztee, dann zeigt sich ein würziges, moschusartiges Aroma mit Nelken- und Zimtnoten und Zitrus-Anklängen.

In der Küche

Kassiazimt gilt in China als Basisgewürz. Dort dienen die Stangen häufig zum Würzen von Schmorgerichten und Soßen zu gekochtem Fleisch und Geflügel; gemahlener Kassiazimt ist ein Bestandteil der Fünf-Gewürze-Mischung. In Indien findet man ihn in Currys und Pilaws, in Deutschland und Russland häufig in Schokolade. Für feine Desserts bevorzuge ich Kassiazimt; er passt außerdem gut zu Äpfeln, frischen oder getrockneten Pflaumen und Feigen.

Kassiazimt findet sich in Gewürzmischungen für Gebäck und Süßspeisen. Er passt mit seiner Schärfe besser als Echter Zimt zu fettreichem Fleisch wie Ente oder Schwein, auch zu Kürbis, Süßkartoffeln, Linsen und Bohnen. Die Knospen gibt man im Fernen Osten zu eingelegtem Obst; man verwendet sie auch im Ganzen anstelle der Rinde. Besonders gut eignen sie sich für Kompott.

Tejpat-Blätter werden häufig Indischer Lorbeer genannt, weil sie wie die originalen Lorbeerblätter zu Gerichten mit langer Garzeit gegeben und vor dem Auftragen entfernt werden. Jedoch haben Tejpat-Blätter ein ganz anderes Aroma als Lorbeerblätter; falls Sie also keine Tejpat-Blätter finden, ersetzen Sie sie lieber durch eine Nelke oder ein Stückchen Kassiazimt. Sehr wichtig sind die Blätter für die nordindischen Biryanis und Kormas sowie einige Garam Masalas.

Padangzimt, *C. burmannii,* aus Sumatra ist farblich dunkler und riecht würzig, ihm fehlt aber die Intensität von vietnamesischem oder chinesischem Kassiazimt.

Passt zu Äpfeln, Fleisch und Geflügel, Hülsenfrüchten, Pflaumen und Dörrpflaumen, Wurzelgemüse.
Harmoniert mit Fenchel, Ingwer, Kardamom, Koriandersamen, Kümmel, Kurkuma, Muskatblüte, Muskat, Nelken, Sternanis, Szechuanpfeffer.

KORIANDER
Coriandrum sativum

Einige Nutzpflanzen werden sowohl als Küchenkraut als auch als Gewürz genutzt, wobei zweifellos Koriander am häufigsten in beiden Formen Verwendung findet. Er wird als Gewürzpflanze in Osteuropa, Indien, den USA und Mittelamerika, in seiner Heimat Vorderasien und im Mittelmeerraum angebaut. In allen diesen Regionen verwendet man ihn ausgiebig, manchmal sogar Samen und Kraut gemeinsam.

AROMA

Reife Samen haben ein süßes, würzig holziges Aroma mit pfeffriger und blumiger Note. Der Geschmack ist süß und mild mit deutlichem Anklang an Orangenschale.

VERWENDETE TEILE

Die getrockneten Früchte (Samen).

KAUF UND LAGERUNG

Koriander ist fast überall erhältlich. Am besten kauft man ganze Samen und mahlt sie nach Bedarf, denn sie verlieren schnell ihr Aroma. In manchen Asienläden findet man eine Mischung aus gemahlenen und ganzen Gewürzen namens Dhana-Jeera, die aus Koriander- und Kümmelsamen besteht und auf dem ganzen Subkontinent beliebt ist.

ERNTE

Die Samen werden geerntet, wenn sie sich von Grün nach Beige oder Hellbraun verfärben. Traditionell lässt man die Pflanzen nach dem Schneiden für 2–3 Tage welken, danach werden sie gedroschen; die Samen trocknen dann im Halbschatten. Zum vollständigen Austrocknen legt man sie vor dem Sieben und Abpacken in die pralle Sonne. In manchen Gegenden werden die Samen mechanisch getrocknet.

Ganze marokkanische Samen
Die kugelförmigen Samen des marokkanischen Typs sind leichter erhältlich als die ovalen Samen des indischen Korianders.

GEMAHLENER SAMEN
Die spröden Samen lassen sich leicht mahlen; vorheriges Rösten verstärkt das Aroma.

In der Küche

Wegen seines milden Aromas wird mit Koriander großzügiger gewürzt als mit manch anderem Gewürz. Nach dem Rösten ist er die Basis vieler Currypulver und Masalas. In Nordafrika kommt er in Harissa, Tabil, Ras el-Hanout und andere Mischungen. Meist ist er im georgischen Khmeli-Suneli, in den iranischen Advieh-Mischungen wie in den orientalischen Baharat-Mischungen enthalten. Überall dort würzt man gern Gemüse, Eintöpfe und Wurst damit. Eine Spezialität Zyperns sind zerstoßene grüne Oliven mit Koriander. In Europa und Amerika ist Koriander ein Einmach-Gewürz, das süßsaure Pickles und Chutneys mild und angenehm würzt. In der Karibik verwendet man ihn in Masalas, in Mexiko kombiniert man ihn oft mit Kreuzkümmel. Auch französische Gemüse-Gerichte »auf griechische Art« werden mit Koriander gewürzt. Er eignet sich für Marinaden, Fischsud und Suppen-Fonds. Auch Lebkuchengewürz enthält Koriander, und sein Aroma passt gut zu Obstkuchen oder Apfel-, Birnen-, Pflaumen- und Quittenkompott. Unentbehrlich in Harissa, Tabil, Dukka und den meisten Masalas.

Passt zu Äpfeln, Fisch, Huhn, Hülsenfrüchten, Kartoffeln, Pflaumen, Pilzen, Schwein, Schinken, Zitrusfrüchten, Zwiebeln,

Harmoniert mit Chili, Fenchel, Ingwer, Knoblauch, Kümmel, Muskatblüte, Muskat, Nelken, Piment, Zimt.

Ganze Samen des indischen Typs

Obwohl Samen und Kraut des Korianders ganz verschieden schmecken, ergänzen sie einander in indischen und mexikanischen Gerichten.

GEMAHLENE SAMEN
Indischer Koriander schmeckt süßer als marokkanischer.

WACHOLDER
Juniperus communis

Wacholder ist ein immergrünes, stacheliges Nadelgehölz. Er gedeiht auf fast der gesamten nördlichen Halbkugel, vor allem in Mittelgebirgslagen auf kalkhaltigem Untergrund. Er gehört zu den Zypressengewächsen, hat aber als einzige Art der Pflanzenfamilie essbare Früchte. Findige Römer fälschten mit den Beeren Pfeffer, in Pestzeiten (und darüber hinaus) verbrannte man sie zum Reinigen der Luft. Bereits im 17. Jh. wurden sie zum Aromatisieren von Gin und anderen Schnäpsen verwendet.

AROMA

Das Aroma der Wacholderbeeren ist angenehm holzig, bittersüß und erinnert unverwechselbar an Gin. Ihr Geschmack ist erfrischend, süßlich, etwas scharf, mit einem Hauch von Kiefernnadeln und Kampfer.

VERWENDETE TEILE

Beeren, frisch oder getrocknet.

KAUF UND LAGERUNG

Wacholder wird in Form von Trockenbeeren gehandelt. Sie sind recht weich und platzen leicht, also nur im Ganzen und getrocknet kaufen. Luftdicht verschlossen halten sie mehrere Monate.

ERNTE

Zur Gattung *Juniperus* zählen etliche attraktive Gartengehölze. Einige davon tragen giftige Beeren! Nur die Beeren des einheimischen Gewöhnlichen Wacholders eignen sich als Gewürz. Da die violett-schwarzen glatten, knapp erbsengroßen Beeren zum Reifen 2–3 Jahre brauchen, findet man an einer Pflanze sowohl grüne als auch reife Beeren. Wacholder wird teils kultiviert, teils werden die Beeren wild gesammelt. Die Beeren pflückt man reif im Herbst. Ihr blaugrüner Belag verschwindet beim Trocknen.

Ganze Beeren
Beeren aus südlicheren Gegenden sind aromatischer. Falls Sie wilden Wacholder finden, etwa in den Ferien in der Toskana, lohnt sich das Sammeln. Die meisten Beeren im Handel stammen aus Osteuropa.

In der Küche

Wacholder kennt man vor allem als geschmacksgebenden Inhaltsstoff von Gin und anderen Spirituosen; in fast ganz Europa verwendet man die Beeren als natürlichen Kontrast in Wild- und fettreichen Fleischgerichten. In Skandinavien gibt man sie an eine Pökelmischung für Rind- und Elchfleisch und in Rotweinmarinaden für Schweinebraten. In Nordfrankreich werden Wildbret und Pasteten mit den Beeren gewürzt, in Belgien in Gin flambierte Kalbsnieren, im Elsass und in Deutschland das Sauerkraut.

Im Mörser zerstoßen, verströmen die Beeren ein mildes und doch sehr kräftiges Aroma, das sowohl herzhaften wie süßen Gerichten Charakter geben kann. Mit Salz und Knoblauch zerdrückt, eignen sie sich zum Einreiben von Lamm, Schwein und allen Arten von Wild vor dem Braten. Ein paar wenige grob zerstoßene Beeren genügen, um Füllungen und Pasteten sowie aromatische Soßen zu fettreichem Fleisch zu würzen. Wacholderbeeren sollen erst kurz vor Gebrauch zerdrückt werden, sonst verflüchtigt sich das Aroma.

Passt zu Äpfeln, Ente, Gans, Kohl, Rind, Schwein, Wild.

Harmoniert mit Bohnenkraut, Knoblauch, Kümmel, Lorbeer, Majoran, Pfeffer, Rosmarin, Sellerie, Thymian.

Würzmischung für Fleisch

In einem Mörser mit Knoblauch und Salz zerstoßene Wacholderbeeren ergeben eine aromatische Mischung zum Einreiben von Lamm, Schwein und Wild.

ROSE
Rosa-Arten

Nur intensiv duftende Rosen werden verwendet: Im Balkan, in der Türkei und fast im gesamten Vorderen Orient ist dies die stark duftende Damaszenerrose, *R. damascena*. In Marokko wird eine nach Moschus duftende Rose angebaut. Getrocknete Knospen behalten ihren Duft gut.

VERWENDETE TEILE

Knospen, Blüten.

KAUF UND LAGERUNG

Rosenwasser und Rosenöl findet man in türkischen Läden, in Apotheken und Geschenkboutiquen. Es gibt auch sehr süßen, aber fein duftenden Rosenblütenhonig aus Bulgarien oder der Türkei. Manche Läden verkaufen getrocknete Rosenknospen. Luftdicht verschlossen halten sie sich knapp ein Jahr. Bei Bedarf in einer elektrischen Mühle mahlen.

ERNTE

Rosenknospen und Blüten werden im Frühsommer geerntet und entweder getrocknet oder für Rosenessenz (Attar) destilliert, die man zu Rosenwasser verdünnen kann.

In unseren Küchen denkt man bei Rosen nicht unbedingt an ein Gewürz. In der gesamten arabischen Welt jedoch, in der Türkei, im Iran und bis nach Nordindien nutzt man getrocknete Rosenknospen oder -blüten und ebenso Rosenwasser auf vielfältige Wiese als Gewürz. Die Türkei und Bulgarien sind die größten Produzenten von Rosen-Attar (Rosenessenz) und Rosenwasser, doch auch im Iran und in Marokko werden Rosen für diese Zwecke angebaut. Die meisten Blüten werden zu Rosenwasser verarbeitet, doch gibt es ebenso die herrlich duftenden getrockneten Rosenknospen zu kaufen.

Getrocknete Rosenknospen
Die Knospen und Blüten werden frühmorgens geerntet, wenn der Duft noch stark konzentriert ist, bevor er sich in der Sonne verflüchtigt.

In der Küche

In Indien werden gemahlene getrocknete Rosenblätter in Marinaden und zart gewürzten Kormas verwendet. In Bengalen und im Pandshab spielt Rosenwasser in Desserts wie Gulab Jamun (gulab = Rose) und Rasgulla eine große Rolle, ebenso im süßen Lasi (einem erfrischenden Jogurt-Drink) und in Kheer (einem reichhaltigen Reispudding). Das Rosenaroma entdeckt man auch in vielen türkischen Süßigkeiten, im Gebäck des Vorderen Orients und einigen würzigen Gerichten. Mit Sirup aus frischen oder getrockneten Rosenblättern werden Desserts und Getränke zubereitet. In der Türkei wird zu festlichen Anlässen Rosen-Sorbet gereicht. Mit Rosenblättern aromatisierter Zucker verfeinert Puddings und Kuchen.

Die iranische Küche verwendet Rosenknospen ausgiebig: Mit einer betörend duftenden Mischung aus gemahlenen Blütenblättern, Zimt, manchmal auch mit Kreuzkümmel und Kardamom, würzt man dort Reis. Für Eintöpfe wird das Pulver mit gemahlener, zuvor getrockneter Limone gemischt. Gurkensalat mit Jogurt oder eine kalte Suppe werden mit zerstoßenen Blütenblättern bestreut. In Marokko liebt man das Rosenwasser mehr als die Blüten, doch Ras el-Hanout enthält Rosenknospen.

Die größte Begeisterung für Rosenknospen zeigen die Tunesier. Mit der einfachen Baharat-Mischung aus Zimt, gemahlenen Rosenknospen und schwarzem Pfeffer würzt man gebratenes Fleisch und Eintöpfe, die z.B. Quitten oder Aprikosen enthalten, sowie Fisch- oder Lammcouscous. Die gleiche Mischung verwendet die tunesisch-jüdische Küche für Fleischbällchen zu Couscous.

Passt zu Äpfeln, Aprikosen, Desserts und Kuchen, Geflügel, Kastanien, Lamm, Quitten, Reis.

Harmoniert mit Chili, Jogurt, Kardamom, Koriandersamen, Kreuzkümmel, Kurkuma, Nelken, Pfeffer, Safran, Zimt.

Advieh für Reis

Für dieses iranische Reisgewürz werden Blütenblätter der Rose mit Zimt und Kreuzkümmelsamen gemischt (*Rezept S. 280*).

VANILLE
Vanilla planifolia

AROMA

Frische Vanilleschoten besitzen weder Geruch noch Geschmack. Nach dem Fermentieren entwickeln sie ein kräftiges Aroma mit Anklängen an Süßholz oder Tabak, gepaart mit einem zarten fruchtigen oder sahnig-süßen Duft. Auch ein Hauch Rosine oder Pflaume können hineinspielen.

VERWENDETE TEILE

Fermentierte Schoten (botanisch korrekt: Kapseln).

KAUF UND LAGERUNG

Schoten von guter Qualität erhält man eher im Feinkostgeschäft als im Supermarkt. Licht- und luftdicht verschlossen halten sie gut 2 Jahre. Achten Sie beim Kauf von Vanille-Extrakt auf die Bezeichnung »Natürlicher Vanille-Extrakt« und den angegebenen Alkoholgehalt (meist etwa 35 Prozent).

ERNTE

Vanilleschoten werden gepflückt, sobald sie gelb werden. Durch heißes Überbrühen wird der Reifeprozess gestoppt, dann werden sie tagsüber in der Sonne getrocknet und nachts in Jutesäcken zum Schwitzen gebracht. Die Samenkapseln schrumpeln, werden dunkel, und Enzyme setzen im Laufe des chemischen Prozesses die Aromen frei, besonders Vanillin.

Vanille ist die Frucht einer kletternden Orchidee aus Mittelamerika. Es ist nicht bekannt, wann Vanille erstmals als Gewürz verwendet wurde, doch gab es schon unter den Azteken Stämme mit ausgefeilten Methoden, um die Früchte zur Gewinnung der Vanillin-Kristalle zu fermentieren. Am Hofe Montezumas lernten die spanischen Eroberer mit Vanille parfümierte Schokolade kennen. Begeistert verschifften sie sowohl die Schokolade als auch die Schoten, die sie nach dem Diminutiv von *vaina* (Schote) »Vanille« tauften. Heute wird Vanille aus Mexiko, Réunion, Madagaskar, Tahiti und Indonesien eingeführt.

Ganze getrocknete Schoten
Gute Vanilleschoten sind tiefbraun oder schwarz, lang und schmal, etwas runzlig, feucht, wächsern, biegsam, und sie duften stark.

SAMEN
Die winzigen, klebrigen, schwarzen Samen lassen sich mit der Messerspitze aus den Schoten herauskratzen.

In der Küche

Die Bourbon-Vanille aus Madagaskar und Réunion besitzt ein volles, sahniges Aroma; mexikanische Vanille gilt allgemein als die zarteste; Tahiti-Vanille duftet blumig und fruchtig, indonesische Vanille eher kräftig und rauchig. Die besten Schoten sind mit Vanillin-Kristallen überzogen, dem so genannten Givre.

Im Ganzen oder gespalten, werden die Stangen meist für Cremes, Puddings und Eis verwendet. Echte Vanille hinterlässt in den Speisen winzige kleine Pünktchen. Nach dem Ziehenlassen der ganzen Schote, etwa in Sirup oder Creme, kann diese abgewaschen, getrocknet und wieder verwendet werden. Mit Vanille werden Kuchen, Torten und Kompotte parfümiert. Aufgeschlitzte Schoten kann man über Früchte legen, die im Ofen gebacken werden. Bis zum heutigen Tag wird Schokolade mit Vanille aromatisiert, auch Tee und Kaffee. Selbst wenn man sich Vanille als Gewürz für herzhafte Gerichte schwer vorstellen kann, so passt sie doch gut zu Meeresfrüchten, vor allem Hummer, Jakobsmuscheln, ebenso zu Huhn. Sie betont die Süße von Wurzelgemüse; in Mexiko gibt man sie an schwarze Bohnen.

Passt zu Apfel, Birne, Eiern, Erdbeere, Fisch, Meeresfrüchten, Melone, Milch, Pfirsich, Rhabarber, Sahne.

Harmoniert mit Chili, Kardamom, Nelken, Safran, Zimt.

EXTRAKT
Vanille-Extrakt wird durch Mazerieren von Schoten in Alkohol gewonnen. Er hat ein süßes Aroma und einen wunderbaren Geschmack. Vermeiden Sie synthetische Vanille, die aus Fruchtabfall gewonnen wird.

VANILLEZUCKER
Statt teuren abgepackten Vanillezucker zu kaufen, kann man Streuzucker selbst herrlich parfümieren, indem man ihn in ein Glas füllt und zusammen mit einer Vanilleschote aufbewahrt.

VANILLE *ist nach Safran das zweitteuerste Gewürz, da*
die Herstellung, wie beim Safran, sehr arbeitsintensiv ist.

Die Befruchtung der Pflanzen geschieht von Hand; die Ernte der Schoten ist schwierig und die Aufbereitung aufwendig.

AKUDJURA
Solanum centrale, S. aviculare

Akudjura ist der Name einer essbaren Wildtomaten-Art, *S. centrale.* Heimisch ist sie in den Wüsten West- und Zentralaustraliens – dem »Busch«, daher auch ihr Name »Buschtomate«. Einige Arten der Gattung *Solanum* sind giftig. Die essbaren galten bei den Aborigines seit jeher als Grundnahrungsmittel, doch neuerdings entdeckt man sie auch bei uns als Gewürz. Gesammelt wird auch die etwas größere *S. aviculare,* der »Känguru-Apfel«.

AROMA

Das Aroma der Akudjura erinnert an gebranntes Karamel und Schokolade. Sie schmeckt nach Karamell, Tamarillo und Tomate und hat einen erfrischenden, fast bitteren Nachgeschmack.

VERWENDETE TEILE

Getrocknete Früchte.

KAUF UND LAGERUNG

Buschtomaten werden ganz verkauft. Vor Gebrauch lässt man sie für 20–30 Minuten in Wasser quellen, meistens aber werden sie zu einem orangebraunen Pulver, dem Akudjura, gemahlen.

ERNTE

Bis jetzt gibt es keinen nennenswerten Anbau von Buschtomaten, sie werden wild gesammelt. Man belässt die gelben Früchte zum Trocknen an der Pflanze, wo sie auf Traubengröße schrumpfen und sich schokoladenbraun färben. Sie ähneln Rosinen, daher auch der Name »Wüstenrosinen«. Das Trocknen verringert auch den Alkaloid-Gehalt, vor allem den Anteil des potenziell schädlichen Solanins.

In der Küche

Akudjuras können anstelle von getrockneten Tomaten oder Paprika verwendet werden. Wer sich an ihren besonderen Geschmack gewöhnt oder ihm gar verfallen ist, würzt damit Salate, Suppen, Eierspeisen und gedünstetes Gemüse. In Australien gibt man sie in Eintöpfe und in den traditionellen brotähnlichen »Bush Tucker«. Gemahlen werden damit Kekse, Chutneys, Saucen, Relishes und Tomaten-soßen gewürzt. Eine Mischung aus Akudjura, Akaziensamen und Bergpfeffer wird wie die schwarze Cajunwürze speziell für Fisch verwendet.

Passt zu Apfel, Fisch, Fleisch, Kartoffeln, Käsegerichten, Paprika, Zwiebeln.
Harmoniert mit Akazien- und Koriandersamen, Zitronenmyrte.

Ganze Früchte

Akudjuras passen zu süßen wie herzhaften Gerichten. Sie verleihen Tomatensaucen und Fleischeintöpfen, besonders Gulasch, einen besonderen Geschmack.

ZERSTOSSENE FRÜCHTE
Akudjuras können orange, rot oder bräunlich sein.

ROSA PFEFFER

Schinus terebinthifolius

Als »Rosa Pfeffer« (Pink Pepper) dient die Frucht des Brasilianischen Pfefferbaums, der allerdings auch in Argentinien und Paraguay beheimatet ist. Da er gern verwildert, findet man ihn heute in fast allen gemäßigten Zonen der Erde. Die Monoterpene, die sich im ätherischen Öl finden, können Darmbeschwerden hervorrufen, jedoch kaum bei Verwendung in einem normalen Rezept. Einzig auf Réunion wird der Brasilianische Pfefferbaum erwerbsmäßig angebaut.

In der Küche

Mit Rosa Pfeffer lassen sich zahlreiche Gerichte würzen, aber er sollte ziemlich sparsam verwendet werden. Eingelegte Beeren werden weicher und lassen sich leichter zerstoßen. Die spröde, pergamentartige Außenschale der getrockneten Beere birgt einen harten Samen. Besonders empfiehlt sich Rosa Pfeffer zu Fisch oder Geflügel, und wie Wacholder passt er gut zu Wild und fettreichem Fleisch. Er ist ein ausgezeichnetes Soßengewürz zu Hummer, Kalbsschnitzel und Schwein.
Passt zu Fisch, fettreichem Fleisch, Geflügel, Wild.
Harmoniert mit Fenchel, Galgant, Kaffirlimetten-Blättern, Kerbel, Minze, Petersilie, schwarzem und grünem Pfeffer, Zitronengras.

Ganze Beeren

Die Beeren lassen sich leicht im Mörser oder unter einer breiten Messerklinge zerdrücken.

AROMA

Das Aroma zerstoßener Beeren ist angenehm fruchtig mit einem deutlichen Anklang an Kiefernnadeln. Ihr Geschmack ist ebenfalls fruchtig, harzig und süß-aromatisch, ähnlich wie Wacholder, nur weniger stark. Mit echtem Pfeffer haben sie zwar das Piperin-Öl, doch nicht die Schärfe gemeinsam.

VERWENDETE TEILE

Getrocknete Früchte.

KAUF UND LAGERUNG

Getrockneten Rosa Pfeffer bekommt man im Feinkostladen. Gefriergetrocknete Beeren sind in Bezug auf Farbe und Aroma am besten. Man erhält die Beeren auch in Lake oder Essig eingelegt. Wegen des Farbeffekts mischt man ihn mit schwarzen, weißen und grünen Pfefferkörnern, obwohl die Pflanzen nicht verwandt sind. Die Beeren luftdicht aufbewahren und nach Bedarf zerstoßen oder mahlen.

ERNTE

Im Herbst bilden sich aus den Trauben von winzigen weißen Blüten grüne, saftige Beeren, die beim Reifen kräftig rot werden. Man erntet sie, wenn sie reif sind.

AROMA

Das Aroma von Paprika ist meist unaufdringlich und zart. Einige Sorten haben eine Karamell-, Frucht- oder Rauchnote, andere eine feurige, in die Nase steigende Schärfe. Der Geschmack variiert von süßlich-rauchig bis rund und körperreich oder leicht stechend mit etwas bitterer Note.

VERWENDETE TEILE

Getrocknete Beerenfrüchte, die »Schoten«. Es gibt keine eigentliche Paprika-Pflanze, das Gewürz wird aus verschiedenen roten Capsicum-Arten hergestellt.

KAUF UND LAGERUNG

Ungarischer Paprika ist eine Spur schärfer als spanischer Chili. Portugiesischer und marokkanischer Paprika ähneln dem spanischen, während Paprika vom Balkan dem ungarischen nahe kommt. Paprika soll immer luftdicht und lichtgeschützt aufbewahrt werden, sonst verliert er an Frische. Es gibt ihn auch in Form von Paste und Soße.

ERNTE

Nach dem Trocknen werden die Schoten entstielt und Samen und Scheidewände ausgelöst. Fruchtfleisch und Samen werden getrennt gemahlen und dann ganz nach Bedarf gemischt. Für den spanischen Pimentón werden die Schoten über Eichenfeuer geröstet (Rauchgeschmack).

PAPRIKA

Capsicum annuum und andere Arten

Paprika stammt aus Amerika und wurde nach Kolumbus' Rückkehr 1492 erstmals in Spanien angebaut. Die Spanier trockneten die Schoten und mahlten sie zu Pimentón, dem Paprika. Später gelangten Samen in die Türkei, und der Paprika-Anbau dehnte sich über das gesamte ottomanische Reich aus. 1604 wurde in Ungarn erstmals »Türkischer Pfeffer« erwähnt. Seither galt Paprika dort als Bauerngewürz. Erst im 19. Jh. kam Paprika auch für »kultivierte Mägen« in Mode.

Gemahlener Paprika
Paprika kann süß, bittersüß oder scharf sein, je nachdem, ob er von milden oder leicht scharfen Paprikaschoten stammt und auch je nach anteiliger Menge vermahlener Samen und Schoten.

UNGARISCHER PAPRIKA
In der ungarischen Küche stehen meist verschieden scharfe Paprikas bereit – zu jedem Gericht das passende.

In der Küche

In der ungarischen Küche ist Paprika das wichtigste Gewürz. Mit Zwiebeln in ausgelassenem Speck (statt Öl) leicht geröstet, bildet er die Grundlage für Gulasch, Kalbs- oder Hühnerpaprikas und Enten- oder Gänse-Pörkölt. Kartoffeln, Reis, Nudelgerichten und vielen Gemüsen verleiht er Farbe und Aroma. Auch in Serbien kocht man ähnlich. In Ungarn, den Balkanländern und der Türkei stehen Paprika und Paprikaflocken häufiger auf dem Tisch als schwarzer Pfeffer.

In Spanien gibt man Paprika an Sofrito, eine Mischung aus Zwiebeln und anderen in Olivenöl erhitzten Zutaten, die Grundlage für viele Schmorgerichte ist. Man schätzt ihn in Reis- und Kartoffelgerichten, an Fisch und Omelettes. Auch die Romesco-Soße lebt davon. In Marokko gibt man Paprika an viele Gewürzmischungen, in Tajines und Chermoula (eine Fischmarinade und -soße). In der Türkei würzt Paprika Suppen, Gemüse und Fleischgerichte, vor allem Offal. In Indien will man damit hauptsächlich etwas Rot ins Essen bringen. Überall ist es ein Gewürz für Wurst und andere Fleischprodukte. Paprika liebt keine starke Hitze, sonst wird er bitter.

Passt zu Ente, Frischkäse, den meisten Hülsenfrüchten und Gemüse, Huhn, Rind und Kalbfleisch, Reis, Schwein.

Harmoniert mit Ingwer, Jogurt, Kardamom, Knoblauch, Kümmel, Kurkuma, Oregano, Petersilie, Pfeffer, Piment, Rosmarin, Safran, Sauerrahm, Thymian.

SPANISCHER PAPRIKA
Die Herkunftsbezeichnung »Pimentón de La Vera« garantiert dem Verbraucher einen von Hand hergestellten, qualitativ hochwertigen Paprika mit charakteristischem rauchigem Aroma und Geschmack.

Paprika-Sorten

Ungarischer Paprika kommt aus zwei Gegenden: Szeged oder Kalocsa, die jeweils auf der Packung bezeichnet werden.

Különleges (eigenwillig, erlesen): Hellrot, süß mit kaum merklicher Schärfe, sehr fein gemahlen. Samen-Anteil sehr gering. Hält sich lange.

Édesnemes (edelsüß): Dunkelrot, süß und rund im Geschmack, Schärfe unaufdringlich, nicht bitter. Pulver recht fein.

Delikatess (Feinkostgeschäft): Hellrot, fruchtig, mild, voll.

Félédes (mittelsüß): Mehr Anteile an Scheidewänden, daher weniger süß und durchdringender.

Rozsa (rosa): Rosarot und schärfer. Pulver aus der ganzen Frucht.

Eros (stark): Braunrot und grob, schärfer und mit bitterem Nachgeschmack. Pulver aus qualitativ weniger guten, ganzen Früchten. Ähnelt mehr dem Chilipulver.

Spanischer Paprika kommt überwiegend aus La Vera und trägt eine Herkunftsbezeichnung. In geringer Menge wird süßer Paprika aus dem Ñora-Paprika in Murcia hergestellt.

Dulce (süß, mild): Ziegelrotes Pulver mit rauchigem Aroma und würzigem Geschmack.

Agridulce (bittersüß): Tiefrot und scharf mit beißend-bitterer Note.

Picante (scharf): Rostrot, mit angenehmer Schärfe. Spanischer Paprika wird in verschiedenen Qualitätsstufen vermarktet: Extra, Auswahl und Normal.

TAMARINDE
Tamarindus indica

Tamarinde wird von den bohnenförmigen Hülsen des Tamarinden-baums gewonnen, der aus Ostafrika, vermutlich Madagaskar, stammt. Es ist das einzige wichtige Gewürz afrikanischen Ursprungs. Bereits in prähistorischer Zeit wuchsen die hohen immergrünen Bäume mit ihren schönen Kronen in Indien. Ihr Name kommt vom arabischen *thamar-i-hindi*, Frucht Indiens. Tamarindenbäume tragen bis zu 200 Jahre lang Früchte. Das Gewürz wird schon lange – über-wiegend aus Indien – für Würzmittel wie Worcestersoße importiert.

AROMA

Tamarinde hat kaum Geruch und schmeckt – wegen der enthaltenen Weinsäure – säuerlich, aber auch süß und fruch-tig. Sie ist an verschie-denen Stellen des Marks unterschiedlich sauer. Thai-Tamarinde schmeckt runder und weniger sauer als vietnamesische oder indonesische.

VERWENDETE TEILE

Mark von reifen Schoten, Blätter.

KAUF UND LAGERUNG

In Asienläden bekommt man Tamarinde getrocknet als Block mit Samen oder ohne, ebenso als dicke, ziemlich trockene Paste oder als eher flüssiges, schwarzbraunes Konzentrat. Feinkostläden führen das Konzentrat oder die Paste. Tamarinde hält sich in jeder Form fast unbe-grenzt. Manchmal werden auch frische Blätter, ge-trocknetes Mark in Scheiben und Tamarindenpulver angeboten.

ERNTE

Tamarindenbäume bringen Büschel von blassgelben Blüten hervor, aus denen die langen, rostfarbenen Schoten hervorgehen. Diese enthalten ein dunkelbrau-nes, klebriges und sehr faseriges Mark. Das Mark wird aus der zähen Schote herausgekratzt und zu fla-chen Platten gepresst, meist mitsamt den glänzenden schwarzen Samen.

Ganze Schoten
In Vietnam und Thailand gibt man unreife Schoten in saure Suppen und Ein-töpfe. In den Anbauländern der Tamarinde, vor allem in Thailand und auf den Philippinen, verwendet man manchmal die jungen fedri-gen Blätter und Blüten in Currys und Chutneys.

In der Küche

In Indien und Südostasien wird Tamarinde (ähnlich wie bei uns Zitrone und Limonen) zum Säuern für Currys, Sambhars, Chutneys, Marinaden, Laken, Pickles und Sorbets verwendet. Sie verleiht vielen scharfen indischen Gerichten wie Goan Vindaloo und Gujarati-Gemüse-Eintöpfen ihre charakteristische Säure. Mit Rohrzucker und Chili wird sie zu einem sirupartigen Dip für Fisch eingekocht. Tamarinde kommt in die thailändische Suppe Tom Yam und in die scharf-sauren chinesischen Suppen. In Indonesien, wo das Wort *asem* sowohl »Tamarinde« wie »sauer« bedeutet, wird es für gesalzene wie süße Soßen und Marinaden verwendet. Besonders auf Java zieht man sie für süßsaure Gerichte der Zitrone vor. In Indien gibt man gemahlenen Samen in Kuchen. Im Iran wird gefülltes Gemüse in einer kräftigen Tamarindenbrühe

gedünstet. Im Vorderen Orient ist eine Art Limonade aus Tamarindensirup beliebt.

In Mittelamerika und der Karibik gibt es ein Tamarinden-Getränk in Dosen. In Thailand, Vietnam, den Philippinen, Jamaika und Kuba werden mit Puderzucker bestäubte oder kandierte Tamarinde auch als Süßigkeit verkauft. Würzen Sie einmal Fisch oder Fleisch vor dem Kochen mit einer Mischung aus Salz und Tamarinde oder probieren Sie eine Marinade mit Tamarinde, Sojasoße und Ingwer für Schwein oder Lamm. Tamarinde ist unentbehrlich in Worcestersoße.

Passt zu Erdnüssen, Fisch und Muscheln, Geflügel, den meisten Gemüse-Arten, Kohl, Lamm, Linsen, Pilzen, Schwein.

Harmoniert mit Riesenfenchel, Chili, Galgant, Ingwer, Knoblauch, Korianderblättern, Krabbenpaste, Kümmel, Kurkuma, braunem oder Rohrzucker, Senf, Sojasoßen.

TAMARINDENBLOCK

Verwendet man Tamarinde vom Block, wird ein ungefähr nussgroßes Stück für 10–15 Minuten in etwas heißem Wasser eingeweicht. Das Mark zum Lösen etwas umrühren, ausdrücken und durch ein Sieb passieren.

KONZENTRAT

Tamarinden-Konzentrat riecht – ähnlich wie Melasse – etwas angebrannt und schmeckt scharf und sauer. Zum Gebrauch verrührt man 1–2 TL mit etwas Wasser.

PASTE

Die Zugabe von etwas Tamarinden-Paste nimmt feurigen Chilis und scharfen Gewürzen etwas von der beißenden Schärfe.

Säuerlich fruchtige Gewürze

GERBERSUMACH, SUMAK

Rhus coriaria

Als Gewürz dient die Frucht des dekorativen, bis zu 3 m hohen Strauchs mit hellgrauen oder rötlichen Ästen. Er wächst wild in Höhen mit lichtem Baumbestand und auf Hochebenen rund ums Mittelmeer, besonders in Sizilien, wo man ihn häufig kultiviert. Gerbersumach findet man auch in Teilen des Nahen Ostens, vor allem in Anatolien und in seiner Heimat Iran.

AROMA

Gerbersumach ist nur wenig aromatisch. Er schmeckt angenehm säuerlich, fruchtig und herb.

VERWENDETE TEILE

Getrocknete Steinfrüchte.

KAUF UND LAGERUNG

Außerhalb seiner Herkunftsländer erhält man Gerbersumach nur als ein grobes oder feines Pulver. Dieses hält sich im luftdichten Gefäß mehrere Monate. Ganze Früchte können ein Jahr und länger aufbewahrt werden.

ERNTE

Gerbersumach gedeiht auf felsigem Boden. Je höher der Standort liegt, desto besser die Früchte. Im Herbst färben sich die Sumachblätter herrlich rot, und einige der weißen Blüten entwickeln dichte, kegelförmige Fruchtstände mit kleinen, runden, rostfarbenen Steinfrüchten. Sie werden kurz vor der Reife geerntet, in der Sonne getrocknet und zu einem ziegelroten oder rotbraunen Pulver zermahlen.

In der Küche

In der arabischen, vor allem in der libanesischen Küche ist Gerbersumach eine unverzichtbare Zutat, denn er wird als Säuerungsmittel verwendet (wie die Zitrone im Westen und die Tamarinde in Asien). Er besitzt wenig Eigengeschmack, verstärkt aber ähnlich wie Salz das Aroma der Speisen. Ganze Früchte zerstößt man und weicht sie für 20–30 Minuten in Wasser ein. Danach verwendet man ihren ausgepressten Saft für Marinaden, Salat-Dressings, Fleisch- und Gemüse-Gerichte, auch für Erfrischungsgetränke. Vielerorts wird das Kochgut vorher mit Sumachpulver bestreut: Im Libanon und Syrien Fisch, im Irak und der Türkei Gemüse, im Iran und Georgien Kebab. In türkischen und iranischen Kebab-Imbissen steht meist ein Schälchen Gerbersumach neben den Paprikaflocken auf der Theke. Oft wird er auf Fladenbrot gestreut. Er säuert den libanesischen Brotsalat Fattoush und kommt in die Gewürzmischung Za'atar. Auch Schmortöpfe mit Huhn oder Gemüse, Eintöpfe und Hühnerfüllungen würzt Gerbersumach. Auf rohe Zwiebelscheiben gestreut, ist er ein Appetithappen. Für Jogurt-Dip wird er mit frischen Kräutern gemischt. Unentbehrlich in Fattoush, Za'atar.
Passt zu Auberginen, Fisch und Meeresfrüchten, Huhn, Jogurt, Kichererbsen, Lamm, Linsen, rohen Zwiebeln, Pinienkernen, Walnüssen.
Harmoniert mit Chili, Granatapfel, Knoblauch, Koriander, Kümmel, Minze, Paprika, Petersilie, Piment, Sesam, Thymian.

GEMAHLENE FRÜCHTE
Die Farbe der trockenen Steinfrüchte variiert je nach Herkunft von Ziegelrot über Rotbraun bis Kastanienbraun.

ZA'ATAR
Diese Gewürzmischung aus dem Vorderen Orient besteht aus gemahlenen Früchten des Gerbersumachs, Sesamsamen und zerriebenem getrocknetem Thymian (*Rezept S. 290*).

BERBERITZE
Berberis vulgaris

Zahlreiche Arten der Gattung *Berberis* und der nah verwandten *Mahonia* wachsen wild in gemäßigten Zonen Europas, Asiens, Nordafrikas und Nordamerikas. Es sind dichte, stachelige, mehrjährige Sträucher mit gezähnten Blättern. Alle haben essbare Beeren, die der *Berberis* sind rot, die der *Mahonia* blau. Sie werden in Zentralasien und in der Kaukasusregion als Gewürz verwendet. Früher waren Beritzen als beliebte Wildfrüchte in Hecken zu finden, doch heute kennt man sie immer weniger.

Ganze getrocknete Beeren
Die kleinen, ovalen Beeren sind weich und haben ein angenehm säuerliches Aroma. Sie sollten rot sein, dunklere können alt und weniger aromatisch sein.

In der Küche

Meist legt man Berberitzenbeeren in Sirup oder Essig ein, damit sie ein herbes Aroma bekommen. Da sie reich an Pektin sind, kann man sie leicht als Gelee oder Konfitüre einkochen. In Zentralasien und im Iran verwendet man die Beeren zum Säuern und als Garnierung in Pilaws, auch in Füllungen, Eintöpfen und Fleischgerichten.

In Butter oder Öl angebraten, entfalten die trockenen Beeren schnell ihr Aroma. Man streut sie über manche Reisgerichte. In Georgien lernte ich eine Mischung aus zerdrückten Beeren und Salz kennen, mit der Kebab vor dem Grillen eingerieben wird, sodass das Fleisch pikant säuerlich schmeckt. In Indien gibt man die trockenen Beeren zu Desserts, ähnlich wie Johannisbeeren. Streut man frische Beeren in den letzten Minuten der Bratzeit über Lamm oder Hammel, platzen sie und überziehen das Fleisch mit ihrem säuerlichen Saft. Mit Berberitzenbeeren können Sie gut alle Gerichte bestreuen, die Sie sonst mit Zitronensaft beträufeln würden. Früher machte man aus den Beeren auch Süßigkeiten und Konfekt – letzte Reminiszenz ist die Spezialität von Rouen, die »Confiture d'Épine Vinette«. Die amerikanische Wildfrucht 'Oregon Grape', *Mahonia aquifolium*, wird ähnlich verwendet wie die Berberitzenbeere. Dieser niedrige Strauch wird auch in Deutschland häufig in Gärten gepflanzt.

Passt zu Geflügel, Jogurt, Lamm, Mandeln, Pistazien, Reis.

Harmoniert mit Dill, Kardamom, Koriander, Kümmel, Lorbeer, Petersilie, Safran, Zimt.

ZERDRÜCKTE BEEREN

Man kann Berberitzenbeeren im Mörser zerdrücken und sie mit Kräutern und Gewürzen vermischt für Fleischklößchen, Pasteten und Marinaden verwenden, oder sie wie hier mit Salz mischen und damit Lamm und Kebab vor dem Grillen einreiben.

GRANATAPFEL
Punica granatum

Der Granatapfelbaum ist ein niedriger Laubbaum mit schmalen, ledrigen Blättern. Aus den leuchtend roten Blüten entwickeln sich große Früchte mit bräunlich roter Haut. Zwischen dem Iran und dem Himalaya beheimatet, wird er seit dem Altertum rund um das Mittelmeer angepflanzt. Heute wächst er in allen trockeneren Teilen des subtropischen Indien und Südostasiens, in Indonesien, China sowie im tropischen Afrika. Er ist sehr langlebig, sein Ertrag sinkt aber schon nach 15–20 Jahren.

AROMA

Die fleischigen Samen schmecken zugleich süß und säuerlich. Granatäpfel aus dem Nahen Osten sind meist süßer als indische, die einen leicht bitteren Nachgeschmack haben können. Die Farbe des Saftes variiert von Hellrosa bis Dunkelrot; er schmeckt süß, aber erfrischend prickelnd.

VERWENDETE TEILE

Die Samen werden frisch und getrocknet verwendet.

KAUF UND LAGERUNG

Granatäpfel halten sich an einem kühlen Ort wochenlang. Durch Lagern werden sie aromatischer und saftiger. Samenkörner wie Saft können eingefroren werden. Granatapfel-Melasse, ein dunkler, dicker, klebriger Sirup, ist höchstens in türkischen Läden zu bekommen. Anardana (getrocknete Beeren) findet man in Asienläden als ganze (möglichst) dunkelrote Beeren oder auch gemahlen. Anardana und Melasse halten sich gut.

ERNTE

Die Frucht reift im Oktober und muss vor dem Aufplatzen geerntet werden. In Nordindien werden die Samen des sauren, leicht bitteren wilden Granatapfels für das Anardana 2 Wochen lang in der Sonne getrocknet.

Ganze Frucht
Die Früchte sollten möglichst tiefrot sein. Die transparenten Samen sind regelrechte Saftsäckchen, die das Mark und einen (meist sehr harten) Samen umschließen.

ANARDANA (GETROCKNETE SAMEN)
Getrocknete Samen riechen angenehm herb und schmecken süß-
sauer.

In der Küche

Im Nahen Osten und Zentralasien
werden die frischen Samenkörner
über Salat, Hummus-Paste oder
Tahina gestreut, oder man verziert
damit Desserts. Sie passen gut zu
Huhn oder in Eintöpfe und geben
einem Obst- oder Gurkensalat Farbe.

Man kann die Samen auspressen;
der Saft der süßeren Arten ist im
Nahen Osten ein beliebtes Getränk.
In Georgien säuert man damit häufig
Fleisch- oder Fischsoßen.

Aus dem Saft wird Granatapfel-
Melasse, ein dicker, dunkler Sirup,
bereitet. Man kann damit Huhn
oder Fleisch bestreichen, statt sie zu
marinieren, oder man würzt damit
Schmorgerichte. Ihr Geschmack und
Säuregehalt variiert stark von Region
zu Region. Arabische und indische
Melassen sind recht herb, häufig
sogar sauer. Im Iran wird ein süßerer
Typ produziert; er dient als wichtige
Zutat in Muhammarah, einem Dip
aus scharfen Chilis und Walnüssen,
sowie im Fesenjân, einem würzigen
persischen Enten- oder Geflügelge-
richt mit Walnüssen. Auch eine gute
iranische Wintersuppe basiert darauf.

Anardana (getrocknete Beeren),
die Korinthen ähneln, sind klebrig,
aber hart. Sie haben ein fruchtiges,
herbes Aroma, das man im Norden
Indiens liebt. Man gibt sie in Currys
und Chutneys, Brotfüllungen, Salzgebäck und geschmortes Gemüse. Im
Pandshab würzt man Hülsenfrüchte
damit. Als süßsaures Würzmittel sind
sie feiner als Amchoor. Sie werden
entweder wie Tamarinde in Wasser
eingeweicht oder zerdrückt direkt
über das Gericht gestreut.
Passt zu Avocado, Fisch, Geflügel,
Gurke, Hülsenfrüchten, Lamm,
Pinienkernen, Roten Beten, Spinat,
Walnüssen.
Harmoniert mit Bockshornklee,
Chili, Golpar, Ingwer, Kardamom,
Koriandersamen, Kreuzkümmel,
Kurkuma, Nelken, Piment, Rosen-
knospen, Zimt.

MELASSE
Die Granatapfel-Melasse kann
süß oder süß-sauer schmecken,
wobei die fruchtige Süße durch
den angenehm herben Geschmack
gemildert wird. Das Aroma ist
konzentrierter als bei Grenadine,
dem Paradiesapfel-Sirup.

KOKUM
Garcinia indica

Kokum ist die Frucht eines mit dem Mangostanebaum verwandten, zierlichen immergrünen Baumes. Er stammt aus Indien und wächst fast ausschließlich in den tropischen Regenwäldern entlang dem schmalen Band der Malabarküste, von Mumbai bis Cochin. In seiner Heimat Maharashtra, Karnataka und Kerala wird Kokum, ähnlich der Tamarinde andernorts, zum Säuern verwendet. Neuerdings haben die Küchen in den USA, im Vorderen Orient und in Australien sie entdeckt; in Europa muss sie sich erst noch ihren Weg bahnen.

AROMA

Kokum hat einen leicht fruchtigen Balsamgeruch und einen süß-säuerlichen, herben, harzigen Geschmack, oft auch leicht salzig. Im süßlichen Nachgeschmack erinnert sie an Trockenobst. Ihre Säure rührt von der enthaltenen Apfel- und Weinsäure.

VERWENDETE TEILE

Ganze Früchte oder Schale.

KAUF UND LAGERUNG

Getrocknete Schale findet man wohl nur über das Internet, wo es inzwischen etliche Spezialversender für Gewürze gibt, die auch Kokum-Paste anbieten. Im luftdichten Behälter hält beides bis zu einem Jahr. Je dunkler die Schale, desto besser der Geschmack.

ERNTE

Die pflaumengroße, runde und klebrige Kokumfrucht hat eine unebene Oberfläche. Zur Erntezeit im April oder Mai ist sie tiefviolett. Die Frucht wird ganz oder halbiert getrocknet, wobei das gute halbe Dutzend von recht großen Kernen im Fruchtfleisch sichtbar wird. Oft wird die Schale geschält, im Saft des Fruchtfleischs eingeweicht und dann als Amsul, wörtlich »saure Schale«, sonnengetrocknet. Sie sieht dann streifig gefaltet und ledrig aus.

Getrocknete ganze oder halbe Früchte
Zum Aromatisieren einer Speise werden die Früchte ganz oder in Schnitzen dem Kochgut zugefügt und vor dem Essen entfernt. Vorsicht, es könnten harte Kerne übrig bleiben.

In der Küche

Kokum ist als Säuerungsmittel milder als Tamarinde. Die Trockenfrucht oder Schale wird meistens eingeweicht, das Fruchtfleisch danach ausgepresst und die Flüssigkeit zum Kochen von Hülsenfrüchten oder Gemüse verwendet. Kokumschalen werden, um das Trocknen zu beschleunigen, oft mit Salz eingerieben – das muss beim Salzen der Speisen bedacht werden.

Kokum-Saar, ein gewürzter Kokum-Aufguss, wird als Appetitanreger und kühlendes Getränk zu scharfen Fischcurrys auf Kokosnussbasis getrunken; die durchgeseihte Flüssigkeit erhält ihre Würze durch geriebenen Ingwer, gehackte Zwiebeln, Chilis, Kümmel oder Koriander. In Kerala nennt man Kokum auch »Fisch-Tamarinde«.

Kokum mit Kokosmilch und eventuell Jagrezucker ergibt Kadhi, ein duftendes, karminrotes Getränk, das zu Reis, als Appetitanreger oder zur Verdauung serviert wird. Mit Zuckersirup aufgebrüht, ergibt Kokum ein Erfrischungsgetränk, das sogar vermarktet wird.

Aus den Kernen hergestellte Kokumbutter (im Westen als Hautcreme verkauft), ist essbar und bietet eine vegetarische Alternative zu Ghee.
Passt zu Auberginen, Bohnen, Fisch und Meeresfrüchten, Kartoffeln, Kochbanane, Kürbis, Linsen, Okra.
Harmoniert mit Bockshornklee, Chili, Ingwer, Kardamom, Knoblauch, Kokosmilch, Koriander, Kümmel, Kurkuma, Senfsamen.

Andere Kokum-Arten

G. atroviridis ist eine eng verwandte asiatische Art, deren Frucht irreführend als Tamarindenstücke angeboten wird. Ihre Eigenschaften ähneln tatsächlich jenen der Tamarinde.
G. cambogia entwickelt eine Frucht, die Hydroxycitrat enthält. Diese in Schlankheitsprodukten verwendete Fruchtsäure verhindert im Körper die Umwandlung von Fett in Kohlenhydrate.

GETROCKNETE SCHALEN
Die getrockneten Schalen fühlen sich außen wie feines Leder an und sind innen etwas klebrig.

AMCHOOR
Mangifera indica

Amchoor wird aus Mangos hergestellt. Das immergrüne Gehölz wächst als ein weit ausladender Baum mit dunkelgrünen Blättern. Die Art stammt aus Indien und Südostasien und wird heute wegen ihrer Früchte in weiten Teilen der Tropen und Subtropen angepflanzt. Jedes zweite Jahr trägt der Baum Früchte, und dies über mehr als hundert Jahre. Alles am Baum wird verwertet – Rinde, Harz, Blätter, Blüten, Samen. Die Früchte verzehrt man frisch. Das Gewürz stammt von der unreifen Frucht und wird nur in Indien hergestellt.

AROMA

Amchoor hat das angenehme, süßsaure Aroma der Trockenfrucht und einen herben, adstringierenden, jedoch auch süßlichen, fruchtigen Geschmack. Seine Säure stammt von der Zitronensäure.

VERWENDETE TEILE

Getrocknete Frucht, in Scheiben oder gemahlen.

KAUF UND LAGERUNG

Man findet Amchoor bei uns nur in speziell indisch sortierten Läden, gewöhnlich als Pulver, manchmal auch als »Mangopulver«, der Übersetzung der Hindi-Bezeichnung *am-choor*. Getrocknete Scheiben sind gewöhnlich hellbraun und haben eine holzartige Textur. Sie halten sich 3–4 Monate. Das fein gemahlene Pulver ist etwas faserig und sandfarben. Gut verschlossen hält es sich bis zu einem Jahr.

ERNTE

Unreife grüne Mangos werden als Fallobst gesammelt oder von den vielen halbwilden Bäumen gepflückt. Als geschälte dünne Scheiben werden sie an der Sonne getrocknet. Manchmal bestäubt man sie zum Schutz vor Insektenfraß mit etwas Kurkuma. Der Großteil der Ernte wird jedoch zu Amchoor-Pulver vermahlen.

Getrocknete Fruchtscheiben
Zu Beginn der Saison werden unreife Mangos roh als Säuerungsmittel in Pickles, Currys und Dals verwendet. Für später im Jahr werden sie in Scheiben an der Sonne getrocknet und ganz oder gemahlen verwendet.

In der Küche

Die nordindische vegetarische Küche verwendet Amchoor, um Gemüse-Eintöpfen und Suppen, Kartoffel-Pakoras und Samosa-Füllungen etwas Tropenfrucht-Geschmack zu verleihen. Es passt gut in pfannengerührtes Gemüse und in Füllungen für Brot und Gebäck. Es gehört in Chat Masala, eine frisch schmeckende und herbe Gewürzmischung aus dem Pandshab, die man über Gemüse- und Hülsenfrüchte sowie Obstsalate streut.

Amchoor wird ebenso verwendet wie in Südindien Tamarinde. Häufig gibt man getrocknete Scheiben in Pickles. In Currys sollten sie vor dem Servieren entfernt werden. Amchoor eignet sich besonders gut für Geflügel-, Fleisch- und Fischmarinaden. Häufig bereitet man damit das Fleisch für den Tandoori vor. Auch in Dals und Chutneys ist es Säuerungsmittel.

Die Chutneys brachten indische Einwanderer in die Karibik und passten sie fantasievoll an die lokalen Zutaten an.

Ein Teelöffel Amchoor entspricht bezüglich der Säure drei Teelöffeln Zitrone.

Passt zu Auberginen, Blumenkohl, Hülsenfrüchten, Kartoffeln, Okra.
Harmoniert mit Chili, Ingwer, Koriander, Kümmel, Minze, Nelken.

AMCHOOR-PULVER
Das klumpige Pulver lässt sich leicht zerdrücken und sorgt ohne Zutat von Flüssigkeit für Säure.

ZITRONENGRAS
Cymbopogon citratus

Das prächtige tropische Zitronengras entwickelt faserreiche, scharfrandige Blätter und wächst in großen, dichten Horsten. Wenn man es im Haus überwintert, gedeiht es auch in gemäßigtem Klima. Die zwiebelartigen Stängelenden schenken der Küche Südostasiens ihr herrliches Aroma und ihren zitronigen Geschmack. Im Gegensatz zu früher kann man frisches Zitronengras heute, seit die Küche Thailands, Malaysias, Vietnams und Indonesiens in Mode gekommen ist, fast überall bekommen.

AROMA

Das Aroma von Zitronengras ist erfrischend herb, sauber und zitrusähnlich mit einer pfeffrigen Note. Tiefgefrorenes Zitronengras bleibt recht aromatisch, an der Luft getrocknet verliert es jedoch seine ätherischen Öle; geriebene Zitronenschale ist im Vergleich dazu aromatischer.

VERWENDETE TEILE

Das weiße bis blassgrün getönte untere Stängelende.

KAUF UND LAGERUNG

Man findet Zitronengras im Asienladen oder in Feinkostläden. Wählen Sie feste, keinesfalls schlaffe oder trockene Stängel aus. Frisches Zitronengras hält sich in einem Kunststoffbeutel im Kühlschrank 2–3 Wochen, in der Tiefkühltruhe bis zu 6 Monaten. Gefriergetrocknet ist es recht aromatisch und bleibt im luftdichten Behälter ziemlich lange gut. Von getrocknetem und auch von püriertem Zitronengras ist abzuraten.

ANBAU UND ERNTE

In Singapur, Thailand und Vietnam zieht man in fast jedem Garten Zitronengras als Gewürz. Im gärtnerischen Anbau wird es alle 3–4 Monate geerntet. Vor dem Verkauf werden die Blätter entfernt.

Ganze frische Stängel
Zitronengras enthält Citral, die Aromakomponente der Zitronenschale. Es verleiht der Pflanze einen feinen, nachhaltigen Zitronenduft.

In der Küche

Will man Zitronengras im Ganzen als Eintopf- oder Currygewürz verwenden, entfernt man die zwei äußeren Hüllen des Stängels und quetscht ihn etwas; er wird vor dem Anrichten entfernt. Soll Zitronengras als Bestandteil einer Suppe oder eines Salats gegessen werden, schneidet man es von unten her in kleine Stücke und entfernt den oberen härteren Stängelteil – große Stücke fühlen sich beim Kauen unangenehm faserig an.

Zitronengras ist die wichtigste Zutat der Nonya-Küche Singapurs und Süd-Malaysias. Man findet es in thailändischen Larps, Currys und Suppen, in vietnamesischen Salaten und Frühlingsrollen, in indonesischen Gewürzmischungen (Bumbus) für Huhn und Schwein. In Sri Lanka wird es mit Kokosnuss kombiniert. Obwohl es in Indien wächst, wird es dort meist nur für Tee verwendet. Die Blattspitzen von selbst gezogenen Pflanzen lassen sich als Erfrischungstee aufbrühen.

Das Zitronengras hat auch unsere Küche erobert. Es passt zu allen Fischen und Meeresfrüchten, insbesondere zu Krabben und Muscheln. Man kann es in Fisch- oder Hühnerbrühe geben. Für eine duftende Vinaigrette lässt man ein paar gehackte Stängel 24 Stunden darin ziehen. Zum Aromatisieren von Pfirsich- oder Birnenkompott gibt man Zitronengras allein oder mit Ingwer oder Fenchelsamen in die Kochflüssigkeit.

Passt zu Fisch, Meeresfrüchten, Gemüse, Huhn, Innereien, Nudeln, Rind, Schwein.
Harmoniert mit Basilikum, Chili, Galgant, Ingwer, Knoblauch, Kokosnussmilch, Koriander, Kurkuma, Nelken, Zimt.

DÜNN GESCHNITTENE RINGE
Die frisch geschnittenen Scheiben weisen häufig rötliche Ringe auf.

GEQUETSCHTE STÄNGEL
Durch das Quetschen werden die aromatischen ätherischen Öle freigesetzt.

Zitronenartige Gewürze

KAFFIRLIMETTE
Citrus hystrix

Die in Südostasien beheimatete Kaffirlimette wächst an einem immergrünen Strauch oder Baum. Das reine Zitrusaroma ihrer Blätter und Rinde durchzieht seit Jahrhunderten die Gerichte dieser Region. Heute wird die Kaffirlimette auch in Florida, Kalifornien und Australien angepflanzt. Man kennt das Gewürz auch unter dem thailändischen Namen Makrut-Limette.

AROMA

Die Blätter haben einen intensiven, deutlich blumigen und zitronigen Duft, der zwischen Zitrone und Limette liegt. Das Aroma ist kräftig und lang anhaltend, dennoch nuanciert. Die Fruchtschale ist leicht bitter mit starker Zitrusnote. Getrocknet verlieren Blätter und Schalen an Aroma.

VERWENDETE TEILE

Blätter und Fruchtschale, am besten frisch.

KAUF UND LAGERUNG

Frische Blätter erhält man gelegentlich in Asienläden. In Kunststoffbehälter verpackt bleiben sie im Kühlschrank wochenlang frisch. Tiefgefroren halten sie bis zu einem Jahr. Die Früchte sollten fest und verhältnismäßig schwer sein. Wie andere Zitrusfrüchte bewahrt man sie im Kühlschrank oder im kühlen Raum auf. Im Handel sind auch getrocknete Blätter und Schale; die Blätter sollten grün, nicht gelb oder bräunlich aussehen. Beides luftdicht verschlossen aufbewahren, dann halten sie sich 6–8 Monate. Gelegentlich findet man auch in Lake eingelegte Schalen.

ERNTE

Blätter und Früchte werden frisch geerntet und sofort oder getrocknet verkauft.

Ganze frische Blätter
Die ledrigen Blätter wachsen in einer ungewöhnlichen Doppelform an e nem Blattstiel. Die Oberseite ist dunkelgrün und glänzend, die Unterseite heller und matt.

GESCHNITTENE FRISCHE BLÄTTER
Werden die Blätter im Gericht mitgegessen, also vorher nicht entfernt, trennt man die mittlere Blattrippe heraus und schneidet die Blätter in feine Streifen.

In der Küche

Viele Thai-Suppen, Salate, pfannen-gerührte Gerichte und Currys verdanken Limettenblättern ihr herbes Zitronenaroma. Abgeriebene Schale kommt in Currypasten, Larp und Fischgebäck. In beiden Formen werden sie in Indonesien und Malaysia in Fisch- und Hühnergerichten verwendet. In Salat sollte man immer frische, keinesfalls getrocknete Blätter verwenden. Sollen die frischen Blätter mitgegessen werden, werden sie mit einem scharfen Messer sehr fein geschnitten. Auch gekocht behalten die Blätter ihr Aroma.

Verwendet man in Lake eingelegte Schale, muss diese vorher gewaschen und die weiße Innenhaut abgeschabt werden. Trockene Schalenstücke weicht man besser ein, ehe man damit gedünstetes Gemüse aromatisiert. Die Innenschale von getrockneter Schale ist bitter, daher sparsam verwenden. In der westlichen Küche kann man die zitronigen Blätter in Huhneintopf, zu geschmortem oder gebratenem Fisch oder in Hühner- und Fischsoßen verwenden.

Passt zu Fisch und Meeresfrüchten, Geflügel, Blattgemüse, Nudeln, Pilzen, Reis, Schwein.

Harmoniert mit orientalischem Basilikum, Chili, Galgant, Ingwer, Kokosnussmilch, Koriander, Rau Ram, Sesam, Sternanis, Zitronengras.

Ganze frische Früchte

Die Frucht ist birnenförmig, wellig und runzlig, limettengrün und 7–8 cm lang. Der enthaltene wenige Saft ist sauer und wird selten verwendet.

FRISCH GERIEBENE SCHALE

Es empfiehlt sich, die Schale mit einem Schälmesser oder hauchdünn abzuschälen, denn beim Reiben (selbst mit der Zitrusreibe) wird sie matschig.

GALGANT
Alpinia-Arten

Man unterscheidet zwei Arten von Galgant: Der Große Galgant, *A. galanga,* mit größeren Rhizomen ist auf Java heimisch, der Kleine Galgant, *A. officinarum,* stammt von den Küstenregionen Südchinas. Beide Arten werden in ganz Südostasien, Indonesien und Indien angebaut. Längst hat der Große Galgant den Kleinen an Beliebtheit überflügelt, vor allem die südostasiatische Küche verwendet ihn viel. Der Name kommt übrigens vom arabischen Khalanjan. Zierformen der Gattung *Alpinia* werden unter dem Namen Ingwerlilie kultiviert.

Großer Galgant *A. galanga*

Die unterirdischen Sprossachsen (Rhizome) des Großen Galgants sind groß und knollig, außen orange-braun mit dunkleren Ringen. Junge Rhizome sind leicht rosa getönt.

GALGANT IN SCHEIBEN
Das Fleisch ist faserig und gelbbraun. Die Rhizome sind, außer wenn sie sehr jung sind, zäher und holziger als Ingwer.

AROMA

Das Aroma von Großem Galgant ist mild ingwerartig und erinnert an Kampfer. Er schmeckt zitronenartig sauer und ähnelt einer Mischung aus Ingwer und Kardamom. Kleiner Galgant ist herber mit einer Spur Eukalyptus; er liegt in der Schärfe zwischen Pfeffer und Ingwer.

VERWENDETE TEILE

Unterirdische Sprossachse (Rhizom).

KAUF UND LAGERUNG

Frischen Galgant findet man in Asienläden. Er hält bis zu 2 Wochen und kann tiefgefroren werden. Leichter erhältlich sind getrocknete Scheiben und gemahlener Galgant. In Pulverform bleibt er 2 Monate frisch, in Scheiben mindestens ein Jahr. Frischen Galgant kann man auch durch Galgant in Lake ersetzen, die vor Gebrauch abgespült wird. In Thailand wird Großer Galgant Kha, in Malaysia Lengkuas und in Indonesien Laos genannt. Die Rhizome des Kleinen Galgants sind kleiner, außen rötlich braun und innen hellrot.

ERNTE

Die Rhizome werden ausgegraben, gereinigt und dann wie Kurkuma oder Ingwer behandelt.

In der Küche

In ganz Südostasien wird Galgant frisch in Currys und Eintöpfen, Sambals, Satays, Suppen und Saucen verwendet. In Thailand ist er Zutat in bestimmten Currypulvern, und er gehört in die Laksa-Mischung der malaysischen Nonya-Küche. Wo die asiatische Küche Ingwer verwendet, bevorzugt die thailändische häufig Galgant, vor allem, um den Geruch von Fisch- und Meeresfrüchten zu neutralisieren. Er passt gut zu Huhn und in viele scharfe und saure Suppen und gehört in Tom Kha Gai, die beliebte Hühnersuppe. Wie Ingwer lässt sich Galgant leicht schälen, reiben oder hacken. Frischer ist immer besser, doch kann man in Suppen oder Eintöpfen auch getrockneten nehmen, der vor Gebrauch 30 Minuten in heißem Wasser eingeweicht werden muss. Weil er faserig ist, sollte man ihn vor dem Servieren entfernen. Im gesamten Nahen Osten bis nach Nordafrika und Marokko (Ras el-Hanout) wird Galgant in Würzmischungen verwendet. Ein beliebtes Getränk in Südostasien besteht aus Limettensaft mit geriebenem Galgant. Kleiner Galgant wird meist nur zu Heilzwecken in Getränken und Suppen verwendet.

Passt zu Huhn, Fisch und Meeresfrüchten.

Harmoniert mit Chili, Fenchel, Fischsoßen, Ingwer, Kaffirlimette, Knoblauch, Kokosmilch, Schalotten, Tamarinde, Zitronengras, Zitronen.

GEMAHLENES RHIZOM
Das bräunliche Pulver des Kleinen Galgant ähnelt Ingwer und ist scharf, das Pulver des Großen Galgant ist sandbraun, hat ein säuerliches Aroma und einen milderen Ingwergeschmack.

GETROCKNETE SCHEIBEN
Getrocknete Galgantscheiben eignen sich zum Würzen von Suppen und Eintöpfen und müssen vor Gebrauch eingeweicht werden.

Andere Galgant-Arten

Einige Arten mit ähnlichen Eigenschaften wie der Kleine Galgant, *Alpinia officinarum*, werden verwirrenderweise ebenfalls als Kleiner Galgant bezeichnet. Häufig lassen sie sich nur schwer einordnen, doch zwei unterscheiden sich relativ deutlich.

Kentjur, Indische Gewürzlilie

Kaempferia galanga

Diese Gewürzlilienart heißt in Indonesien Kencur, in Malaysia Cekur, in Thailand Pro Hom und wird roh über thailändische Fischcurrys und malaysische Salate gestreut. Das rotbraune Rhizom wird meist nicht länger als 5 cm und hat gelblich weißes Fleisch. In Indonesien gibt man Kencur an zahlreiche Gerichte. In China wird die Wurzel gemahlen, mit Salz und Öl gemischt und zu gebratenem Huhn serviert. In Sri Lanka wird sie für Biryanis und Currys geröstet und gemahlen. Kencur wird getrocknet, in Scheiben oder als Pulver verkauft. Mit ihrem herben Kampferaroma werden die Rhizome, die mehr dem Ingwer als dem Galgant ähneln, in sehr kleinen Mengen verwendet. Verwirrenderweise wird auch Zitwerwurzel (*S. 210*) oft als Kencur bezeichnet.

Tropenkrokus

Boesenbergia rotunda (Kaempferia pandurata)

Der Tropenkrokus, auf Englisch Fingerroot, also »Fingerwurzel«, wächst in ganz Südostasien. Die kleine, bis zu 50 cm große Pflanze besitzt unterirdische Rhizome und dünne Speicherwurzeln. In Thailand wird sie zum Teil in der Küche verwendet, anderenorts eher als Heilpflanze. Die büscheligen Rhizome sind außen gelblich braun, innen gelb. Sie sind knackig, mit süßem Aroma und erfrischend zitronigem, anhaltend scharfem Geschmack, der zwischen Galgant und Ingwer liegt. Als Krachai sind sie Zutat einiger thailändischer Currypasten. Mit Gemüse oder nur Basilikum oder auch verschiedenen Kräutern verwendet man sie für Suppen. Hierzulande bekommt man sie in thailändischen Lebensmittelläden oder im Gewürzfachhandel entweder frisch oder als getrocknete Scheiben, die 30 Minuten eingeweicht werden. Die malaysische und indonesische Bezeichnung ist Temu Kunci.

ZITRONENMYRTE
Backhousia citriodora

Der Zitronenmyrtenbaum ist in den küstennahen australischen Regenwäldern, vor allem in Queensland, heimisch. Er wurde nach Südeuropa, in die Südstaaten der USA und nach Südafrika eingeführt und wird in China und Südostasien wegen seiner ätherischen Öle angepflanzt. Bislang verwendete sie nur die australische Küche und dies erst neuerdings, doch allmählich kommt sie weltweit in Mode.

AROMA

Der Geruch ist erfrischend und intensiv zitronig wie der von Zitronengras und Zitronenverbene. Durch Mahlen der Blätter verstärkt er sich noch. Noch zitroniger, mehr wie Zitronenschale, ist der Geschmack. Im Nachgeschmack finden sich Eukalyptus- und Kampfer-Noten.

VERWENDETE TEILE

Frische und getrocknete Blätter.

KAUF UND LAGERUNG

Zitronenmyrte kann man über das Internet – sowohl als trockene, ganze Blätter oder in Form von grobem, hellgrünem Pulver – beziehen. Beide Formen müssen immer luftdicht verschlossen und dunkel aufbewahrt werden. Pulver kauft man besser nur in kleinen Mengen.

ERNTE

Die voll entwickelten Blätter werden das ganze Jahr über gepflückt. Durch Trocknen verstärkt sich ihr Aroma, daher schmecken getrocknete Blätter guter Qualität sogar besser als frische.

In der Küche

Zitronenmyrte ist vielseitig und passt überall anstelle von Zitronengras oder Zitronenschale. Sie wird sparsam verwendet. Durch zu langes Kochen verliert sich das Zitronenaroma und kann durch eine unangenehme Eukalyptus-Note überlagert werden. Sie eignet sich daher mehr für Kleingebäck, Plätzchen und Pfannkuchenteig als in länger gebackenen Kuchen und passt auch gut in Pfannengerührtes. Ausgezeichnet schmeckt sie in Fischpasteten oder kann, mit Essig, Öl, Basilikum und Olivenöl gemischt, als Dip oder zu Salaten gereicht werden. Mit Zitronenmyrte lassen sich Essig, Limonade oder Kräutertee bereiten. Sie aromatisiert köstlich Mayonnaise, Soßen und Marinaden für Huhn oder Meeresfrüchte. Gut passt sie auch in Würzmischungen zum Einreiben von Huhn oder Fisch vor dem Grillen.
Passt zu Huhn, Fisch und Meeresfrüchten, den meisten Früchten, Reis, Schwein.
Harmoniert mit Akudjura, Anis, Basilikum, Bergpfeffer, Chili, Fenchel, Galgant, Ingwer, Jogurt, Petersilie, Pfeffer, Thymian.

Ganze getrocknete Blätter
Den starken Zitronengeschmack verdankt sie einer sehr hohen Konzentration an Citral im ätherischen Öl (30-mal stärker als in Zitrone).

TROCKENE GEMAHLENE BLÄTTER
Außerhalb Australiens ist Zitronenmyrte meist nur gemahlen erhältlich.

AROMA

Japanische Zitronenschale hat ein reizvolles, zartes Aroma. Zerstoßene und gemahlene getrocknete Limetten duften sauer mit einer süßen Trockenobst-Note, ganze Limetten sind weniger aromatisch. Orangenschalen haben einen klaren Orangenduft; je nach Sorte schmecken sie herb oder bitter.

VERWENDETE TEILE

Schalen, frisch oder getrocknet; Saft.

KAUF UND LAGERUNG

Frische Yuzu bekommt man selten außerhalb Japans, doch getrocknete Schalen findet man in Asienläden. Dort erhält man eventuell auch getrocknete Tangerinenschale. Getrocknete Schale von Bitterorangen, getrocknete Limetten und marokkanische in Salzlake eingelegte Zitronen bezieht man am besten über das Internet. Im luftdichten Behälter aufbewahrt, halten sich alle getrockneten oder kandierten Schalen und Früchte nahezu unbegrenzt.

ERNTE

Yuzus haben nur zwischen November und Januar Saison. Bitterorangen kommen im Januar und Februar in den Handel; Chile liefert inzwischen eine frühere Herbst-Ernte. Die übrigen Zitrusfrüchte und getrockneten Schalen sind ständig erhältlich.

ZITRUSFRÜCHTE
Citrus-Arten

Alle Küchen der Welt leben von der Säure der Zitrusfrüchte: Die Japaner verwenden die Schale einer kleinen Zitrone namens Yuzu, in China bevorzugt man getrocknete Orangen- oder Tangerinenschale, in den Golfstaaten und im Iran getrocknete Limetten, und in Tunesien gebraucht man zum Marinieren Schale und Fleisch von Bitterorangen. Die karibische wie die mexikanische Küche kämen nicht ohne Zitrusfrüchte aus.

Konservierte Zitronen
Die gehackten Schalen im eigenen Saft eingelegter Zitronen werden zum Würzen marokkanischer Tagines verwendet; sie harmonieren besonders gut mit grünen Oliven in einem berühmten Hühnereintopf. Die salzige Lake eignet sich für Salat-Dressings.

Getrocknete Orangenstreifen

Im Handel erhältliche getrocknete Tangerinen- oder Orangenschale ist dunkelbraun und spröde. Will man sie selbst herstellen, muss man nur die Tangerinen- oder Orangenschalen dünn abschälen, sie auf ein Gitter legen und 4–5 Tage trocknen lassen. Sie bleiben geschmeidig. Mit der Zeit verstärkt sich das Aroma.

Ganze getrocknete Limetten

Getrocknete Limetten gibt man, mehrfach eingestochen, ganz in Eintöpfe. Durch das Kochen werden sie weich und später als ein Teil des Gerichts serviert. Dann erst presst man den ganzen Saft aus.

In der Küche

Dünn geraspelte frische Yuzu-Schale oder getrocknete zerkrümelte Schale geben japanischen Suppen, Fonds (Nabemono) und den aromatischen Yuzu-Miso-Würzsoßen ihr Aroma. Für die traditionelle Süßigkeit Yubeshi werden Yuzus ausgehöhlt und mit Klebreis, Sojasoße und süßem Sirup gefüllt. Nach dem Trocknen serviert man sie in Scheiben.

Getrocknete Tangerinen-Schale ist vor allem in der Szechuan- und Hunan-Küche beliebt. Man weicht sie 15 Minuten in warmem Wasser ein, schneidet sie für Pfannengerührtes in feine Streifen oder gibt sie ganz zu gebratenem Schweine- oder Entenfleisch. Sie harmoniert gut mit Szechuan-Pfeffer und Sternanis, dunkler Sojasoße und Reiswein.

In den Golfstaaten verwendet man kleine getrocknete Limetten, auch Oman-Limetten genannt, oder Limettenpulver für Fisch, Geflügel, Lammeintöpfe und Pilaws. Die Küche dort liebt Gewürze wie Kardamom, Nelken, Piment, Pfeffer, Ingwer, Zimt und Koriander, mit denen sich getrocknete Limetten gut vertragen. In gleicher Weise aromatisiert man auch etwas nördlicher, im Iran, vor allem Lammeintöpfe, doch würzen die Iraner diese mit Limetten aromatisierten Gerichte lieber mit Kräutern wie Bockshornklee, Dill, Koriander, Petersilie und Gemüse wie Lauch, Frühlingszwiebeln und Spinat. In manchen Gegenden des Irans sind Bitterorangen gebräuchlicher, mit deren Saft und Schale Eintöpfe und vor allem Ente, Huhn und Kaninchen gewürzt werden.

Die karibischen und südamerikanischen Mojos enthalten neben Knoblauch, diversen Gewürzen, Früchten und frischen Kräutern vor allem den Saft von Limetten, Zitronen, Grapefruit oder Bitterorangen. Man verwendet sie als Marinade, Dip und Salat-Dressing oder als erfrischende Soße zu gegrilltem Fleisch sowie Fisch.

STERNANIS
Illicium verum

Sternanis, das zweifellos schönste Gewürz, stammt aus Südchina und Vietnam, wo er eine lange medizinische und kulinarische Tradition hat. In Europa wurde er im 17. Jh. bekannt. Alte Rezepte zeigen, dass er zum Würzen von Fruchtsirup, Likören und zum Konservieren diente. In der heutigen Küche wird Sternanis als Gewürz für Fisch und Meeresfrüchte, für gedünstete Feigen und Birnen sowie zum Würzen von tropischen Früchten verwendet.

AROMA

Das Aroma ähnelt Fenchel und Anis – sowohl Anis als auch Sternanis enthalten anetholhaltiges ätherisches Öl. Sternanis hat eine Lakritznote und eine deutliche Schärfe; er ist kräftig und süßlich im Geschmack mit leicht betäubendem Effekt. Der Nachgeschmack ist frisch und angenehm.

VERWENDETE TEILE

Ganzer Sternanis, in Stücken oder gemahlen.

KAUF UND LAGERUNG

Am besten kauft man Sternanis im Ganzen oder in Stücken. Licht- und luftgeschützt hält er sich ein Jahr. In Pulverform sollte man nur kleine Mengen erwerben, luftdicht verschlossen hält das Pulver 2–3 Monate.

ANBAU UND ERNTE

Sternanis ist die Frucht eines immergrünen chinesischen Baumes, der heute auch in Indien, Japan und auf den Philippinen wächst. Er wird bis 8 m hoch und hat kleine gelbgrüne Blüten. Ab dem sechsten Jahr trägt er Früchte, und das ein Jahrhundert lang. Die Früchte werden gepflückt, noch ehe sie ausgereift sind. Durch das Trocknen an der Sonne werden die Fruchtblätter hart und dunkel und entwickeln die aromatischen Substanzen.

Ganze Früchte und Samen
Ganzer Sternanis wirkt an einem Gericht immer dekorativ. Die Samenhülse hat die Form eines unregelmäßigen achtzackigen Sterns. Sie ist im Durchmesser etwa 3 cm groß, hart und rot- oder rostbraun.

In der Küche

In der chinesischen Küche wird Sternanis in Suppen und Brühen, in Marinaden für gedämpftes Huhn und Schwein und bei »rot geschmortem« Hühner-, Enten- und Schweinefleisch verwendet; die rotbraune Färbung wird dadurch erzielt, dass das Fleisch in einer dunklen Gewürzbrühe mit Sojasoße geschmort wird. Sternanis färbt und würzt auch marmorierte Tee-Eier. Er ist Hauptbestandteil des chinesischen Fünf-Gewürze-Pulvers. Die vietnamesische Küche verwendet ihn in langsam gekochten Gerichten, Brühen und in Pho (Nudelsuppe mit Rindfleisch). Für die südindische Kerala-Küche und für einige nordindische Gerichte verwendet man etwas Sternanis, gelegentlich als Ersatz für Anis. In Europa wird Sternanis kaum verwendet, außer zum Aromatisieren von Getränken wie Pastis und Anisette, in Kaugummi und Süßwaren. Er stellt nicht nur ein gutes Gewürz für Fisch und Meeresfrüchte dar, er intensiviert auch die Süße von Kürbis, Lauch und Wurzelgemüse. Unentbehrlich ist er im Fünf-Gewürze-Pulver.

Passt zu Huhn (Brühe), Fisch und Meeresfrüchten (im Sud), Feigen, tropischen Früchten, Kürbis, Lauch, Ochsenschwanz, Schwein, Wurzelgemüse.

Harmoniert mit Chili, Fenchelsamen, Ingwer, Knoblauch, Koriandersamen, Limettenschale und getrockneter Tangerinen-Schale, Sojasoße, Szechuanpfeffer, Zimt, Zitronengras.

Anisartige Gewürze

IN STÜCKE GEBROCHENE FRÜCHTE
Werden kleine Mengen benötigt, können die Früchte einfach zerbrochen werden. Sternanis dominiert im Geschmack, daher sparsam verwenden.

GEMAHLENER STERNANIS
Das beste Aroma erzielt man, wenn Früchte und Samen im Mörser oder Mixer gemahlen und sofort verwendet werden.

ANIS
Pimpinella anisum

Dieser zarte Doldenblütler aus dem Nahen Osten und dem östlichen Mittelmeerraum ist nahe verwandt mit Kümmel, Kreuzkümmel, Dill und Fenchel. Heute ist Anis in ganz Europa, Asien und Nordamerika verbreitet. Ursprünglich wurde er nur als Heilmittel genutzt, doch die Römer führten ihn als Gewürz ein, vor allem für ihr Anisgebäck, das sie am Ende des Mahls zur Verdauungsförderung reichten. Wenn auch die Pflanze wegen der Samen angebaut wird, so lässt sich auch das junge Kraut verwenden.

AROMA

Geruch und Geschmack sind süßlich, lakritzähnlich und fruchtig, doch indischer Anis kann leicht bitter sein. Die Blätter haben die gleichen duftenden, süßen, lakritzähnlichen Noten mit mild-pfeffrigen Untertönen. Die Samen sind im Aroma feiner als Fenchel oder Sternanis.

VERWENDETE TEILE

Samen und Blätter.

KAUF UND LAGERUNG

Man kann aus dem Samen Anis ziehen, manchmal führen aber auch Gärtnereien Pflanzen. Als Gewürz kauft man Anis am besten als ganze Frucht; es sollten kaum noch Stiele daran sein. Luftdicht verschlossen bleibt Anis mindestens 2 Jahre aromatisch.

ERNTE

Die Pflanzen werden kurz vor der Fruchtreife aus dem Boden gezogen und zum Trocknen gelegt. Nach dem Dreschen werden die Samen auf Blechen im Halbschatten getrocknet. Selbst gezogenen Anissamen kann man zum Trocknen in Papiertüten füllen und an einem luftigen Ort aufhängen.

Ganze Samen
Die kleinen, ovalen Samen variieren farblich von Blassbraun bis Graugrün mit helleren Rippen. An den Samen hängen oft noch fadendünne Stängelchen.

GEMAHLENER SAMEN
Das Aroma von gemahlenem Samen verflüchtigt sich schnell. Nur bei Bedarf mahlen.

In der Küche

In Europa wird Anis hauptsächlich zum Würzen von Kuchen, Brot, Gebäck und süßen Fruchtspeisen verwendet. Er würzt Roggenbrot, skandinavischen Schweinefleisch-Eintopf und Wurzelgemüse. In Portugal gibt man eine Hand voll Anis zum Aromatisieren in das Kochwasser von Maronen. In Katalonien würzt man mit Anis einen Kuchen mit getrockneten Feigen und Mandeln, in Italien wird eine »Salami« aus Feigen und Trockenfrüchten mit Anis und Anisette gewürzt. Rund ums Mittelmeer gibt man Anis oft in Fischkasserollen, und sein ätherisches Öl wird für Aperitifs wie den Anislikör Anisette und Schnäpse wie Ouzo und Pastis benutzt. Auch diese können die Küche verfeinern: Geben Sie einige Tropfen Pastis über Krabben und Muscheln, in Fischsuppe oder an Mayonnaise zu Fisch.

Im Nahen Osten und Indien kommt Anis meist in Brot und herzhafte Gerichte. Die indische Küche röstet die Samen zur Geschmacksverstärkung und gibt sie dann zu Gemüse und Fischcurrys; oder man brät sie als Garnierung für Linsen kurz in heißem Öl. Auch wegen seiner verdauungsfördernden Eigenschaften wird Anis geschätzt. Mit Betelblättern, Nüssen und anderen Gewürzen bekommt man es im traditionellen Paan am Ende einer Mahlzeit angeboten. In Marokko und Tunesien würzt Anis Brot, im Libanon gefüllte Pfannkuchen und Gewürzpudding. Anisblätter kann man in Salat geben, aber auch Karotten, Rote Bete, Rüben und Fischsuppe damit garnieren.

Passt zu Äpfeln, Feigen, Fisch und Meeresfrüchten, Kürbis, Maronen, Nüssen, Wurzelgemüse.

Harmoniert mit Ajowan, Fenchel, Kardamom, Knoblauch, Kümmel, Mohn, Muskat, Nelken, Pfeffer, Piment, Sternanis, Zimt.

Gewürzmischung für Pickles

Diese Gewürzmischung wird im Iran zum Einlegen von vielerlei Gemüsen und Früchten verwendet. Sie enthält Anis, Koriander, Ingwer, Golpar (*S. 93*), Limettenpulver, Zimt, Kreuzkümmel und Schwarzkümmel (*Rezept S. 289*).

SÜSSHOLZ
Glycyrrhiza-Arten

AROMA

Süßholz hat ein süßes, wärmendes, medizinisches Aroma. Es schmeckt sehr süß, erdig und erinnert an Anis, mit einem anhaltend bitteren, salzigen Nachgeschmack.

VERWENDETE TEILE

Wurzeln.

KAUF UND LAGERUNG

Getrocknetes Süßholz erhält man im Feinkostladen oder über den spezialisierten Versandhandel. Völlig trocken hält es fast unbegrenzt. Man kann es nach Bedarf zerteilen oder mahlen. Das graugrüne, ziemlich starke Süßholzpulver braucht ein luftdichtes Gefäß.

ANBAU UND ERNTE

Süßholzpflanzen lassen sich leicht aus Samen oder Wurzelstücken ziehen. Sie brauchen nährstoffreichen, sandigen Boden und viel Sonne. Die Wurzeln können im Herbst ausgegraben werden, das Trocknen dauert einige Monate. Meist werden die Wurzeln zu Brei vermahlen, der von Süßwarenherstellern zu Lakritzextrakt verarbeitet wird. Manche Hersteller extrahieren daraus Glycyrrhizinsäure als Aromastoff.

Süßholzpflanzen sind mehrjährige Stauden mit blauen oder zartlila, wickenähnlichen Blüten. Die wichtigsten Arten sind die in Südosteuropa und Kleinasien heimische *G. glabra,* die weiter östlich beheimatete *G. glandulifera*, auch als russisches oder persisches Süßholz bekannt, und *G. uralensis,* die in Asien gebräuchliche Art aus den Steppen Nordchinas. Süßholz wird in Europa seit über 1000 Jahren angebaut, in China mindestens doppelt so lang. Man verwendet es bis heute als Hustenstiller, Schleimlöser und sanftes Abführmittel.

Getrocknete Wurzeln
Süßholzpflanzen haben tiefe Pfahlwurzeln mit einem waagerecht verzweigten Netz an Ausläufern. Geerntet wird nach etwa 4 Jahren.

In der Küche

Süßholz wird größtenteils zum Aromatisieren von Tabak verwendet, aber auch für Hustensaft und Zahnpasta. In Form von Spirituosen wie Sambuca und Pastis taucht sein Aroma in vielen Speisen auf. In islamischen Ländern brüht man während des Ramadans ein Getränk damit auf. Für Lakritzbonbons wird Pulver mit Zucker, Wasser, Gummi arabicum und Mehl zu einer formbaren Paste verknetet. Den Geschmack verdanken sie meist Anisöl, nur die Süße dem Süßholz. In Marokko würzt das Pulver Schnecken- und Tintenfischgerichte und ist oft eine Zutat von Ras el-Hanout. Das chinesische Fünf-Gewürze-Pulver wie auch die chinesische Sojasoße wird durch etwas Süßholz noch besser. Oft sind asiatische Gewürzbrühen oder Marinaden mit Süßholz gewürzt.

In den Niederlanden gibt es salzige Lakritze-Drops in allen möglichen Geschmacksausprägungen und Formen. Ansonsten ist Süßholz Bestandteil der vielfarbigen Lakritzbonbons, in England findet es sich in den rautenförmigen »Pontefract-Cakes« – benannt nach einem Kloster, wo sie im 16. Jh. kreiert wurden. Süßholzstangen werden in Asien gern gekaut – erst schmecken sie bitter, dann süßer. In der Türkei isst man die frischen Wurzeln und bäckt mit dem Pulver. Im Westen gibt es neuerdings Lakritz-Eis. Süßholz muss sparsam verwendet werden, sonst kommt seine Bitternis zu stark durch. **Harmoniert mit** Fenchel, Ingwer, Kassiazimt, Koriandersamen, Nelken, Sternanis, Szechuanpfeffer

LAKRITZE

Durch Kochen der Süßholzwurzel gewinnt man die harte, schwarz glänzende Lakritze. Süßwarenhersteller pressen sie zu Stangen, Plättchen und anderen Formen.

PULVER

Fein gemahlenes Süßholz mit seinem süßen Aroma bekommt man fertig in Asienläden.

SAFRAN
Crocus sativus

Das Gewürz besteht aus den getrockneten Narbenlappen des Safrankrokus. Er stammt aus dem Mittelmeerraum und Kleinasien und wurde von den alten Kulturvölkern zum Färben sowie zum Würzen von Speisen und Wein verwendet. Der Hauptproduzent ist Spanien. Zur Erntezeit, wenn die Narben geröstet werden, steigt in der Ebene von La Mancha ein betörend sinnlicher Duft auf. Für 2,5 kg Narben, aus denen man nach dem Trocknen 500 g Safran gewinnt, werden etwa 80 000 Krokusblüten benötigt.

Ganze Fäden
Die beste Safranqualität ist tiefrot und heißt beim spanischen und Kaschmir-Safran Coupe, beim iranischen Sargol. Die nächste Qualitätsstufe enthält einen Teil dickere, gelbe Griffelreste und heißt Mancha, wenn sie aus Spanien oder Kaschmir stammt und Poshal oder Kayam, wenn sie aus dem Iran kommt. Auch Griechenland und Italien produzieren hochwertigen Safran. Geringere Qualitäten sind eher bräunlich und die Narben kurz und struppig.

IRANISCHER POSHAL
Er zeichnet sich aus durch tiefrote drahtige Fäden mit einigen gelben Blütengriffeln.

KASCHMIR COUPE
Diese weinrote Qualität hat sehr lange, feste und weiche Fäden.

In der Küche

Safran ist seit langem als Färbemittel bekannt – für die Gewänder buddhistischer Mönche wie für Paella oder Risotto. Bei den meisten Gerichten wird Safran als Sud zugegeben. Fügt man diesen in einem frühen Kochstadium hinzu, färbt er besser; in einem späteren Stadium gibt er mehr Aroma ab. Immer sehr sparsam zufügen, sonst wird der Geschmack bitter. Benötigt ein Gericht keine Flüssigkeit, können auch gemahlene Narben hineingerührt werden. Sollten sie nicht ganz trocken sein, werden sie vor dem Mahlen ohne Fett geröstet.

Manche Kulturen würzen spezielle Gerichte, häufig Fest- und Feiertagsgerichte, mit Safran. Das Gewürz gibt vielen mediterranen Fischsuppen und Eintöpfen, wie etwa der provenzalischen Bouillabaisse und der katalanischen Zarzuela, das typische Aroma. Er verleiht einem einfachen Muscheleintopf mit Kartoffeln oder einem in Weißwein gedüns-

tetem Fisch Raffinesse. Safranreis ist köstlich als Valencia-Paella, Risotto alla Milanese, iranischer Polo, orientalischer Biryani oder einfacher Gemüse-Pilaw. In Schweden backt man am 13. Dezember Safranbrötchen und -kuchen für das Lichterfest der Heiligen Lucia. Das südwestenglische Cornische Safrangebäck ist ganz einfach zu backen und hat einen feinen, intensiven Geschmack. Es lohnt sich auch Safran-Eis zu probieren, ob nach europäischem Rezept, in orientalischer Zubereitung mit Mastix oder als indisches Kulfi.

Passt zu Eiern, Fasan, Fisch und Meeresfrüchten, Huhn, Kaninchen, Karotten, Kürbis, Lauch, Pilzen, Spargel, Spinat.

Harmoniert mit Anis, Fenchel, Ingwer, Kardamom, Mastix, Muskat, Paprika, Pfeffer, Rosenknospen, Rosenwasser, Zimt.

SPANISCHER MANCHA
Mancha-Safran ist eher orangerot mit gelben Narbenschenkeln.

GEMAHLENE FÄDEN
Gemahlen angebotener Safran ist häufig mit billigeren und minderwertigeren Gewürzen verfälscht.

Erdige Gewürze

SAFRAN ist das teuerste Gewürz der Welt, zehnmal teurer als Vanille, denn er wird bis heute von Hand gepflückt.

Die fragilen Narbenschenkel von etwa 80 000 Krokusblüten ergeben knapp 500 g Gewürz.

KARDAMOM

Elettaria cardamomum

Kardamom ist die Frucht einer hoch wachsenden Staude, die wild in den hügeligen Regenwäldern Südindiens (den Cardamon Hills) vorkommt; eine eng verwandte Art wächst in Sri Lanka. Beide werden in ihren Ursprungsländern sowie in Tansania, Vietnam und Papua Neu-Guinea kultiviert; Hauptlieferant ist heute Guatemala. In Indien wird Kardamom seit über 2000 Jahren verwendet. Über die Karawanenrouten erreichte er Europa. Die Wikinger brachten ihn von Konstantinopel nach Skandinavien, wo er noch immer sehr beliebt ist.

Ganze Fruchtkapseln
Kardamom kauft man am besten als ganze Kapseln, die rundlich und grün sein sollten. Weiße Kapseln sind gebleichte grüne; sie enthalten weniger Aroma.

SAMEN
In jeder ovalen dreikantigen Samenkapsel sitzen 15–20 winzige dunkelbraune oder schwarze, klebrige Samen. Ihre Klebrigkeit ist das beste Zeichen für Frische.

In der Küche

Kardamom verfeinert Süßes wie Pikantes. In Indien ist er Hauptzutat in vielen Gewürzmischungen. Man gibt ihn in Süßspeisen, Gebäck, Puddings und Eiscreme (Kulfi) und isst ihn zur Verdauungsförderung und als Atem erfrischende Paan-Mischung mit Fenchel, Anis und Cashew-Nüssen. Während in Indien damit häufig Tee aromatisiert wird, parfümiert man in arabischen Ländern den Kaffee damit: Hierfür wird eine Kardamomkapsel in die Kannentülle gesteckt und der Kaffee darüber ausgegossen. Die Beduinen präsentieren ihren Gästen als Zeichen des Respekts vorher den Kardamon in all seiner Frische. Hauptzutat in Gewürzmischungen ist Kardamom auch im Libanon, Syrien, den Golfstaaten (im Baharat) und Äthiopen (im Berbere). Skandinavien ist der größte Abnehmer; dort wie auch in Russland und Deutschland verwendet man Kardamom in Gewürzkuchen, Gebäck und Brot.

Ganze Kapseln eignen sich, etwas zerstoßen, zum Würzen von Reis und Schmorgerichten. In Indien sind sie ganz wichtig in vielen langsam geschmorten Fleischgerichten (Kormas), die eine dicke, säuernde Flüssigkeit enthalten, um die Soße cremig zu machen. Die enthülsten Samen können, ehe sie in ein Gericht gegeben werden, entweder leicht zerdrückt und angebraten oder geröstet und gemahlen werden. Kardamom schmeckt gut zu Bratäpfeln, pochierten Birnen und Obstsalat. Er lässt sich gut mit Orange und Kaffee in Desserts kombinieren, aber er passt ebenso gut zu Entenbraten oder gekochtem Huhn, in Marinaden oder Glühwein. Man verwendet Kardamom auch für Pickles, vor allem für eingelegten Hering. Unentbehrlich in Berbere, Currypulvern, Dals, Masalas, Pilaws, indischem Reispudding (Kheer), Zhug. **Passt zu** Äpfeln, Birnen, Hülsenfrüchten, Orangen, Süßkartoffeln und anderem Wurzelgemüse. **Harmoniert mit** Chili, Ingwer, Jogurt, Kaffee, Koriandersamen, Kreuzkümmel, Kümmel, Nelken, Paprika, Pfeffer, Safran, Zimt.

Pilaw-Gewürze

In indischen Pilaws werden ganze Gewürze verwendet, darunter grüne Kardamomkapseln, Zimtstücke, Nelken, Kümmelsamen und schwarze Pfefferkörner, die einfach vor dem Kochen in den Reis gegeben werden (*Rezept S. 322*).

SCHWARZER KARDAMOM

Amomum- und *Aframomum*-Arten

Die größeren Samen einiger Arten der Gattungen *Amomum* und *Aframomum* finden in ihren Herkunftsgegenden vielseitige Verwendung; manchmal werden sie in Pulverform als billiger Ersatz für grünen Kardamom verkauft. Die größte Bedeutung hat der Nepal-Kardamom, *Amomum subulatum,* aus dem östlichen Himalaya. Diese besondere Art, meist als Schwarzer Kardamom bezeichnet, wird nie anstelle von echtem Kardamom verwendet, sondern spielt eine ganz eigene Rolle in der indischen Küche.

Ganze Kapseln
Schwarzer Kardamom hat gerippte, oft behaarte Früchte, die sich bei der Reife tiefrot färben.

GEMAHLENE SAMEN
Gemahlene Samen verlieren schnell ihr Aroma, deshalb erst bei Bedarf mahlen.

SAMEN
Die Samen sind klebrig, sie trocknen aber außerhalb der Kapsel schnell aus.

In der Küche

Im Gegensatz zu grünem Kardamom, der als »kühlendes« Gewürz gilt, ist Schwarzer Kardamom ein »wärmendes« Gewürz. Er ist daher mit Nelken, Zimt und schwarzem Pfeffer eine Hauptzutat jedes Garam Masalas, jener scharfen Gewürzmischung, die man entweder zu Kochbeginn verwendet oder wegen des stärkeren Effekts erst gegen Ende über das Kochgut streut. Manchmal enthalten auch Konfekt oder Pickles Schwarzen Kardamom. Verwendet man in Gemüse oder Fleischeintöpfen ganze Kapseln, müssen sie vor dem Servieren entfernt werden; zerstoßene Samen hingegen lösen sich in der Soße auf. Wegen des intensiven Geschmacks sparsam verwenden. Unentbehrlich ist er in Garam Masala.

Passt zu Fleisch- und Gemüse-Currys, Pilaws und anderen Reisgerichten.

Harmoniert mit Ajowan, Chili, Jogurt, grünem Kardamom, Blättern von Kassiazimt, Koriandersamen, Kreuzkümmel, Muskatnuss, Nelken, Pfeffer, Zimt.

Weitere Kardamom-Arten

Bengal-Kardamom (*Amonum aromaticum*) ähnelt stark dem Nepal-Kardamom und wird gleich verwendet.

China-Kardamom (*A. globosum*) hat runde, recht große und tiefbraune Kapseln. Der Geschmack ist herb und kühlend und hinterlässt ein betäubendes Gefühl im Mund. Obgleich er in China meist als Heilmittel verwendet wird, passt er gut zu Sternanis in Wok-Gerichten. Man findet ihn in Asienläden.

Java-Kardamom (*A. kepulage*) wird hauptsächlich in Südostasien verwendet.

Kambodscha-Kardamom (*A. krevanh*) von den Krevanh-Hügeln in Thailand und Kambodscha wird ebenfalls in weiten Teilen Südostasiens gehandelt.

Äthiopischer Kardamom (*Aframonum korarima*) hat ein blasses, leicht rauchiges Aroma und schmeckt recht herb.

Paradieskörner (*A. melegueta*) sind kein Kardamom (*S. 234*).

Garam Masala (Standardmischung)

Diese Grundmischung enthält Schwarzen Kardamom, Koriandersamen, schwarze Pfefferkörner, Nelken, Zimt und Tejpat-Blätter (*S. 286*).

KREUZKÜMMEL
Cuminum cyminum

Der Geruch von Kreuzkümmel ist kräftig, schwer und würzig süß mit einer scharfen, aber angenehmen Tiefe. Sein Aroma ist voll, etwas bitter, beißend, erdig, mit einer anhaltenden Schärfe. Sparsam verwenden.

VERWENDETE TEILE

Getrocknete Samen (Früchte).

KAUF UND LAGERUNG

Kreuzkümmelsamen sind, ganz oder gemahlen, überall erhältlich. Schwarzen Kreuzkümmel bekommt man in Asienläden, weniger leicht hingegen die indische Mischung aus Kümmel und Koriandersamen, Dhana-Jeera. Luftdicht verschlossen behalten die Samen ihre Schärfe mehrere Monate, gemahlen nur kurz.

ERNTE

Die Stängel werden geschnitten, wenn die Pflanze zu welken beginnt und die Samen braun werden. Nach dem Dreschen werden die Samen an der Sonne getrocknet. In vielen Ländern erfolgt die Ernte noch von Hand.

Kreuzkümmel ist der Samen eines ausschließlich im ägyptischen Niltal beheimateten kleinen Doldengewächses, das jedoch seit langem in den meisten warmen Regionen angebaut wird – am östlichen Mittelmeer, in Nordafrika, Indien, China und Amerika. Als Heilmittel wurde Kreuzkümmel in Ägypten und dem Minoischen Kreta schon vor 4000 Jahren eingesetzt. Die Römer verwendeten ihn wie Pfeffer. Im Mittelalter war Kreuzkümmel in Europa sehr beliebt, doch nach und nach wurde er dort vom Kümmel verdrängt.

Ganze Samen
Kreuzkümmelsamen sind oval, bräunlich grün und etwa 5 mm lang. Vom Kümmel unterscheiden sie sich dadurch, dass sie gerader sind und typische Längsrippen haben.

GEMAHLENER SAMEN
Frisch gemahlene Samen geben das beste Aroma.

In der Küche

Das Kreuzkümmelaroma lässt sich verstärken, wenn die Samen vor dem Mahlen geröstet oder, falls man sie ganz verwendet, in Öl angebraten werden. Frühe spanische Rezepte kombinierten ihn mit Safran und Anis oder Zimt. Heute findet man ihn im marokkanischen Couscous, in Chili con Carne und in den nordafrikanischen Merguez-Würsten. In Portugal würzt man damit Schweinswürste, in Deutschland Sauerkraut, im Elsass Brezeln, in Spanien die als Tapa gereichten »Maurischen Kebabs« (Pinchitos Morunos), Fischgerichte im Libanon, Köfte in der Türkei und eine Granatapfelsoße mit Walnüssen in Syrien. Man gibt ihn in Brot, Chutneys, Würzsoßen, herzhafte Gewürzmischungen und Fleisch- oder Gemüse-Eintöpfe. Er ist Bestandteil von Currypulvern, Masalas und handelsüblichen Chilipulvern. Viele indische Gerichte erhalten durch die Kombination von gemahlenem Kreuzkümmel und Koriander ihren charakteristischen scharfen Geruch, obgleich der in alten indischen Rezepten mit Jeera angegebene Kreuzkümmel manchmal falsch mit Kümmel übersetzt wird.

Unentbehrlich ist er in Advieh, Baharat, Berbere, Cajun-Gewürz, Currypulvern, Dukka, Masalas, Panch Phoron, Sambhar-Pulver, Zhug.

Passt zu Auberginen, Bohnen, Brot, Huhn, Kartoffeln, Hart- oder Weichkäse, Kohl, Kürbis, Lamm, Linsen, Reis, Sauerkraut, Zwiebeln.

Harmoniert mit Ajowan, Anis, Bockshornklee, Chili, Curryblättern, Fenchelsamen, Ingwer, Kardamom, Knoblauch, Koriander, Kurkuma, Lorbeer, Muskatblüte und Muskat, Nelken, Oregano, Paprika, Pfeffer, Piment, Senfsamen, Thymian, Zimt.

Andere Kreuzkümmel-Arten

Schwarzer Kreuzkümmel (genannt Kala Jeera) ist eine recht teure Sorte, die in Kaschmir, Nordpakistan und im Iran angebaut wird. Dort und in den Golfstaaten wird er ebenso verwendet wie andernorts normaler Kreuzkümmel. Er darf nicht mit Schwarzkümmel (*Nigella sativa*) oder Persischem Kümmel (*Bunium (Carum) persicum*) verwechselt werden.

Ganze schwarze Samen

Die Früchte des Schwarzen Kreuzkümmels sind nicht nur dunkler, sondern auch kleiner. Sie haben einen süßeren Geruch und einen vollen, weichen Geschmack, der manchmal zwischen Kreuzkümmel und Kümmel liegt. Ohne Fett geröstet gibt man die Samen an Pilaws und Brot.

KÜMMEL
Carum carvi

AROMA

Kümmel hat ein scharfes Aroma und schmeckt bittersüß, beißend würzig mit Anklängen an getrocknete Orangenschale und mit einer leichten, aber markanten Anisnote.

VERWENDETE TEILE

Getrocknete Samen (Früchte).

KAUF UND LAGERUNG

Zwar bekommt man auch gemahlenen Kümmel, doch kauft man besser ganzen, da er meist auch so verwendet wird. Die Samen halten sich im luftdichten Behälter mindestens 6 Wochen. Sie lassen sich bei Bedarf leicht mahlen, verlieren aber im gemahlenen Zustand schnell an Aroma.

ANBAU UND ERNTE

Kurz vor der endgültigen Reife der Früchte werden die Stängel geschnitten. Die Fruchtstände müssen 7–10 Tage bis zum Ausreifen trocknen, danach wird gedroschen. Im Garten kann man die Pflanzen aus Samen auf lockerem Boden an einem sonnigen Platz selbst ziehen. Erst im zweiten Jahr bringt Kümmel Blüten und Samen hervor. Man erntet die reifen Fruchtstände noch im Morgentau, sonst fallen die Samen zu leicht von selbst aus.

Dieser winterharte Doldenblütler stammt aus Asien und Nord- und Mitteleuropa. Die zweijährige Pflanze wird nicht nur in ihrer Heimat, sondern auch in Nordafrika und in Nordamerika kultiviert. Bei den Römern diente Kümmel als Gewürz für Gemüse und Fisch, im Mittelalter gab man ihn an Suppen und Bohnen- oder Kohlgerichte. Im England des 17. Jahrhunderts war er als Zutat in Brot, Gebäck und Backobst beliebt, auch naschte man ihn, mit Zucker überzogen, als Konfekt. Heute liegen die Hauptanbaugebiete in den Niederlanden und Deutschland. Seine ätherischen Öle aromatisieren häufig Spirituosen.

Ganze Samen
Die Doppelfrucht setzt sich zusammen aus zwei gekrümmten Samen mit spitz zulaufenden Enden; die harte braune Schale ist fünffach gerippt.

In der Küche

In Mitteleuropa, insbesondere in der jüdischen Küche, die dort ihren Ursprung hat, wird Kümmel zum Würzen von Sauerteig- oder Roggenbrot, Gebäck, Würsten, Kohl, Suppen und Eintöpfen verwendet. Vielen deutschen und österreichischen Spezialitäten verleiht er ein typisches Aroma, sei es Pumpernickel, Schweinebraten, Kohlsalat oder (zusammen mit Wacholderbeeren) Sauerkraut. Im Elsass gehört er zum Münsterkäse und in das Pain d'Épices. Auch die Küchen Nordafrikas verwenden Kümmel, meist in Gemüse und in Gewürzmischungen wie im tunesischen Tabil und in Harissa. In Marokko gibt es eine traditionelle Kümmelsuppe, ebenso in Ungarn, wo Kümmel zudem ein Gulaschgewürz ist. Wird Kümmel in indischen Rezepten erwähnt, ist meist Kreuzkümmel gemeint. Nur im Norden, im Himalaya-Gebiet, wächst ein wilder Kümmel. In türkischen Rezepten ist mit »Schwarzem Kümmel« Nigella gemeint (*S. 140*). Die jungen Blätter, die in Geschmack und Aussehen dem Dill ähneln, passen gut in Salate, Suppen oder Quark, auch – statt Petersilie – zu vielen Gemüsen. Unentbehrlich in Harissa, Tabil.

Passt zu Äpfeln, Brot, Ente, Gans, Kartoffeln und anderem Wurzelgemüse, Kohl, Nudeln, Sauerkraut, Schwein, Tomaten, Zwiebeln.

Harmoniert mit Knoblauch, Koriandersamen, Petersilie, Thymian, Wacholder.

Tunesische Tabil-Gewürze

Tabil ist eine Mischung aus Kümmel, Koriandersamen, Knoblauch und Chili. Sie wird für Eintöpfe und Rindfleischgerichte verwendet (*Rezept S. 291*).

MUSKATNUSS

Myristica fragrans

Der immergrüne Muskatbaum mit seiner schönen, dichten Krone stammt von den indonesischen Banda-Inseln, die auch »Gewürz-inseln« genannt werden. Seine Früchte enthalten zweierlei Gewürze: Muskat und Muskatblüte (S. 206). Beide waren schon im 6. Jh. Handelsgüter der nach Alexandria ziehenden Karawanen; vermutlich brachten Kreuzfahrer sie von dort nach Europa. Anfänglich wurden sie in China, Indien, Arabien und auch Europa medizinisch verwendet. Im 18. Jh. wurde sie in Europa zum Modegewürz.

Ganze Samen

Muskatsamen kann man im Ganzen kaufen; die »Nuss« befindet sich dann noch in der harten Schale. Darüber zieht sich der durchbrochene Samen-mantel, aus dem Macis, die Muskat-blüte, hergestellt wird.

AROMA

Muskatnuss und Muskat-blüte haben ein ähnliches volles, frisches Aroma. Muskatnuss riecht süß, erinnert aber mehr an Kampfer und Harz als Mus-katblüte. Beide schmecken hocharomatisch, doch Muskatnuss hat Anklänge an Nelken und einen tiefe-ren, bittersüßen Holzge-schmack.

VERWENDETE TEILE

Samen.

KAUF UND LAGERUNG

Am besten kauft man ganze Muskatnüsse. Luftdicht auf-bewahrt, halten sie sich fast unbegrenzt und können nach Bedarf leicht gemah-len oder gerieben werden. Nach dem Mahlen verlieren sie schnell ihr Aroma. Mus-katnüsse und Macis von Banda und Penang gelten als besser als solche aus westindischer Herkunft.

ERNTE

Die gelblichen, aprikosen-ähnlichen Früchte werden reif gesammelt, die Außen-schale und das weiße Fleisch werden entfernt. Der Samenmantel ergibt Macis. Die von einer harten, schwarzbraunen Schale umschlossenen Samen wer-den 6–8 Wochen auf Gestel-len getrocknet, bis der Kern in der Schale klappert. Die Schalen werden aufgebro-chen, die weichen, braunen Muskatnüsse entnommen und nach Größen sortiert.

MUSKATNUSS
Die Außenschalen werden entfernt und weggeworfen.

In der Küche

In Indien wird mehr Muskatnuss verwendet als Macis (Muskatblüte), da diese so teuer ist; beide benutzt man vor allem in Moghul-Gerichten, aber sparsam. Die Araber verwenden beide Gewürze schon lange in raffiniert gewürzten Hammel- und Lammgerichten. In Nordafrika sind sie Bestandteil von Gewürzmischungen wie dem Qâlat Daqqa und dem marokkanischem Ras el-Hanout. Die Europäer verwenden Muskatnuss und Muskatblüte ausgiebig sowohl in süßen wie pikanten Gerichten. In Europa gibt man Muskat gern in Honig- und Früchtekuchen, Obstsalat und Früchte-Punsch. Er passt ebenso wie Macis gut in Eintöpfe und in die meisten Käsegerichte mit Eiern. Die Niederländer würzen Blumenkohl, Weißkohl, püriertes Gemüse, Fleischeintöpfe und Obstpuddings reichlich mit Muskat. In Italien gibt man ihn eher fein dosiert an Gemüse, Spinat- und Kalbsgerichte, Füllungen oder Pasta-Soßen. In Frankreich kommt er mit Pfeffer und Nelken in langsam gegarte Eintöpfe und Ragouts. Eine beliebte Süßigkeit Malaysias waren früher halbreife Muskatnüsse, die man (wie grüne Walnüsse) rundum einstach, wässerte und zweimal in Sirup kochte. Die halluzinogenen Eigenschaften von Muskat wirken sich bei großen Mengen schädlich aus. In Verbindung mit Alkohol verstärkt sich der gefährliche Effekt.

Unentbehrlich ist sie in Back- und Puddinggewürzen, Quatre Épices, Ras el-Hanout und tunesischem Fünf-Gewürze-Pulver.

Passt zu Eiern, Fisch, Meeresfrüchten, Huhn, Kalb, Karotten, Kartoffeln, Käse und Käsespeisen, Kohl, Kürbiskuchen, Lamm, Milchspeisen, Spinat, Süßkartoffeln, Zwiebeln.
Harmoniert mit Ingwer, Kardamom, Koriander, Kreuzkümmel, Muskatblüte, Nelken, Pfeffer, Rosen-Pelargonie, Rosenknospen, Thymian, Zimt.

GEMAHLENER MUSKAT
Muskatnüsse reibt man am besten erst bei Bedarf. Manche Reiben haben ein Fach mit Deckel zum Aufbewahren der Nüsse.

MUSKAT *und* MACIS *entstammen der gleichen Frucht: Bricht man sie auf, zeigt sich zuerst der tiefrote Samenmantel – die Muskatblüte.*

Mit beiden Gewürzen macht man in manchen Teilen der Welt gutes Geld, doch das Herausschälen erfolgt noch überwiegend von Hand.

MUSKATBLÜTE, MACIS

Myristica fragrans

Im Inneren der aprikosenähnlichen Frucht der *Myristica fragrans* liegt ein harter Samen, dessen Kern die Muskatnuss ist (S. 202). Rund um diesen Steinkern liegt der netzartige Samenmantel, die so genannte »Muskatblüte«, die das Gewürz Macis ergibt. Muskatnuss und Muskatblüte wurden kostbare Waren im Gewürzhandel, den die Portugiesen im 16. Jh. begannen. In deren Fußstapfen folgten zunächst die Niederländer, später die Briten, als sie 1796 die Molukken, die Gewürzinseln, eroberten.

AROMA

Muskatblüte hat das volle, frische und wohltuende Aroma der Muskatnuss, doch ihr Geruch ist stärker und hat einen lebhaften, blumigen Charakter mit Noten von Pfeffer und Nelke. Sie schmeckt aromatisch, zart und unaufdringlich mit etwas zitroniger Süße, hat jedoch einen recht bitteren Nachgeschmack.

VERWENDETE TEILE

Der den Samen umgebende Samenmantel.

KAUF UND LAGERUNG

Gemahlene Macis bekommt man leichter als ganze Stücke der Samenmäntel, doch es lohnt sich, danach zu suchen. Luftdicht aufbewahrt, halten sie fast unbegrenzt und lassen sich in der Kaffeemühle mahlen.

ERNTE

Nach dem Pflücken der reifen Frucht wird die äußere Hülle mit dem weißen Fleisch entfernt, um den Steinkern freizulegen. Die Macis, der dünne, ledrige, netzartige, tiefrote Samenmantel, der den Steinkern umgibt, wird abgezogen, flach gepresst und nur wenige Stunden getrocknet. Macis aus Grenada, die dann etwa 4 Monate lang dunkel gelagert wird, färbt sich kräftig orangegelb, indonesische Macis bleibt orangerot.

Muskatblüte und Muskatnuss
Beide Gewürze stammen von ein und demselben Baum und schmecken ähnlich. Für schwächer gewürzte Gerichte wird Muskatblüte bevorzugt.

MACIS-STREIFEN
Werden die spröden Streifen mit dem Fingernagel angeritzt, tritt Öl aus.

GEMAHLENES MACIS
Gemahlene Muskatblüte oder Macis behält ihr Aroma recht gut, länger als manch anderes gemahlene Gewürz.

In der Küche

In Südostasien und China schätzt man Muskatnuss und Muskatblüte mehr ihrer medizinischen als ihrer kulinarischen Eigenschaften wegen. Anderswo werden die beiden Gewürze gleichwertig verwendet, wobei die billigere Muskatnuss bevorzugt wird.

Muskatblüte verfeinert Béchamel- und Zwiebelsoße, Bouillon, Fischbrühe, Siedfleisch, Käsesoufflés, Schokoladengetränke und Frischkäsedesserts. Muskatblüte empfiehlt sich, wenn ein Gericht seine helle Farbe bewahren soll. Ganze Macisstreifen eignen sich zum Würzen von Suppen und Eintöpfen, müssen aber vor dem Servieren entfernt werden. In Indonesien wird, nachdem Kern und Samenmantel ausgelöst sind, das Außenfleisch der Frucht kandiert. Besonders in Sulawesi wird es in der Sonne mit Palmzucker bestreut mazeriert, woraufhin es fast durchsichtig wird. Unentbehrlich ist es in Pickle-Gewürzen.

Passt zu Eierspeisen, Fisch und Meeresfrüchten, Huhn, Kalb, Karotten, Kartoffeln, Käse und Käsespeisen, Kohl, Kürbisauflauf, Lamm, Milchspeisen, Pasteten und Terrinen, Spinat, Süßkartoffel, Zwiebeln.

Harmoniert mit Ingwer, Kardamom, Koriander, Kreuzkümmel, Muskat, Nelken, Paprika, Pfeffer, Rosen-Pelargonie, Rosenknospen, Thymian, Zimt.

Aromatisches Garam Masala

Kardamom beherrscht unaufdringlich das Aroma dieser milden Masala-Mischung, die aus grünem oder schwarzem Kardamom, Zimt, Muskatblüte, schwarzen Pfefferkörnern und Nelken besteht (*Rezept S. 286*).

Frisches Kurkuma ist knackig, hat ein ingwer- und zitrusähnliches Aroma und duftet angenehm erdig, überlagert von Zitrusnoten. Getrocknetes Kurkuma hat ein volles, reiches, holziges Aroma mit blumigen Anklängen und Zitrus- bzw. Ingwertönen. Der Geschmack ist etwas bitter und sauer, mäßig scharf.

VERWENDUNGSART

Frische und getrocknete Rhizome.

KAUF UND LAGERUNG

Falls man es im Asienladen entdeckt, kann frisches Kurkuma an einem kühlen und trockenen Ort oder im Gemüsefach des Kühlschranks bis zu 2 Wochen aufbewahrt werden. Es lässt sich auch einfrieren. Getrocknetes Kurkuma hält sich im luftdichten Behälter 2 Jahre und mehr. Beste Qualität liefert gemahlenes indisches Kurkuma aus Alleppey und Madras. Alleppey-Kurkuma enthält den höchsten Anteil an ätherischen Ölen und Curcumin (Gelbstoff). Im luftdichten Behälter bleibt es bis zu einem Jahr aromatisch.

ERNTE

Die Rhizome werden nach der Ernte frisch verkauft oder gedämpft, um die Reifung zu unterbrechen, und dann für 10–15 Tage getrocknet. Danach werden sie poliert, sortiert und meist gemahlen. Durch das Trocknen verlieren sie 75 % ihres Gewichts.

KURKUMA
Curcuma longa

Diese robuste Staude aus der Ingwerfamilie stammt aus Südostasien, wo sie seit dem Altertum als Gewürz, Farbstoff und Heilmittel geschätzt wird. Kurkuma oder Tumerek ist eines der billigsten Gewürze und wird in der ganzen Region für rituelle und festliche Anlässe hoch geschätzt, sei es zum Färben von Reis für eine indonesische Hochzeit oder zum Färben von Kuhfell. Indien ist Haupterzeuger von Kurkuma; dort werden über 90 Prozent der Ernte selbst verbraucht. Zu den weiteren Produzenten zählen China, Haïti, Indonesien, Jamaika, Malaysia, Pakistan, Peru, Sri Lanka und Vietnam.

Ganze frische Rhizome
Frisches Kurkuma sollte fest und rund sein. Die unterirdischen Sprossachsen (Rhizome) werden in Scheiben geschnitten, gehackt oder gerieben.

FRISCHE SCHEIBEN
Geschälte Kurkuma-Scheiben werten Pickles und Würzsoßen mit ihrer Farbe und dem herrlichen Geschmack auf; außerdem wirken sie konservierend.

In der Küche

Kurkuma verbindet und harmonisiert die anderen Gewürze, mit denen es in vielfältigen Kombinationen erscheint. Es wird sparsam eingesetzt. Frisches Kurkuma wird in ganz Südostasien in Gewürzpasten mit Chili, Zitronengras, frischem Galgant, Knoblauch, Schalotten, Tamarinde und manchmal Krabbenpaste und Kemiri-Nuss (die Frucht des Lichtnussbaumes) verwendet. Gehackt oder gerieben gibt man es in Laksas, Eintöpfe und Gemüse-Gerichte. Saft aus zerstoßenem Kurkuma würzt und färbt in Indonesien festliche Reisgerichte. In Malaysia werden die duftenden Blätter zum Einwickeln benutzt, in Thailand isst man die Sprossen als Gemüse.

In Indien und in der Karibik bildet Kurkuma-Pulver in Kombination mit anderen Gewürzen die Basis für Masalas, Currypulver und Pasten. Vielen regionalen Gemüse-, Bohnen- und Linsengerichten verleiht es das angenehme Aroma und die orangegelbe Farbe. Es erscheint in nordafrikanischen Tagines und Eintöpfen, vor allem im marokkanischen Ras el-Hanout, auch in der Nationalsuppe Harira. Im Iran würzt es zusammen mit getrockneter Limette die gehaltvolle Eintopfsoße Gheimeh, die über Reis gelöffelt wird.

Im Westen dient Kurkuma als Farbstoff für Käse, Margarine und Senfmischungen. Sowohl östliche wie westliche Hersteller verwenden es in Pickles und Relishes. Unentbehrlich ist es in Masalas, Currypulvern und Pasten, sowie Ras el-Hanout.

Passt zu Auberginen, Bohnen, Eiern, Fisch, Fleisch, Geflügel, Linsen, Reis, Spinat, Chili, Curryblättern, Fenchel, Galgant, Ingwer, Kaffirlimetten-Blättern, Knoblauch, Kokosmilch, Korianderblättern und -samen, Kreuzkümmel, Nelken, Paprika, Pfeffer, Rau Ram, Senfsamen, Zitronengras.

GERIEBENES GETROCKNETES RHIZOM
Kurkuma färbt Finger, Gegenstände und Kleidung, daher ist beim Umgang Vorsicht geboten.

GANZES GETROCKNETES RHIZOM
Getrocknete Rhizome sehen wie faseriges gelbes Holz aus; man kann sie selbst nur reiben, nicht aber mahlen.

AROMA

Frische Zitwerwurzel hat einen angenehmen moschusartigen Geschmack, ähnlich jungem Ingwer, sauber, frisch und eine Spur bitter. Man könnte ihn mit dem einer grünen Mango vergleichen – auf Indisch heißt die Zitwerwurzel unter anderem auch *amb halad*, Mango-Kurkuma.

VERWENDETE TEILE

Frische oder getrocknete Rhizome, junge Sprossen, Blütenknospen und Blätter.

KAUF UND LAGERUNG

Frische Zitwerwurzel bekommt man in Asienläden, häufig als »Weiße Kurkuma«. Sie hat eine dünne braune Außenhaut und zitronenfarbenes Fleisch. Im Kühlschrank hält sie sich 2 Wochen. Man bekommt auch gehackte, getrocknete Zitwerwurzel im Feinkostladen. Häufig wird das Gewürz gemahlen verkauft, künstlich rotbraun gefärbt.

ERNTE

Die fleischigen, gelben Rhizome benötigen 2 Jahre, bis sie voll entwickelt sind. Danach werden sie gerodet und entweder frisch verkauft oder gedämpft, in Stücke geschnitten und getrocknet. Die harten, graubraunen Stücke fühlen sich rau und faserig an.

ZITWER, INDISCHER SAFRAN
Curcuma zedoaria

Die in den subtropischen Regenwäldern Südostasiens und Indonesiens heimische Zitwerwurzel wurde im 6. Jh. nach Europa gebracht. Zunächst stellte man daraus Heilmittel und Duftstoffe her, bis sie im Mittelalter, neben dem mit ihr verwandten Galgant, zum beliebten Küchengewürz wurde. Heute verwendet man sie meist nur in Südostasien. Seit man sich in Europa für die asiatische Küche interessiert, kann man vereinzelt Zitwerwurzel frisch bekommen, getrocknet ist sie hier aber fast unbekannt. Ihre indonesische Bezeichnung Kencur ist irreführend, denn auch die Indische Gewürzlilie, *Kaempferia galanga,* wird so bezeichnet.

ZERSTOSSENES GETROCKNETES RHIZOM
Das Aroma der getrockneten Zitwerwurzel ist moschusartig und angenehm mit einem Hauch von Kampfer. Sie schmeckt pfeffrig, ähnlich wie getrockneter Ingwer, weniger beißend als eher bitter, mit einer Zitrusnote im Nachgeschmack.

In der Küche

In Indonesien werden die jungen Sprossen gegessen, die Knospen gibt man in Salat, und die langen, aromatischen Blätter dienen zum Einwickeln und Aromatisieren von Fisch. In Mumbai ist darüber hinaus eine Gemüsesuppe mit frischer Zitwerwurzel beliebt. In Thailand gibt man geschälte, geraspelte oder in dünne Scheiben geschnittene Zitwerwurzel in Salate oder zu Rohkost, die man mit Nam Prik serviert. Frische, gehackte Zitwerwurzel mit Schalotten, Zitronengras und Korianderblät-tern ergibt eine gute Gewürzpaste für in Kokosmilch gekochtes Gemüse. In Indonesien und Indien kommt das frische Rhizom in Pickles. In Südostasien verwendet man das getrocknete Rhizom in Currys und Würzsoßen oder gibt sie anstelle von Kurkuma- oder Ingwerpulver hinein. Zitwerwurzel schmeckt gut in südindischen und indonesischen Hühner- und Lammgerichten.

Passt zu asiatischen Suppen, Currys und Eintöpfen, Fisch, Geflügel, Blattgemüse, Kichererbsen, Linsen.

Harmoniert mit Chilis, Ingwer, Kaffirlimetten-Blättern, Knoblauch, Kokosmilch, Korianderblättern, Kurkuma, Zitronengras.

Weitere Zitwer-Arten

Zwei *Curcuma*-Arten, die eine mit runden, kurzen Rhizomen (*C. zedoaria*), die andere mit langen (*C. zerumbet*), werden gleich verwendet. Letztere schmeckt milder und wird in Thailand häufig als »Weiße Kurkuma«, Khamin Khao, bezeichnet, weil sich ihre blassgelbe Farbe sehr von dem dunkleren Farbton der ihr ähnelnden Kurkuma abhebt.

Aus den Wurzeln zweier anderer Arten, *C. leucorrhiza* und *C. angustifolia*, wird eine als »Indische Pfeilwurz« oder Tikor bezeichnete Stärke hergestellt, die zum Andicken von Babynahrung dient.

Frische Rhizome

Zitwerwurzel kann man im Feinkostladen mit etwas Glück frisch bekommen. Man kombiniert sie mit anderen frischen Gewürzen oder verwendet sie als knackige Garnierung. Für die Zubereitung wird die braune Haut abgeschält.

CURRYBLÄTTER
Murraya koenigii

Der Currybaum, auch Orangenraute genannt, ist ein kleiner, Laub abwerfender Baum, heimisch an den Ausläufern des Himalayas, in vielen Teilen Indiens, im Norden Thailands und auf Sri Lanka. In Südindien wird der Baum seit Jahrhunderten, meist allerdings nur für den Eigenbedarf, in den Hausgärten kultiviert. Neuerdings gibt es auch erwerbsmäßigen Anbau in größerem Umfang. Auch in Nordaustralien beginnt man mit Currybaum-Plantagen.

AROMA

Leicht zerdrückt, verströmen frische Blätter einen kräftigen, moschusartigen und würzigen Duft mit einer Zitrusnote. Der Geschmack ist angenehm, zitronenartig und leicht bitter. Getrocknete Blätter haben keinerlei Aroma, selbst wenn man die im Rezept angegebene Menge verdoppelt.

VERWENDETE TEILE

Blätter.

KAUF UND LAGERUNG

Frische Curryblätter findet man in Asienläden, wo sie eventuell als Meetha Neem oder Kari Patta (oder Kadhi Patta) bezeichnet werden. Am besten halten sie sich in einem Kunststoffbeutel im Gefrierschrank, doch selbst im Kühlschrank bleiben sie eine Woche und länger frisch. Getrocknete Blätter sind uninteressant.

ERNTE

Obwohl es sich um einen Laub abwerfenden Baum handelt, kann man in den Tropen fast das ganze Jahr über Blätter ernten. Von den Farmen in Tamil Nadu und Andhra Pradesh aus werden die Zweige frisch verschifft und später in kleinen Gebinden verkauft. Gefriertrocknung ist die beste Möglichkeit, die frische Farbe und wenigstens etwas Aroma zu bewahren.

Frische Blätter
Die langen Stiele tragen bis zu 20 kleine, kräftig grüne Fiederblätter.

In der Küche

Die Blätter werden erst kurz vor dem Mitkochen von den Stielen gezupft. Die südindische Küche macht von ihnen ebenso ausgiebig Gebrauch wie die nordindische Küche von den Korianderblättern. Aus vielen Hausgärten wandern sie direkt in die vegetarischen Gerichte von Gujarat. Man gibt sie in lang köchelnde Fleischeintöpfe und in die Fischcurrys von Kerala und Chennai (Madras), der einzigen Gegend in Indien, wo Curryblätter immer in Currymischungen gegeben werden. Anderswo kommen sie nur in den letzten fünf Kochminuten an Curry-Gerichte.

Auch die Curry-Mischungen auf Sri Lanka enthalten üblicherweise Curryblätter. Diese Mischungen sind in Aussehen und Geschmack dunkler als die indischen: Die Zutaten werden heißer geröstet und enthalten Gewürze wie Zimt und Kardamom, die auf der Insel heimisch sind.

Wenn man sie in Ghee oder Öl mit Senfsamen, Asant oder Zwiebeln kurz anbrät, kann man die Blätter schon bei Kochbeginn dazunehmen und dann erst die anderen Zutaten zufügen. Häufiger wird diese Gewürzkombination zum Abmildern erst am Ende zugegeben, z.B. als Bagaar oder Tadka, das über fast alle Linsengerichte kommt. Gehackt oder zerstoßen würzen die Blätter Chutneys (besonders Kokosnuss-Chatni), Relishes und Marinaden für Meeresfrüchte. In Pickles gibt man ganze Blätter.

Im Westen lernen wir gerade das feine, würzige Aroma zu schätzen, das die Blätter in Currys verströmen, ohne die Schärfe, die man oft mit diesen Gerichten verbindet. Einsteiger können ganze Zweige verwenden und sie vor dem Servieren entfernen, aber gekochte Blätter sind recht weich, und ihr Geschmack kann nahezu süchtig machen.

Passt zu den meisten Gemüse-Arten, Fisch, Lamm, Linsen, Meeresfrüchten, Reis.

Harmoniert mit Bockshornklee, Chili, Kardamom, Knoblauch, Kokosnuss, Koriander, Kreuzkümmel, Kurkuma, Pfeffer, Senfsamen.

Sri-Lanka-Currypulver

Diese Curry-Kombination setzt sich zusammen aus Curryblättern, Koriander, Kreuzkümmel, Bockshornklee, Reis, Chili, schwarzem Pfeffer, Nelken, grünem Kardamom und Zimt (*Rezept S. 288*).

ANNATTO
Bixa orellana

Annatto bezeichnet den orangeroten Samen des kleinen, immergrünen Annato- oder Orleansbaumes, der im tropischen Südamerika heimisch ist. Schon in präkolumbianischer Zeit verwendete man Annatto zum Färben von Speisen, Stoffen und als Körperfarbe; auch die westliche Welt gebraucht bis heute Annatto aus dem gleichen Grund in Butter, Käse, Räucherfisch und Kosmetika. Haupterzeuger sind Brasilien und die Philippinen, aber das Gehölz wächst in ganz Mittelamerika, in der Karibik und in Teilen Asiens.

GEMAHLENE SAMEN
Getrocknete Annatto-Samen sind sehr hart und werden am besten in einer elektrischen Mühle gemahlen.

Ganze getrocknete Samen
Ganze Samen werden hauptsächlich zum Färben verwendet. Hierfür werden ½ TL in 1 EL kochendem Wasser für eine Stunde (oder bis sich das Wasser tieforange gefärbt hat) eingeweicht.

In der Küche

Zum Färben von Brühen, Eintöpfen oder Reis werden die Annattosamen in etwas heißem Wasser eingeweicht; diese Flüssigkeit kommt danach an das Gericht. In der Karibik röstet man die Samen bei schwacher Hitze in Fett, bis dieses sich tiefgold oder orange färbt. Nach Entfernen der Samen wird es zum Kochen verwendet.

In Jamaika gibt man Annatto mit Zwiebeln und Chilis in die Soße zu Stockfisch mit Okra, einer Art Nationalgericht. Auf den Philippinen fügt man gemahlenen Annatto, meist wegen des Farbeffekts, Suppen und Eintöpfen bei; er ist eine Hauptzutat im berühmten Pipián, einem Ragout aus Schweinefleisch und Huhn. In Peru gibt man ihn in Marinaden, besonders zu Schwein. In Venezuela mischt man ihn mit Knoblauch, Paprika und Kräutern zur beliebten Würzpaste Aliño criollo. In Mexiko kommt er in die Achiote-Paste – dem Recado Rojo von Yucatán –, die für das bekannteste Regionalgericht Pollo Bibil (in einer Herdgrube gegartes mariniertes Huhn in Bananenblättern) unerlässlich ist. Die Paste eignet sich außerdem gut zum Bestreichen von Fisch oder Schwein vor dem Grillen. In Vietnam setzt man Schmortöpfe mit Öl auf, das mit Annatto gefärbt wurde, um dem Gericht Farbe zu verleihen.

Passt zu Gemüse, Eierspeisen, Fisch, Geflügel, Gemüsekürbis, Hülsenfrüchten, Okra, Paprikaschoten, Reis, Rind, Schwein, Süßkartoffeln, Tomaten, Zwiebeln.

Harmoniert mit Chili, Epazote, Erdnüssen, Knoblauch, Kreuzkümmel, Nelken, Oregano, Paprika, Piment, Saft von Zitrusfrüchten.

Recado Rojo

Rote Annatto-Paste ist in der Küche der mexikanischen Halbinsel Yucatán unverzichtbar. Annatto-Samen werden mit schwarzem Pfeffer, Nelken, Kreuzkümmel, Koriandersamen, getrocknetem Oregano, Knoblauch, Bitterorangensaft oder Weinessig gemischt. Manchmal fügt man kleine rote Chilis hinzu (*Rezept S. 295*).

KAPERN

Capparis-Arten

Der niedrige Kapernstrauch wächst wild rund um das Mittelmeer, im Süden bis zur Sahara, im Osten bis zum nördlichen Iran, obwohl er vermutlich aus den Trockenregionen West- und Zentralasiens stammt. Er wird in vielen Ländern mit ähnlichem Klima angebaut. In wirklich heißen Klimaregionen handelt es sich bei der Wildform meist um die dornige *C. spinosa*, während gezüchtete Kapernsträucher meist von der dornenlosen *C. inermis* (*C. spinosa* var. *rupestris*) abstammen. In Nordindien wird üblicherweise die *C. aphylla* (*C. decidua*) kultiviert.

Kapern
Kapern sind Blütenknospen, die meist in Öl, Essig oder trocken in Salz eingelegt werden. Ihre Qualität hängt von der Herkunft, der Konservierungsmethode und der Größe ab.

In der Küche

Kapern sind wichtige Zutat vieler Soßen wie Ravigote, Remoulade, Tartarsoße und die Tomatensalsa »alla Puttanesca«. Englische Kapernsoße, die noch heute traditionell zu Hammel gehört, schmeckt ebenso gut zu festfleischigem Fisch. Fast jeder Fisch, aber auch Huhn, kann auf viele Weisen mit Kapern gekocht oder garniert werden. Zu Stockfisch werden häufig Kapern und grüne Oliven gereicht, was auf Sizilien und den Äolischen Inseln generell bei Fischgerichten üblich ist. In Spanien gibt man Kapern, zusammen mit Mandeln, Knoblauch und Petersilie, an gebratenen Fisch. Kapern und schwarze Oliven sind die Grundzutat jeder Tapenade, schmecken aber auch in Hühner- oder Kaninchenragout. Kapern allein würzen viele Gerichte mit fetterem Fleisch und garnieren Pizzas, in Ungarn und Österreich gehören sie in den Liptauer Käse. Sowohl Kapern wie Kapernbeeren können wie Oliven als Snack oder zu kaltem Braten, Räucherfisch und Käse gegessen werden. Sparsam verwendet, passen sie gut in Salat.

Eingelegte oder gesalzene Kapern sollten vor Gebrauch abgespült werden. Als Kochzutat gibt man sie gegen Ende dazu, denn durch längeres Kochen werden sie leicht bitter. Unentbehrlich sind sie in Tapenade und verschiedenen Soßen.

Passt zu Artischocken, Auberginen, Essiggurken, fettreichem Fleisch (Lamm), Fisch, Geflügel, grünen Bohnen, Kartoffeln, Meeresfrüchten, Oliven, Tomaten.

Harmoniert mit Anchovis, Basilikum, Estragon, Knoblauch, Oliven, Oregano, Petersilie, Rucola, Sellerie, Senf, Zitrone.

Kapernbeeren

Kapernbeeren sind die kleinen, halbreifen Früchte von *Capparis*-Arten. Meist werden sie in Essig eingelegt und schmecken ähnlich wie Kapern, jedoch weniger intensiv.

Blätter und Sprossen

Mild eingelegte Blätter und Sprossen sind im Glas erhältlich. Die Blätter und unreifen Knospen haben ein angenehmes Kapernaroma, doch die dickeren Stiele können dornig sein und sollten besser entfernt werden.

Bittere und saure Gewürze

AJOWAN, AMMEI
Trachyspermum ammi

Dieses auch Indischer Kümmel genannte Gewürz ist tatsächlich eng verwandt mit Kreuzkümmel und Kümmel. Das kleine, einjährige Doldengewächs hat seine Heimat in Südindien, aber in ganz Indien sind die Samen ein beliebtes Gewürz. Auch in Pakistan, Afghanistan, Iran und Ägypten wird die Pflanze kultiviert und genutzt. Das ätherische Öl der Pflanze war lange weltweit der Hauptlieferant für antiseptisch wirksames Thymol, das heutzutage synthetisch gewonnen wird.

AROMA

Zerstoßener Ajowan hat einen starken, recht scharfen Geruch nach Thymian. Der weitgehend vom Thymol im ätherischen Öl bestimmte Geschmack ist beißend scharf und bitter. Kaut man nur die Samen, wird die Zunge taub.

VERWENDETE TEILE

Getrocknete Samen.

KAUF UND LAGERUNG

Ajowan findet man in Asienläden, oft unter dem Namen Ajwain, Ammei oder Carom. Die Samen halten sich im luftdichten Behälter unbegrenzt. Wegen des flüchtigen Aromas zerstößt man sie am besten erst kurz vor Gebrauch im Mörser.

ERNTE

Die Stängel des Ajowan werden im Mai oder Juni geschnitten, wenn die Samen reif sind. Zunächst werden sie getrocknet, anschließend gedroschen.

GEMAHLENE SAMEN (FRÜCHTE)
Die Samen werden ganz oder zerstoßen verwendet. Erst vor Gebrauch mahlen.

Ganze Samen
Die Samen sind klein, oval und gerillt, graugrün bis rotbraun. Sie ähneln Selleriesamen.

In der Küche

Ajowan sollte sparsam verwendet werden, sonst schmeckt das Gericht bitter. Kochen mildert den Geschmack; er ähnelt dann Thymian oder Oregano, nur kräftiger und mit einer pfeffrigen Note.

Ajowan hat eine natürliche Affinität zu stärkehaltiger Nahrung. In Südwestasien gibt man ihn in Brot (Paratha), herzhaftes Gebäck (Pakora) und gebratene Snacks (vor allem solche aus Kichererbsenmehl). Auch zum Würzen von Pickles und Wurzelgemüse wird er verwendet. Oft nimmt man ihn zu Hülsenfrüchten, weil er gegen Blähungen wirkt. Aus dem gleichen Grund werden die Samen gekaut. Außerdem ist Ajowan Zutat in einigen Curry-Mischungen. Sehr beliebt ist er in der Gujarat-Küche, wo er in den Teig für Bhajias und Pakoras und – in Kombination mit Chili und frischem Koriander – in den Pfannkuchenteig für Pudlas kommt. In Nordindien wird Ajowan erst mit anderen Gewürzen in Ghee geröstet, bevor er einem Gericht beigefügt wird. Köstlich schmecken Fischfilets, die 1–2 Stunden vor dem Braten mit einer Mischung aus Ajowan, Zitronensaft und Knoblauch eingerieben werden.

Als Ajowan der äthiopischen Küche gilt *Ammi majus*, ein verwandter Doldenblütler, der auch als Große Knorpelmöhre, Äthiopischer Kümmel oder Bischofskraut bekannt ist. Es ist unentbehrlich in Berbere und Chat Masala.

Passt zu Fisch, grünen Bohnen, Hülsenfrüchten, Wurzelgemüse.
Harmoniert mit Fenchelsamen, Ingwer, Kardamom, Knoblauch, Kurkuma, Nelken, Pfeffer, Zimt.

Chat Masala

In dieses Masala, von dem man für Obst- und Gemüsesalate nur kleine Mengen verwendet, gehören Ajowansamen, Mangopulver, Asantpulver, schwarzes Salz, Kreuzkümmelsamen, schwarze Pfefferkörner, gemahlener Chili, getrockneter Granatapfelsamen und getrocknete Minze (*Rezept S. 287*).

BOCKSHORNKLEE
Trigonella foenum-graecum

AROMA

Frische Blätter haben ein
an Gras erinnerndes, mild
scharfes Aroma mit herben
Tönen. Getrocknete Blätter
duften sanft nach Heu. Das
Aroma der rohen Samen
könnte man als den vor-
rangigen Geruch bestimm-
ter Currypulver identifi-
zieren. Ihr Geschmack
erinnert an Sellerie oder
Liebstöckel und ist bitter.

VERWENDETE TEILE

Frische und getrocknete
Blätter, Samen.

KAUF UND LAGERUNG

Frische Blätter sind selten
zu finden, eventuell in Feinkostläden. Getrocknete Blätter sollten grün und nicht
schon gelblich sein und luftdicht verschlossen aufbe-
wahrt werden. Die Samen
bekommt man aus der glei-
chen Quelle oder über den
spezialisierten Gewürzver-
sand. Gut verschlossen aufbewahrt, behalten sie ihr
Aroma bis zu einem Jahr.
Gemahlen verlieren sie es
schnell, daher immer erst
kurz vor dem Gebrauch
mahlen.

ANBAU UND ERNTE

Der einjährige Bockshorn-
klee lässt sich aus Samen
ziehen. Die selbst angebauten Pflanzen liefern sowohl
Blätter wie Samen. Sie tragen weiße oder gelbe Blü-
ten, die schmale, hellbraune, gebogene Samenhülsen
hervorbringen. Die reifen
Samen werden getrocknet.

Der aus Kleinasien und Südosteuropa stammende Griechische Bockshornklee hat eine lange Geschichte als Gewürz- und Heilpflanze. Sein
lateinischer Name *Trigonella* bezieht sich auf die Dreiecksform der Blüten, und *foenum-graecum* bedeut »griechisches Heu«, was auf seine Verwendung in der Antike als Futterpflanze hinweist. Als solche ist er heute
bei uns auch besser bekannt. In der vorderasiatischen wie der indischen
Küche wird Bockshornklee zwar sehr
geschätzt, doch muss das Gewürz
erstnoch in die Fantasie westlicher
Köche vordringen.

Frische Blätter
Bockshornklee ist eine
kleine, zierliche Pflanze mit
Blättern, die eine entfernte
Ähnlichkeit mit Klee haben.

BOCKSHORNKLEE-SPROSSEN

Die Sprossen lassen sich mit einer Vinaigrette anrichten und als Salat mit Tomaten und schwarzen Oliven servieren.

GANZE SAMEN

Nach dem Rösten ohne Fett oder Anbraten in Öl mildert sich das Aroma der Samen, und sie nehmen einen nussigen, karamellartigen Geschmack an. Zu starkes Erhitzen verstärkt die Bitterkeit. Sofort nach dem Rösten verwenden. Für die Verarbeitung in einer Paste müssen die Samen mehrere Stunden eingeweicht werden.

In der Küche

In Indien ist Bockshornklee bei Vegetariern als Lieferant von Proteinen, Mineralien und Vitaminen weithin beliebt. In der indischen Küche werden frische Blätter des Bockshornklees (Methi) häufig als Gemüse mit Kartoffeln, Spinat oder Reis gekocht. Gehackt kommen die Blätter in den Teig für Naans und Chappati. Getrocknete Blätter würzen Soßen und Bratensaft. Oft trägt Bockshornklee zur Bitterkeit von bengalischen Gemüse-Eintöpfen (Shuktas) bei. Frische oder getrocknete Blätter sind wichtig im klassischen iranischen Lammeintopf mit Kräutern, Ghormeh Sabzi, und als Gewürz in Kräuteromelettes.

Die Samen würzen in Indien Pickles und Chutneys, die südindischen Gewürzmischungen Sambhar und das bengalische Panch Phoron. Sie passen zu Linsen und Fisch und werden im Süden häufig in Dals und Fischcurrys verwendet oder für die lokalen Dosai-Brote gemahlen unter das Mehl gemischt. Auch in Äthiopien und Ägypten sind sie Brotgewürz, außerdem ein Bestandteil der äthiopischen Gewürzmischung Berbere. In der Türkei und Armenien wird gemahlener Bockshornklee mit Chili und Knoblauch kombiniert und auf Pastirma, die köstliche luftgetrocknete Fleischspezialität, gestrichen. Im Jemen gibt man die zum Entbittern vorher eingeweichten Samen in Hilbeh, einen Dip, der auf Brot aufgestrichen oder bei Festen zu Fleischbrühe und Gemüse-Gerichten serviert wird. Unentbehrlich ist er in Berbere, Hilbeh, Panch Phoron, Sambhar.

Passt zu Fischcurrys, Blatt- und Wurzelgemüse, Hülsenfrüchten, Lamm, Kartoffeln, Reis, Tomaten.

Harmoniert mit Fenchelsamen, getrockneten Limetten, Kardamom, Knoblauch, Koriander, Kreuzkümmel, Kurkuma, Nelken, Pfeffer, Schwarzkümmel, Zimt.

MASTIX
Pistacia lentiscus

Mastix ist ein Harz aus der Rinde eines Mastixstrauchs, der ursprünglich auf der griechischen Insel Chios kultiviert wurde. Unter der Rinde des Stammes treten viele harzreiche Adern aus. Die teils runden, teils ovalen Harzperlen werden »Tränen« genannt. Sie sind halbtransparent und hellgolden. Mastix ist spröde, wird aber beim Kauen elastisch wie Kaugummi.

In der Küche

Hauptsächlich wird Mastix zum Backen, in Desserts und Süßigkeiten verwendet. Die Griechen würzen damit ihre Festtagsbrote, vor allem das Osterbrot Tsoureki, die Zyprioten ihr österliches Frischkäsegebäck, die Flaounes. Die Ernte wird größtenteils in die Türkei und die Arabischen Staaten exportiert. Mit Zucker und Rosen- oder Orangenblütenwasser wird Mastix zum Aromatisieren von Milchpuddings, in Gebäckfüllungen aus Trockenobst und Nüssen, in Türkischem Honig und Eingemachtem verwendet. Eiscreme bekommt durch Mastix eine zähe Konsistenz. In Izmir kennt man Mastixsuppe, Mastix-Eintopf und eine Mastix-Süßigkeit.

Passt zu Aprikosen, Datteln, Frischkäse, Mandeln, Milchdesserts, Pistazien, Rosen- und Orangenblütenwasser, Walnüssen.
Harmoniert mit Mahlep, Kardamom, Mohn, Nelken, Piment, Schwarzkümmel, Sesam, Zimt.

Mastix-Tränen
Als der erste Kaugummi wurde Mastix zum Erfrischen des Atems und zur Verdauungsförderung verwendet.

FÄRBERDISTEL, SAFLOR

Carthamus tinctorius

Der Saflor ist eine uralte Kulturpflanze, die traditionell kleinflächig für den Eigenbedarf angebaut und als Medizin, Färberpflanze, Speisefarbe oder Gewürz diente. Heute wird sie hauptsächlich wegen des Samenöls in vielen Teilen der Welt angebaut. Gewinnsüchtige Händler drehen Saflor Touristen als weitaus teureren Safran an; in einigen Ländern heißt er daher auch Bastard- oder Falscher Safran.

In der Küche

Saflor färbt Reis, Eintöpfe und Suppen hellgelb, erreicht jedoch weder die Farbtiefe noch das komplexe Aroma von Safran. Für diese Zwecke wird er in Indien und der arabischen Welt verwendet. Zum Färben werden die Blüten direkt in das Gericht gegeben oder man lässt sie vorher in warmem Wasser ziehen. In Portugal verwendet man Saflor in Würz-pasten für Fischeintöpfe und für die zu gebratenem Fisch servierten Essigsoßen. In der Türkei wird er weniger zum Kochen als zum Garnieren von Fleisch und Gemüse verwendet.

Färberdistel-Öl ist reich an ungesättigten Fettsäuren, die Gefäßkrankheiten vorbeugen.

Passt zu Fisch, Reis, Wurzelgemüse.
Harmoniert mit Chili, Knoblauch, Korianderblättern, Kreuzkümmel, Paprika, Petersilie.

Getrocknete Blüten

Saflor sind die Röhrenblüten aus dem großen, runden Blütenkopf der hoch wachsenden Färberdistel. Sie trägt ovale, stachelig gezähnte Blätter. Frische Blüten sind tiefrot mit gelben Rändern; getrocknete sind gelb bis tieforange oder ziegelrot.

ECHTER PFEFFER
Piper nigrum

Die Geschichte des Gewürzhandels lässt sich verkürzt als die Suche nach dem Pfeffer umschreiben. Pfefferkörner und Langer Pfeffer von der indischen Malabarküste gelangten vor mindestens 3000 Jahren nach Europa. Die Gewürzstraßen wurden erbittert verteidigt; ihretwegen wurden Imperien gegründet und zerstört. Im Jahre 408 v. Chr. verlangten die Goten bei der Belagerung von Rom Pfeffer als Teil des Tributs; später wurde Pfeffer mit Gold aufgewogen und galt als Zahlungsmittel für Pacht, Mitgift und Steuer. Haupterzeuger sind Indien, Indonesien, Brasilien, Malaysia und Vietnam.

AROMA

Schwarzer Pfeffer hat einen feinen, fruchtigen Geruch mit holzigen Noten und Zitrusanklängen. Sein Geschmack ist scharf und beißend mit reinem, durchdringendem Nachgeschmack. Weißer Pfeffer ist weniger aromatisch und kann muffig schmecken, doch besitzt er pfeffrige Schärfe mit süßlichem Nachklang.

VERWENDETE TEILE

Unreife und reife Früchte.

KAUF UND LAGERUNG

Am besten sind sonnengetrocknete Pfefferkörner, denn durch mechanisches Trocknen bei hohen Temperaturen gehen ätherische Öle verloren. Einmal gemahlen, verlieren sie schnell an Aroma, daher werden die Körner am besten nur bei Bedarf gemahlen oder im Mörser zerstoßen. Im luftdichten Behälter halten Pfefferkörner ein Jahr.

ERNTE

Für schwarzen Pfeffer werden unreife grüne Beeren gepflückt, kurz fermentiert und getrocknet; hierbei schrumpfen sie, werden runzlig und schwarz oder dunkelbraun. Für weißen Pfeffer pflückt man die Beeren, wenn sie gelblich rot und fast reif sind, wässert sie, um die Schale aufzuweichen und zu lösen. Danach trocknen die Samen in der Sonne.

Ganze Pfefferkörner
Den höchsten Preis erzielen große, gleichmäßige, dunkelbraune bis schwarze Pfefferkörner. Das Aroma ist wichtiger als die Schärfe. Als bester weißer Pfeffer gilt der indonesische Muntok.

ZERSTOSSENER PFEFFER
Zerstoßene Pfefferkörner sind ideal für Grill-Steaks und aromatische Marinaden.

GEMAHLENER PFEFFER
Gemahlener weißer Pfeffer sieht in weißen Saucen besser aus als schwarzer.

Pfeffer hat je nach Herkunft unterschiedliche Eigenschaften. Er wird deshalb nach seinem Anbauort klassifiziert. Allgemein wird das Aroma des Pfeffers von seinem Anteil an ätherischen Ölen bestimmt, seine Schärfe vom Anteil des Alkaloids Piperin. Schwarzer Pfeffer besitzt sowohl Aroma als auch Schärfe. Weißer Pfeffer enthält weniger ätherisches Öl als schwarzer, da sich das Öl in der Fruchthaut befindet, die beim Reinigen abgelöst wird. Das erklärt, warum weißer Pfeffer zwar scharf, aber weniger aromatisch ist. Mit der Zeit lässt die Intensität des Aromas im ätherischen Öl nach. Der Anteil an ätherischem Öl und Piperin variiert je nach Herkunft des Pfeffers. Der beste Pfeffer ist der indische Malabar; er hat ein fruchtiges Aroma und eine reine Schärfe. Der Tellicherry hat die größten Beeren. Indonesischer Lampong-Pfeffer enthält mehr Piperin und weniger ätherisches Öl, er ist daher eher scharf als aromatisch; die Beeren sind kleiner und grauschwarz. Sarawak-Pfeffer aus Malaysia hat ein milderes Aroma als indonesischer, ist aber beißend scharf. Brasilianischer Pfeffer mit seinem niedrigen Piperin-Gehalt schmeckt eher langweilig. Hell und mild ist der Vietnamesische Pfeffer.

ROTE PFEFFERKÖRNER
Rote oder rosa Pfefferkörner sind vollreife Früchte, die meist in Lake oder Essig eingelegt erhältlich sind. Ihre Schale ist weich, ihr Geschmack fein, fast süß und fruchtig. Der innere Kern erzeugt eine milde, anhaltende Schärfe.

GRÜNE PFEFFERKÖRNER
Grüner Pfeffer hat ein schwaches Aroma und eine angenehm frische Schärfe, die nicht übermäßig feurig ist. Er wird gefriergetrocknet angeboten, außerdem in Lake oder in Essig eingelegt. Grüne wie rote frische Pfefferkörner sollte man im Kühlschrank aufbewahren.

Scharfe Gewürze

Der Anblick der so harmonisch anmutenden Pfefferpflanzen lässt kaum ahnen, welch erbitterte Handelskriege sie einst

auslösten. Pfeffer ist nach wie vor das wichtigste Gewürz,
was Produktionsvolumen und Wert anbelangt.

In der Küche

Pfeffer schmeckt weder süß noch salzig, nur scharf. Obwohl er hauptsächlich in herzhaften Speisen verwendet wird, passt er auch zu Früchten und in süßes Gewürzbrot oder Kuchen. Er bringt das Aroma anderer Gewürze zur Geltung und behält beim Kochen seinen Eigengeschmack.

Selbst die Chili-Liebhaber in Lateinamerika und Südasien greifen zu den Pfefferkörnern, um Kochflüssigkeiten, Brühen, Salatdressings und Soßen zu würzen, oder man gibt zerstoßenen Pfeffer in Gewürzmischungen und Marinaden. Mit gemahlenem Pfeffer wird Fisch,

Braten und Grillgut eingerieben, er würzt Eintöpfe und Currys, aber auch einfaches Buttergemüse und geräucherten Fisch.

Mit dem unauffälligen weißen Pfeffer werden helle Soßen und sahnige Suppen gewürzt, allerdings sparsam, denn er ist scharf.

In Frankreich verwendet man häufig Mignonette-Pfeffer, eine Mischung aus schwarzen und weißen Pfefferkörnern – schwarze wegen des Aromas, weiße wegen der Schärfe.

In Lake eingelegte Pfefferkörner sollten vor Gebrauch abgespült werden. Grüner Pfeffer harmoniert wunderbar mit süßlichen Gewürzen

wie Zimt, Ingwer, Lorbeer, Fenchelsamen und Zitronengras; er würzt Schwein, Huhn (vor dem Braten mit einer Mischung aus Butter, zerstoßenem Pfeffer und Ingwer einreiben), Hummer, Krabben und Fisch, besonders Lachs. Ähnlich lassen sich Rote Pfefferkörner verwenden. Unentbehrlich ist Pfeffer in Baharat, Berbere, Garam Masala, Ras el-Hanout, Quatre Épices.

Passt zu den meisten Gerichten.
Harmoniert mit Basilikum, Ingwer, Kardamom, Knoblauch, Kokosmilch, Koriander, Kreuzkümmel, Kurkuma, Limette, Muskat, Nelken, Rosmarin, Thymian, Zimt, Zitrone.

Mignonette-Pfeffer
Diese französische Mischung enthält schwarze und weiße Körner von *Piper nigrum*.

Langer Pfeffer *P. longum* und *P. retrofactum*

Beide Arten stammen aus Indien bzw. Indonesien. Vor allem in Asien, Ost- und Nordafrika werden sie in gedünsteten Gerichten und Pickles verwendet. Die Rispen mit ihren winzigen Früchten werden grün geerntet und an der Sonne getrocknet. Sie gleichen dann grauschwarzen kleinen Zapfen. Langer Pfeffer wird gewöhnlich ganz verwendet. Er duftet süßlich und schmeckt anfangs wie schwarzer Pfeffer, hinterlässt aber einen beißenden, betäubenden Nachgeschmack. Südostasiatischer Langer Pfeffer ist etwas länger und schärfer als indischer.

KUBEBENPFEFFER

Piper cubeba

Kubebenpfeffer ist die Frucht eines schlingenden Pfeffergewächses, das von Java und anderen Inseln Indonesiens stammt. Seit dem 16. Jh. wird er auf Java angebaut und war 200 Jahre lang in Europa beliebter Ersatz für Echten Pfeffer. Ab dem 19. Jh. war er kaum noch zu haben. Heute kennt man ihn in den westlichen Ländern kaum, doch Gewürzliebhaber bekunden zunehmend Interesse.

In der Küche

Kubebenpfeffer, Schwanz- oder Stielpfeffer wird lokal in der indonesischen Küche und in geringerem Maß in Sri Lanka verwendet, wo er ebenfalls kultiviert wird. Arabische Kaufleute handelten ab dem 7. Jh. mit diesem Gewürz, das in der arabischen Küche früher eine Rolle spielte. Ein Überbleibsel davon ist der Anteil von Kubebenpfeffer an der marokkanischen Gewürzmischung Ras el-Hanout. Kubebenpfeffer würzt nordafrikanische Lamm- oder Hammeltagines, er kann auch in langsam gekochten Eintöpfen Piment ersetzen. Am besten passt er in Fleisch- und Gemüse-Gerichte.

Gelegentlich wird Kubebenpfeffer mit Ashanti-Pfeffer, *P. guineense,* einer afrikanischen Art, oder mit dem Benin-Pfeffer, *P. clusii,* verwechselt.

Harmoniert mit Curryblättern, Kardamom, Kurkuma, Lorbeer, Rosmarin, Salbei, Thymian, Zimt.

Ganze Früchte

Die Körner mit ihrem kurzen, geraden Stiel sind zerfurcht und runzlig, dabei etwas größer als Pfefferkörner. Einige Beeren enthalten ein einziges Samenkorn, andere sind hohl.

AROMATISCHE BLÄTTER
Verschiedene Arten

In vielen Teilen der Welt verwendet man aromatische Blätter von den verschiedensten Bäumen als Gewürz. Oft werden sie, etwas irreführend, als »lorbeerähnlich« beschrieben. Zwar mag ihre Verwendung ähnlich sein, doch sind ihre aromatischen Eigenschaften sehr unterschiedlich. Im Folgenden stellen wir einige noch wenig bekannte aromatische Blätter vor, die man gelegentlich auch außerhalb ihrer Heimatländer bekommen kann.

Hoja santa *Piper auritum*
Diese Verwandte des Echten Pfeffers wächst in Mittelamerika und Texas. Aroma und Geschmack der frischen Blätter sind etwas scharf und moschusartig mit einem Hauch von Pfefferminz und Anis; getrocknete Blätter haben ein wärmendes Anis- und Fenchelaroma mit einer Zitrusnote.

Lá Lót *Piper sarmentosum*
Die leicht würzigen Blätter dieser Pfefferpflanze werden in Thailand (wo sie Chaa Phluu heißen) und Vietnam (dort nennt man sie Lá Lót) verwendet. Ihre großen, glänzenden, etwas herzförmigen Blätter werden manchmal für Betelblätter (*P. betle*) gehalten, die man in Indien zur Verdauungsförderung kaut.

In der Küche

Die großen, weichen, herzförmigen Blätter der Hoja santa sind für die mexikanische Küche, besonders in den Staaten Veracruz und Oaxaca, charakteristisch. Man umwickelt damit gedämpften Fisch oder Brathähnchen, legt oder schichtet sie in einen Fisch- oder Hühnerschmortopf und würzt damit Tamales. Ebenso gibt man sie mit anderen Kräutern in grüne Mole-Soßen. Die Blätter lassen sich gut mit Chilis, Knoblauch, Glänzender Studentenblume und Paprika kombinieren. Die Thailänder verpacken kleine Happen in Lá-Lót-Blättern von *P. sarmentosum*: Geröstete Kokosnuss, Erdnüsse, jungen Ingwer, Schalotten, Chilis und gewürfelte Limette oder anderes Obst. In Vietnam wickelt man Frühlingsrollen und kleine Rindfleischstückchen in die Blätter, grillt sie und gibt sie in Suppen.

Salam-Blätter werden frisch in suppenähnlichen Gerichten aus verschiedenen Gemüsen verwendet, in pfannengerührtem Gemüse oder mit Rind, geschmortem Huhn oder Ente, auf Bali mit gebratenem oder gegrilltem Schwein. Getrocknete Blätter duften weniger als frische. Ihr Aroma entwickelt sich beim Kochen. Salam-Blätter lassen sich gut kombinieren mit Chilis, Galgant, Ingwer, Knoblauch, Tamarinde, Zitronengras und Kokosmilch sowie mit Muskat, Nelken, Pfeffer und Zimt.

In einigen Gegenden Mexikos verwendet man frische und getrocknete Avocadoblätter als Gewürz für Tamales, Eintöpfe und Grillfleisch oder zum Einwickeln. Meist werden die Blätter leicht geröstet und ganz oder gemahlen verwendet.

Salam *Eugenia polyantha*

Der Salambaum, ein Myrtengewächs wie der Nelkenbaum, stammt aus Malaysia und Indonesien. Die Blätter werden in der indonesischen Küche verwendet. Es gibt keinen wirklichen Ersatz für die zitronenartigen, aromatischen Blätter, eventuell Curryblätter.

Avocado *Persea americana*

Die glänzenden Blätter der Avocado haben einen schwachen Haselnuss-Anis- oder Süßholzduft. Dort wo eine Avocado gedeihen kann, lohnt sich der eigene Anbau allein wegen der wunderbaren Frucht – die duftenden Blätter sind eine Dreingabe.

BERGPFEFFER
Drimys (Tasmannia) lanceolata

Den Bergpfeffer (Mountain Pepper) liefern kleine Bäumen, die im Hochland von Tasmanien, in Victoria und New South Wales gedeihen. Mit dem Echten Pfeffer, *Piper nigrum*, ist diese Art jedoch nicht verwandt. Die Aborigines haben die Blätter und Beeren des Baumes wohl nie als Gewürz verwendet, doch entdeckten frühe Siedler bald, dass gemahlene Beeren als Gewürz dienen könnten.

Frische Blätter
Die Blätter des Bergpfeffers haben eine anhaltend beißende Schärfe, die mehr an Szechuanpfeffer (*S. 236*) erinnert als an Echten Pfeffer. Getrocknete Blätter sind noch intensiver.

GETROCKNETE BEEREN
Getrocknete Bergpfefferbeeren lassen sich in der Pfeffermühle mahlen. Zerdrückt ähneln sie öligem, grob zerstoßenem schwarzem Pfeffer.

In der Küche

Bei Verwendung von Bergpfeffer anstelle von Echtem Pfeffer sollte man bei gemahlenen Blättern mengenmäßig nur halb so viel, bei Beeren sogar noch weniger als die übliche Pfeffermenge nehmen. Bergpfeffer wird häufig in Verbindung mit anderen australischen Buschgewürzen wie Akaziensamen (*S. 143*) und Zitronenmyrte (*S. 181*) verwendet. Eine Mischung aus Bergpfefferblättern, Zitronenmyrte und Thymian passt gut in Marinaden oder als Einreibgewürz für Lamm. Die Beeren würzen sehr kräftig. Am besten verwendet man sie, zerstoßen oder ganz, in kleinster Menge in lange kochenden Fleischeintöpfen, herzhaften Bohnengerichten oder Gemüsesuppen. Durch das lange Kochen verliert sich ihre extreme Schärfe etwas; dadurch kann Pfefferaroma das Gericht durchdringen. Die Beeren eignen sich auch für eine klassische französische Pfeffersoße, die gut zu Rind und kräftigem, gut gewürztem Wild, vor allem zu Hase und Reh passt.

Blätter und Beeren eines verwandten Baumes, *Drimys (Tasmannia) stipitata*, werden als Dorrigo-Pfeffer (nach ihrer Herkunft, den Dorrigo-Bergen), verkauft.

Passt zu Hülsenfrüchten, Kürbis, Lamm, Rind, Wildfleisch, Wurzelgemüse.

Harmoniert gut mit Akaziensamen, Knoblauch, Lorbeer, Majoran, Oregano, Petersilie, Rosmarin, Rotwein, Senf, Thymian, Wacholder, Zitronenmyrte.

Australische Gewürzmischung

Diese Gewürzmischung zum Würzen von Steaks und Grillfleisch enthält Zutaten von zwei in Australien heimischen Pflanzen. Sie kombiniert gemahlene Blätter des Bergpfeffers und der Zitronenmyrte mit dem Aroma von zerstoßenem Thymian.

PARADIESKÖRNER
Amomum melegueta

Paradieskörner sind die Samen einer schilfähnlichen Staude aus der Familie der Ingwergewächse mit auffallenden trompetenförmigen Blüten. Sie stammt von der feuchten Tropenküste Westafrikas, die von Liberia über den Golf von Guinea bis Nigeria reicht. Sie wurde mit vielen Bezeichnungen bedacht, darunter Guinea-Pfeffer, Malagetta-Pfeffer und, seltener, Alligator-Pfeffer. Das einst im 13. Jh. über die Karawanenrouten der Sahara nach Europa gebrachte Gewürz wurde als Ersatz für Echten Pfeffer geschätzt. Noch heute stammt die Produktion aus derselben Region, mit Ghana als Hauptexporteur.

GEMAHLENE KÖRNER
Paradieskörner lassen sich zu einem feinen, aromatischen Pulver mahlen.

ZERSTOSSENE KÖRNER
Beim Zerstoßen wird die rotbraune Schale aufgebrochen, und das weiße Innere kommt zum Vorschein.

Ganze Samen
Die Samenkapsel enthält ein weißes Mark. Darin sind 60–100 kleine rotbraune Samen, die Paradieskörner, eingebettet.

In der Küche

Paradieskörner werden heute bei uns kaum noch verwendet. Sie waren allerdings noch lange beliebt, nachdem Echter Pfeffer zum überall erhältlichen, kostengünstigen Gewürz wurde. Im 17. Jh. würzte man damit gern Glühwein, Bier und spanischen Südwein, doch war das Interesse daran um die Mitte des 19. Jh. so gut wie erloschen.

In Skandinavien verwendet man Paradieskörner noch heute in Aquavit. Nur in Westafrika – und in geringerem Maße in der Karibik – sind sie ein gängiges Gewürz. Im Maghreb finden sie sich in Ras el-Hanout und im tunesischen Qâlat Daqqa. Paradieskörner passen ausgezeichnet in Glühwein, geschmorte Lammgerichte und zu Gemüse wie Auberginen, Kartoffeln und Kürbis.

Man gibt sie erst in der letzten Kochphase frisch gemahlen dem Kochgut zu. Als Ersatz kann Pfeffer mit etwas Kardamom dienen. Sie sind unentbehrlich in Qâlat Daqqa und Ras el-Hanout.

Passt zu Auberginen, Geflügel, Kürbis, Kartoffeln, Lamm, Reis, Tomaten, Wurzelgemüse.
Harmoniert mit Kreuzkümmel, Muskat, Nelken, Piment, Zimt.

Qâlat Daqqa

Diese tunesische Gewürzmischung wird hauptsächlich für Lamm und Gemüse-Gerichte verwendet. Sie enthält Paradieskörner, schwarze Pfefferkörner, Nelken, Muskat und Zimt (*Rezept S. 291*).

SZECHUANPFEFFER UND SANSHO
Zanthoxylum simulans und *Z. piperitum*

Diese zwei Gewürze, das eine typisch für die Küche der chinesischen Provinz Szechuan, das andere für diejenige Japans, sind die getrockneten Früchte der Stachelesche. Das Gewürz ist auch als Japanischer Pfeffer bekannt, früher gelegentlich Fagara genannt (die Dorneschen zählt man nicht mehr zur Gattung *Fagara*). Es sollte nicht mit den uns vertrauten schwarzen und weißen Pfefferkörnern verwechselt werden.

AROMA

Szechuanpfeffer ist sehr duftig, holzig, etwas scharf, mit einem Hauch Zitronenschale. Sansho ist beißend scharf. Beide wirken am Gaumen leicht kribbelnd und betäubend. Die in Japan zum Garnieren verwendeten Sansho-Blätter (Kinome) erinnern im Aroma an Minze und Basilikum.

VERWENDETE TEILE

Getrocknete Beeren, frische Blätter.

KAUF UND LAGERUNG

Szechuan-Pfeffer ist in Asienläden und im Spezialhandel ganz oder gemahlen erhältlich. Sansho bekommt man ebenfalls dort als grobes Pulver. Aufgebrochene Beeren bewahren ihr Aroma länger als Pulver. Luftdicht verschlossen aufbewahren. Die Saison für Kinome ist kurz, außerhalb Japans bekommt man sie nur schwer. Falls doch, bewahrt man das Gewürz in einem Kunststoffgefäß im Kühlschrank auf.

ERNTE

Die rotbraunen Beeren werden an der Sonne getrocknet, aufgeknackt und in der Regel von den bitteren schwarzen Samen befreit. Kinome-Blätter werden im Frühling gepflückt und frisch verbraucht.

Ganze und aufgebrochene Beeren
Die zerstoßenen Beeren werden gewöhnlich vor dem Verkauf verlesen: Achten Sie dennoch vor der Verwendung darauf, dass kein bitterer Samen mehr enthalten ist; aus dem gleichen Grund werden ganze Beeren gespalten, um die Samen zu entfernen.

GEMAHLENE BEEREN
Die Beeren werden mit oder ohne Salz geröstet und nach dem Mahlen als Gewürz verwendet.

In der Küche

Szechuanpfeffer ist ein wichtiger Bestandteil des chinesischen Fünf-Gewürze-Pulvers. Für viele Gerichte werden die Beeren 3–4 Minuten geröstet. Das Erhitzen setzt ihre Öle frei, doch es raucht stark, weshalb die Hitze kontrolliert und verbrannte Beeren ausgelesen werden müssen. Nach dem Abkühlen wird gemahlen, am besten in einer ausrangierten Kaffeemühle. Die Hülsen werden ausgesiebt und das Pulver verschlossen aufbewahrt. Wegen des flüchtigen Aromas bereitet man besser immer nur wenig zu. Der geröstete Pfeffer wird auch für Gewürzsalz verwendet. Szechuan-Pfeffer gibt man an Geflügel und alles Fleisch, das gebraten, gegrillt oder frittiert wird, auch zu pfannengerührtem Gemüse. Er passt auch zu grünen Bohnen, Pilzen und Auberginen.

Sansho wird in Japan als Tischgewürz verwendet, außerdem ist er Bestandteil der Sieben-Gewürze-Mischung Shichimi Togarashi. Sehr häufig wird er verwendet, um den Geruch von fettreichem Fisch, Fleisch und Gemüse zu übertönen. Kinome haben ein erfrischendes, mildes Aroma und sind sehr zart, weshalb sie auch beliebt als Gewürz oder Garnierung für Suppen, gedünstete oder gebratene Speisen und gekochte Salate sind.

Unentbehrlich im Fünf-Gewürze-Pulver, chinesischem Würzsalz (Szechuan-Pfeffer); Sieben-Gewürze-Pulver (Sansho).

Harmoniert mit Chili, Ingwer, Knoblauch, schwarzen Bohnen, Sesamöl und -samen, Sojasoße, Sternanis, Zitrusfrüchten.

Sieben-Gewürze-Pulver

Shichimi Togarashi, Sieben-Gewürze-Pulver oder Sieben-Aromen-Chili heißt die Gewürzmischung, mit der man in Japan Udon (Weizennudeln), Suppen, Nabemono (Eintopfgerichte) und Yakitori würzt. Neben Chiliflocken und Sansho gehören schwarzer und weißer Sesamsamen, getrocknete Tangerinenschale, Nori (Algen) und Mohnsamen dazu (*Rezept S. 284*).

FRISCHER INGWER
Zingiber officinale

Die »Ingwerwurzel« ist botanisch gesehen ein Rhizom, die unterirdische Sprossachse einer üppigen, bambusähnlichen Pflanze. Seit über 3000 Jahren dient er als Gewürz. Der in Indien und den südlichen Provinzen Chinas angebaute Ingwer war zentraler Bestandteil konfuzianischer Ernährung, und auch die Sanskrit-Literatur erwähnt schon seine scharfe Würzkraft. Mit Ausnahme von Masalas und anderen trockenen Gewürzmischungen wird Ingwer in Asien meist frisch verwendet.

Ganze frische Rhizome
Frischer Ingwer hat eine blasse, gelbbraune Schale, die sich straff um das gelbe Fleisch spannt, das knackig und nicht faserig sein sollte.

KONSERVIERUNG
Zum Konservieren oder Kandieren wird das Rhizom gewaschen, in Stücke geschnitten und einige Tage in Lake und dann in Wasser gelegt. Danach werden die Stücke erst in Wasser und dann in Sirup gekocht und entweder darin gelassen oder in Zucker gewälzt.

In der Küche

Frischer Ingwer wird in ganz Asien für pikante Gerichte verwendet. In China wird er gerieben, gehackt, in Stücke oder Streifen geschnitten und zu Fisch und Meeresfrüchten, Fleisch und Geflügel gegeben, weil er deren Geruch neutralisiert. Will man einem Gericht mit großen Stücken zusätzliches Aroma geben, bleiben sie ungeschält und werden vor dem Auftragen entfernt. Was Gemüse anbelangt, wird Ingwer vor allem für Kohl und Blattgemüse verwendet. Man gibt ihn in Suppen, Soßen und Marinaden. In Japan dient er – wie in China – dazu, den Geruch von Fisch zu übertönen. Frisch geriebener Ingwer und sein Saft werden in Dips für Tempura, in Dressings und zu ge-

grillten und frittierten Gerichten gegeben. Auch in Korea würzt man viele Gerichte mit Ingwer, etwa Kimchi, ein beliebtes milchsauer eingemachtes Gemüse.

In Südostasien zieht man dem Ingwer meist den Galgant vor, obwohl manche Gerichte beide Gewürze enthalten. Ingwer und Knoblauch sind natürliche Partner; viele nordindische Gerichte basieren auf einer Paste aus Ingwer, Knoblauch und Zwiebeln, mit der man das Bratöl würzt, bevor man das Fleisch oder Gemüse hinzugibt. Im Süden besteht die Mischung eher aus Ingwer, Knoblauch, Chili und Kurkuma. Man gibt ihn in Chutneys und Relishes, Fleisch- und Fischmarinaden und Salate. Ingwer gibt mit

Limettensaft und Chat Masala ein gutes Salatdressing für Hülsenfrüchte, und mit Chilis, Zucker, Fischsoße und Wasser gemischt eine vietnamesische Dip-Soße für Fisch.

Ingwersaft bekommt man, indem man frischen Ingwer auf einer feinen Reibe oder im Mixer reibt und das Mus durch ein Mulltuch oder einen Teebeutel presst. Man verwendet Ingwersaft in Soßen und Marinaden, die nach einem dezenten Ingweraroma verlangen; einige Spritzer kann man auch über Fleisch geben.
Harmoniert mit Basilikum, Chili, Fischsoße, Frühlingszwiebeln, Galgant, Kaffirlimette, Knoblauch, Kokosnuss, Koriander, Kurkuma, Limettensaft, Minze, Sojasoße, Tamarinde, Zitronengras

FRISCHER SAFT
Frischer Ingwer lässt sich leicht reiben, um einen aromatischen Saft für Soßen und Dressings zu gewinnen.

Junger Ingwer

Manchmal bekommt man im Frühsommer in Asienläden blassen jungen Ingwer mit feuchter, durchsichtiger Schale. Sein Fleisch ist cremeweiß, die Spitzen der Triebe sind rosa, und das Fleisch ist knackig. Er duftet unverfälscht und hat den eindeutigen Ingwergeschmack, ohne beißend zu sein. Die zarten Rhizome lassen sich ungeschält verwenden. Man kann jungen Ingwer in Stücke schneiden und pfannengerührt als Gemüse genießen – oder kurz gekocht zu Fisch und Meeresfrüchten, besonders zu Krabben. In China wird junger Ingwer häufig eingelegt. Dünn geschnittener Ingwer und »feuchter« Knoblauch passen in Salate mit entweder grünen Bohnen, Tomaten oder Roten Beten. Erstaunlich gut schmeckt er zu kaltem Roastbeef.

Eingelegter Ingwer

In Japan werden Ingwerknollen süß-sauer eingelegt und hauchdünn geschnitten als verdauungsförderndes Gari zu Sushi gereicht. Er schmeckt recht mild und wird durch das Einlegen rosa. Auch hierzulande lohnt es sich, Gari zu Fisch, Meeresfrüchten und Gemüsesalat zu probieren.

Beni-Shoga nennt sich ein in Streifen geschnittener, eingelegter Ingwer, der durch Perilla-Blätter in der Lake kräftig rot gefärbt ist. Da er schärfer ist als Gari, schmeckt er gut zu Krabben und anderen Meeresfrüchten. Hajikami Shoga sind eingelegte Ingwertriebe, die zu gegrilltem

GERASPELTER INGWER
Das scharfe Beni-Shoga wird erst in Salz, dann in Essig eingelegt. Zu Meeresfrüchten bildet dieses leuchtend rote Pickle farblich und geschmacklich einen starken Kontrast.

EINGELEGTE TRIEBE
Hajikami Shoga heißen die manchmal grell-, manchmal zartrosa, jungen Triebe der Ingwerpflanze.

INGWER IN SCHEIBEN
Beim Gari handelt es sich um dünn geschnittenes und in süßem Essig eingelegtes Ingwerrhizom.

Fisch gereicht werden. Gari, Beni-Shoga und Hajikami Shoga erhält man in Gläsern oder Packungen in Asienläden.

Konservierter Ingwer

In Sirup eingelegter oder kandierter Ingwer wird ganz schlicht als Süßigkeit verzehrt oder als Gewürz in Dessertsoßen, Eiscreme, Gebäck und Kuchen verwendet.

Mioga-Ingwer

Sowohl in Japan wie in Korea begeistert man sich für die mild aromatischen jungen Triebe und Knospen des Mioga-Ingwers, *Zingiber mioga*. Sie werden in Scheiben geschnitten und würzten schon immer Suppen, Tofu, Salate und eingelegte Beilagen zu Gegrilltem. Man kann ihn in Asienläden in eingelegter Form und in der Saison vielleicht sogar frisch bekommen.

Ingwerblüten

Die attraktiven Blüten des wilden Ingwergewächses *Alpinia elatior* nutzt man in Thailand und Malaysia. Die Knospen und jungen Triebe der so genannten Ingwerlilie (*siehe S. 180*) werden roh zu Nam Prik, in Scheiben in Salaten, in Streifen geschnitten in Laksa-Suppen oder wegen der milden Schärfe zu Fischcurrys gegeben. Außerhalb Asiens sind sie schwer zu finden.

KANDIERTER INGWER
Um diese leicht scharfe Süßigkeit herzustellen, werden junge Ingwerknollen in einem dicken Sirup gekocht, an der Luft getrocknet und in Zucker gewälzt.

INGWER IN SIRUP
Junge Ingwerknollen lässt man mehrfach in starkem Sirup ziehen, bis das Gewebe mit Sirup getränkt ist. Manchmal spricht man auch von »Stem ginger«, da sowohl Stängel als auch das Rhizom verwendet werden.

FRISCHE MIOGA-KNOSPEN
Die Mioga-Knospen werden im Frühling gepflückt. Sie duften, besitzen kaum Schärfe und haben eine zarte, knackige Konsistenz.

GETROCKNETER INGWER
Zingiber officinale

Die Küchen des Vorderen Orients und Europas sind mehr an den Gebrauch getrockneten Ingwers gewöhnt, denn in dieser Form kam er über die Karawanenstraßen dort an. Schon die Assyrer und Babylonier verwendeten Ingwer in der Küche, später die Ägypter, Griechen und Römer. Ab dem 9. Jh. verwendete man in ganz Europa Ingwer als Tischgewürz; die Nachfrage wurde so groß, dass ihn die Spanier und Portugiesen ab dem 16. Jh. in ihren neuen tropischen Territorien anbauten.

GEMAHLENE RHIZOME
Gemahlener Ingwer ist für viele Brote, Kuchen und Gebäck unverzichtbar. Getrockneter Ingwer schmeckt anders als frischer, deshalb sollte der eine nicht durch den anderen ersetzt werden.

Getrocknete Rhizomstücke
Die getrockneten, blass beigefarbenen Rhizome geben, wenn sie gequetscht werden, ein angenehm wärmendes Aroma ab. Im Ganzen werden die Stücke meist als Pickle-Gewürz verwendet.

In der Küche

In Asien wird getrockneter Ingwer in vielen scharfen Gewürzmischungen verwendet. Im Westen, wo er zu den Eckpfeilern früher Gewürzmischungen gehörte, findet er sich heute in den Quatre Épices und als Einlegegewürz wieder. Zu Kürbis, Karotten und Süßkartoffeln passt er ausgezeichnet. In den arabischen Ländern gibt man ihn mit anderen Gewürzen in Tagines, Couscous und langsam gekochte Fleischgerichte mit Obst. Man schätzt ihn in Lebkuchen, Kuchen und Gebäck, und die Getränke-Industrie verwendet Ingwer in Gingerbier, Wein und alkoholfreien Getränken. Obst und Ingwer passen gut zusammen (Bananen, Birnen, Grapefruit, Orangen). Somit ergibt er auch ein gutes Konfitürengewürz. Unentbehrlich ist er in Berbere, Curry- und Masala-Mischungen, Fünf-Gewürze-Pulver, Einlegegewürzen, Quatre Épices, Ras el-Hanout.

Harmoniert mit eingelegten Zitronen, Honig, Kardamom, Muskat, Nelken, Nüssen, Paprika, Pfeffer, Rosenwasser, Safran, Zimt.

Die verschiedenen Sorten

Qualität und Aroma des Ingwers variieren stark je nach Herkunft. Im Handel weisen bestimmte Güteklassen darauf hin, wie der Ingwer vor dem Trocknen behandelt worden ist. Jamaika-Ingwer galt lange wegen des zarten Aromas, der hellen Farbe und des feinen Pulvers als der beste. Er ist teuer und rar. Indien ist der Hauptexporteur für getrockneten Ingwer. Von höchster Qualität ist der hellbraune, teils geschälte Cochin-Ingwer mit scharfem, zitronenartigem Aroma. Chinesischer Ingwer erinnert noch mehr an Zitrone und schmeckt weniger scharf als Cochin-Ingwer. Die afrikanischen Sorten, besonders aus Sierra Leone und Nigeria, werden oft ungeschält verarbeitet und schmecken daher eher grob und pfeffrig mit einer Kampfernote. Ingwer aus Australien hat deutliche Zitronennoten.

Quatre Épices

Diese klassische französische Mischung wird zur Zubereitung von Schwein und anderem Fleisch verwendet. Die vier Gewürze sind: schwarze Pfefferkörner, Nelken, getrockneter Ingwer und Muskat (*Rezept S. 293*).

PIMENT, NELKENPFEFFER

Pimenta dioica

Piment ist auf den tropischen Inseln Mittelamerikas zu Hause, vor allem auf Jamaika. Als Kolumbus ihm auf den Karibischen Inseln begegnete, glaubte er den lang gesuchten Pfeffer gefunden zu haben, daher sein spanischer Name »Pimienta«, Pfeffer, der als Piment über-nommen wurde. Später wurde er wegen seiner Herkunft in Jamai-kapfeffer umbenannt. Nach wie vor kommt die beste Qualität von dieser Insel. Piment ist das einzige wichtige Gewürz, das noch immer fast ausschließlich aus dieser Region stammt – und auch das einzige, das nahezu exklusiv in der Neuen Welt angebaut wird.

Ganze getrocknete Beeren

Piment von Jamaica besitzt den höchsten Anteil an geschmacksbestimmendem ätheri-schem Öl. Eine seiner wichtig-sten Komponenten, das Eugenol, ist auch das wichtigste aromati-sche Element von Nelken.

GEMAHLENE BEEREN
Gemahlener Piment verliert schnell seine Würzkraft.

In der Küche

Lange vor der Entdeckung Amerikas verwendeten die Bewohner der Karibik Piment zum Konservieren von Fisch und Fleisch. Die Spanier lernten von ihnen und verwendeten Piment in Escabeches und anderen Konservierungsflüssigkeiten. In Jamaika ist er immer noch ein wichtiges Gewürz in so genannten Jerks; das sind Gewürzpasten, mit denen man Huhn, Fleisch oder Fisch vor dem Grillen einreibt. Auch sonst wird Piment in Suppen, Eintöpfen und Currys verwendet, allerdings häufiger zerstoßen als gemahlen. Im Vorderen Orient würzt Piment Braten, in Indien auch Pilaws und einige indische Currys. In Europa verwendet man ganze Körner entweder in Pickles und Marinaden, oder man gibt sie gemahlen etwa in Spekulatius, Pudding, Marmeladen und Obstkuchen. Piment steigert das Aroma von Grapefruit, Pflaumen, Schwarzen Johannisbeeren und Äpfeln.

Den größten Teil der Welternte braucht die Lebensmittelindustrie für Ketchup und andere Soßen sowie Würste, Fleischpasteten, saure Heringe und Sauerkraut. Es ist unentbehrlich in Lebkuchengewürz, Fleisch- und Wildmarinaden.

Passt zu Auberginen, den meisten Früchten, Kürbis, Süßkartoffeln und anderem Wurzelgemüse.

Harmoniert mit Chili, Ingwer, Knoblauch, Koriandersamen, Muskatblüte, Nelken, Pfeffer, Rosmarin, Senf, Thymian.

Lebkuchengewürz

Für dieses Gewürz werden Pimentbeeren, Koriandersamen, Nelken, Muskatblüte, Muskat und Zimt gemeinsam vermahlen (*Rezept S. 293*).

GEWÜRZNELKEN
Syzyium aromaticum

Der tropische, immergrüne Gewürznelkenbaum trägt duftende Blätter. Seine Blüten mit rotem Blütenboden und weißen Blütenblattkappen entwickeln sich selten, da die Knospen als Gewürz dienen. Aus seiner Heimat, der indonesischen Inselgruppe der Molukken, gelangte das Gewürz in der Römerzeit über Alexandrien nach Europa. Die Gewürzinseln wurden von den Portugiesen und später von den Niederländern erobert, bis es 1772 gelang, Setzlinge nach Mauritius zu schmuggeln. Heute sind Sansibar, Madagaskar und Tansania die Hauptexporteure. Indonesien verbraucht fast seine ganze riesige Produktion selbst.

AROMA

Nelken duften intensiv, mit Pfeffer- und Kampfernoten. Der Geschmack ist fruchtig, jedoch auch scharf, pfeffrig und bitter; im Gaumen hinterlassen sie ein betäubendes Gefühl. Wie bei Piment wird der typische Geschmack vom Eugenol im ätherischen Öl bestimmt.

VERWENDETE TEILE

Getrocknete Blütenknospen.

KAUF UND LAGERUNG

Ganze Nelken variieren stark in Bezug auf Größe und Aussehen, sie sollten aber sauber und unversehrt sein. Auf Druck mit den Fingernägeln scheiden gute Nelken etwas Öl aus. Im luftdichten Behälter halten sie ein Jahr. Wegen ihrer Härte kann man sie nur mit einer elektrischen Mühle mahlen. Gemahlene Nelken sollten dunkelbraun sein; helleres, sandiges Pulver stammt vermutlich von Blütenstängeln, die weniger ätherisches Öl enthalten. Pulver verliert schnell an Würzkraft.

ERNTE

Zweimal im Jahr, zwischen Juli und September, bilden sich die Nelkenknospen in kleinen Trugdolden. Sie werden vor dem Aufblühen gepflückt, sobald sich der Blütenboden rosa verfärbt. Beim Trocknen in der Sonne auf Matten verlieren sie fast ihr ganzes Gewicht und werden rötlich bis dunkelbraun.

GEMAHLENE NELKEN
Von ihrer würzigen Schärfe profitieren Masalas und Currypulver, das Fünf-Gewürze-Pulver, Berbere und Baharat.

Ganze Nelken
Qualitativ hochwertige Nelken haben rotbraune Stiele mit einer helleren Knospe. Sie fühlen sich rau an und sollten sauber brechen.

In der Küche

Nelken sind sparsam zu verwenden, denn sie übertönen leicht andere Gewürze. Sie passen ebenso zu süßen wie pikanten Gerichten. Fast überall in der Welt würzen sie Backwaren, Desserts, Sirup und Eingemachtes. In Europa werden Nelken als Gewürz zum Einlegen oder für Glühwein verwendet. Die Franzosen stecken eine Nelke in eine Zwiebel und würzen damit Eintöpfe, Brühen oder Soßen, die Niederländer verwenden Nelken großzügig in Käse,

die Briten häufig allzu ausgiebig in Apfeltorte. In Deutschland verwendet man sie in Weihnachtsgebäck, in Amerika in Schinken mit Rohrzuckerglasur. In die kandierten Walnüsse aus Turin wird an einem Ende eine Nelke gesteckt. Im Nahen Osten und in Nordafrika gibt man Nelken in Gewürzmischungen für Fleischgerichte oder Reis, häufig in Kombination mit Zimt und Kardamom. In Asien werden sie häufig in Currypulver gemischt. In Indien sind sie wichtiges Gewürz in Garam Masala,

in China finden sie sich im Fünf-Gewürze-Pulver, in Frankreich in Quatre Épices. In Indonesien werden Nelken für die berühmten Kretek-Zigaretten mit Tabak gemischt. Diese knistern beim Brennen und haben ein einzigartiges Aroma. Nelken sind Hauptbestandteil von Quatre Épices, Fünf-Gewürze-Pulver und Garam Masala.

Passt zu Äpfeln, Karotten, Kürbis, Orangen, Roten Beten, Rotkohl, Schinken, Schokolade, Schwein, Süßkartoffeln, Zwiebeln.

Harmoniert mit Chili, Curryblättern, Fenchel, Ingwer, Kardamom, Koriandersamen, Lorbeer, Muskatblüte, Muskat, Piment, Tamarinde, Zimt.

Fünf-Gewürze-Pulver

Diese chinesische Gewürzmischung aus Nelken, Sternanis, Kassiazimt, Fenchelsamen und Szechuanpfeffer passt gut zu Huhn, Ente und Schwein (*Rezept S. 284*).

Die hohen, dichtkronigen Gewürznelkenbäume wachsen in Plantagen. Sie würden wunderschön blühen, pflückte man

nicht die Blütenknospen vor dem Öffnen. Noch immer werden die Knospen von Hand geerntet und sortiert.

ASANT, RIESENFENCHEL

Ferula assa-foetida

Asant ist ein getrocknetes Gummiharz, das von drei *Ferula*-Arten gewonnen wird. Heimat und Anbaugebiet der hohen, unangenehm riechenden mehrjährigen Doldenblütler finden sich in den Salzsteppen Irans und Afghanistans. Die römische Küche schätzte das anfangs aus Nordafrika, später aus Persien und Armenien eingeführte Gewürz über alles. Die Moghul-Herrscher brachten Asant nach Indien. Dort wurde es zum beliebten Gewürz, das allerdings nur in Kaschmir angebaut wird.

AROMA

Gemahlener Asant hat einen starken, unangenehmen Geruch, der an eingelegten Knoblauch erinnert und so durchdringend ist wie der von Trüffeln. Der Geschmack ist bitter, moschusartig und beißend scharf – für sich genossen scheußlich, doch angenehm zwiebelartig, wenn das Gewürz kurz in Öl geröstet wird.

VERWENDETE TEILE

Getrocknetes Harz von den Stängeln, Wurzeln oder Pfahlwurzeln.

KAUF UND LAGERUNG

In Indien wird Asant in vielen verschiedenen Qualitäten verkauft; das leichtere, wasserlösliche Hing ist dem dunklen, in Öl löslichen Hingra vorzuziehen. Im Westen kauft man Asant in fester Form oder als Pulver. In einer luft- und aromadichten Dose aufbewahrt, hält sich Asant mehrere Jahre, in Pulverform nur etwa ein Jahr.

ERNTE

Kurz vor der Blüte werden die Stängel von mindestens 4 Jahre alten Pflanzen abgeschnitten und die großen Pfahlwurzeln freigelegt. Diese kerbt man ein, sodass ein milchiges Harz austritt, das an der Luft aushärtet und sich rotbraun färbt. Während dieses Vorgangs ist Sonneneinwirkung zu vermeiden, das Licht würde den Pflanzensaft verderben. Nach dem Absammeln des Harzes werden neue Schnitte gezogen.

Körnchen und Klumpen

Asant ist entweder als Körnchen oder als Klumpen erhältlich. Letztere bestehen aus zu einer einheitlichen Masse verarbeiteten Körnchen. Fester Asant riecht kaum, doch beim Zerstoßen werden die für den Geruch verantwortlichen Schwefelbestandteile im ätherischen Öl frei.

In der Küche

Asant ist zuallererst ein indisches Gewürz. In West- und Südindien würzt er Hülsenfrüchte und Gemüse-Gerichte, Suppen, Pickles, Relishes und Soßen. Sein Aroma ist vor allem bei Brahmanen und Dschainas beliebt, in deren Küche Knoblauch und Zwiebeln verboten sind. Sehr gut passt Asant in Fischgerichte. In seiner Heimat Iran wird er überhaupt nicht verwendet und in Afghanistan nur mit Salz, um luftgetrocknetes Fleisch damit zu präparieren.

Asant sollte immer sparsam eingesetzt werden. Er passt in jedes Gericht anstelle von Knoblauch. Schon eine kleine Prise steigert das Aroma eines Gerichts oder einer Gewürzmischung wie das Sambharpulver.

Asant ist Hauptbestandteil von Chat Masala, einigen Currypulvern, Sambharpulver.

Passt zu frischem und gesalzenem Fisch, Getreide, gegrilltem oder gebratenem Fleisch, Hülsenfrüchten und den meisten Gemüsen.

ZERSTOSSENE KÖRNER
Um festen Asant im Mörser zu zerstoßen, gibt man ein Wasser absorbierendes Pulver hinzu, etwa Reismehl. Für ein einzelnes Gericht wird nur ein kleines Stück benötigt.

GEMAHLENES PULVER
Asant ist meist in Pulverform erhältlich, dem Stärke oder Gummiarabikum beigemischt ist, damit es nicht klumpt. Braunes Pulver ist grobkörnig und hat ein starkes Aroma; gelbes Pulver schmeckt milder (seine Färbung rührt meist von dem beigemischten Kurkuma her).

SENF
Brassica-Arten

Ganze Senfkörner haben fast kein Aroma. Gemahlen schmecken sie scharf, beim Erhitzen entfalten sie ein beißendes, erdiges Aroma. Schwarze Körner entwickeln beim Kauen ein kräftiges Aroma; braune sind zunächst leicht bitter, dann beißend und aromatisch. Weißer Senf schmeckt anfangs unangenehm süßlich.

VERWENDETE TEILE

Getrocknete Samenkörner.

KAUF UND LAGERUNG

Weiße und braune Senfkörner bekommt man überall, schwarze weniger leicht. Braune Körner ersetzen die schwarzen, schmecken aber weniger scharf. Gemahlener Weißer Senf ist relativ grob, da er die Schalen mit enthält. Senfpulver ist das fein gesiebte Mehl aus den Samen; seine gelbe Farbe erhält es von Kurkuma. Alle Sorten halten sich trocken gelagert gut.

ERNTE

Die Senfpflanzen werden kurz vor Aufplatzen der Schoten gemäht, damit die Samenkörner nicht vorzeitig ausfallen. Schwarzer Senf ist dafür besonders anfällig, weshalb er im kommerziellen Anbau weitgehend durch Seraptasenf ersetzt wurde. Nach dem Trocknen werden die Schoten gedroschen.

Schwarzer und Weißer Senf, *Brassica nigra* bzw. *Sinapis alba,* stammen aus Südeuropa und Westasien, Seraptasenf, *B. juncea,* mit seinen braunen Körnern aus Indien. Weißer Senf ist seit langem in Europa und Nordamerika heimisch. Schon die Römer bereiteten Senf zu, und im Mittelalter war Senf in Europa das einzige Gewürz, das sich einfache Leute leisten konnten. Die Franzosen begannen im 18. Jh., ihn mit anderen Zutaten zu mischen, wohingegen die Briten das Pulver verfeinerten, indem sie die Schalen vor dem Mahlen der Körner entfernten.

Ganze Samen
Der scharfe Geschmack von Senf stammt von dem Enzym Myrosinase. Es wird durch Wasser aktiviert und spaltet die Aromastoffe ab.

WEISSE SAMEN
Die sandfarbenen europäischen Körner sind größer als bei dem in Japan verwendeten orientalischen Typ.

SCHWARZE SAMEN
Schwarze Senfkörner sind größer als braune und eher länglich als rund. Ihre Schärfe steigt in Nase, Augen und Gaumen.

In der Küche

In der westlichen Küche verwendet man die Samen des Weißen Senfs hauptsächlich als Gewürz zum Einlegen, Konservieren und Beizen.

Die braunen Körner des Seraptasenfs (indisch »Rai«) haben in der indischen Küche zunehmend die schwarzen verdrängt. Sie spielen vor allem in der südindischen Küche eine Rolle: Für ein Tadka oder Baghar werden die ganzen Körner zuvor meist ohne oder mit Öl oder Ghee geröstet, um ihr Nussaroma zu entwickeln. Die Gerichte sind nicht scharf, weil das heiße Öl das Enzym zur Abspaltung der Aromastoffe nicht aktiviert wird. In Bangladesch gibt man gemahlene Körner in Pasten für Currys, bei Fisch vor allem in die Senfsoße. Das dickflüssige, tief goldene und sehr scharfe Senföl wird aus *B. juncea* und anderen Arten hergestellt. Es wird häufig als Bratöl verwendet, vor allem in Bangladesch; man erhitzt es dort, bis es raucht, damit es weniger stark riecht, und kühlt es dann vor Gebrauch ab. Sein pfeffriges Aroma trägt zum typischen Geschmack vieler indischer Gerichte bei. Senfpulver würzt Barbecue-Soßen und Fleischgerichte, es passt auch gut zu den meisten Wurzelgemüsen. Man fügt es erst kurz vor Ende der Garzeit hinzu, denn bei Hitze verliert es schnell an Schärfe.

Die Samen sind nicht der einzige verwendete Teil der Pflanze. Auch die frischen Sprossen kann man, ähnlich wie Kresse, in Salaten verwenden. In Japan und neuerdings in Europa wird das aparte, federblättrige Mizuna als Salatkraut gezogen; es taucht neben chinesischem rotem Senf und anderen Sorten in Supermarkt-Mischungen auf. Klein geschnitten garnieren die Blätter Wurzelgemüse, Kartoffel- und Tomatensalate. In Vietnam werden die Blätter mit Schweinefleisch, Krabben und Kräutern gefüllt.

SENFÖL
Senföl ist leichter verdaulich, wenn es für kurze Zeit sehr stark erhitzt wird.

BRAUNE KÖRNER
Die braunen Samen des Seraptasenfs besitzen eine lang anhaltende Schärfe, vergleichbar mit der Intensität des Schwarzen Senfs.

Senfmischungen

Um Senf herzustellen, werden die Senfkörner zunächst in Wasser eingeweicht, um das Enzym Myrosinase zu aktivieren. Ist die gewünschte Schärfe erreicht, wird die Aktivität des Enzyms gestoppt. Essig ergibt einen milden Geschmack, Wein oder Mostrich eine würzigere Schärfe, Bier eine noch pikantere. Am schärfsten wird Senf, wenn er mit Wasser zubereitet wird, doch kommt dadurch die Aktivität des Enzyms nicht zum Stillstand, sodass die Schärfe nicht stabil bleibt. Zubereiteter Senf wird, selbst nach dem Öffnen des Glases,

am besten bei Zimmertemperatur aufbewahrt. Er hält sich etwa 2–3 Monate, trocknet dabei allerdings etwas aus und verliert an Aroma.

Die vergleichsweise milden französischen Senfsorten gibt es in dreierlei Arten: Bordeaux-Senf ist braun, obwohl er aus Weißem Senf hergestellt ist, und enthält Zucker und Kräuter, meistens Estragon. Dijonsenf aus braunen (aber geschälten) Senfkörnern ist heller und kräftiger und wird mit Weißwein oder Traubenmost und anderen Zutaten zubereitet. Meaux ist ziemlich scharf; er wird aus zerstoßenen und gemahlenen Körnern

hergestellt und geht in Richtung jener körnigen Senfsorten, deren Schärfe durch Beimischung von grünem Pfeffer oder Chilis noch verstärkt wird.

In Deutschland entspricht der Bayerische Senf dem Bordeaux-Typ, während Düsseldorfer Senf eine scharfe Version des Dijonsenfs darstellt. Aus dem niederländischen Zwolle stammt ein Dillsenf, der ideal zu Lachs schmeckt. Der milde, dünne Amerikanische Senf wird aus Weißem Senf mit etwas zu viel Kurkuma hergestellt. Der aromatische, milde Savora-Senf wurde um 1900 in England

MEAUX-SENF

Im französischen Meaux wird seit dem 17. Jh. Senf produziert. Dieser körnige Senf, der meist in einem Steinguttopf verkauft wird, schmeckt zunächst scharf, dann aber sehr ausgewogen. Ein ausgezeichneter Tischsenf.

DIJONSENF

Er unterliegt der Qualitätskontrolle Appellation contrôlé. Der Name steht für einen Senftyp, der blass, glatt und rein im Geschmack ist. Als klassischer Senf für Saucen und Salatdressings genießt er weltweites Ansehen.

BORDEAUX-SENF

Im Bordeaux-Senf sind noch einige Schalen in der Mischung belassen, weshalb er dunkler ist. Er schmeckt mild würzig mit leichter Süße und passt gut zu Wurst- und Käseplatten.

entwickelt und ist in ganz Südamerika populär. Englisches Senfpulver wird mit kaltem Wasser angerührt, dann etwa 10 Minuten stehen gelassen, um seinen unverfälschten, scharfen Geschmack zu entwickeln. Nach der Zubereitung hält der Senf nicht lange.

Fertigsenf verwendet man hauptsächlich zum Würzen von Ochsenschwanzsuppe oder anderen Fleischeintöpfen, zu Roastbeef, Schinken und anderem kalten Fleisch. Die verschiedenen Sorten eignen sich für alle Arten von Soßen, von Vinaigrette bis Mayonnaise, als Dressings für grüne oder andere Salate, für Gemüseplat-

ten und gedünsteten oder geräucherten Fisch. Gibt man gegen Ende der Garzeit Senf hinzu, kann man damit viele Schmortöpfe, etwa Kaninchen, pikant würzen.

Auch zu Käse passen sie gut. Mit süßem Honigsenf kann man Huhn, Schinken oder Schwein dünn bestreichen, und sogar Obstsalat erhält damit eine pikante Note.

Gut zu Currys, Dals, Fisch und Meeresfrüchten, Grillfleisch, Huhn, kaltem Braten, Kaninchen, würzigem Käse, Kohl, Rostbeef, Wurst.

Harmoniert mit Bockshornklee, Chili, Dill, Estragon, Fenchel,

Honig, Knoblauch, Koriander, Kümmel, Kurkuma, Lorbeer, Petersilie, Pfeffer, Schwarzkümmel.

Weitere Senf-Arten

Eine gelbe Sorte des *B. juncea* wird in der japanischen Küche verwendet (für gefüllte Lotuswurzeln in Tempura-Teig) und als scharfe Würzsoße im englischen Stil zu Oden, einer Auswahl von kalten rohen und gekochten Speisen, serviert.

Herbstrübe, *B. rapa* subsp. *rapa*, und Rapssamen, *B. napus*: Die Samen beider Arten dienen zur Herstellung von Senföl.

AMERIKANISCHER SENF

Der milde, süße Amerikanische Senf hat unter Hotdog-Liebhabern begeisterte Anhänger, doch kann der Kurkuma-Anteil, der die Gelbfärbung ausmacht, den Geschmack beeinträchtigen.

MOUTARDE AU CASSIS

Der körnige Senf aus Dijon enthält den Likör Crème de Cassis, der ihm ein volles, fruchtiges Aroma und die rote Farbe verleiht.

ENGLISCHER SENF

Englisches Senfpulver ist eine Mischung aus fein gemahlenen braunen und weißen Senfkörnern, Reis- oder Weizenmehl und Gewürzen. Seine leicht säuerliche Schärfe passt gut zu Roastbeef und Ochsenschwanzsuppe.

ESTRAGONSENF

Für den Estragonsenf wird in hellen Senf neben Estragon manchmal grüne Speisefarbe hineingemischt. Er schmeckt gut in Soßen zu Fisch und Huhn.

CAYENNEPFEFFER, CHILI, PEPERONI

Capsicum-Arten und -Sorten

Die in Mittel- und Südamerika sowie in der Karibik beheimateten Paprika-Formen werden dort seit Jahrtausenden kultiviert. Kolumbus brachte Pflanzen nach Spanien, wo sie wegen ihrer Schärfe den Namen »Pimiento« (Pfeffer) bekamen. Und obwohl die *Capsicum*-Früchte nicht mit der Pfefferpflanze verwandt sind, sprechen wir beispielsweise von Peperoni oder Cayennepfeffer.

Ganze frische Schoten

Gewürzpaprika, Peperoni und Chilis gibt es in vielen Farben, Formen und Größen: Sie können winzig sein wie junge Erbsenschoten oder bis zu 30 cm lang. Viele wirken nicht nur wegen ihrer Schärfe, sondern auch wegen ihren fruchtigen, blumigen, nussigen, tabak- oder anisähnlichen Aromen Appetit anregend.

AROMA

Capsicum-Früchte können von fruchtig mild bis feurig scharf schmecken. Der eigentliche Cayenne- oder Chilipfeffer, *C. frutescens*, ist in der Regel schärfer als die Sorten von *C. annuum*; am schärfsten schmeckt *C. chinense.* Typen mit großen, fleischigen Früchten sind meist milder als kleine Früchte mit dünner Haut.

VERWENDETE TEILE

Frische und getrocknete Früchte, botanisch sind es Beeren. Unreif sind die Früchte grün, mit zunehmender Reife gelb, orange, rot, braun oder violett.

KAUF UND LAGERUNG

Frische Paprika sollte glänzend, glatthäutig und festfleischig sein. Im Gemüsefach des Kühlschranks halten die Früchte eine Woche und länger. Man kann sie blanchieren und einfrieren, roh eingefroren verlieren sie meist an Aroma und Schärfe. Getrocknete Chilis sehen je nach Sorte verschieden aus. Ein versierter Händler kann Auskunft geben über Herkunftsland, Typ, Aroma und Schärfe. Sie halten, luftdicht aufbewahrt, fast unbegrenzt.

ERNTE

Grüne Früchte sind etwa nach 3 Monaten erntereif, zum Ausreifen und Ausfärben bleiben sie länger an der Pflanze hängen. Sie werden in der Sonne oder im Dörrofen getrocknet.

In der Küche

Paprika sind ausgezeichnete Spender von Vitamin A und C, und Millionen nutzen sie in der Küche als preiswerte Möglichkeit, eine ansonsten reizlose, eintönige Kost aufzupeppen. In den Anbaugebieten, sprich in Gesamtasien, Afrika und Südwestamerika, werden Paprika und Chilis ausgiebig verwendet. Indien ist der größte Produzent und Konsument von frischem grünen wie getrocknetem (meist gemahlenem) roten Paprika. Jede Region hat ihre eigene Sorte. Am vielfältigsten setzt die mexikanische Küche frische wie getrocknete Chilis ein.

Die feurige Schärfe stammt vom Capsaicin in Samen, Scheidewänden und Haut der Chilis. Die Menge an enthaltenem Capsaicin hängt von der Sorte und dem Reifegrad ab; entfernt man Samen und Scheidewände, schmecken die Früchte weniger scharf. Capsaicin stimuliert die Verdauung und Blutzirkulation. Das bewirkt Schwitzen und hat in der Folge eine kühlende Wirkung auf den Körper.

Unentbehrlich ist Paprika in Berbere, Chilipulver (immer eine Kombination von Gewürzen), Currypulvern und -pasten, Harissa, Kimchi, Mole, Nam Prik, Pipián, Romesco-Soße, Sambals. **Harmoniert mit** den meisten Gewürzen, Kokosmilch, Koriander, Limettensaft, Lorbeer, Rau Ram und Zitrone.

Die Schärfe von Gewürzpaprika wird von 1–10 klassifiziert, von 1/10 für milde Schoten bis 10/10 für die extrem scharfen Scotch Bonnets.

GEMAHLENER CHILI
Gemahlener Chili wird aus scharfen, getrockneten roten Chilis hergestellt. Die Pulver unterscheiden sich eher durch Schärfe als durch Aroma und haben, je nach Sorte, die Schärfegrade **5–9/10.**

CHILIFLOCKEN
Sie stammen von mild- bis halbscharfen Chilis und sind in Ungarn, der Türkei und im Nahen Osten Tischgewürz. In Korea und Japan verwendet man schärfere Chiliflocken. **2–5/10.**

CHILISTREIFEN
Rote Chilis dienen in Korea als Hauptgewürz. Als hauchfeine Streifen dienen sie zum Garnieren.

GANZE GETROCKNETE CHILIS
Beim Trocknen verändert sich der Geschmack von Chilis. Ebenso verändern auch reifende Früchte ihren Geschmack.

Paprika-Produkte

Aus Gewürzpaprika, Peperoni und Chili werden weltweit Pulver, Pasten, Soßen und Öle herge-stellt. Gutes Chilipulver riecht fruchtig, erdig, scharf und enthält Spuren von natürlichem Öl, das die Finger etwas färbt. Ist es hellorange, enthält es einen hohen Samenanteil, der die Schärfe aus-macht. Dünne, scharfe Soßen tragen Namen wie Salsa picante oder Hot Pepper Sauce; einige kombinieren Chilis mit säuerlichen Zutaten wie Limetten oder Tamarinde. Dicke Soßen auf der Basis von Tomaten, Zwiebeln, Knoblauch und Kräutern sind mild oder scharf, häufig süßlich. Mit am schärfsten sind die indonesischen Sambals und Thai-Chili-Jam. Die Chinesen verwenden für ihre mittel- bis ganz scharfen Soßen Sojasoße, Schwarze Bohnen, Ingwer und Knoblauch.

GELBES CHILIPULVER
Chilipulver kann gelb bis rot oder rotbraun sein. Das in Südamerika gebräuchliche gelbe Chilipulver schmeckt mild oder scharf.

CHILI-ÖL
Es gibt zwar Gewürzöl mit getrockneten roten Chilis zu kaufen, doch lässt es sich leicht selbst herstellen: Eine Flasche wird zu ⅓ mit getrockneten Chilis gefüllt und mit Sonnenblumenöl aufgegossen. Gut verschlos-sen einen Monat lang ste-hen lassen. In Szechuan röstet man zerstoßene Chi-lis in sehr heißem Öl an und seiht es abgekühlt ab. Man erhält ein tiefrotes Öl, das sich für viele kalte Saucen und als Dip eignet.

CHILIPULVER
Diese Mischung aus gemahlenem Chili, getrocknetem Ore-gano, Paprika und Knoblauchpulver wird für Chili con Carne und andere mexika-nische Gerichte ver-wendet. 1–3/10

CAYENNEPFEFFER
Der extrem scharfe Cayennepfeffer wird aus kleinen, reifen Chilis gemahlen. Er schmeckt etwas bitter, leicht rauchig und scharf. 8/10

WÜRZSOSSEN
Diese bestehen aus einer Mischung von zerstoßenen Chilis, Gewürzen und Essig und sind sehr scharf. Am bekanntesten ist Tabasco.

CHILISOSSEN
Fast überall, wo Chilis wachsen, gibt es auch Chili-soßen. Bei den einfachsten werden ganze Chilis in Lake oder Essig eingelegt. Dicke Soßen als Dip oder Würzsoßen werden aus gekochten oder rohen Chilis zubereitet.

CHILI-RELISH UND SAMBAL
Chilipasten und dicke Soßen beleben pfannen-gerührte und langsam gekochte Gerichte. Am Ende dieses Buchs finden Sie Rezepte für Chili-Würzsoße (*S. 299*), Chilisoße und Sambals (*siehe S. 300–301*).

Mexiko

In Mexiko werden frische Chilis manchmal anders genannt als getrocknete. Jedes Gericht verlangt einen speziellen Typ, wählt man den falschen, verändert sich die Harmonie der Aromen. Die großen, fleischigen Poblanos verwendet man, oft gefüllt, als Gemüse, Jalapeños und Serranos in Salsas, Füllungen und Pickles, getrocknete Anchos und Pasillas werden zum Andicken einer Soße häufig gemahlen. Bei frischen Chilis bevorzugen die Mexikaner die grünen Früchte, die vor der Zubereitung oft entkernt und geschält werden.

Serrano *C. annuum*

Gelbgrün, zylindrisch, knackig, mit intensiv frischem, grasigem Aroma und sehr scharfen Samen und Scheidewänden. Reif wird die Frucht leuchtend rot. Meist in Soßen verwendet. **6–7/10**

Jalapeño *C. annuum*

Grasgrün, gelegentlich dunkler gefleckt, abgerundete Spitze, prall, knackig, dickfleischig. Wird manchmal geröstet und geschält. Jalapeños duften schwach und sind mittelscharf. Reif und rot schmecken sie süßer und weniger scharf. Es gibt sie eingelegt (»en Escabeche«) in Dosen zu kaufen. Beliebtes Tafelgewürz. **5–6/10**

Habanero *C. chinense*

Lampionförmig, grünlich, später gelb, orange und tiefrot, dünnfleischig und fruchtig. In Yucatán roh oder geröstet zu Bohnen und Soßen beliebt. Geröstete Habaneros mit Salz und Limettensaft geben eine scharfe Soße. **10/10**

Chilaca *C. annuum*

Schlank, tiefrot und glänzend mit Längsfurchen. Der intensive Geschmack enthält einen Hauch Lakritz. Geröstet und geschält gibt man die Chilaca in Gemüse-Gerichte, zu Käse und in Soßen. Manchmal eingelegt im Handel erhältlich. **6–7/10**

WEITERE SORTEN

Mulato (*C. annuum*) ähnelt dem Ancho, ist aber süßer und schokoladenbraun, dabei voll im Geschmack, mit Noten von getrockneter Kirsche, mild bis halbscharf. Wird meist geröstet und gemahlen für Soßen verwendet. **3–5/10**

De Arból (*C. annuum*) bekommt man selten frisch; getrocknet bleibt die Frucht leuchtend rot. Sie ist schlank, spitz und krumm, dünn- und glattfleischig, brennend scharf, mit harzigem Geschmack. Eingeweicht und püriert wird sie in Eintöpfen und zum Würzen verwendet. **3–5/10**

Poblano (*C. annuum*) ist dunkelgrün und glänzend mit einer Rille um die Stängelbasis. Die dreieckigen und dickfleischigen Poblanos sind unten sehr spitz. Geröstet und geschält kann man sie füllen oder frittieren. Sie passen mit ihrem vollen Aroma zu Mais und Tomaten. **3–4/10**

Pasilla (*C. annuum*) ist die getrocknete Chilaca, schlank, runzlig und fast schwarz. Ihr adstringierender, aber voller Geschmack mit krautigen Noten ist komplex und wirkt lange nach. Geröstet und gemahlen wird sie in Würzsoßen oder gekochten Soßen zu Fisch verwendet. **6–7/10**

Güero (*C. annuum*) ist blassgelb, glatt, lang und spitz. Schmeckt leicht blumig, mild bis mittelscharf. Frisch in Salsas und Moles. **4–5/10**

Cascabel *C. annuum*

Rund, rotbraun, mit glatter, transparenter Schale. Die Samen rasseln beim Schütteln. Schmeckt leicht säuerlich nach Rauch und nach dem Rösten angenehm nussig. Mittelscharf, wird für Salsas oder Tomaten- und Tomatillo-Soße geröstet oder über Eintöpfe gestreut. **4–5/10**

Chipotle *C. annuum*

Der geräucherte Jalapeño. Braun bis kaffeebraun, runzlig, ledrig, mit rauchig-süßem Schokoladengeruch und -geschmack. Wird häufig ganz zum Würzen von Suppen und Eintöpfen verwendet. Eingeweicht und püriert kommt die Frucht in Soßen. Im Handel in Lake eingelegt erhältlich. **5–6/10**

Ancho *C. annuum*

Der getrocknete Poblano. Tief rotbraun, runzlig, fruchtig und süß mit reichem Tabak-, Pflaumen- und Rosinenaroma, etwas scharf. Anchos werden für Soßen geröstet und gemahlen oder gefüllt. Auch als Pulver oder feste Paste erhältlich. Der beliebteste getrocknete Chili. **3–4/10**

Guajillo *C. annuum*

Lang und schmal, mit stumpfer Spitze; kastanienfarben mit Brauntönen und glatt, mit zäher Haut. Sehr säuerlich, schmeckt angenehm bitter und scharf. Wird für Enchiladas eingeweicht oder über Eintöpfe gestreut. Gibt einem Gericht Farbe. **4/10**

Südwest-Staaten und Karibik

In der Karibik liebt man scharfe Chilis in Marinaden, Würzsoßen und Eintöpfen. Früher mischte man für scharfe Soßen Chilis mit Cassava-Saft, heute runden Knoblauch, Zwiebeln und andere Gewürze karibische Chilisoßen ab. In New Mexico werden für mexikanisch inspirierte Rezepte mexikanische Chilis importiert, denn die eigenen grünen oder roten Sorten sind recht mild. Diese Chilis werden in leuchtend roten Zöpfen zum Trocknen aufgehängt und danach als Chimayo-Pulver oder Chile Colorado verkauft.

Jamaican Hot *C. chinense*

Leuchtend rot, rundlich und dünnfleischig. Die Früchte schmecken süß und sehr scharf. In Salsas, Pickles und Currys verwendet. **9/10**

New Mexico *C. annuum*

Kräftig grün oder tiefrot. Süßer, erdiger Geschmack. Halten sich gegrillt und geschält gut im Kühlschrank. Grüne eignen sich für Guacamole, Tacos und Tamales; rote für Soßen, Suppen und Chutneys. Getrocknet haben sie ein rundes Trockenfrucht-Aroma. Für rote Chilisoße und andere Würzsoßen. **2–3/10**

Scotch Bonnet *C. chinense*

Gelbgrün bis orangerot. Sehr ähnlich der eng verwandten Habanero, jedoch mit faltiger Spitze und plattem Stängelansatz. Sehr scharf, mit tiefem, fruchtigem, rauchigem Aroma. In vielen karibischen scharfen Soßen verwendet. **10/10**

Chili, Tabasco *C. frutescens*

Dünnfleischig und gelb, ausgereift orange oder rot. Im Geschmack beißend scharf mit einem Hauch Sellerie. Hauptsächlich für Tabasco-Soße verwendet. **8/10**

Lateinamerika

In den Anden-Ländern, wo sie Ají heißen, kommen Chilis häufig als Gewürz und Würzsoße zum Einsatz. Ein Schälchen Uchu Llajawa – eine feurig-scharfe Salsa aus Chilis und Quillquiña (ein lokaler »Koriander«) – steht immer auf dem Tisch. Viele Sorten tragen nur regionale Bezeichungen; einige sind mild, andere – wie besonders die gelben – schmecken bitter, und einige erinnern getrocknet intensiv an Rosinen und Pflaumen. Auch in der Küche von Bahia in Brasilien spielen Chilis eine wichtige Rolle.

Rocoto *C. pubescens*

Der Baumchili stammt aus den Anden. Die rundliche, gelbe bis orangerote Rocoto wird in Soßen und Würzsoßen immer frisch verwendet oder als Gemüse mit Fleisch und Käse gefüllt. **8–9/10**

Ají Amarillo *C. baccatum*

In Peru frisch und getrocknet (als »Cusqueño«) weit verbreitet. Spitz und scharf mit Rosinenaromen. Wird zu Kartoffeln und anderem Wurzelgemüse, Meerschweinchen (der dortigen Spezialität) und Meeresfrüchten verwendet. **7/10**

Mirasol *C. annuum*

Der beliebte peruanische Chili wird auch in Mexiko in allen Farbabstufungen und getrocknet als Guajillo verwendet. Mit seinem fruchtigen, lebhaften Aroma gibt er jedem Gericht Farbe. Gut zu Fleisch, Bohnen und Gemüse. **5/10**

WEITERE SORTEN

Ají dulce (*C. annuum*) ist süß, mild, moschusartig und kräuterähnlich. In Mittelamerika, Kolumbien und Venezuela viel verwendet, vor allem zu Bohnen. **1/10**
Rocotillo (*C. chinense*), eine milde Frucht aus den Anden, tiefrot und kürbisähnlich. Wird als Würzsoße zu Mais, Bohnen und Wurzelgemüse gegessen. **3–4/10**
Malagueta (*C. frutescens*) ist blass oder grünlich, dünnfleischig, spitz zulaufend und winzig. Stammt aus Bahia (Brasilien) und ist sehr beliebt in der afrobrasilianischen Küche und als Würzsoße. Malagueta heißen in Portugal auch kleine in Essig eingelegte Chilis. **8/10**

Asien

Asiatische Sorten der Gewürzpaprika lassen sich noch schwerer eindeutig bezeichnen als die lateinamerikanischen. Meist unterscheidet man sie nach Typen: die großen, roten und grünen Paprika, die man grillt und in Südostasien in Dips und Soßen verwendet; die mittelgroßen, glänzenden und mittelscharfen Peperoni der indonesischen und malaysischen Küche; und die schärferen Chilis für thailändische und indische Currys. Die japanischen Santakas und Hontakas ähneln dem Cayennepfeffer.

Thai-Chili *C. annuum*

Eine schlanke, dunkelgrüne oder rote, fleischige Frucht mit anhaltender Schärfe. Frisch und getrocknet verwendet. Ganz wird sie in Currys und Wok-Gerichte gegeben, gehackt in Pasten und Dips. **8/10**

Korean-Chili *C. annuum*

Dieser dunkelgrüne, gebogene Chili ist mit Thai-Chili eng verwandt. Frisch wird die Frucht mit Fisch, Fleisch und Gemüse-Eintöpfen gekocht, in Wok-Gerichte gegeben oder gefüllt und geschmort. **6–7/10**

Birdseye-Chili *C. frutescens*

Die winzigen grünen, orangefarbenen und roten Chilis geben Gerichten eine feurige Schärfe. Wird oft im Ganzen verwendet. **9/10**

Kaschmir-Chili *C. annuum*

Wird nicht nur in Kaschmir, sondern auch in anderen Teilen Indiens angebaut. Der tiefrote Chili hat süße Noten und ist mild-scharf. In Indien heißt er Lal Mirch. **7/10**

Europa

Einige Gewürzpaprika-Sorten sind typisch europäisch, obwohl für exotische Gerichte die anderen Typen viel häufiger verwendet werden. Hauptsächlich Ungarn, Spanien und Portugal kochen mit eher milden Früchten aus eigenem Anbau.

Peperoncino *C. annuum*

Diese schlanken, runzligen, oft gekrümmten Früchte haben ein süßliches Aroma. Sie kommen frisch, grün oder rot in Pickles und Tomatengerichte. **1–4/10**

Guindilla *C. annuum*

Dieser spanische Typ ist ziegelrot, glatt, lang und spitz und wird getrocknet. Eingeweicht sorgt er, in einem Gericht mitgekocht, für Extra-Schärfe. Die Frucht wird vor dem Servieren entfernt. **5/10**

Banana *C. annuum*

Diese grünlich gelbe und später rote, milde Paprika mit der wächsernen Haut hat eine schärfere ungarische Verwandte. Sie wird frisch, geröstet, eingelegt oder zum Garnieren verwendet. **1/10**

Ñora *C. annuum*

Eine milde und angenehm erdige Paprika. Wird eingeweicht für Reisgerichte und Eintöpfe verwendet. Ñoras sind unverzichtbar in Romesco-Soße und süßem Paprika. Die größere glockenförmige Choricero ist ähnlich und wird, wie der Name andeutet, für Chorizo verwendet. **1–2/10**

WEITERE SORTEN

Cherry (*C. annuum*) ist frisch orange bis tiefrot, getrocknet rotbraun. Eine dickfleischige Frucht mit vielen Samen. Fruchtiges Aroma, mild bis mittelscharf. Wird meistens eingelegt verkauft. **1–5/10**

Peri Peri (*C. annuum*) lautet der portugiesische Name für die kleinen Chilis. Sie werden in den ehemaligen portugiesischen Kolonien angebaut. In Afrika für das Jindungo-Chili verwendet. **9/10**

Piment d'Espelette (*C. annuum*) aus dem Baskenland hat eine Appellation contrôlée. Süßlich fruchtig und mild pikant. Im Handel getrocknet, ganz oder als Pulver sowie in Form von Püree (Coulis) erhältlich. **3/10**

Gewürze **vorbereiten**

GEWÜRZE QUETSCHEN ODER ZERKLEINERN

Viele Gewürze müssen vor der Verwendung vorbereitet werden. Das Quetschen, Schneiden und Mahlen dient dazu, die ätherischen Öle und den Duft eines Gewürzes freizusetzen. Große gequetschte Gewürzstücke, die nur aromatisieren sollen, werden vor dem Auftragen entfernt. Nur milde Gewürze isst man manchmal klein geschnitten im Gericht mit. Meist aber werden sie gerieben, dünn in Scheiben geschnitten oder gehackt.

Gewürze quetschen

Gewürze mit weichem Gewebe wie Zitronengras, Ingwer, Galgant, Zitwerwurzel und Kurkuma werden oft vor dem Kochen gequetscht, um ihr Aroma freizusetzen, die im Ganzen mitgegarten Pflanzenteile werden später entfernt.

1 ▲ Beim Zitronengras oberes Stängelstück abschneiden (bei den anderen Gewürzen das Rhizom schälen).

2 ▶ Dickes untere Ende des Zitronengrases (oder das geschälte Rhizom) mit einem flachen Messer oder Nudelholz quetschen.

Gewürze schneiden und hacken

Manche Rezepte verlangen, dass das frische Gewürz in Scheiben, andere, dass es in Streifen geschnitten oder gehackt beigefügt wird. Wie man bei Ingwer, Galgant oder Kurkuma vorgeht, wird unten beschrieben. Zitronengras wird ab der Basis bis zum Beginn des faserigen Teils in feine Ringe geschnitten. Kaffirlimetten-Blätter werden, falls man sie mitessen möchte, in feinste Streifen geschnitten.

 Ein beliebig großes Stück frische Knolle, Rhizom oder Wurzel schälen und holzige oder trockene Teile entfernen.

 Mit einem scharfen Messer runde, dünne Scheiben schneiden.

Die Scheiben stapeln, zusammenpressen und in feine Streifen schneiden.

 Die Streifen nebeneinander gelegt in Querrichtung klein schneiden. Um sie noch feiner zu hacken, aufhäufeln und wie beim Kräuterhacken vorgehen.

Frische Gewürze reiben

Frische Wurzeln, Rhizome und Knollen wie Wasabi und Meerrettich sowie Ingwer und dessen Verwandte werden am besten gerieben. Die japanische Oroshi-gane, eine spezielle Wasabi- und Ingwerraffel (*S. 115*), reibt feiner als jede westliche Gemüsereibe.

Galgant reiben ▶
Mit einer scharfen Reibe hiesiger Machart lässt sich ein Mus reiben, das sich für manche Zwecke, etwa zum Saft-auspressen, ganz gut eignet.

Saftgewinnung aus Ingwer

Viele asiatische Gerichte verlangen das reine Aroma des Ingwersafts; aus einem frischen Rhizom lässt sich dieser schnell gewinnen.

1 Ingwer reiben oder im Mixer sehr klein hacken.

2 ◀ Das Mus in ein Mulltuch oder in einen Teebeutel füllen und den Saft in ein Schüsselchen pressen.

Trockene Gewürze reiben

Obwohl die meisten Gewürze gemahlen werden, lassen sich einige größere besser reiben. Für Muskat eignet sich eine Muskatreibe oder eine normale Reibe.

Getrockneten Ingwer reiben ▶
Getrockneter Ingwer, Kurkuma und Zitwerwurzel sind sehr hart und werden deshalb am besten auf einer feinen Zitrusreibe oder Raspel gerieben.

GEWÜRZE MIT ODER OHNE ÖL RÖSTEN

Besonders in der indischen Küche werden häufig ganze Gewürze in einer trockenen Pfanne geröstet. Das konzentriert die Aromen und erleichtert das Mahlen. Andere Gerichte erfordern, dass die Gewürze erst in Öl angebraten werden, bevor andere Zutaten hinzukommen. Durch das Anbraten entfaltet sich ihr Aroma und geht ins Öl über. Das Aroma gebratener Gewürze durchzieht ein Gericht stärker, als es bei rohen Gewürzen der Fall ist.

Gewürze ohne Fett rösten

Da manche Gewürzsamen, vor allem Senfsamen, beim Rösten hochspringen, ist es ratsam, mit Deckel zu rösten. Ein EL Gewürze benötigt 2–3 Minuten, eine größere Menge braucht zum gleichmäßigen Bräunen 8–10 Minuten. Bei großen Mengen wird jede Gewürzart einzeln geröstet.

1 ▲ Eine schwere Bratpfanne erhitzen, bis der Boden Hitze abstrahlt.

2 ▶ Auf mittlere Hitze zurückschalten und die Gewürze einfüllen. Fortwährend umrühren und die Pfanne ständig rütteln. Sobald die Gewürze dunkler werden und etwas rauchen, duften sie betäubend. Nicht zu schnell bräunen, sondern die Hitze reduzieren, damit die Samen nicht verbrennen.

3 Vor dem Mahlen in einer Schüssel auskühlen lassen.

Rösten in Backofen und Mikrowelle

Im Backofen rösten ▶
Eine große Gewürzmenge lässt sich einfacher in einem auf 250 °C vorgeheizten Backofen rösten. Die Gewürze bleiben im Ofen, bis sie gebräunt und aromatisch werden, dabei das Bleck hin und wieder bewegen. Vor dem Mahlen abkühlen.

In der Mikrowelle rösten
Eine Schicht Gewürze wird auf einem Teller oder einer Platte ausgebreitet und unbedeckt auf höchster Stufe erhitzt. Das Rösten von 2–4 EL dauert 4–5 Minuten; einmal wenden. Vor dem Mahlen abkühlen.

Gewürze in Öl rösten

Alle Zutaten für ein Gericht vorbereiten, dann die Gewürze rösten, einige nur ein paar Sekunden lang, andere bis zu einer Minute. Alle werden dunkler, einige blähen sich auf. Die Pfanne von der Platte nehmen und weitere Zutaten hinzugeben, dabei schnell umrühren, damit sie im Öl nicht anbrennen.

1 ▲ Einen dünnen Sonnenblumenöl-Film in eine schwere Pfanne gießen und erhitzen, bis das Öl etwas zu rauchen beginnt.

2 ▶ Ganze Gewürze immer vor gemahlenen Gewürzen rösten, in der gleichen Abfolge, wie es das Rezept vorsieht. Die Gewürze sollen beim Kontakt mit dem heißen Öl zischen und fast augenblicklich bräunen. Vorsicht, dass sie nicht verbrennen.

MAHLEN, ZERSTOSSEN, GEWÜRZPASTEN HERSTELLEN

Frisch gemahlene oder zerstoßene Gewürze sind immer aromatischer als gekaufte. Sie werden den Unterschied sofort feststellen, wenn Sie beispielsweise zweimal im Abstand von einer Stunde je einen Teelöffel Korinadersamen mahlen. Riechen Sie an dem frisch gemahlenen und an dem bereits älteren Häufchen – dort hat sich schon ein Teil des Aromas verflüchtigt.

Gewürze mahlen

Einige ganze Gewürze müssen gemahlen oder zerstoßen werden, um ihr Aroma freizusetzen. Bei einer größeren Menge ist eine Küchenmaschine praktisch, doch die meisten Gewürze sind für ein gleichmäßiges Mahlergebnis zu hart.

Mahlen mit Mörser und Stößel ▶
Der Mörser sollte tief, stabil und innen rau sein, denn viele Gewürze sind sehr hart, und man braucht einige Kraft, um sie von Hand zu mahlen.

Mahlen mit der Kaffeemühle
Die meisten Gewürze lassen sich in einer speziell dafür vorgesehenen elektrischen Kaffeemühle mahlen, bis auf einige Ausnahmen wie Anardana (getrocknete Granatapfelkerne), die zu klebrig sind.

Gewürze zerstoßen

Einige Gewürze müssen nur zerstoßen, nicht gemahlen werden. Das geht im Mörser sehr gut, denn man kann verfolgen, wie grob oder fein das Gewürz bereits zerstoßen ist – während man schon das Aroma genießt.

Verwendung eines Nudelholzes ▶
Das Gewürz kommt in eine Kunststofftüte, auf harter Unterlage wird es mit dem Nudelholz kräftig zerstoßen.

Gewürzpasten herstellen

Gewürzpasten sind eine Mischung aus geriebenen frischen Gewürzen (wie Knoblauch, Ingwer, Galgant oder Kurkuma), getrockneten Gewürzen oder Kräutern und manchmal etwas Flüssigkeit. In Indien, Südostasien und Mexiko sind sie weit verbreitet. Die Herstellung erfolgt im Mörser oder Mixer.

1 ▶ Getrocknete Gewürze werden zuerst im Mörser oder Mixer gemahlen.

2 ▼ Frische Gewürze zerstoßen, dann die gemahlenen und zuletzt eventuell Flüssigkeit zugeben.

ZUBEREITUNG FRISCHER CHILIS

Es gibt unzählige Formen, Farben und Größen von Chilis, und ebenso verschieden ist ihr Aroma, je nachdem, ob sie jung und grün, rot oder schon rotbraun sind. Getrocknet ist ihr Aroma wieder anders. Oft kommen frische Chilis ganz oder geschnitten in ein Rezept, manchmal aber ist es besser, sie zu entkernen oder zu rösten.

Frische Chilis rösten

Die meisten Chilis werden ungeschält verwendet, andere aber schält man besser, weil sie das zarter und schmackhafter macht. Kleine Chilis lassen sich auf einem vorgeheizten Gitter oder in einer schweren Pfanne trocken rösten. Ständig wenden, bis sie dunkel und weich werden.

 1 Die Chilis direkt über eine Gasflamme halten und von Zeit zu Zeit drehen, damit sie gleichmäßig rösten und das Fleisch nicht verbrennt. Man legt auf dem Elektroherd ein Gitter über die Kochplatte oder wendet sie dicht unter dem Grill so lange, bis sie Blasen werfen und schwarz werden.

2 ▲ Wenn sie gleichmäßig geröstet sind, in eine mit Folie bedeckte Schüssel legen und 10–15 Minuten schwitzen lassen.

3 ▶ Die Haut behutsam abziehen und die Früchte abspülen. Auf Küchenpapier trocknen lassen.

Chilis einfrieren

Frische Chilis kann man nach dem Rösten einfrieren. Man braucht sie nicht zu schälen, weil die Haut sich nach dem Auftauen ablöst.

Ungeröstete Chilis einfrieren ▷
Ungeröstete Chilis mit intaktem Stängelansatz 3 Minuten blanchieren, dann in einem Sieb abtropfen. Nach dem völligen Erkalten in einem Gefrierbeutel einfrieren.

Samen und Scheidewände von frischen Chilis entfernen

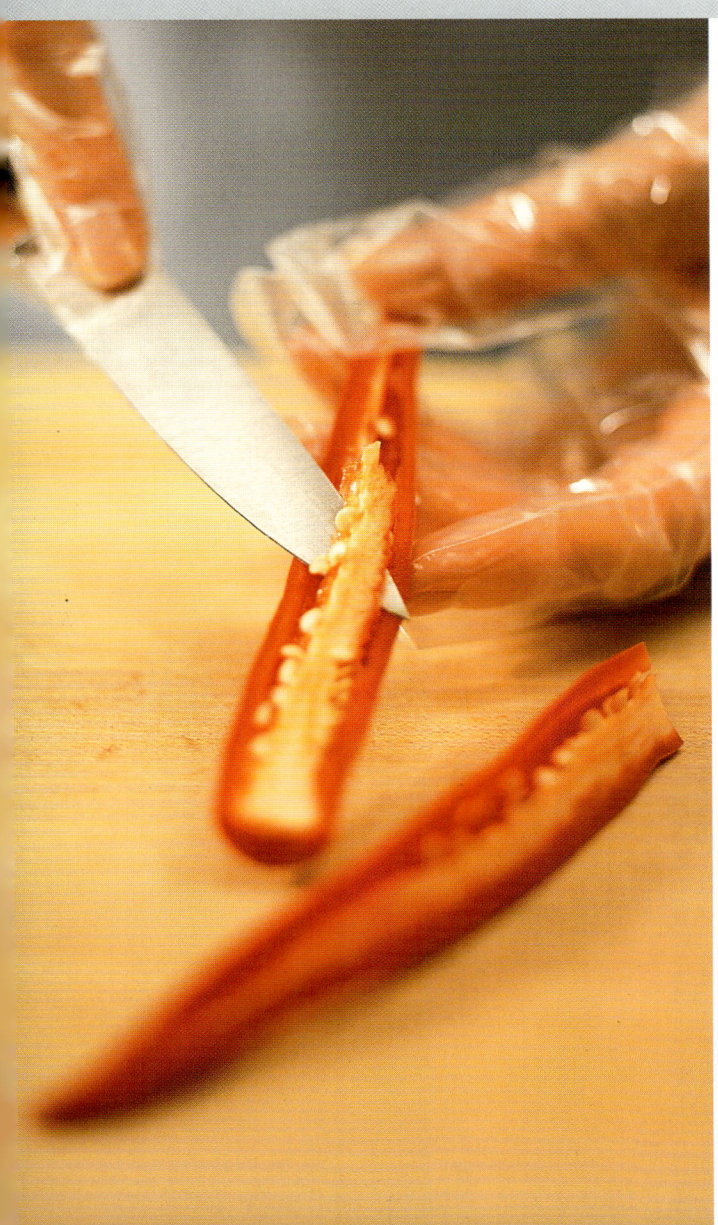

Capsaicin, die scharfe, brennende Komponente von Chili und Peperoni, ist in unterschiedlicher Konzentration in den Samen, weißen Scheidewänden und der Haut. Entfernt man Samen und Scheidewände vor dem Kochen, wird ein Gericht weniger scharf.

 Stängelansatz entfernen und jede Chili-Frucht halbieren.

 ◀ Scheidewände herausschneiden und alle Samen auskratzen, dann abspülen.

VORSICHT

• Tragen Sie Gummihandschuhe zum Schutz vor dem Capsaicin.

• Denken Sie daran: Samen und Scheidewände sind die schärfsten Teile der Chilis. Beim Vorbereiten nie die Augen reiben, und wenn es passert ist, die Augen sofort mit viel Wasser auswaschen.

• Nach dem Umgang mit Chilis Hände, Arbeitsfläche und Kochutensilien gründlich mit Lauge reinigen.

• Brennen die Hände, so halten Sie sie einfach in kaltes Wasser oder Öl.

• Brennt der Mund von zu viel Chili, macht Wassertrinken alles schlimmer. Stattdessen ein Stück Brot essen oder es mit Jogurt oder Milch versuchen.

GETROCKNETE CHILIS VORBEREITEN

Große, getrocknete Chilis, wie sie überall in der mexikanischen und mittel-
amerikanischen Küche üblich sind, werden vor der Verwendung meist geröstet,
dann eingeweicht und püriert. Für mildere Gerichte werden die Chilis nur
eingeweicht. In Mexiko mahlt man die kleinen Chilis häufig direkt in die Soße
oder püriert sie damit. Die asiatische Küche röstet sie vor dem Pürieren.

Samen und Scheidewände aus getrockneten Chilis entfernen

Wie bei frischem Chili reduziert auch bei getrocknetem
Chili das Entfernen von Samen und Scheidewänden die
Schärfe des Gerichts. Am besten geschieht dies vor dem
Rösten, damit man die Schoten danach gleich einwei-
chen oder mahlen kann.

Samen ausschütteln ▷
Die Chilis sauber reiben, dann entweder aufbrechen oder
die Stängel ausbrechen und die Samen ausschütteln.

Getrocknete Chilis rösten

Geröstete, getrocknete Chilis werden dunkler und bekommen Blasen und Risse. Lassen Sie sie nicht verbrennen, sonst schmecken sie bitterscharf. Nach dem Rösten
werden sie eingeweicht oder gemahlen.

◁ Backblech
Legen Sie die getrockneten Chilis für 1–2 Minuten auf ein
angewärmtes Backblech oder eine gusseiserne Pfanne;
wenden, damit sie nicht anbrennen. Alternativ kann man
sie für 2–3 Minuten in einem vorgeheizten Ofen bei 250°C
rösten.

Getrocknete Chilis einweichen

Werden für eine asiatische Gewürzpaste kleine eingeweichte Chilis gebraucht, werden sie zerbröckelt und in Wasser eingeweicht. Nach 15 Minuten sind sie gebrauchsfertig.

1 ▲ Geröstete oder gesäuberte getrocknete Chilis in eine Schüssel geben und mit fast kochendem Wasser übergießen. Die Chilis, mit einer Platte oder einem Teller unter Wasser gedrückt, 30 Minuten oder bis sie weich sind, einweichen lassen.

2 ▶ Die weichen Chilis durch ein Sieb passieren, um die zähen Schalen zu entfernen. Danach kann man sie mit anderen Zutaten und etwas Einweichflüssigkeit für eine Soße verwenden.

Getrocknete Chilis mahlen

Die Chilis sauber reiben, Stängel entfernen und die Schoten in Stücke brechen. Soll ein Gericht extra scharf sein, können Samen und Scheidewände bleiben, ansonsten entfernt man sie vor dem Mahlen.

In der elektrischen Mühle ▶
Getrocknete Chilis lassen sich in einer elektrischen Kaffeemühle sehr fein mahlen. Das Ergebnis ist noch besser, wenn sie vorher geröstet wurden.

Rezepte

KRÄUTERMISCHUNGEN

Getrocknete oder frische Kräuter lassen sich in vielen Kombinationen verwenden. Selbst bei klassischen Mischungen wird die Zusammenstellung gewöhnlich von der Art des Gerichts bestimmt, für die sie gedacht ist – bei Bouquets garnis ebenso wie bei iranischen oder lateinamerikanischen Mischungen, die häufig neben Kräutern auch Gewürze enthalten.

Bouquets garnis

Diese Kräutersträußchen werden in der französischen Küche zum Würzen von langsam gegarten Gerichten verwendet. Das mit einem Faden gebundene oder in einem Mullsäckchen zugegebene Sträußchen wird vor dem Anrichten entfernt. Meist besteht es aus einem Lorbeerblatt, 2–3 Petersilienstängeln und 2–3 Thymianzweigen, doch kann sich die Zusammenstellung je nach Gericht ändern. Hier einige Vorschläge:

ZU RIND

Lorbeer, Petersilie, Thymian und ein äußeres Porreeblatt

Oregano, Lorbeer, Knoblauch und ein Streifen Orangenschale

Thymian, Bohnenkraut, Majoran und etwas Ysop

ZU SCHWEIN

Salbei, Sellerie, Petersilie und Thymian

Liebstöckel, Rosmarin und Bohnenkraut

Orangenthymian, Estragon und Lorbeer

ZU LAMM

Rosmarin, Knoblauch, Oregano oder Majoran und Thymian

Lavendel, Bohnenkraut und Myrte

Zitronenthymian, Minze und Petersilie

ZU GEFLÜGEL

Petersilie, Lorbeer, Estragon und gequetschtes Zitronengras

Majoran, Rosmarin und Bohnenkraut

Zitronenthymian, Liebstöckel, Petersilie und ein äußeres Porreeblatt

ZU WILD

Petersilie, Wacholderbeeren, Thymian und Lorbeer

Zitronenmelisse, Majoran, Minze und Sellerie

Rosmarin, Myrte und ein Streifen Orangenschale

ZU FISCH

Petersilie, Estragon, Thymian und ein Streifen Zitronenschale

Fenchel, Lorbeer und Zitronenthymian

Dill, Petersilie, Grüne Zwiebel und Zitronenmelisse

ZU GEMÜSE

Oregano, Thymian, Petersilie und Salbei

Sellerie, Bohnenkraut, Estragon und Petersilie

Lorbeer, Liebstöckel, Rosmarin und Majoran

Fines Herbes

Fines Herbes, ein anderer Klassiker der französischen Küche, ist eine Mischung von zart duftenden, gehackten Sommerkräutern: Kerbel, Schnittlauch, Petersilie, Estragon, wobei von den ersten drei gleich viel, vom Estragon nur die Hälfte genommen wird. Fines Herbes sind ein ausgezeichnetes Gewürz für Omelettes und andere Eierspeisen, Sahnesoßen und Salate.

Persillade

Eine Knoblauchzehe und eine kleine Hand voll glatter Petersilie zusammen hacken. Die Mischung einige Minuten vor dem Anrichten in das Gericht geben oder vor dem Anrichten darüber streuen. Auf diese Weise gibt die Persillade Geflügel, Fisch und Gemüse frische Würze. Mit Semmelbröseln gemischt, kann man auch gegen Ende der Bratzeit Lammkoteletts damit einreiben.

Gremolata

Eine Persillade (s.o.) zubereiten und mit der abgeriebenen Schale einer halben unbehandelten Zitrone mischen. Diese klassische Garnierung für Osso buco Milanese schmeckt auch zu gegrilltem oder gebackenem Fisch, Linsen- und Bohnensuppen und Salaten. Ebenso passt sie zu Fleisch- und Geflügel-Eintöpfen.

Kräuter der Provence

Diese veränderbare Mischung besteht traditionell aus getrockneten Kräutern, doch könnte man selbstverständlich (falls erhältlich) auch frische nehmen. Neben der unten genannten Variante können Sie alternativ Fenchelsamen, Salbei, Basilikum, Lorbeer und Ysop verwenden. Kräuter der Provence passen zu Schmorfleisch und Wild, besonders wenn es in einer Rotweinsoße gegart wird, zu Tomatengerichten und Wurzelgemüse.

3 EL getrockneter Thymian

2 EL getrockneter Majoran

1 TL getrockneter Rosmarin

1 EL getrocknetes Bohnenkraut

1 TL getrocknete Lavendelblüten

Die Gewürze zerstoßen oder mahlen und luftdicht verschlossen bis zu 2–3 Monate aufbewahren.

Winterkräuter

Diese einfache Mischung stammt von einem Gärtnerfreund: Man zerstößt oder mahlt gleiche Teile von getrocknetem Thymian, Oregano und Winter-Bohnenkraut und bewahrt die Mischung auf. Majoran kann auch durch Oregano ersetzt werden.

Farcellets

Im Katalanischen wird ein kleines Bündel als »Farcellet« bezeichnet. Solch ein kleines, eng in Lorbeerblätter eingewickeltes Kräuterpäckchen enthält Zweige von getrocknetem Bohnenkraut, Oregano und Thymian. Man gibt es in lange gekochte Fleisch-, Geflügel- oder Gemüsegerichte. Vor dem Auftragen entfernen.

Kräuterpfeffer

1 EL getrockneter Rosmarin

1 EL getrocknetes Winter-Bohnenkraut

1 EL getrockneter Thymian

1 EL getrockneter Majoran

1 EL gemahlener schwarzer Pfeffer

1 EL gemahlener Macis

Die Kräuter fein zerreiben oder mahlen. Durch ein Sieb geben und mit Pfeffer und Macis mischen. Im luftdichten Behälter 2–3 Monate aufbewahren. Ergibt eine gute Mischung für Wurzelgemüse, als Hähnchenfüllung und in Wintersuppen. Als pikante Variante mit einer zerdrückten Knoblauchzehe und etwas geriebener Zitronenschale kombinieren.

Kräuterpaste mit Knoblauch

4 Knoblauchzehen

Salz

2 TL grob gemahlene schwarze Pfefferkörner

4 EL fein gehackte gemischte frische Kräuter (zur Wahl stehen Basilikum, Majoran, Petersilie, Rosmarin, Salbei, Estragon, Thymian).

1–2 EL Olivenöl

Den Knoblauch mit etwas Salz im Mörser fein zerreiben. Alle übrigen Zutaten hinzugeben und gut mischen. Zum Einreiben von Räucherschinken oder Grillkoteletts vom Schwein oder Lamm verwenden.

Kubanischer Adobo

Auf den Spanisch sprechenden karibischen Inseln beginnt man beim Kochen häufig mit einem Sofrito, einer Mischung aus angeschmorten Kräutern, Gewürzen und Gemüse, die einem Gericht die nötige Aromen-Grundlage geben. Die andere Grundmischung, Adobo, wird entweder trocken zum Einreiben oder flüssig als Marinade verwendet. Für das Einreibgewürz lässt man den Orangensaft weg. Adobos kennt man überall in Mittel- und Südamerika.

1 EL frischer Thymian

1 EL frischer Oregano

2 Hand voll Korianderblätter und Zweige

3 Knoblauchzehen, zerdrückt

1 TL gemahlener Kreuzkümmel

2 TL gemahlener schwarzer Pfeffer

100 ml Bitterorangen- oder Limettensaft

Alles in der Küchenmaschine mischen und 4–5 Tage im Kühlschrank aufbewahren. Als Gewürz verwenden (*S. 283*).

Chilenischer Aliño

Aliño bedeutet Würze oder Dressing und wird in ganz Südamerika für Kräuter- und Gewürzmischungen zu Fleisch, Geflügel oder Fisch und in Suppen oder Schmortöpfen verwendet. Auf jedem Markt kann man Aliño in kleinen Bündeln oder abgepackt kaufen. Diese Variante stammt aus *Three Generations of Chilean Cuisine* von Mirtha Umaña-Murray.

1 EL getrockneter Thymian

1 EL getrockneter Rosmarin

1 EL getrockneter Oregano

1 EL getrockneter Salbei

1 EL getrocknete Minze

1 EL getrocknete Zitronenmelisse

1 EL getrockneter Majoran

1 EL getrockneter Estragon

Die Kräutermischung zerreiben und in einem luftdichten Behälter aufbewahren.

Khmeli-Suneli

Diese Mischung stammt aus Georgien. Auf den Märkten in Tiflis werden vielerlei Gewürzmischungen unter dem Namen Khmeli-Suneli angeboten, denn jede Region und jede Familie kennt ihre eigene. Hier ist eine davon:

1 EL gemahlener Koriandersamen

1 TL getrocknete Bockshornklee-Blätter

1 TL gemahlene Ringelblumen

1 TL gemahlene Minze

1 TL getrockneter Dill

1 TL getrocknetes Sommer-Bohnenkraut

½ TL Fenchelsamen

½ TL gemahlener Zimt

1 große Prise gemahlene Nelken

Alle Zutaten im Mörser oder in der Küchenmaschine vermahlen. 2–3 Monate im geschlossenen Behälter aufbewahren. Die Mischung für Marinaden oder zum Einreiben von Grillfleisch, in Gemüsegerichten, Suppen und Eintöpfen verwenden.

Grünes Masala

Dieses indische Masala passt ausgezeichnet zu Fisch oder Huhn.

60 g frischer Ingwer

2 Knoblauchzehen

4–6 frische grüne Chilis

1 große Hand voll Korianderblätter und junge Stängel

½ TL Salz

Ingwer und Knoblauch schälen und hacken; Chilis entkernen und klein schneiden. Alle Zutaten in die Küchenmaschine geben und mit etwas Wasser zu einer Paste verrühren.

Die Mischung hält, gut verschlossen, im Kühlschrank bis zu 2 Wochen, tiefgefroren bis zu 3 Monate. Gegebenenfalls kann der Koriander für ein einfacheres Masala auch weggelassen werden.

SEASONING

Diese Pasten werden auf den Englisch sprechenden karibischen Inseln zum Würzen von Fleisch, Geflügel und Fisch verwendet. Zutaten und Rezepte variieren von Insel zu Insel, doch meist bestehen sie aus frischen Kräutern wie Petersilie, Minze, Thymian, Sellerie, Oregano, Koriander, Culentro, Schnittlauch, Zwiebelgrün und Knoblauch sowie Gewürzen wie Ingwer, Nelken, Zimt, Piment, Curry, Paprika, Pfeffer und Chilis, außerdem Zutaten wie Worcester-Soße, Bitterorangensaft, Limettensaft, Essig und Öl.

Meist wird Seasoning als Marinadenpaste verwendet, sie kann aber auch Soßen oder Eintöpfe würzen. Zum Marinieren Fleisch, Fisch oder Geflügel mit der Paste einreiben und bei kleinen Mengen 1–2 Stunden, bei größeren 3–4 Stunden und bis zu 12 Stunden bei einem ganzen Braten oder Geflügel einwirken lassen.

Bajan-Seasoning

Wie der Name besagt, kommt diese Seasoning-Variante aus Barbados.

6–8 Frühlingszwiebeln, grob gehackt

4 Knoblauchzehen, zerdrückt

1 Hand voll Petersilienblätter mit Stielen

1 EL frischer Thymian

1 kleiner Bund Schnittlauch

1 Scotch-Bonnet-Chili, entkernt, grob gehackt

4 EL Limettensaft

Alle Zutaten in der Küchenmaschine zu einer Paste mixen. Nach Belieben salzen und mehr Limettensaft zugeben. Bis zu 4–5 Tage im Kühlschrank aufbewahren.

Trinidad-Seasoning

6–8 Frühlingszwiebeln, grob gehackt

1 kleine Zwiebel, grob gehackt

3 Knoblauchzehen, zerdrückt

1 Bund Culentro oder Korianderkraut, grob gehackt

1 kleine Hand voll Minzeblätter

1 kleines Stück frischer Ingwer, grob gehackt

1 grüne Chili

1 gute Prise schwarzer Pfeffer

4 EL Limettensaft

Alle Zutaten im Mixer zu einer Paste mischen. Nach Geschmack mehr Limettensaft und Salz zugeben. Aufbewahrungsdauer wie Bajan-Seasoning (*oben*).

Jamaica-Jerk-Seasoning

Diese Würzpaste besteht aus mehr Gewürzen als Kräutern. Hauptsächlich wird sie zum Einreiben von Schweine- und Hühnerfleisch vor dem Grillen verwendet.

3–6 Scotch-Bonnet-Chilis, ohne Samen, grob gehackt

4–6 Frühlingszwiebeln, grob gehackt

3 Schalotten, geviertelt

3 Knoblauchzehen, zerdrückt

1 kleines Stück frischer Ingwer, grob gehackt

3 EL frische Thymianblätter

1 EL gemahlener Piment

2 TL gemahlener Pfeffer

1 TL gemahlener Zimt

½ TL geriebener Muskat

½ TL gemahlene Nelken

3–4 EL Sonnenblumenöl

Alle Zutaten in einer Küchenmaschine mischen. Wenn nötig etwas Wasser oder mehr Öl zufügen. Bis zu 6 Wochen im Kühlschrank aufbewahren.

GEMISCHTER KRÄUTERTELLER

Eine iranische Mahlzeit wird fast immer von einer Schale mit Kräutern begleitet: Minze, Schnittlauch, Frühlingszwiebeln, Petersilie, Dill, Estragon werden als Appetithappen oder Teil eines Gerichts auf den Tisch gestellt.

Im Libanon gehört immer ein Teller mit frischem Gemüse und Kräutern zur Mezze-Tafel, meistens Gurken, Radieschen, Tomaten, Römischer Salat, Petersilie, Minze, Portulak, Brunnenkresse und Frühlingszwiebeln.

Die Vietnamesen teilen diese Leidenschaft für frische Kräuter. Keine Mahlzeit ist vollständig ohne Basilikum, Koriander, Rau Ram, rote und grüne Perilla, Minze, Gurke und Kopfsalatblätter.

IRANISCHE KRÄUTERMISCHUNGEN

Die Iraner übertragen ihre Leidenschaft für Kräuter auf ihre gekochten Gerichte.

Reis-Mischung (Sabzi Polo) ist zu gleichen Teilen Petersilie, Koriander, Schnittlauch und manchmal Dill.

Eintopf-Mischung (Sabzi Ghormeh) besteht aus Petersilie, Schnittlauch, Koriander und Bockshornklee; unverzichtbar ist Limettenpulver, auch Dill und Minze.

Suppen-Mischung (Sabzi Âshe) muss unbedingt Petersilie, Schnittlauch und Koriander enthalten, manchmal auch Minze und Bockshornklee.

GEWÜRZMISCHUNGEN

Die Kunst des Gewürzemischens wird in vielen Teilen der Welt seit Jahrhunderten praktiziert. In fast ganz China, in Japan, auf dem indischen Subkontinent, im Nahen Osten und in Lateinamerika sind diese Mischungen ein wichtiges Merkmal, in dem sich die regionalen Küchen voneinander unterscheiden.

Japan

Höchstes Ziel der japanischen Küche ist es, den Eigengeschmack jedes Nahrungsmittels zur Geltung zu bringen. Sie verwendet viele aromatische Zutaten wie Sojaprodukte, Algen, Dashi, getrockneten Bonito-Fisch, doch wenig Gewürze. Wasabi, Sansho, Chili, Senf, Ingwer und Sesam werden zurückhaltend eingesetzt.

Sieben-Gewürze-Pulver

Shichimi Togarashi bedeutet »Sieben-Zutaten-Chili«. Je nach Region gibt es verschiedene Varianten. Als Zutaten kommen auch Perilla, Senfsamen, gerösteter oder getrockneter Chili in Frage. Selbst bei mehr als sieben Gewürzen bleibt die Bezeichnung gleich. Als stärkstes Aroma schmeckt man die Tangerinenschale und die Jod-Noten des Nori (Seetang) heraus; am stärksten tritt der Geschmack von Chili hervor, der aber nichts übertönt. Das grobkörnige Pulver gibt es als milde und als scharfe Variante; wer Shichimi selbst herstellt, kann die Chilimenge dem eigenen Geschmack anpassen. Als säuerliches Element kann etwas Yuzu-Schale hinzugeben werden. Shichimi passt gut zu Udon (Weizenmehlnudeln), Suppen, Nabemono (Ein-Topf-Gerichte) und Yakitori (Hühnchen- und Gemüsespieße).

2 TL weiße Sesamsamen

1 TL zerstoßene getrocknete Tangerinenschale

2 TL Nori-Flocken (Aonori)

2 TL Chiliflocken

1 EL Sansho

1 TL schwarze Sesamsamen

1 TL Hanf- oder weißer Mohnsamen

Die weißen Sesamsamen mit der Tangerinenschale grob mahlen. Nori- und Chiliflocken hinzufügen, erneut mahlen. Übrige Zutaten hineinrühren und luftdicht verschlossen aufbewahren.

Goma Shio

Goma bedeutet Sesam. Mit dieser schlichten Mischung werden Reis, Gemüse und Salate gewürzt.

4 TL schwarze oder weiße Sesamsamen

2 TL grobes Meersalz

Die Sesamsamen 1–2 Minuten leicht rösten, dabei die Pfanne rütteln. Abkühlen lassen, dann mit dem Salz kurz grobkörnig mahlen. Luftdicht verschlossen aufbewahren. Da Sesam in Korea sehr beliebt ist, würde man für eine koreanische Mischung bis zu 60 g geröstete Sesamsamen auf 2 TL Salz nehmen.

China

Die chinesische Küche verwendet Gewürze einzeln, für ein reicheres Aroma das Fünf-Gewürze-Pulver und für Brühen zum langsamen Garen von Schweine- oder Rindfleisch eine noch umfangreichere Gewürzmischung mit Sojasoße und Zucker.

Fünf-Gewürze-Pulver

In der chinesischen Esskultur war schon immer die Ausgewogenheit der fünf Aromen (salzig, sauer, bitter, scharf und süß) eine Voraussetzung für gesundheitliche und kulinarische Bekömmlichkeit. Das Fünf-Gewürze-Pulver wird manchmal mit getrocknetem Ingwer, Kardamom oder Süßholz auf sieben erweitert. Man würzt damit sparsam Brühen, Marinaden, Fleisch oder Geflügel.

6 Sternanis

1 EL Szechuan-Pfeffer

1 EL Fenchelsamen

2 TL Nelken

2 TL gemahlener Kassiazimt oder Zimt

Alle Gewürze zu Pulver vermahlen. Durch ein Sieb geben und luftdicht verschlossen aufbewahren.

Thailand

Der Erfolg der Thai-Küche hängt immer von der raffinierten Kombination von Aromen in einer Currypaste, Soße, Suppe oder einem Dip ab. Die geschickte Mischung von Kräutern, Gewürzen und Zutaten wie Fischsoße, getrocknete Garnelen und Garnelenpaste gibt Gemüsen, Fisch, Fleisch und Geflügel ihre Würze. Currypasten sind von Region zu Region und von Haus zu Haus verschieden; meist werden sie bei Bedarf und nicht im Voraus zubereitet, doch die Pasten halten sich, gut verschlossen, etwa 2 Wochen im Kühlschrank oder können in kleinen Töpfchen eingefroren werden.

Rote Currypaste

10 getrocknete rote Chilis

1 TL Garnelenpaste (Kapi)

1 EL Koriandersamen

2 TL Kreuzkümmelsamen

5 Knoblauchzehen, zerdrückt

6 Schalotten, gehackt

2 Stängel Zitronengras, nur unteres Drittel, in Scheiben

6 Scheiben Galgant

1 TL geriebene Schale einer Kaffirlimette

2 EL gehackte Korianderwurzeln

1 TL gemahlener schwarzer Pfeffer

Chilis klein schneiden und in etwas warmem Wasser 10–15 Minuten einweichen. Garnelenpaste zwischen Alufolie von jeder Seite 1–2 Minuten rösten. Koriander- und Kreuzkümmelsamen ohne Fett rösten, abkühlen und mahlen.

Chilis mitsamt dem Wasser und alle übrigen Zutaten im Mixer oder Mörser zu einer glatten Paste verrühren. Passt gut zu Rind, Wild, Ente und Schweinefleisch.

Grüne Currypaste

Grüne Currypaste ist die schärfste Paste überhaupt, doch kann man auch weniger Chilis nehmen oder sie entkernen. Grüne Currypaste passt zu Fisch und Meeresfrüchten, Huhn und Gemüse.

2 TL Koriandersamen

1 TL Kreuzkümmelsamen

1 TL Garnelenpaste (Kapi)

2 TL gehackter oder 1 TL getrockneter Galgant

2 TL gehackte oder 1 TL getrocknete Fingerhutwurzel (Krachai)

2 Stängel Zitronengras, nur unteres Drittel, gehackt

1 TL geriebene Kaffirlimetten-Schale

4 Schalotten, gehackt

3 Knoblauchzehen, gehackt

1 TL gemahlener schwarzer Pfeffer

½ TL gemahlene Muskatnuss

1 kleiner Bund Korianderkraut mit jungen Stängeln und Wurzeln, gehackt

4 EL gehacktes Thai-Basilikum

15 kleine grüne Chilis, gehackt

Koriander und Kreuzkümmel ohne Fett rösten, bis sie braun sind, abkühlen lassen, dann mahlen. Die Garnelenpaste zwischen Alufolie 1–2 Minuten von jeder Seite ohne Fett rösten. Abkühlen lassen. Alle Zutaten im Mörser oder Mixer zu einer glatten Paste verrühren.

Massaman-Currypaste

Diese Paste hat ihren Namen von den muslimischen Händlern, die Gewürze nach Thailand brachten. Einige Gewürze darin werden mehr in Indien verwendet. Ihr Aroma ist wohltuend kräftig.

2 EL Koriandersamen

2 TL Kreuzkümmelsamen

6 grüne Kardamomkapseln

½ Zimtstange

6 Nelken

10 getrocknete rote Chilis

½ TL gemahlener Muskat

½ TL gemahlener Macis

1 TL Garnelenpaste (Kapi)

2 EL Sonnenblumenöl

5 Schalotten, gehackt,

4 Knoblauchzehen, gehackt

1 EL gehackter Galgant

1 EL gehackte Korianderwurzel

2 Stängel Zitronengras, nur unteres Drittel, in Scheiben

Alle ganzen Gewürze und Chilis ohne Fett rösten, abkühlen lassen, dann die Kardamomhülsen entfernen und alles zu Pulver vermahlen. Mit Muskat und Macis mischen. Die Garnelenpaste in Alufolie rösten, bis sich ihr Aroma entwickelt.

Das Öl erhitzen und Schalotten und Knoblauch goldgelb andünsten, dann Galgant, Korianderwurzel und Zitronengras zugeben. Gut eine Minute braten, danach in den Mörser oder die Küchenmaschine füllen.

Alle übrigen Zutaten hinzugeben und zu einer glatten Paste vermahlen. Zu Fleisch und Geflügel verwenden.

Indien

Die erste Anforderung an einen indischen Koch ist, ein guter Masalchi oder Gewürzmischer zu werden. Masala ist eine Gewürzmischung, die zwei, drei, ein Dutzend und mehr Gewürze enthalten kann. Ganz oder gemahlen werden sie in unterschiedlichen Kochphasen zugegeben. Für Reis und manche Fleischgerichte sind ganze Gewürze üblich. Von den gemahlenen Mischungen sind in der nordindischen Küche die Garam Masalas (wörtlich »scharfes Gewürz«) besonders beliebt. Garam Masala wird meist gegen Ende der Garzeit hinzugegeben, damit die anderen Zutaten ihren Geschmack entwickeln und die Aromen bewahrt bleiben. Auswandernde Inder nahmen ihre Masalas in alle Gegenden der Welt mit – nach Malaysia, Südafrika und in die Karibik. Currypulver stammt aus Chennai (Madras), wo im 18. Jh. einheimische Köche in britischen Haushalten indische Gerichte einführten.

Garam Masala, Grundmischung

Dieses Masala und seine Abwandlungen eignen sich besonders für Fleisch- und Geflügelgerichte, vor allem für solche mit Tomaten- oder Zwiebelsoße. Auch in würziger Bohnen- oder Linsensuppe schmeckt es köstlich.

2 EL schwarze Kardamomkapseln

4 EL Koriandersamen

3 EL Kreuzkümmelsamen

2 EL schwarze Pfefferkörner

1 EL Nelken

1½ Zimtstangen

2 Tejpat-Blätter (oder Lorbeer), zerrieben

Die Kardamomkapseln enthülsen. Die Zimtstangen brechen. Alle Gewürze bei mittlerer Hitze etwa 8–10 Minuten ohne Fett rösten. Die Gewürze abkühlen lassen, zu Pulver vermahlen und sieben. Masala hält im luftdichten Behälter 2–3 Monate.

VARIANTEN
Gujarati-Masala
1 EL Sesamsamen, 2 TL Fenchelsamen, 1 TL Ajowansamen und 3–4 getrocknete Chilis hinzufügen.

Kashmiri-Masala
Schwarze Kümmelsamen und grünen Kardamom statt des schwarzen verwenden, dazu 2 Macisstreifen und ¼ geriebene Muskatnuss hinzugeben.

Punjabi-Masala
Nur 2 EL Koriandersamen und 1 EL Kardamomkapseln, aber 2 EL grünen Kardamom, 2 EL Fenchelsamen, 2 Macisstreifen, 1 EL schwarze Kreuzkümmelsamen, 2 TL gemahlenen Ingwer und 1 EL getrocknete Rosenblüten dazugeben.

Aromatisches Garam Masala

Diese Mischung ist mild mit einer feinen Betonung des Kardamom. Sie wird für Kebabs und klassische Moghul-Gerichte mit Butter und Sahne oder Jogurt verwendet.

1 EL grüne oder 3 EL schwarze Kardamomkapseln

½ Zimtstange

2 Macisblätter

2 TL schwarze Pfefferkörner

1 TL Nelken

Die Samen aus den Kardamomkapseln schälen. Zimtstange in Stücke brechen. Alle Gewürze zu Pulver vermahlen, danach sieben. Hält im luftdichten Behälter aufbewahrt 2–3 Monate.

Bombay-Masala

Dieses Masala bekommt seinen runden Geschmack und die körnige Konsistenz durch die Zugabe von Kokosnuss, Sesam- und Mohnsamen. Es passt besonders zu Linsen und Gemüse. Gibt man es zu Beginn der Garzeit hinzu, verleiht es dem Gericht ein feines Aroma, am Ende hinzugefügt, wird der Geschmack intensiver.

8 grüne Kardamomkapseln

1 kleines Stück Zimtstange

2 Tejpat-Blätter oder 1 Zweig Curryblätter

1 TL schwarze Pfefferkörner

2 TL Koriandersamen

2 TL Kreuzkümmel

6 Nelken

2 EL ungezuckerte geraspelte Kokosnuss

2 TL Sesamsamen

2 EL Mohnsamen

Die Samen aus den Kardamomkapseln lösen. Zimtstange und getrocknete Tejpat-Blätter zerkrümeln, Curryblätter von den Stängeln abzupfen. Kardamomsamen, Zimt, Tejpat- bzw. Curryblätter, Pfefferkörner, Koriander, Kreuzkümmel und Nelken ohne Fett rösten, bis sie hellbraun sind. Kühl stellen.

Kokosnuss, Sesam- und Mohnsamen bei schwacher Hitze rösten, bis sie Farbe annehmen; die Kokosnuss sollte dunkelbraun sein. Abkühlen lassen und mit den Gewürzen mischen. Hält sich 2–3 Monate im luftdichten Gefäß.

Dhana-Jeera-Pulver

Diese einfache Mischung aus vier Teilen Koriandersamen und einem Teil Kreuzkümmel ist in Gujarat und Maharashtra beliebt und wird oft als Grundmischung für Masalas verwendet.

Tandoori Masala

Kommt die Sprache auf indisches Essen, denkt man bei uns fast automatisch an Tandoori-Huhn. Das rauchige Aroma von Tandoori-Fleisch oder -Fisch kommt vom Tonofen, in dem das Essen gegart wird, der säuerliche Geschmack von der würzigen Jogurt-Marinade. Man kann das Masala für Gerichte verwenden, die sowohl im Ofen als auch auf dem Grill gebraten werden. Damit jedoch ein Tandoori-Gericht seine tieforange Farbe erhält, braucht man etwas Farbe aus dem Asienladen. Steinsalz wird in indischen Läden als rosa Pulver oder in rötlichen Brocken verkauft. Sein starker Schwefelgeruch verliert sich beim Kochen. Man kann es durch etwas mehr Meersalz ersetzen.

½ Zimtstange

1 EL Koriandersamen

2 TL Kreuzkümmelsamen

6 Nelken

3 Macisstreifen

2 TL Kurkuma

2 TL gemahlener Ingwer

1 TL gemahlener Chili

1 TL Amchoor

1 TL Steinsalz

1 TL Meersalz

Zimtstange leicht zerstoßen und die ganzen Gewürze ohne Fett rösten, bis sie dunkel werden und zu rauchen beginnen. Abkühlen lassen und mahlen. Alle Gewürze mit dem Salz mischen.

Für die Marinade 200 g Jogurt cremig schlagen und mit 2–3 TL Masala mischen.

Chat Masala

Dieses Masala wird in kleinen Mengen über Obst- und Gemüsesalate gestreut. Es schmeckt frisch und säuerlich.

1 TL Kreuzkümmel

1 TL schwarze Pfefferkörner

½ TL Ajowansamen

1 TL Anardana

1 TL Steinsalz (s.o.)

1 TL grobes Meersalz

3 TL Amchoor

¼ TL Asant

½ TL zerstoßene getrocknete Minze

½ TL gemahlener Chili

Alle ganzen Gewürze und das Salz zu Pulver vermahlen, dann die übrigen Zutaten untermischen. Hält sich im luftdichten Gefäß 2 Monate.

Masala für Fisch

1 EL Kreuzkümmelsamen

2 EL Koriandersamen

½ TL Ajowansamen

1 EL Ingwersaft (S. 239)

Die Gewürze mahlen und mit dem Ingwersaft mischen. Fisch damit einreiben und vor dem Garen etwa 1 Stunde marinieren lassen.

Madras-Currypulver

2 getrocknete Chilis

4 EL Koriandersamen

2 EL Kreuzkümmelsamen

1 TL Senfsamen

1 ½ EL schwarze Pfefferkörner

6 Curryblätter

½ TL gemahlener Ingwer

1 TL Kurkuma

Die ganzen Gewürze ohne Fett rösten und abkühlen lassen. Die Curryblätter kurz in der Pfanne trocknen und zu den Gewürzen geben. Alles zu Pulver mahlen, sieben und Ingwer sowie Kurkuma untermischen. Hält im luftdichten Gefäß 2 Monate.

Sambhar-Pulver

Dieses Pulver wird in der überwiegend vegetarischen südindischen Küche verwendet. Hülsenfrüchte, Gemüse, Soßen und Suppen werden damit gewürzt. Die Dal sorgen für cremige Konsistenz und nussigen Geschmack.

4 EL Koriandersamen

2 EL Kreuzkümmelsamen

1 EL schwarze Pfefferkörner

1 TL Senfsamen

2 TL Bockshornklee-Samen

10 getrocknete Chilis

¼ TL Asant

1 EL Kurkuma

1 EL Sonnenblumenöl

1 EL Channa Dal (gespaltene weiße Kichererbsen)

1 EL Urd Dal (gespaltene schwarze Mungobohnen)

Die ganzen Gewürze 5–8 Minuten ohne Fett rösten. Sobald sie gebräunt und ihre Aromen freigesetzt worden sind, Asant und Kurkuma hinzufügen und 1 Minute lang umrühren. In ein Schälchen geben. Die Dal im Öl braten, bis sie bräunen. Ständig rühren. Zu den Gewürzen geben, gut vermischen, abkühlen lassen, danach mahlen. Luftdicht aufbewahren, innerhalb von 2 Wochen aufbrauchen.

Tamilen-Currypulver

Diese südindische Mischung wird zum Würzen von Reis verwendet oder kurz vor dem Auftragen in ein Gemüse-curry gerührt.

10 Zweige Curryblätter
1 EL Sonnenblumenöl
1 EL Koriandersamen
3 getrocknete Chilis
1 Prise Asant
1 TL Toor Dal (gelbe Linsen)
1 TL Urd Dal (gespaltene schwarze Mungobohnen)

Blätter abzupfen und in Öl andünsten, bis sie sich etwas färben. Aus der Pfanne nehmen und die übrigen Zutaten unter Um-rühren bräunen lassen, dabei die Pfanne ständig rütteln. Abkühlen lassen. Curryblätter mahlen; übrige Zutaten hinzu-geben und zu Pulver mahlen. In einem luftdichten Gefäß bis zu 2 Wochen aufbewahren.

Bengalischer Panch Phoron

Eine Mischung aus ganzen Gewürzen zum Würzen von Hülsenfrüchten und vegetarischen Gerichten.

1 EL Kreuzkümmelsamen
1 EL Fenchelsamen
1 EL Senfsamen
1 EL Schwarzkümmelsamen
1 EL Bockshornklee-Samen

Alle Gewürze mischen und in einem luftdichten Behälter auf-bewahren. Man aromatisiert damit heißes Öl, bevor die übri-gen Zutaten hinzukommen, oder würzt damit Ghee (geklärte Butter), die man vor dem Servieren über die Linsen, Bohnen oder Kichererbsen gießt.

Massalé

Die Gewürzmischung der französischen Inseln Mauritius und Réunion im Indischen Ozean. Die Menge der Zutaten variiert. Massalé wird mit Kurkuma in Gerichte gegeben, die man dort Cari, Currie oder Massalé nennt.

2 EL Koriandersamen
2 TL Kreuzkümmel
2 TL schwarze Pfefferkörner
1 TL Kardamomkapseln
1 TL Nelken
1 Stückchen Zimtstange
1 TL gemahlener Chili
1 TL geriebene Muskatnuss

Die ganzen Gewürze ohne Fett rösten, bis sie leicht braun sind. Abgekühlt fein mahlen und Chili und Muskat untermi-schen. Hält sich 2–3 Monate im luftdichten Gefäß.

Sri-Lanka-Currypulver

1 EL roher Reis
2 EL Koriandersamen
½ Zimtstange
3 grüne Kardamomkapseln
3 Nelken
1 TL schwarze Pfefferkörner
1 EL Kreuzkümmel
2 Stiele Curryblätter

Den Reis ohne Fett rösten. Gewürze und abgezupfte Curry-blätter zugeben. Bei schwacher Hitze, damit nichts anbrennt, rühren, bis alle Gewürze dunkelbraun sind.

Nach dem Abkühlen fein mahlen und sieben. 1–2 TL davon kurz vor dem Anrichten in das Curry-Gericht rühren.

Malaysisches Currypulver

Malaysische Curry-Gewürze spiegeln den Einfluss des großen Anteils an Indern in der Bevölkerung wider.

½ Zimtstange
5 getrocknete Chilis
1 TL grüne Kardamomsamen
6 Nelken
1 TL Kreuzkümmel
1 EL Koriandersamen
2 TL gemahlenes Kurkuma
1 TL gemahlener Galgant

Die ganzen Gewürze zu einem Pulver mahlen und Kurkuma und Galgant hineinrühren. 2–3 Monate im luftdichten Gefäß aufbewahren.

Malaysische Currypaste

2 Stängel Zitronengras, nur unteres Drittel
1 daumengroßes Stück Galgant, gehackt
6 Knoblauchzehen, gehackt
2 Schalotten, gehackt
6 frische Chilis, entkernt, gehackt
1 TL gemahlenes Macis
1 TL schwarze Pfefferkörner
1 EL Sonnenblumenöl
½ TL Salz
1 EL Kurkuma

Alle Zutaten im Mixer zu einer glatten Paste mischen falls nötig, etwas mehr Öl oder Wasser hinzugeben. Hält sich im Kühlschrank im luftdichten Behälter eine Woche.

Naher Osten und Nordafrika

Iranische Gewürzmischungen sind eher mild, denn sie enthalten Sesam, Safran, Zimt, Rosenblätter, Koriander und in kleinen Mengen Kardamom, Kümmel und Kreuzkümmel. Auch säuerliche Gewürze wie Gerbersumach, getrocknete Limetten, Berberitze oder Granatapfel spielen eine wichtige Rolle. Die Advieh genannten Gewürzmischungen unterscheiden sich zwischen den Regionen am Golf und in der zentralen Hochebene beträchtlich; sie werden speziell für bestimmte Gerichte gemischt. Während man am Golf extrem scharf gewürzte Gerichte schätzt, hat jedes der Länder seine eigene Gewürzmischung, das Baharat (wörtlich »Gewürz«). Überhaupt würzt man in sämtlichen arabischen Ländern mit Hingabe, wogegen in Israel und in der Türkei Gewürze und Kräuter häufig zu milderen Mischungen zusammengestellt werden. Die weit verbreiteten roten Paprikaflocken können brennend scharf, aber auch recht mild sein. Die Lust am Würzen setzt sich vom östlichen Mittelmeer bis nach Nordafrika fort.

Gewürzmischung für Pickles

1 TL Koriandersamen

1 TL gemahlener Ingwer

1 TL Golpar (*S. 93*)

2 TL gemahlene getrocknete Limette

1 TL Anis

1 TL gemahlener Zimt

1 TL Kreuzkümmel

1 TL Schwarzkümmel

Diese Mischung wird zum Einlegen von gemischtem Gemüse und Früchten verwendet. Meist gehören dazu Blumenkohl, grüne Bohnen, Gurken, Karotten, unreife Tomaten, Aprikosen, Birnen, Mispeln und Quitten. Gemüse und Obst werden gekocht oder gesalzen und mit den Gewürzen und abgekochtem Essig zusammen eingelegt.

Advieh für Reis

2 EL gemahlener Zimt

2 EL gemahlene getrocknete Rosenblätter

1 EL gemahlener Kreuzkümmel oder grüne Kardamomsamen

Die Gewürze mischen und zum Würzen von gedämpftem Reis oder »Reis auf persische Art« (*S. 321*) verwenden. Im luftdichten Gefäß 1 Monat haltbar.

Advieh für Eintöpfe

2 Zimtstangen

2 EL Koriandersamen

1½ EL grüner Kardamom

1 EL schwarze Pfefferkörner

1 EL Kreuzkümmel

2 TL geriebene Muskatnuss

2 TL gemahlene getrocknete Limette

Zimtstangen in Stücke brechen, alle ganzen Gewürze mahlen, sieben und mit Muskat und Limettenpulver mischen. Hält im luftdichten Behälter 1 Monat.

Saudisches Baharat

1 EL schwarze Pfefferkörner

1 EL Koriandersamen

1 kleines Stück Kassiazimt oder Zimt

2 TL Kreuzkümmel

2 TL Nelken

6 Samen von grünem Kardamom

2 TL gemahlener Ingwer

½ Muskat, gerieben

2 EL Paprika

1 TL gemahlener Chili

Alle ganzen Gewürze mahlen und mit Ingwer, Muskat, Paprika und Chilipulver mischen. Sieben und im luftdichten Behälter bis zu 2 Monate aufbewahren. Manchmal enthält Baharat auch Fenchelsamen und Kurkuma.

Die Mischung wird für Kibbeh, Fleischfüllungen, Tomaten- und andere Soßen, Eintöpfe und Suppen verwendet.

Bizar a'Shuwa

Diese Mischung stammt aus Oman. Ihr liegt ein Rezept zugrunde aus *Al Azaf, The Omani Cookbook* von Lamees Abdullah Al Taie.

1 EL Kreuzkümmelsamen

1 EL Koriandersamen

1 EL Kardamomsamen

1 TL gemahlener Chili

½ TL Kurkuma

2–3 EL Essig

2 Knoblauchzehen, zerrieben

Die ganzen Gewürze mahlen und mit Chili und Kurkuma mischen. Mit Knoblauch und genügend Essig zu einer dicken Paste verrühren. An langsam gegarte Gerichte geben oder Fleisch und Geflügel damit einreiben.

Jemenitisches Hawaij

Diese Mischung empfiehlt sich für Suppen, gegrilltes Fleisch und Gemüsegerichte.

1 EL schwarze Pfefferkörner

1 EL Kümmelsamen

1 TL grüne Kardamomsamen

1 TL Safranfäden

2 TL Kurkuma

Alle Zutaten in der Küchenmaschine zu Pulver mahlen. Hält sich bis zu 2 Monate.

Jemenitisches Zhug

Diese Paste kombiniert nach Belieben Knoblauch, Paprikaschoten und Gewürze. Von Israel aus, wo sie sehr beliebt ist, hat sie sich weit über die Küche jemenitischer Juden hinaus verbreitet.

2 kleine milde rote Gewürzpaprikas

2 rote Chilis

8 Knoblauchzehen

1 TL Koriandersamen

1 TL Kreuzkümmel

6 Samen von grünem Kardamom

1 Hand voll Korianderblätter mit jungen Stängeln

Paprika- und Chilischoten entkernen und klein schneiden. Knoblauch grob hacken. Alle Zutaten in der Küchenmaschine zu einer Paste mischen. Hält sich im geschlossenen Behälter, mit einer Ölschicht bedeckt, 1–2 Wochen im Kühlschrank.

Zhug wird als Würzpaste, als Soße für gegrillten Fisch oder Fleisch verwendet und in Suppen und Eintöpfe kurz vor dem Auftragen gegeben. Ein oder zwei Löffel Zhug kann auch in Hilbeh (*s. u.*) gegeben werden.

Jemenitisches Hilbeh

2 EL gemahlener Bockshornklee-Samen

1 großer Bund Koriandergrün und kleine Stängel

4 Knoblauchzehen, zerstoßen

Meersalz und frisch gemahlener schwarzer Pfeffer

3–4 Kardamomsamen, zerstoßen

½ TL Kümmelsamen

2–4 grüne Chilis, entkernt und gehackt

Saft von 1–2 Zitronen

Den gemahlenen Bockshornklee in viel heißem Wasser einweichen und über Nacht bzw. mindestens 8 Stunden stehen lassen. Es wird sich oben eine klare Flüssigkeit und darunter eine gelatineartige Mischung abscheiden. Die Flüssigkeit abgießen und beiseite stellen. Koriander, Knoblauch und die anderen Zutaten mit dem Zitronensaft mischen. Bockshornklee hinzugeben und erneut mischen. Abschmecken und, wenn nötig, mehr Zitronensaft und Salz hinzugeben. Fügt man etwas Wasser hinzu, wird die Paste geschmeidiger; durch den Bockshornklee wird sie etwas schaumig, sie schmeckt säuerlich und etwas bitter. Hilbeh wird am Ende der Garzeit in Eintöpfe gerührt, als Würzpaste (mit Zimmertemperatur) zu Gerichten gereicht oder einfach mit Fladenbrot gegessen. Manchmal fügt man gehackte Tomaten hinzu. Hält sich zugedeckt im Kühlschrank bis zu 1 Woche.

Taklia

Diese Mischung von Knoblauch und Koriander wird zum Würzen von Suppen und Eintöpfen verwendet.

3 Knoblauchzehen

Salz

2 EL Sonnenblumenöl

1 EL gemahlener Koriander

½ TL Cayennepfeffer

Den Knoblauch mit etwas Salz zerdrücken und in Öl goldgelb anbraten. Mit Koriander und Cayennepfeffer zu einer Paste mischen und diese unter Rühren 2 Minuten braten. Sofort verwenden.

Za'atar

Za'atar ist der Oberbegriff für eine Reihe von Kräutern mit Thymian-Bohnenkraut-Oregano-Aroma (S. 102). Diese im Vorderen Orient beliebte Mischung streut man auf Fleischbällchen, Kebabs und Gemüse oder verwendet sie als Dip. Mit Olivenöl zu einer Paste verrührt, kann man damit Brot vor dem Backen bestreichen.

60 g Sesamsamen

30 g gemahlener Gerbersumach

30 g getockneter Za'atar oder Thymian, gemahlen

Sesamsamen einige Minuten unter Rühren ohne Fett rösten. Abkühlen lassen, dann mit Gerbersumach und Za'atar oder Thymian mischen. Hält sich luftdicht verschlossen 2–3 Monate.

Tunesisches Bharat

Das einfachste tunesische Bharat besteht zu gleichen Teilen aus gemahlenem Zimt und gemahlenen getrockneten Rosenknospen, manchmal zusätzlich mit etwas schwarzem Pfeffer. Es wird für Fisch, gebratenes und gegrilltes Fleisch, Couscous und Tagines verwendet.

Aleppo-Mischung

Diese Mischung verwendet man für gegrilltes und gebratenes Huhn und Lamm, für Köfte und Kibbeh.

1 EL schwarze Pfefferkörner

1 EL Piment

5 Samen von grünem Kardamom

½ Muskatnuss

1 TL Koriandersamen

1 TL Kreuzkümmel

1 EL gemahlener Zimt

1 EL türkische rote Paprikaflocken oder Paprika

1 TL Gerbersumach

Alle ganzen Gewürze mahlen und mit Zimt, roten Paprikaflocken und Gerbersumach mischen. Hält sich luftdicht verschlossen 2–3 Monate.

Tabil

Tabil bedeutet Koriander und ist gleichzeitig der Name einer Gewürzmischung, die es wohl nur in Tunesien gibt.

3 EL Koriandersamen

1 EL Kümmelsamen

2 Knoblauchzehen, geschält und zerdrückt

2 EL gemahlener Chili

Alle Zutaten zusammen im Mörser oder in der Küchenmaschine grob mahlen, dann, falls möglich, in der Sonne, sonst im Backofen bei 130 °C für 30–45 Min. trocknen. Nach dem Erkalten zu feinem Pulver mahlen. Tabil wird für Eintöpfe, geschmorte und gefüllte Gemüse und Rindfleischgerichte verwendet. Hält sich luftdicht verschlossen 1–2 Monate.

Dukka

Diese ägyptische Gewürzmischung mit Nüssen fällt von Familie zu Familie verschieden aus. Man serviert sie zum Frühstück oder als Snack zwischendurch.

120 g Sesamsamen

90 g Haselnüsse

60 g Koriandersamen

30 g Kreuzkümmelsamen

Salz nach Belieben

Olivenöl zum Dippen

Alle Zutaten einzeln rösten, bis der Sesam golden ist, die Haselnüsse ihre Haut verlieren und Koriander und Kreuzkümmel dunkel geworden sind und ihr Aroma entfaltet haben. Große Mengen röstet man im Ofen bei 250 °C. Abkühlen lassen.

Die Häute von den Haselnüssen abreiben und die Zutaten in der Küchenmaschine zu einem groben Pulver mahlen. Nicht zu lange mahlen, sonst wird die Masse breiig wegen des Ölanteils in den Nüssen und im Sesam. Luftdicht aufbewahren und bei Raumtemperatur mit Fladenbrot und Olivenöl servieren. Das Brot wird in das Öl und dann in die Dukka getunkt.

Qâlat Daqqa

Diese Mischung aus fünf Gewürzen stammt aus Tunesien, wo sie überwiegend für Lamm und Gemüsegerichte verwendet wird. Sie schmeckt besonders gut zu Kürbis, Auberginen, Spinat, Kichererbsen und anderem Gemüse.

2 TL schwarze Pfefferkörner

2 TL Nelken

1 TL Paradieskörner

1 TL gemahlener Zimt

3 TL geriebener Muskat

Die ganzen Gewürze zu einem Pulver mahlen und mit dem Zimt und Muskat mischen. Hält sich 2–3 Monate im luftdichten Behälter.

La Kama

Diese marokkanische Mischung wird für die am Ende der Fastenzeit zubereitete Harira-Suppe, für Eintöpfe und als Gewürz für Huhn verwendet.

1 EL gemahlener schwarzer Pfeffer

1 EL gemahlener Ingwer

1 EL Kurkuma

1 TL geriebener Muskat

2 TL gemahlener Kreuzkümmel

Mischen und im luftdichten Gefäß 1–2 Monate aufbewahren.

Ras el-Hanout

Ras el-Hanout ist eine marokkanische Mischung von 20 und mehr Gewürzen. Viele Varianten enthalten neben Kräutern und Gewürzen auch Aphrodisiaka. Eine typische Mischung könnte Folgendes enthalten: Chufa-Nüsse, Ebereschenbeeren, Galgant, Ingwer, Iriswurzel, schwarzen und grünen Kardamom, Kassiazimt, Kubeben, gemahlenes Kurkuma, Lavendel, Macis, Mönchspfeffer, Muskat, Nelken, Paradieskörner, schwarze Pfefferkörner und Langen Pfeffer, Piment, Rosenknospen, Schwarzkümmel, Zimt und die möglicherweise riskante Tollkirsche und Cantharides (Spanische Fliege). Ras el-Hanout wird meist je nach Bedarf ganz oder gemahlen verkauft. Es wird für Wild, Lamm, Couscous und Reis verwendet.

Afrika

Am Horn von Afrika und entlang der Ostküste haben sich die Menschen mit ihren Gewürzen immer in östlicher Richtung orientiert. In Westafrika dagegen dominieren mehr die Chilis zusammen mit den regionalen Kräutern und Gewürzen. Die südafrikanische Küche wurde von indischen und malaysischen Einwanderern mit ihren Currys, Sambals und Blatjangs beeinflusst.

Westafrikanische Pfeffermischung

Pfeffermischungen werden zum Würzen von Fisch, Fleisch und Gemüse verwendet. Sie können trocken oder als Paste gemischt sein, zusammen mit Zwiebeln, Knoblauch, Tomaten, süßen roten Gewürzpaprikas, getrockneten Shrimps und Palmöl.

2 EL schwarze Pfefferkörner

2 EL weiße Pfefferkörner

1 EL Kubebenpfeffer

1 EL Piment

2 TL Paradieskörner

2 EL gemahlener Ingwer

1 EL Chiliflocken

Die ganzen Gewürze mahlen und mit Ingwer und Chiliflocken mischen. Hält sich im luftdichten Behälter 2–3 Monate.

Südafrikanisches Currypulver

Diese Mischung stammt vom Kap. Sie wird in eine aus Ingwer, Knoblauch und Salz gerührte Paste gegeben; es können noch 2 TL Kurkuma hinzukommen.

2 TL Fenchelsamen

2 TL Koriandersamen

2 TL Kreuzkümmel

1 kleines Stück Zimtstange

5 Kardamomsamen

Alle Zutaten vermahlen. Im luftdichten Behälter 2–3 Monate haltbar.

Berbere

Berbere ist eine in Äthiopien und Eritrea verwendete feurig scharfe Mischung. Ähnlich wie Garam Masala (*S. 286*) wird diese Mischung aus vielerlei Gewürzen jeweils auf das Gericht und den eigenen Geschmack abgestimmt. Vor allem ist es ein Gewürz für Fleisch-, Gemüse- oder Linseneintöpfe (Wats), aber auch für alles, was gegrillt oder gebraten werden soll. Chilis, Ingwer und Nelken bilden die Grundlage, alle anderen Gewürze variieren und sind zum Teil außerhalb der Region nicht zu bekommen.

15–20 getrocknete rote Chilis

1 TL Koriandersamen

6 Samen von grünem Kardamon

12 Pimentbeeren

1 TL Kreuzkümmel

1 TL Bockshornklee-Samen

8 Nelken

½ Zimtstange, in Stücken

½ TL Ajowan

1 TL schwarze Pfefferkörner

1 TL gemahlener Ingwer

Eine große, schwere Pfanne erhitzen und die Chilis 2–3 Minuten unter Rühren ohne Fett rösten. Die übrigen ganzen Gewürze hinzugeben, weitere 5–6 Minuten unter Rühren rösten, bis sie dunkel werden.

Abkühlen, mahlen und den Ingwer zufügen. Hält sich im luftdichten Behälter 2–3 Monate.

Wat-Gewürz

Diese einfache Mischung lässt sich schnell zubereiten.

3 Schoten von Langem Pfeffer

1 EL schwarze Pfefferkörner

1 EL Nelken

½ Muskat

2 EL Chilipulver

2 TL gemahlener Ingwer

1 TL gemahlener Zimt

Pfeffer, Nelken und Muskat ohne Fett rösten und nach dem Erkalten mahlen. Chili, Ingwer und Zimt hineinrühren. Gegen Ende der Garzeit den Wat (Eintopf) damit würzen. Hält sich im luftdichten Behälter 2–3 Monate.

Europa

In Europa würzten die Reichen im Mittelalter ihre Speisen vor allem mit Pfeffer, Zimt, Nelken und Ingwer; man süßte mit Honig, später mit Zucker und säuerte mit Essig. Ab dem 16. Jh. etwa wurde weniger gesüßt, und als die Gewürze im 17. und 18. Jh. leichter zugänglich wurden, verwendete man sie weniger aufdringlich. Im 19. Jh. erwähnen Kochbücher erstmals Currypulver (in Rezepten, die Kolonialbeamte nach Hause sandten) sowie Mischungen, die häufig als »Küchenpfeffer« bezeichnet wurden. Heute sind nur noch wenige europäische Gewürzmischungen gebräuchlich, obwohl die Europäer Unmengen von gewürzten Speisen aus aller Welt konsumieren.

Quatre Épices

Die klassische französische Mischung wird in erster Linie für Wurst und andere Fleischprodukte verwendet. Man würzt damit häufig vor dem Braten glasierten Schinken und frisches Schweinefleisch.

6 TL schwarze oder weiße Pfefferkörner

1 TL Nelken

2 TL gemahlener Muskat

1 TL gemahlener Ingwer

Pfefferkörner und Nelken fein mahlen, mit Muskat und Ingwer mischen. Hält sich luftdicht verschlossen etwa 1–2 Monate.

Manchmal wird der Ingwer durch Zimt ersetzt, und gelegentlich findet man Mischungen, die Piment statt Nelken und Macis anstelle von Muskat verwenden.

Italienische Gewürzmischung

Mit dieser Mischung lassen sich wunderbar Brathähnchen oder Schweinekoteletts, eine gefüllte Schweinelende oder eine langsam in Alufolie gebratene Lammschulter mit Aprikosenleder (Amardine) oder anderen Trockenfrüchten würzen.

3 TL weiße oder schwarze Pfefferkörner

½ Muskatnuss

1 TL Wacholderbeeren

¼ TL Nelken

Alle Gewürze in der Elektromühle mahlen – eventuell die Muskatnuss vorher mit dem Nudelholz zerstoßen. Das Pulver hält sich im luftdichten Behälter 3–4 Monate.

Küchenpfeffer

Die Mischung würzt Eintöpfe und Wintersuppen, Bohnengerichte, Rotkohl und eignet sich gut zum Bestreuen von Wurzelgemüse vor dem Grillen.

1 EL schwarze Pfefferkörner

2 TL Nelken

2 Muskatnüsse, mit dem Nudelholz zerstoßen

2–3 Stücke getrockneter Ingwer

1 EL Anis

1 EL Koriandersamen

Alle Gewürze in der Elektromühle mahlen. Die Mischung hält 3–4 Monate im luftdichten Behälter.

Backgewürz

Diese englische Mischung, ähnlich Lebkuchengewürz, passt in Gebäck, Früchtebrot, Hackfleisch und warme englische Puddings. Die Auswahl und Mengenanteile der Gewürze unterscheiden sich nach dem persönlichen Geschmack; manchmal kommt noch Ingwer hinzu.

½ Zimtstange

1 EL Piment

1 EL Koriandersamen

2 TL Nelken

4 Macisstreifen

2 TL geriebene Muskatnuss

Die ganzen Gewürze zu feinem Pulver mahlen und mit dem Muskat mischen. Hält sich im luftdichten Behälter 2–3 Monate.

Pickle-Gewürz

Diese britische Mischung von ganzen Gewürzen wird zum sauren Einlegen von Obst und Gemüse verwendet.

2 EL getrocknete Ingwerstücke

1½ EL gelbe Senfsamen

2 EL Macisstreifen

3 EL Piment

2 EL schwarze Pfefferkörner

2½ EL Nelken

2 EL Koriandersamen

Alle Gewürze mischen und den Einmachessig damit würzen. Entweder die Gewürze direkt oder in einem Mullsäckchen hineingeben, das hinterher entfernt wird.

Nord-, Süd- und Mittelamerika

In den USA und Kanada überwogen früher im Norden englische und französische Gewürzmischungen, doch heute sind mexikanische, karibische und afrikanische Rezepte beliebt. In der Karibik kann man die Vielfalt kolonialer Traditionen (der spanischen, französischen und englischen) sowie die Einflüsse der Einwanderer, vor allem aus Afrika, Indien, Sri Lanka und China, ablesen. In großen Teilen Südamerikas findet man Spuren spanischer oder portugiesischer Traditionen in Kombination mit kulinarischen Mustern der Andenregionen und afrikanischen Traditionen in Brasilien.

Ají-Paste

Diese kräftige Chilipaste mit Knoblauch stammt aus Bolivien, wo sie als Grundwürze für Eintöpfe und dicke Suppen dient. Meist kommen vor dem Anrichten noch frische Kräuter wie Koriander oder Quillquiña hinzu.

60 g getrocknete Chilis, entkernt

4 Knoblauchzehen

½ TL Salz

5–6 EL Wasser

3 EL Sonnenblumen- oder Olivenöl

Die Chilis 30 Minuten in heißem Wasser einweichen, abtropfen lassen und zerkleinern. Knoblauch mit Salz zerstoßen. Alle Zutaten mit dem Wasser zu einer glatten Paste verrühren. Hält sich im Kühlschrank, mit etwas Öl bedeckt, etwa 1 Monat.

Barbecue-Gewürz

Mit dieser mittelscharfen Gewürzmischung wird Fleisch vor dem Grillen eingerieben.

1 TL schwarze Pfefferkörner

½ TL Kreuzkümmel

½ TL getrockneter Thymian

½ TL getrockneter Majoran

½ TL Cayennepfeffer

2 TL Paprika

1 TL Senfpulver

½ TL Salz

1 EL Rohrzucker

Pfefferkörner und Kreuzkümmel mahlen, die Kräuter wenn nötig zerreiben, dann alle Zutaten mischen. Fleisch damit würzen und 2–3 Stunden vor dem Grillen einziehen lassen.

Cajun-Gewürz

Alle Gumbos (Eintopfgerichte) und Jambalayas (Reisgerichte), der geschwärzte Fisch und das Grillfleisch der Cajun- und kreolischen Küche Louisianas verdanken ihr Aroma Kräutern, Chilis und anderen Gewürzen. Die kommerziellen Mischungen enthalten getrockneten Knoblauch und Zwiebeln, Zutaten, die man besser durch frische ersetzen sollte.

1 TL Paprika

½ TL gemahlener schwarzer Pfeffer

1 TL gemahlene Fenchelsamen

½ TL gemahlener Kreuzkümmel

½ TL Senfpulver

1 TL Cayennepfeffer

1 TL getrockneter Thymian

1 TL getrockneter Oregano

½ TL getrockneter Salbei

½ TL Salz

1–2 Knoblauchzehen

½ kleine Zwiebel

Alle getrockneten Zutaten mischen. Knoblauch und Zwiebeln im Mörser zerreiben und zu dem Pulver hinzugeben. Fleisch oder Fisch mit der Mischung einreiben, etwa 1 Stunde einziehen lassen, dann knusprig braten oder grillen. Man kann mit der Mischung auch Reisgerichte oder Gumbos würzen.

Würzsalz der Jungfern-Inseln

Einst waren die Jungfern-Inseln (Virgin Islands) ein wichtiger Zwischenstopp für die britische Marine. Noch heute werden dort Fisch, Fleisch und Geflügel gepökelt und eingesalzen.

3 EL Meersalz

2 TL schwarze Pfefferkörner

¼ TL Nelken

½ TL geriebene Muskatnuss

¼ TL getrockneter Thymian

2 Knoblauchzehen, zerstoßen

½ kleine Zwiebel, gehackt

2 Petersilienstängel

Alle Zutaten im Mörser oder in der Küchenmaschine vermahlen und im Kühlschrank aufbewahren. Fisch, Steak oder Hähnchen vor dem Grillen oder Braten damit einreiben.

Will man eine trockene Mischung, ersetzt man Knoblauch, Zwiebeln und Petersilie durch ein zerkrümeltes Lorbeerblatt und ¼ TL getrockneten Rosmarin. Hält sich im luftdichten Behälter 2–3 Monate.

Colombo-Pulver

Dieser Curry wird auf den französischen Karibik-Inseln zubereitet, wurde aber ursprünglich von Landarbeitern aus Ceylon mitgebracht. Das Pulver hat nicht die feurige Schärfe der Currys manch anderer Inseln und ähnelt stark dem Sri-Lanka-Currypulver (*S. 288*).

1 EL roher Reis

1 EL Kreuzkümmelsamen

1 EL Koriandersamen

1 TL schwarze Pfefferkörner

1 TL Bockshornklee-Samen

1 TL schwarze Senfsamen

4 Nelken

1½ EL gemahlenes Kurkuma

Den Reis unter häufigem Rühren ohne Fett rösten, bis er leicht gebräunt ist. Zur Seite stellen und abkühlen lassen. Die zwei ganzen Gewürze in der Pfanne rösten, bis das Aroma freigesetzt wird und sie dunkelbraun sind. Abkühlen lassen.

Reis und Gewürze in der Elektromühle zu Pulver mahlen, dann Kurkuma hineinrühren. Hält sich im luftdichten Behälter 2–3 Monate.

Westindisches Masala

So wie Landarbeiter aus Ceylon das Colombo-Pulver auf die französischen Inseln brachten, nahmen Hindus aus ihrer Heimat ihre Masalas nach Trinidad und Tobago mit. Dieses Rezept stammt aus Trinidad.

3 EL Koriandersamen

1 TL Anis

1 TL Nelken

1 TL Kreuzkümmelsamen

1 TL Bockshornklee-Samen

1 TL schwarze Pfefferkörner

1 TL schwarze Senfsamen

1 TL gemahlenes Kurkuma

gemahlener Chili nach Belieben

3 Knoblauchzehen, zerdrückt

1 mittelgroße Zwiebel, gehackt

Die ganzen Gewürze ohne Fett rösten und abkühlen lassen. Fein mahlen und mit Kurkuma und mit etwas gemahlenem Chili mischen.

Mit dem Knoblauch und den Zwiebeln im Mörser oder in der Küchenmaschine zu einer glatten Paste verrühren. Eventuell etwas Wasser, Tamarindenwasser oder Zitronensaft hinzugeben. Hält sich im Kühlschrank 3–4 Tage.

Steak-Recado

Die Halbinsel Yucatán im Süden Mexikos ist für ihre Gewürzpasten, die Recados, berühmt. Auf Marktständen türmen sich Gefäße mit roten, schwarzen und olivgrünen Pasten. Hier die olivgrüne Variante:

8 Knoblauchzehen

1 TL Piment

1 TL schwarze Pfefferkörner

¼ TL Kreuzkümmel

½ Zimtstange

1 TL Koriandersamen

4 Nelken

2 TL getrockneter Oregano

½ TL Salz

1 EL Wein- oder Apfelessig

Den Knoblauch zerstoßen und mit allen Zutaten in der Küchenmaschine zu einer Paste mischen. In den Kühlschrank stellen; nach einem Tag entwickelt sich das Aroma. Die Paste hält sich mehrere Wochen.

Man verwendet Recado zum Würzen von Steaks vor dem Braten, häufiger noch für Huhn oder andere Speisen »en Escabeche« (ein leicht gewürztes Pickle).

Recado Rojo: Rote Annatto-Paste

1½ EL Annattosamen

½ EL Koriandersamen

1½ EL schwarze Pfefferkörner

½ TL Kreuzkümmel

3 Nelken

2 TL getrockneter Oregano

5 Knoblauchzehen

1 TL Salz

1–2 EL Weinessig oder Saft von Sevilla-Orangen

Die ersten sechs Zutaten in einer Kaffee- oder Gewürzmühle mahlen. Annattosamen sind sehr hart, deshalb braucht dies Zeit. Den Knoblauch mit Salz im Mörser zerstoßen und die gemahlenen Gewürze nach und nach einarbeiten. Eventuell eine rote Chilischote mit dem Knoblauch zerstoßen. Mit Essig oder Saft zu einer glatten Paste rühren.

Aus der Paste kleine Scheiben oder Kugeln formen und trocknen lassen oder die Paste in einem luftdicht verschlossen Glas aufbewahren. In jeder Form hält sie sich im Kühlschrank einige Monate.

Vor der Verwendung mit Orangensaft cremig rühren. Recado ist wichtig für die einheimische Spezialität Pollo Pibil, in Bananenblättern gedämpftes oder gebratenes Hühnerfleisch. In gleicher Weise können Fisch und Schweinefleisch zubereitet werden, auch Suppen und Eintöpfen gibt die Mischung Würze.

SOSSEN UND WÜRZSOSSEN

Die meisten Regionen der Welt haben ihre Lieblingssoßen entwickelt – als Dip, als Beglei-
tung zu Gerichten oder als eigenständiger Bestandteil des Kochprozesses. In kolonialer Zeit
wurden einige Würzsoßen und Soßen auf der Grundlage von Kräutern und Gewürzen
weltweit beliebt; somit gehörten sie zu den ersten kommerziell hergestellten Lebensmitteln.

Salsa verde

2 Hand voll Petersilie, gehackt

einige Zweige Minze oder Basilikum, gehackt

1 Knoblauchzehe, zerstoßen

1 EL Kapern, gehackt

4 Anchovisfilets, gehackt

etwa 150 ml Olivenöl

Salz und frisch gemahlener Pfeffer

Kräuter, Knoblauch, Kapern und Anchovisfilets in der Küchenmaschine zu einer groben Paste mischen. Nach und nach
unter Rühren Öl hineinträufeln, bis eine geschmeidige Soße
entsteht. Abschmecken. Zu gedünstetem oder gebackenem
Fisch, Grillfleisch, Artischocken, Blumenkohl oder Brokkoli
servieren.

Pesto

Diese Genueser Pasta-Soße schmeckt auch zu Gemüse
und als Dip oder Aufstrich für Bruschetti; in dünnerer
Version passt sie sehr gut zu Fisch.

4 Hand voll Basilikumblätter

1 große Knoblauchzehe, geschält und zerstoßen

30 g Pinienkerne

30 g Parmesan oder Pecorino, gerieben

5–6 EL Olivenöl

Alle Zutaten bis auf das Olivenöl in einer Küchenmaschine
(oder im großen Mörser) mischen. Nach und nach Olivenöl
hineinträufeln, bis eine sämige grüne Soße entsteht. Für eine
dünnere Soße mehr Olivenöl zugeben. Nach und nach die
Pinienkerne und abwechselnd geriebenen Käse und Öl zugeben, bis eine dicke Paste entsteht. Je nach gewünschter Konsistenz mehr Öl zugeben.

ABWANDLUNGEN:
Koriander-Pesto
Das Basilikum durch Korianderkraut und die Pinienkerne
durch Walnüsse ersetzen.

Petersilien-Pesto
Das Basilikum durch Petersilie ersetzen und entweder
Pinienkerne oder abgezogene Mandeln verwenden.

Rucola-Pesto
Das Basilikum durch Rucola ersetzen und Walnüsse oder
Pinienkerne verwenden.

Petersiliensoße mit Zitrone

1 EL Dijonsenf

Saft einer Zitrone

150 ml Olivenöl extra Vergine

Salz und frisch gemahlener Pfeffer

90 g Petersilie, fein gehackt

2 Schalotten, fein gehackt

Den Senf unter den Zitronensaft schlagen, das Öl hinzufügen,
salzen, pfeffern und die Petersilie mit den Schalotten hineinrühren. Zu gegrilltem Fisch, Meeresfrüchten oder Huhn reichen.

Basilikumsoße mit Pfefferminze und roter Paprika

3–4 Pfefferminz-Stängel

1 große Hand voll Basilikumblätter

1 süße rote Gewürzpaprika

1 kleine Knoblauchzehe, fein gehackt

Salz und frisch gemahlener Pfeffer

2 EL Rotweinessig

3 EL Olivenöl

Die Pfefferminzblätter und das Basilikum fein hacken. Die
rote Paprika rösten, bis sie rundum schwarz ist. In einem
Kunststoffbeutel abkühlen lassen, dann die Haut abziehen.
Samen und Scheidewände entfernen, abspülen, trocken-
tupfen und die Schote fein hacken. Knoblauch und Gewürze
mit Essig mischen, dann Öl zugeben. Kräuter und rote Paprika
unterrühren. Diese Soße passt gut zu kaltem Fisch.

Apfel-Meerrettich-Soße

Diese österreichische Soße (Apfelkren) ist eine Abwechslung zur normalen Meerrettichsoße. Sie passt gut zu Rindfleisch, geräuchertem Fleisch oder Wurst, Räucheraal und geräucherter Forelle. Mit mehr Sahne oder untergerührten Semmelbröseln wird die Soße milder.

2 EL Zitronensaft

60 g geriebener Meerrettich

1 großer Kochapfel

Salz und Zucker nach Geschmack

100 ml süße Sahne oder Crème double

1 EL Zitronensaft in den Meerrettich rühren, damit er sich nicht verfärbt. Den Apfel schälen, entkernen, reiben und mit dem restlichen Zitronensaft in den Meerrettich rühren. Mit etwas Salz und Zucker abschmecken und 15 Minuten stehen lassen. Die leicht geschlagene Sahne unterziehen.

Jogurt-Dressing mit Kräutern

Diese Soße eignet sich als Salatdressing ebenso gut wie zu gebackenen Kartoffeln oder als Dip. Alle aufgeführten Kräuter passen zu Jogurt, wählen Sie bis zu zwei davon aus: Dill, Estragon, Koriander, Liebstöckel, Majoran, Minze, Petersilie, Schnittlauch oder Zitronenmelisse.

5 EL gehackte Kräuter

1 Knoblauchzehe, zerstoßen

1–2 EL Zitronensaft

250 ml griechischer Jogurt

Salz und frisch gemahlener Pfeffer

Paprika

Kräuter, Knoblauch und Zitronensaft mit dem Jogurt verrühren und mit Salz, Pfeffer und Paprika würzen.

Sauce Tartar

Man mischt in 300 g Mayonnaise jeweils 1 TL gehackte Essiggurken, Kapern, grüne Oliven, Petersilie und Schalotten. Ergibt eine gute Soße zu kaltem wie warmem Fisch und Meeresfrüchten.

Remouladensoße

300 ml Mayonnaise mit 1 TL Dijonsenf und einer zerstoßenen Anchovis verrühren und jeweils 2 TL gehackte Essiggurken, Estragon, Kapern, Kerbel und Petersilie unterziehen. Passt gut zu Hummer und anderen Meeresfrüchten.

Sauce Ravigote

150 ml Vinaigrette mit 1 EL gehackten Kapern, 1 EL gehackten Schalotten und 2–3 EL gehackten Kräutern (Estragon, Kerbel, Petersilie, Schnittlauch) mischen. Schmeckt in Kartoffelsalat und zu gebratenem Fisch.

Sauce Béarnaise

Dies ist die klassische französische Soße zu gegrilltem Steak.

150 ml trockener Weißwein

3 EL Weißwein- oder Estragonessig

3 Schalotten, fein gehackt

5 Estragonzweige

frisch gemahlener weißer Pfeffer

180 g Butter

3 Eigelb

Salz

1 EL fein gehackte Estragonblätter

oder eine Mischung aus Estragon und Kerbel

Wein, Essig, Schalotten, Estragonblätter und eine gute Prise Pfeffer in einen kleinen, schweren Topf geben und auf niedriger Stufe erhitzen. Unbedeckt köcheln lassen, bis die Flüssigkeit auf 2–3 EL eingekocht ist. Durch ein feines Sieb streichen, die Schalotten und den Estragon dabei wegen des Aromas gut auspressen. Die Flüssigkeit zurück in den Topf geben. In einem kleineren Topf Butter schmelzen lassen und beiseite stellen. Wenn sie lauwarm abgekühlt ist, die abgesonderte klare Flüssigkeit trennen und zur Seite stellen, den weißen Rest weggießen.

Den Topf mit der Mischung aus Wein und Essig bei schwacher Temperatur aufsetzen und das Eigelb mit etwas Salz unterschlagen. Die geklärte Butter löffelweise unter ständigem Schlagen unterziehen. Vor jeder nächsten Löffelzugabe muss die vorige untergemischt sein. Vor dem letzten Löffel den Topf vom Feuer ziehen; die Soße ist noch heiß genug, um weiterzuköcheln. Den Estragon hineinrühren und abschmecken.

Die Soße lässt sich eine Weile in einer Schüssel über warmem, aber nicht kochendem Wasser warm halten.

ABWANDLUNG
Sauce Paloise
Ersetzen Sie den Estragon durch Pfefferminze und servieren Sie die Soße zu gedämpftem Fisch, Grillhähnchen oder Lamm.

Sauerampfersoße

Eine schnelle Soße zu Fisch und Eiern. In etwas dickerer Variante schmeckt sie auch gut zu Lammkoteletts.

200 g Sauerampferblätter

15 g Butter

etwa 100 ml Crème fraîche oder Crème double

Salz und frisch gemahlener Pfeffer

Dicke Stiele vom Sauerampfer entfernen und die Blätter sachte in Butter dünsten. Sie fallen schnell zusammen. Wegen der Säure im Sauerampfer ist es wichtig, die Sahne sehr langsam unterzurühren, damit sie nicht gerinnt. Mit etwas Salz und Pfeffer abschmecken.

Romesco-Soße

Diese berühmte katalanische Soße ist vor allem in Tarragona beliebt. Sie wird zu Fisch, Huhn und gegrilltem Gemüse gereicht.

2 Ñora-Chilis

1 kleine scharfe getrocknete Chili

2 EL geschälte Mandeln

2 EL Haselnüsse

6 EL Olivenöl

3 Knoblauchzehen

1 Scheibe Weißbrot ohne Rinde

2 Piquillo-Paprikas oder 1 rote Glockenpaprika,

geröstet, geschält und gewürfelt

2 TL Tomatenmark

1 mittelreife Tomate, geschält, entkernt und gehackt

2 EL weißer Weinessig

Salz und frisch gemahlener Pfeffer

Die Chilis aufbrechen, die Samen entfernen, die Frucht 30 Minuten in heißem Wasser einweichen.

Erst die Mandeln, dann die Haselnüsse ohne Fett rösten und deren Haut mit einem trockenen Geschirrtuch abreiben.

2 EL Öl erhitzen und zwei der Knoblauchzehen darin anbräunen. Den Knoblauch herausnehmen und im gleichen Öl das Brot goldbraun rösten.

Die abgetropften Chilis, allen Knoblauch, Brot, Nüsse, geröstete Paprikas und das Tomatenmark in einen Mixer geben. Ist die Soße glatt, diese in eine Schüssel füllen und die Tomate, das übrige Öl und den Essig untermischen. Salzen und pfeffern. Ist die Soße zu dick, etwas Olivenöl, Essig oder Wasser einzufügen. Die Soße hält sich, zugedeckt, im Kühlschrank 2–3 Tage.

Grüne Mojo

Grüne Mojo ist eine Dip-Soße von den Kanarischen Inseln, die gewöhnlich zu Papas arrugadas (Runzligen Kartoffeln) serviert wird:

Junge, ungeschälte Kartoffeln knapp mit Wasser bedeckt aufsetzen. 100 g Salz auf 500 g Kartoffeln hineingeben, aufkochen, dann die Hitze reduzieren; etwa 15 Minuten köcheln lassen, bis alle Kartoffeln gar sind. Abschütten, die Kartoffeln im Topf bei schwacher Hitze auf dem Herd lassen und sie von Zeit zu Zeit schütteln. Sie werden außen runzlig und salzig, innen weich und zart.

Mit Mojo schmecken sie ausgesprochen lecker. Mojo passt auch gut zu Fisch, Fleisch und Salaten.

1 süße grüne Peperoni

3 grüne Chilis

10 Knoblauchzehen

1 TL grobes Salz

1 Bund Petersilie, Blätter

1 TL gemahlener Kreuzkümmel

4 EL Weinessig

6 EL Olivenöl

Samen und Scheidewände von Peperoni und Chilis entfernen, beide grob hacken. Knoblauch mit Salz zerdrücken. Alle Zutaten in einer Küchenmaschine oder im Mörser mischen und zu einer glatten Paste verarbeiten. Eventuell mit Wasser verdünnen. In einem verschlossenen Gefäß hält sich die Soße – mit Öl bedeckt – im Kühlschrank 2 Wochen.

Tomatensoße

In diese würzige Soße kommt die Saudische Baharat-Mischung (S. 289). Sie passt gut zu gebratenem Fleisch und Reis.

2 EL Olivenöl

6 Knoblauchzehen, zerdrückt

1 kg reife Tomaten, geschält und gehackt

1–2 TL Salz

4 TL Saudisches Baharat

Das Öl in einer schweren Pfanne erhitzen und den Knoblauch 1 Minute schwach anrösten. Die Tomaten und Salz nach Geschmack zugeben und zugedeckt 20–30 Minuten köcheln lassen. Baharat hineinrühren und ohne Deckel weitere 3–4 Minuten köcheln lassen.

Harissa

Dieser feurigen Chilisoße begegnet man in ganz Nordafrika, aber in Tunesien ist sie besonders beliebt. Sie wird normalerweise mit getrockneten Chilis zubereitet; der dortige Chili ähnelt der schlanken kastanienbraunen mexikanischen Guajillo. Sollten Sie für eine Tischsoße lieber frische Chilis nehmen wollen, rechnen Sie die gleiche Menge wie bei getrockneten. Harissa wird zum Kochen und als Würzsoße zu Eiern, Couscous und Tagines verwendet.

100 g getrocknete Chilis

2 Knoblauchzehen, geschält

1/2 TL Salz

1/2 TL gemahlener Kreuzkümmel

1 TL gemahlener Kümmel

Olivenöl

Die Chilis aufbrechen und die Samen entfernen. 30 Minuten in fast kochendem Wasser einweichen, bis sie weich sind. Inzwischen Knoblauch mit Salz zerdrücken. Chilis abgetropft im Mörser oder Mixer mit Knoblauch und Gewürzen pürieren. 1–2 TL Olivenöl hinzugeben, um die Mischung geschmeidig zu machen. In einem Schälchen mit etwas Öl bedeckt 3–4 Tage aufheben. Man verdünnt Harissa meist mit Öl und Zitronensaft, Wasser oder einigen Löffeln heißer Brühe desjenigen Gerichts, zu dem sie serviert werden soll.

Eingelegte Zitronen

Eingelegte Zitronen sind eine Spezialität Marokkos, obwohl sie auch anderswo in Nordafrika verwendet werden. Traditionell gebraucht man sie zum Würzen von Fleisch, Fisch und Gemüse, doch ihr ausgeprägter, leicht salziger Geschmack passt auch gut in Salate, Salsas und Dressings.

10 unbehandelte Zitronen

grobes Meersalz

Man schneidet 5 Zitronen der Länge nach in Viertel bis kurz vor dem Stängelansatz und zieht sie behutsam auseinander. Auf das sichtbare Fleisch etwa 1 EL Salz pro Zitrone streuen, die Zitrone wieder schließen und in ein Einmachglas legen. Gut aufeinander pressen, mit einem Gewicht (z.B. einem sauberen, schweren Stein) beschweren und das Glas verschließen.

Nach 2–3 Tagen ist aus den Zitronen Saft ausgetreten. Nun mit dem Saft der übrigen 5 Zitronen vollständig bedecken und 1 Monat stehen lassen. Sollte ein Stück Zitrone der Luft ausgesetzt worden sein, bildet sich ein harmloser weißer Belag, den man abwaschen kann.

Die Zitronen halten bis zu einem Jahr, ihr Geschmack wird mit der Zeit immer intensiver. Man verwendet nur die gehackte Schale; Fruchtfleisch und Kerne werden weggeworfen.

Thailändische Chili-Würzpaste

Diese Würzpaste, in Thailand Nam Prik Pad genannt, ähnelt indonesischen Sambals. Sie wird am Tisch zum Würzen bereitgestellt oder in Suppen, Wok- und Reisgerichte gerührt.

1 TL Garnelenpaste (Kapi)

8 große rote Chilis, frisch oder getrocknet

8 Knoblauchzehen, halbiert

8 Schalotten, halbiert

4 EL getrocknete Garnelen

3 EL Sonnenblumenöl

1 EL Fischsoße

2 EL Palmzucker

2 EL Tamarinden-Wasser (S. 163)

Die Garnelenpaste zwischen Alufolie in einer Pfanne oder im Ofen bei 200 °C einige Minuten ohne Fett rösten.

Stielansätze und, wenn nötig, Kerne der Chilis entfernen. Chilis, Knoblauch und Schalotten getrennt auf dem Ofenblech ohne Fett rösten. Nicht anbrennen lassen. Wenn sie weich sind, mit der Garnelenpaste im Mixer pürieren. Die Garnelen im Mörser zerstoßen und zur Mischung geben. Das Öl erhitzen und die Paste braten, bis sie duftet, dann Fischsoße, Zucker und Tamarindenwasser hineingeben und so lange kochen, bis alles gut vermischt und etwas reduziert ist. Abkühlen, dann in einem Gefäß im Kühlschrank 2–3 Wochen aufbewahren.

Nam Prik

Diese Soße, die wörtlich übersetzt Chili-Wasser heißt, ist in ganz Thailand beliebt. Sie wird zu Reis, Fisch und rohem oder kurz gekochtem Gemüse gereicht und enthält getrocknete Garnelen, Garnelenpaste, mit Palmzucker zerriebene Chilis und Knoblauch, Fischsoße und Limettensaft. Auch Schalotten, Erdnüsse, kleine Auberginen und unreife Früchte werden verwendet.

4 frische rote Chilis, entkernt und gehackt

4 Knoblauchzehen, gehackt

2 EL getrocknete Garnelen

1 EL Palm- oder Kristallzucker

1 EL Wasser

2 EL Fischsoße

Limettensaft

Chilis, Knoblauch, getrocknete Garnelen und Zucker mit dem Wasser in einem Mörser zerreiben oder in einer Küchenmaschine pürieren. Nach und nach Fischsoße zugeben und mit etwa 3–4 EL Limettensaft glatt rühren. Im verschlossenen Gefäß hält sich die Soße im Kühlschrank 1–2 Wochen.

Geröstete Nam Prik

1 TL Tamarinden-Konzentrat

2 EL Erdnüsse

5 Knoblauchzehen

5 Schalotten, ungeschält

5 frische rote Chilis

etwas Garnelenpaste (Kapi)

1 EL Palm- oder Kristallzucker

Die Tamarinde in 2 EL heißem Wasser auflösen. Eine schwere Bratpfanne erhitzen und die Erdnüsse rasch ohne Fett rösten. Beiseite stellen. Knoblauchzehen und Schalotten ohne Fett rösten, bis beide außen dunkelbraun und innen weich sind. Chilis in Alufolie wickeln und rösten, bis sie weich werden. Gleichzeitig die Garnelenpaste in Alufolie wickeln und auf beiden Seiten 1–2 Minuten ohne Fett rösten, bis sie dunkel wird.

Knoblauch und Schalotten schälen, Chilis, falls gewünscht, entkernen und das Fruchtfleisch hacken. Alles im Mörser oder in der Küchenmaschine zu einer Paste vermahlen. Hält sich 1–2 Wochen im geschlossenen Behälter im Kühlschrank.

Nuoc Cham

Nuoc Cham ist die Dip-Soße, die zu jeder vietnamesischen Mahlzeit serviert wird. Je nach Region gibt es verschiedene Zubereitungen: Im Norden besteht die Soße oft nur aus Fischsoße (Nuoc Mam) und Wasser mit gehackten Chilis, während im Süden Knoblauch, Zucker und Limettensaft hinzukommen. Am besten passen Birdseye-Chilis, doch können sie auch durch andere frische Chilis ersetzt werden.

2 EL Limettensaft

3 EL Fischsoße

2 EL Zucker

3 EL Wasser

1 Birdseye-Chili, entkernt und fein gehackt

1 Knoblauchzehe, fein gehackt

Die Flüssigkeiten zusammengießen und den Zucker darin auflösen. Chili und Knoblauch hinzugeben.

VARIANTEN

Ein kleines Stück Ingwer schälen, fein hacken und zur Soße geben.

Die Fischsoße durch Sojasoße ersetzen und nur 1 EL Zucker zugeben.

Süße Chilisoße

Diese einfache Soße passt gut zu gebratenem und gegrilltem Fisch, zu Meeresfrüchten und Frühlingsrollen.

120 ml Wasser

6 EL Zucker

4 mittelgroße rote Chilis, entkernt und fein gehackt

2 Knoblauchzehen, fein gehackt

1 kleines Stück Ingwer, in dünne Streifen geschnitten

5 EL Reis- oder Apfelessig

1 EL Fischsoße

3–4 EL gehacktes Korianderkraut

Wasser mit dem Zucker zu Sirup einkochen, etwas eindicken lassen und alle Zutaten bis auf den Koriander zugeben. Aufkochen und 3 Minuten köcheln lassen. Die Soße in eine Schüssel füllen und abkühlen lassen, dann den Koriander hineinrühren. Abschmecken und eventuell nachsalzen.

SAMBALS

Anders als Currypasten oder Masalas sind die indonesischen Gewürzmischungen oder Bumbus fester Bestandteil jeder Mahlzeit. Ihr Basisrezept besteht gewöhnlich aus Zwiebeln, Knoblauch, Koriander und Kreuzkümmel, Sojasoße und Tamarinde oder Limettensaft. Die anderen Gewürze und Kräuter variieren je nach Gericht. In Indonesien gibt es auch aromatische, auf Chili basierende Tischwürzen, die Sambals; einige sind sehr scharf.

Sambal Oelek

Dieses einfache Sambal verwendet Lombok-Chilis, doch können sie durch andere Chilis ersetzt werden. Man kann Sambal in größerer Menge herstellen, es hält sich verschlossen im Kühlschrank 2–3 Wochen und lässt sich überdies in kleinen Portionen einfrieren.

500 g rote Chilis

2 TL Salz

1 EL Zitronensaft

Stängelansätze entfernen und die Chilis kurz ohne Fett rösten, bis sie weich werden. Nicht anbrennen lassen. Nach dem Abkühlen entkernen und in der Küchenmaschine mit Salz und Zitrone zu einer Paste pürieren.

VARIANTEN

Sambal Kemiri

Die halbe Menge Sambal Oelek zubereiten. 10 Kemiri-Nüsse ohne Fett rösten, mahlen und untermischen.

Sambal Bajak

Dieses Sambal wird aus großen Chilis hergestellt und ist wegen der Zugabe von Schalotten, Knoblauch und Kokosmilch recht mild und süß. Es passt gut zu Reisgerichten wie Nasi Goreng.

10 große rote Chilis

8 Schalotten, gehackt

5 Knoblauchzehen, gehackt

1 TL Garnelenpaste (Terasi)

5 Kemiri-Nüsse (Früchte des Lichtnussbaumes, *Aleurites moluccana*)

1 TL Tamarinden-Konzentrat

½ TL gemahlener Galgant

2 Kaffirlimetten-Blätter, zerrieben

2 EL Sonnenblumenöl

1 TL Salz

2 EL Palmzucker

250 g Kokosnussmilch

Die Stängelansätze herausschneiden, und nach Belieben die Chilis entkernen, dann grob hacken. Chilis, Schalotten, Knoblauch, Garnelenpaste, Kemiri-Nüsse, Tamarinde, Galgant und Limettenblätter pürieren.

Das Öl erhitzen und die Paste 10 Minuten andünsten. Die übrigen Zutaten hineingeben und 20–25 Minuten köcheln lassen, bis die Mischung andickt und sich eine Ölschicht zeigt. Das Öl in das Sambal unterrühren, abkühlen und in ein Glas füllen. Hält sich im Kühlschrank 2–3 Wochen.

Koreanische Dip-Soße

In Korea gibt es zahlreiche Dip-Soßen, die auf Kombinationen von Sesam, Chili, Essig und Sojasoße basieren. Sie werden zu Klößen und Pfannkuchen, rohem Fisch, Gemüse und Grillfleisch serviert.

1 TL Zucker

4 EL Sojasoße

2 TL Reis- oder Apfelessig

1 TL Sesamöl

2 TL geröstete Sesamsamen

1 Frühlingszwiebel, sehr fein geschnitten

½ TL scharfes Chilipulver

Den Zucker in Sojasoße und Essig auflösen, dann die übrigen Zutaten hinzufügen. Die Soße hält sich im Kühlschrank mehrere Tage.

Pili-Pili-Soße

Diese Tischwürze ist in Westafrika beliebt.

250 g frische rote Chilis

1 kleine Zwiebel

1 Knoblauchzehe

Saft einer Zitrone

Stängelansätze und eventuell Kerne der Chilis entfernen und alle Zutaten mischen und pürieren.

Limetten-Chili-Soße

In der Karibik gibt es zahlreiche verschiedene Varianten dieser Soße. Diese hier stammt aus Guadeloupe.

2 frische rote Chilis

1 EL Meersalz

250 ml Limettensaft

Die Chilis entkernen und in feine Streifen schneiden. Salz in Limettensaft auflösen, die Chilis in ein Gefäß schichten und den Limettensaft darüber gießen. Nach drei Tagen schmeckt die Soße am besten, sie hält sich aber bis zu 1 Monat. Zu Fisch oder gegrilltem Gemüse servieren.

Mole verde

Moles sind mexikanische gekochte Soßen mit Chilis und Kräutern. Die grüne Mole passt zu gedünstetem Huhn.

100 g Kürbiskerne

6 Tomatillos, frisch oder aus der Dose

4 Serrano-Chilis, entkernt und gehackt

2 Knoblauchzehen, zerstoßen

1 kleine Zwiebel, gehackt

10 Blätter Römischer Salat, zerpflückt

3 EL gehackter Koriander

Blätter von 3 Zweigen frischer oder getrockneter Epazote

¼ TL gemahlener Kreuzkümmel

2 EL Sonnenblumenöl

250 ml Hühnerbrühe

Die Kürbiskerne ohne Fett rösten, dabei ständig rühren, damit sie nicht anbrennen. Abkühlen lassen und mahlen. Die Tomatillos (die frischen erst entkernen und klein hacken) mit den Gemüsen, Kräutern und Gewürzen mischen. Öl in einer Pfanne erhitzen und die Soße unter ständigem Rühren bei starker Hitze etwa 5 Minuten einkochen. Beiseite stellen. Die Kürbiskerne in die Brühe rühren und zur Soße geben. Langsam erhitzen, doch nicht kochen lassen, sonst verliert sie die Farbe. Ohne Deckel 15 Minuten unter Rühren köcheln lassen.

Chimichurri

Diese argentinische Kräutersoße wird zu gegrilltem Fleisch serviert. Sie passt zu Gemüse, Pasteten und Suppen.

4 Knobauchzehen, fein gehackt

1 TL gemahlener schwarzer Pfeffer

½ TL Chiliflocken

1 TL Paprika

2 TL Oreganoblätter, fein gehackt

1 große Hand voll Petersilienblätter und -stängel, fein gehackt

100 ml Olivenöl

1 EL Rotweinessig

Salz nach Belieben

Alle Zutaten in einem Schraubglas mischen und gut schütteln. Vor Gebrauch 3–4 Stunden stehen lassen.

Kubanische Mojo

Eine Mojo ist eine Tafelsoße, ähnlich wie eine mexikanische Salsa. Meist wird dazu der Saft von (sauren) Sevilla-Orangen verwendet.

4 EL Olivenöl

2 Knoblauchzehen, fein gehackt

1 Schalotte, fein gehackt

½ TL Salz

1 TL getrockneter Oregano

1 TL gemahlener Kreuzkümmel

100 ml Saft von Sevilla-Orangen oder ersatzweise ⅓ Süßorangen- und ⅔ Limettensaft

3 EL gehacktes Koriandergrün

Das Öl erhitzen und Knoblauch und Schalotten goldgelb rösten. Von der Kochstelle nehmen und Salz, Oregano, Kreuzkümmel und Orangensaft zufügen. Umrühren und abkühlen lassen. In ein Schälchen füllen und den Koriander hineinrühren. Die Mojo hält sich in einer Flasche oder einem Glas im Kühlschrank 2–3 Wochen, doch am besten schmeckt sie frisch zu Steaks, Huhn, Gemüse.

Mango- und Papaya-Mojo

1 reife Mango, 1 reife Papaya

2 Frühlingszwiebeln, in dünnen Ringen

1 kleines Stück frischer Ingwer, fein gehackt

2 EL gehackte Minzeblätter

100 ml Limettensaft

Das Fleisch der Mango und Papaya klein würfeln und mit den übrigen Zutaten mischen. Zu gegrilltem Fisch, Meeresfrüchten oder Huhn servieren.

Ajilimójili

Diese puertoricanische Soße wird mit Ají dulce, milden Chilis, zubereitet. Man serviert sie zu Tostones (gebratenen grünen Kochbananen), aber sie passt auch gut zu gebratenem oder gegrilltem Fisch oder Fleisch.

3 frische rote Chilis

3 süße rote Gewürzpaprikas

4 Pfefferkörner

4 Knoblauchzehen, zerstoßen

2 TL Salz

150 ml Limettensaft

150 ml Olivenöl

Chilis und Paprikaschoten entkernen und die Scheidewände entfernen, dann grob hacken. Mit Pfefferkörnern, Knoblauch und Salz im Mixer sämig pürieren.

Limettensaft und Olivenöl zugeben und geschmeidig schlagen. Hält sich gut verschlossen im Kühlschrank 3–4 Wochen.

Peruanische Petersilien-Salsa

Diese Salsa serviert man zu Mais-, Kartoffel- und Fleischgerichten.

1 kleine Zwiebel, fein gehackt

1 TL Oregano

Salz und frisch gemahlener schwarzer Pfeffer

Weinessig

3 Hand voll Petersilienblätter

1 Tomate

Zwiebel und Oregano in eine Schüssel geben, würzen und mit Essig bedecken. 30 Minuten marinieren lassen, dann den Essig abgießen. Die Petersilienblätter im Mixer zu einer Paste pürieren und zu der Zwiebel und dem Oregano geben.

Die Tomate überbrühen, häuten und das Fleisch fein gehackt oder gerieben in die Salsa geben. Alles gut verrühren.

Salsa fresca

Dies ist in ganz Mexiko die Standard-Salsa.

4 Tomaten, gehäutet, entkernt und gehackt

1 rote Zwiebel, fein gehackt

4 Jalapeño-Chilis, entkernt und in dünne Ringe geschnitten

5 EL gehacktes Korianderkraut

5 EL Limettensaft oder Sherry-Essig

Alle Zutaten mischen und vor Gebrauch mindestens 30 Minuten stehen lassen.

Grünes Mango-Relish

Chutneys nennt man eingemachte Gemüse-Obst-Kombinationen, Relishes dagegen sind süßsauere Chutneys.

1 große grüne Mango, etwa 500 g

1 Knoblauchzehe, fein gehackt

1 kleine grüne Chili, fein gehackt

½ TL Salz

1 EL Olivenöl

1 Hand voll Petersilien- oder Minzeblätter, gehackt

Die Mango fein hacken und mit den anderen Zutaten mischen. Das Relish hält sich 2–3 Tage, wenn es gut verschlossen mit einer Ölschicht bedeckt im Kühlschrank aufbewahrt wird.

Nepalesisches Minze-Chutney

1 große Hand voll Minzeblätter, fein gehackt

2 Knoblauchzehen, fein gehackt

¼ TL Chilipulver

½ TL Salz

Saft einer Zitrone

2 EL Senf oder Sonnenblumenöl

½ TL Bockshornklee-Samen

½ TL gemahlenes Kurkuma

Minze, Knoblauch, Chilipulver, Salz und Zitronensaft mischen. Öl erhitzen und die Bockshornklee-Samen sehr dunkel rösten; Kurkuma hinzugeben und kurz rühren. Abgekühlt in die Minze-Mischung geben. Zu Reis oder Brot servieren.

Gurken-Sambal

In Indonesien und Malaysia würzt man gern mit scharfen, süßen und sauren Sambals. Diese hier passt gut zu Hühner-Satay, gegrilltem Fisch oder Gemüse.

1 Gurke

1 EL fein gehackte Zwiebel

1 kleine rote Chili, entkernt und in Streifen geschnitten

1 EL gehackte Petersilie oder Korianderkraut

½ TL gemahlene Fenchelsamen

1 TL Zucker

Salz und frisch gemahlener Pfeffer

2–3 EL Zitronensaft

2 EL Sonnenblumenöl

Die Gurke innen auskratzen und in feine Streifen schneiden. Mit Zwiebel, Chili und Petersilie oder Koriander mischen. Die Gewürze mit dem Zitronensaft mischen, das Öl hineinrühren und die Gurke in die Mischung geben.

Tomaten-Sambal

4 Schalotten, in Scheiben geschnitten

3 Chilis, entkernt und in Scheiben geschnitten

3 große Tomaten, gehackt

3 EL gehackte Minze oder Basilikum

Saft einer Zitrone oder Limette

Salz nach Belieben

Alle Zutaten mischen und bei Raumtemperatur servieren. Passt gut zu Hühner- oder Schweinefleisch-Satay.

Koriander-Chutney

Dieses Chutney passt gut zu Kebabs, Samosas, Pakoras und gebratenem oder gegrilltem Gemüse. Die Zahl der Chilis lässt sich nach Belieben variieren.

60 g Sesamsamen

1 TL Kreuzkümmel

250 g Korianderblätter mit jungen Stängeln

2–6 grüne Chilis, entkernt und gehackt

1 EL gehackter frischer Ingwer

Salz

Saft von 1 Zitrone

Sesamsamen und Kreuzkümmelsamen getrennt ohne Fett rösten. Alle Zutaten bis auf Salz und Zitronensaft mit dem Pürierstab mixen. Nach Belieben salzen und nur so viel Zitronensaft hinzufügen, dass die Paste geschmeidig wird, aber ziemlich dick bleibt. Im geschlossenen Gefäß hält sich das Chutney im Kühlschrank eine Woche.

Knoblauchpüree

6 junge Knoblauchknollen in einem Topf mit Wasser bedeckt aufkochen. 15–20 Minuten köcheln lassen, bis sie weich sind. Abgießen, abkühlen lassen, dann häuten und im Mixer mit etwas Salz pürieren. 4–6 El fruchtiges Olivenöl untermischen und in ein Glas füllen. Mit einer Schicht Olivenöl abdecken und verschlossen im Kühlschrank aufbewahren. Nach jedem Gebrauch die Ölschicht erneuern. Hält sich bis zu 2 Wochen.

MARINADEN

Mit Marinaden kann man Fleisch, Geflügel und Fisch zarter, würziger und auch haltbarer machen. Zum Mischen der Zutaten sollte man ein säurefestes Gefäß (z.B. aus Glas oder Keramik) wählen. Wichtig ist, dass die Teile vollständig mit Marinade bedeckt sind und regelmäßig darin gewendet werden. Stellen Sie das Mariniergut in den Kühlschrank, aber bringen sie es vor dem Braten wieder auf Raumtemperatur. Fisch wird für 1–2 Stunden mariniert, Meeresfrüchte bis zu 1 Stunde, Fleisch- oder Geflügelteile 3–4 Stunden, große oder ganze Teile können über Nacht in der Marinade bleiben. Man kann die Marinade während des Bratens zum Begießen verwenden, sollte sie jedoch nicht aufheben.

Ingwer-Limetten-Marinade

Für Lachs und festen Fisch wie Schwertfisch.

1 kleines Stück Ingwer, fein gehackt
2 Knoblauchzehen, zerstoßen
abgeriebene Schale einer unbehandelten Limette
4 EL Limettensaft
2 EL Sojasoße
1 EL Sesamöl
1 EL trockener Sherry

Jogurt-Marinade

Zu Lamm oder Huhn.

200 ml Naturjogurt
2 EL gehackte Minze
2–3 TL Tandoori Masala (*S. 287*) oder Massalé (*S. 288*).

Pernod-Marinade

Für Fisch und Meeresfrüchte.

3 EL Zitronensaft
1 EL Fenchelsamen oder 1 Hand voll frische Fenchelblätter
4 TL Olivenöl
1 kleines Glas trockener Weißwein
3 EL Pernod oder anderer Anisbranntwein

Rotwein-Marinade

Für große Stücke Rindfleisch, Reh und Hase.

½ Flasche Rotwein
2 EL Oliven- oder Sonnenblumenöl
1 Zwiebel, in Scheiben geschnitten
1 Stange Sellerie, in Stücke geschnitten
2 Lorbeerblätter
1 Zweig Rosmarin
2 Zweige Thymian
8 zerstoßene schwarze Pfefferkörner
4 zerstoßene Pimentbeeren

Mittelmeer-Marinade

Für Lamm, Huhn oder Schwein. Die frischen Kräuterzweige können durch 1 EL Kräuter der Provence (*S. 281*) ersetzt werden und der schwarze Pfeffer durch 1 TL Italienische Gewürzmischung (*S. 293*).

1 Knoblauchzehe, zerstoßen
2–3 Zweige von Thymian oder Zitronenthymian
3–4 Lavendel- oder Rosmarinzweige
1 TL zerstoßene schwarze Pfefferkörner
Saft von 2 Orangen
Saft einer Zitrone

Barbecue-Marinade 1

Für Steaks, Schweinekoteletts und Schälrippchen.

2 Schalotten, gehackt

¼ TL gemahlene Nelken

¼ TL gemahlener Piment

3 EL Sonnenblumenöl

1 EL Honig

2 EL Sojasoße

3 EL trockener Sherry

Barbecue-Marinade 2

2 Schalotten, gehackt

1 EL gehackter Koriander

2 TL zerstoßene schwarze Pfefferkörner

2 EL Dijon-Senf

3 EL Sonnenblumenöl

Orientalische Marinade

Für Schälrippchen, Geflügel oder Fisch.

2 Schalotten, geschält und gehackt

1 kleines Stück Ingwer, gehackt

1 Chili, in Scheiben geschnitten

2 TL Zucker

4 EL gehackter Koriander (Wurzel, Blätter und Stängel)

4 EL Limettensaft

2 EL Fischsoße

5 EL Reisessig

Adobo für Schweinelende

Diese Marinade für eine Schweinelende stammt aus Chile. Das Fleisch kann ein Rippenstück, eine ausgebeinte Lende oder ein Rollbraten sein. Es wird rundum mit Adobo bestrichen und über Nacht mariniert.

3–4 EL Weinessig

3–4 EL Oliven- oder Sonnenblumenöl

2 TL zerriebener Oregano

1 TL gemahlener Kreuzkümmel

1 EL (oder mehr) Ají-Paste (S. 295)

4 TL spanischer Paprika

½ TL Salz

Trockener Adobo

Solche trockenen Gewürzmischungen zum Einreiben sind in der Spanisch sprechenden Karibik üblich.

2 El Kreuzkümmelsamen

4 EL grobes Meersalz

1 EL Fenchelsamen

½ EL schwarze Pfefferkörner

2 EL Chiliflocken

1 EL getrockneter Oregano

Die Kreuzkümmelsamen ohne Fett rösten, bis sie Farbe annehmen. Abkühlen lassen und mit Salz, Fenchel und Pfefferkörnern vermahlen, dann mit Chili und Oregano mischen.

Fleisch oder Geflügel vor dem Grillen mit der Mischung bestreuen. Adobo bleibt luftdicht verschlossen 3–4 Monate frisch.

Mexikanische Marinade

Zum Marinieren von Grillfleisch.

3 Pasilla-Chilis

½ TL gemahlener Kreuzkümmel

3 TL getrockneter Oregano

3 TL getrockneter Thymian

Saft einer Limette und einer halben Orange

½ kleine Zwiebel, in Scheiben geschnitten

2 Knoblauchzehen

4 EL Olivenöl

Stängelansätze und Kerne der Chilis entfernen. Die Chilis 1–2 Minuten in einer vorgeheizten Pfanne rösten. In eine Schüssel geben und mit kochend heißem Wasser bedeckt 30 Minuten einweichen.

Die übrigen Zutaten mit dem Pürierstab mischen, die Chilis zugeben und mit etwas von dem Einweichwasser eine flüssige Marinade herstellen.

Weinmarinade mit Wacholderbeeren

Für Ente und Federwild.

10 Wacholderbeeren, leicht zerdrückt

10 schwarze Pfefferkörner, zerdrückt

1 Rosmarinzweig

250 ml Rot- oder Weißwein

3 EL Cognac

3 EL Olivenöl

SUPPEN UND LEICHTE GERICHTE

Lauchsuppe mit Kräutern

Die wohlschmeckende Suppe präsentiert sich in attraktivem Blassgrün. Sie lässt sich mit etwas Sahne verfeinern.

FÜR 6 PERSONEN

4 EL Olivenöl

1 kg Lauch, in dicke Ringe geschnitten

Saft einer halben Zitrone

Salz und frisch gemahlener Pfeffer

125 g Spinat, grob geschnitten

125 g grüner Salat, grob geschnitten

1 Hand voll Rucola-Salat oder Wiesenknopf, grob geschnitten

125 g entschotete oder tiefgefrorene Erbsen

1,5 l Wasser

1 EL gehacktes Selleriegrün

1 EL gehackte Petersilie

1 EL gehackte Minze

Das Olivenöl in einer schweren Pfanne erhitzen, Lauch und Zitronensaft hineingeben. Würzen und zugedeckt etwa 20 Minuten köcheln lassen, bis der Lauch weich ist.

Spinat, Salat, Rucola und Erbsen hineinrühren und 1–2 Minuten mitdünsten. Das Wasser hineingeben, aufkochen und 15 Minuten köcheln lassen, bis alle Gemüse zart sind.

Mischen und passieren, dann erneut erhitzen und – wenn die Suppe zu dick ist – etwas Wasser dazugeben. Eventuell mit einigen EL Sahne verfeinern. Mit Sellerie, Petersilie und Minze bestreut servieren.

Estragonsuppe

FÜR 4 PERSONEN

1,25 l Hühner- oder Rinderbrühe

2 EL gehackter Estragon

2 EL geriebener Parmesan

Die Brühe langsam mit dem Estragon erhitzen und den Käse kurz vor dem Auftragen einrühren.

Seezungensuppe mit Brunnenkresse und Tomaten

Dies ist eine leichte Suppe nach kantonesischer Art. Anstelle von Seezunge könnte man auch anderen zartfleischigen Fisch wie Scholle oder Flunder nehmen.

FÜR 4 PERSONEN

200 g Seezungenfilet ohne Haut

1,25 l Fisch- oder Hühnerbrühe

1 EL Reiswein oder trockener Sherry

5 dünne Scheiben frischer Ingwer

125 g Brunnenkresse

2 Tomaten, geschält, entkernt und gewürfelt

Salz und weißer Pfeffer

2 TL Sojasoße

½ TL Sesamöl

1 grüne Zwiebel oder Frühlingszwiebel, sehr dünn geschnitten

Den Fisch quer in dünne Streifen schneiden. Die Brühe langsam aufkochen.

Reiswein oder Sherry hinzufügen und 5 Minuten köcheln lassen, dann Brunnenkresse und Tomaten dazugeben, würzen und erneut aufkochen. 2–3 Minuten weiterköcheln lassen.

Die Fischstücke in die Suppe geben, den Topf vom Feuer nehmen, zugedeckt etwa 4 Minuten ziehen lassen, bis der Fisch weiß wird und leicht gegart ist. Mit Sojasoße und Sesamöl abschmecken, die Zwiebel hineinrühren und servieren.

KRÄUTERSALAT

Salate variieren je nach saisonalem Angebot. Die meisten grünen Salate lassen sich mit Kräuterblättern und Blüten geschmacklich verfeinern, doch können Sie einen Salat auch ausschließlich aus Kräutern zubereiten, indem Sie milde Blätter mit bitteren oder scharfen kombinieren. Zur Auswahl stehen Anisysop, Basilikum, Bergminze, Borretsch, Dill, Estragon, Fenchel, Glänzende Studentenblume, Kerbel, Kresse, Liebstöckel, Majoran, Melde, Minze, Mitsuba, Perilla, Petersilie, Portulak, Rucola, Sauerampfer, Schnittlauch, Süßdolde, Wiesenknopf, Zichorie, Zitronenmelisse; zur Garnierung die Blüten von Bergamotte, Borretsch, Lavendel, Kapuzinerkresse, Ringelblume, Rosmarin, Salbei und Thymian. Verwenden Sie nur kleine Zweige oder einzelne Blätter, vor allem von den intensiven Kräutern, und gleichen Sie dabei die Aromen aus.

Weitere Zutaten könnten sein: Anchovies, gehackte Walnüsse, geröstete Mandelblätter oder Pinienkerne, Garnelen oder Shrimps, Feta, dünn geschnittene Pilze, schwarze Oliven, Tomaten. Machen Sie den Salat mit einer Vinaigrette aus einem Teil Weinessig auf drei Teile Olivenöl oder mit einem einfachen Sahnedressing an.

Fattoush

Die wichtigsten Zutaten dieses libanesischen Salats sind Gerbersumach, frische Kräuter und Brot. Portulak könnte durch Brunnenkresse oder mehr Minze und Petersilie ersetzt werden.

FÜR 6 PERSONEN
- 1 Pittabrot
- 1 Gurke
- 3 Tomaten, in Stücke geschnitten
- 1 Hand voll Radieschen, halbiert
- 6 Frühlingszwiebeln, klein geschnitten
- 1 große Hand voll glatte Petersilie, grob gehackt
- 1 große Hand voll Minze, grob gehackt
- 1 kleiner Bund Portulak, Stängel und Blätter
- einige große Salatblätter, zerpflückt
- 1 EL Gerbersumach
- Salz und frisch gemahlener Pfeffer
- 6 EL Zitronensaft
- 6 EL Olivenöl

Das Pittabrot aufschneiden und mit der offenen Seite unterm Grill hellgolden anrösten. In kleine Stücke reißen.

Die Gurke der Länge nach vierteln, dann klein schneiden. Alle Gemüse und Kräuter in eine Schüssel geben, die Brotstücke darüber streuen.

Gerbersumach, Salz und Pfeffer mit dem Zitronensaft verrühren und das Öl unterschlagen. Das Dressing über den Salat gießen, mischen und sofort servieren, bevor das Brot aufweicht.

Granatapfelsalat mit Oliven und Walnüssen

Dieser Salat kommt aus Gaziantep in der Südosttürkei, wo alle Zutaten auf den Hügeln rund um die Stadt wachsen.

FÜR 4 PERSONEN
- 2 Granatäpfel
- 125 g grüne Oliven, entsteint und grob gehackt
- 1 Bund Korianderkraut, gehackt
- 2–3 Schalotten, gehackt
- 125 g Walnüsse, grob gehackt
- 4 TL Zitronensaft
- 3 EL Olivenöl
- ½ TL rote Paprikaflocken
- Salz

Die Kappe der Granatäpfel abschneiden und sie mit den Daumen aufbrechen. Die Samen herauskratzen, aber alle beigefarbenen Anteile wegwerfen. Die Samen mit den Oliven, Koriander, Schalotten und Walnüssen in eine Schüssel geben.

Aus den übrigen Zutaten ein pikantes Dressing zubereiten und, falls übrig, Granatapfelsaft hinzufügen. Über den Salat gießen, mischen und mit Brot servieren.

Garnelensalat mit Bohnen und eingelegtem Ingwer

FÜR 4 PERSONEN

350 g Prinzessbohnen

2 EL Sherry-Essig

2 EL Sonnenblumenöl

Salz und gemahlener Szechuanpfeffer

250 g weißes Krebsfleisch

2 EL eingelegter Ingwer, dünn gestiftelt (*S. 240*)

Die Bohnen in kochendem Wasser bissfest kochen. Abgießen und in kaltem Wasser abschrecken. Erneut abgießen.

In einer Servierschüssel Essig und Öl zusammenrühren und gut würzen. Die Bohnen darin anrichten, das Krebsfleisch in die Mitte legen und mit dem gestiftelten Ingwer garnieren. Vor dem Auftragen mischen.

Thunfisch-Tartar

FÜR 4 PERSONEN

½ Gurke

Salz und frisch gemahlener Pfeffer

300 g sehr frisches Thunfischfilet

Saft von 1–2 Zitronen

1–2 TL Wasabi-Paste

2 EL Olivenöl extra Vergine

1 EL Reisessig

1 EL gehackter Schnittlauch

1 EL gehackte Misuba oder Petersilie

Die Gurke in »Zebrastreifen« schälen, längs halbieren und die Kerne entfernen. In sehr dünne Scheiben schneiden und in ein Sieb legen. Die Gurkenschichten mit Salz bestreuen und 1 Stunde ziehen lassen.

Den Thunfisch häuten, das Fleisch mit einem scharfen Messer würfeln und in eine Schüssel legen. Zitronensaft und Wasabi mit etwas Salz mischen und über den Fisch gießen. Den Fisch mit den Fingern anheben, damit das Dressing überallhin kommt. Zugedeckt und gekühlt 1 Stunde marinieren.

Die Gurke abspülen und im Küchentuch abtupfen. Mit Pfeffer, Essig und Olivenöl eine Vinaigrette rühren und Gurke und Schnittlauch zugeben. Die Gurke in flachem Kreis auf einer Platte anrichten, den Thunfisch abtropfen lassen und in die Mitte häufen. Mit Mitsuba oder Petersilie garnieren.

Larp

Dieses warme Hühnergericht kommt aus Nord-Thailand und Laos, wo man auch eine Variante mit Rindertartar kennt.

FÜR 4–6 PERSONEN

2 EL Reis

400 g Hühnerbrust ohne Haut und Knochen

3 EL Limettensaft

150 ml Hühnerbrühe

3 EL Fischsoße

1–2 TL gemahlener Chili

1 mittelgroße rote Zwiebel, gehackt

2 Stängel Zitronengras (nur unteres Drittel), fein geschnitten

2 TL geriebene Kaffirlimetten-Schale (nach Belieben)

4 Kaffirlimetten-Blätter, in feine Streifen geschnitten

Koriander oder Culentro und Minze

Reis in einer Bratpfanne bei mittlerer Hitze ohne Fett rösten, bis die Körner hellbraun werden. Die Pfanne gelegentlich rütteln. Abkühlen und in einer Gewürzmühle mahlen. Hühnerfleisch würfeln oder in einer Küchenmaschine grob zerkleinern. Limettensaft, Brühe und Fischsoße in einem Wok oder einer tiefen Pfanne aufkochen, das Huhn hineingeben und wenden, bis das Fleisch weiß ist.

In eine Schüssel geben und mit Reis, Chili, Zwiebeln, Zitronengras, Limettenschale und -blättern gut vermengen. Mit Minze und Koriander oder Culentro garniert anrichten.

Vietnamesische Frühlingsrollen

Diese Frühlingsrollen schmecken herrlich frisch und knusprig. Reispapierhüllen bekommt man in Asienläden. Für die vegetarische Variante ersetzt man die Garnelen durch Paprikastreifen. Falls Sie Vietnamesischen Koriander (Rau Ram) finden, geben Sie etwas davon in die Füllung.

FÜR ETWA 20 ROLLEN

1 kleine Gurke, entkernt und in Julienne-Streifen geschnitten

1–2 Karotten, fein gestiftet (Julienne-Streifen)

125 g Bohnenkeimlinge

geriebene Schale und Saft einer unbehandelten Limette

6 Knoblauchzehen, klein gewürfelt

1 kleine Hand voll Thai-Basilikum, grob gehackt

1 kleine Hand voll Korianderblätter, grob gehackt

1 EL Sambal Oelek oder Chilipaste (*S. 300*)

350 g gegarte Garnelen

20–25 Reispapierhüllen

einige Kräuterzweige zum Garnieren

Das Gemüse mit Schale und Saft der Limette, mit Kräutern und Sambal mischen und 30 Minuten durchziehen lassen, damit sich die Aromen verbinden. Garnelen schälen, den Darm entfernen und sie, je nach Größe, halbieren oder kleiner schneiden.

Etwas warmes Wasser in eine flache Schale gießen, eine Reishülle einweichen, bis sie biegsam wird, und auf ein Brett legen. An der einen Seite der Hülle ein paar Garnelenstücke und darüber einen Löffel voll Gemüsemischung aufhäufeln. Die Füllung etwas platt drücken, die Seiten nach innen klappen und das Päckchen aufrollen. Mit der Naht nach unten auf eine Platte legen, mit etwas Wasser besprühen und mit einem feuchten Tuch oder Klarsichtfolie zudecken. Die anderen Rollen auf die gleiche Weise zubereiten. Mit Kräutern garniert und süßer Chilisoße oder Nuoc Cham (*S. 300*) servieren.

Tipp: Reishüllen werden brüchig, wenn sie nicht feucht gehalten werden, daher während der Zubereitung mit Wasser besprühen.

Orientalisches Kräuteromelett

Dieses nahrhafte Omelett, vergleichbar mit der spanischen Tortilla, wird im Iran Kookoo, in den arabischen Ländern Eggah genannt. Man kann der Füllung ein paar Berberitzenbeeren hinzufügen. Kann im Backofen oder in der Pfanne gebacken werden.

FÜR 4–6 PERSONEN

150 g glatte Petersilie

150 g Dill

60 g Korianderblätter

1 kleiner Bund Schnittlauch

3–4 Salatblätter

3–4 Spinatblätter

2 kleine Zucchini, gehackt (nach Belieben)

4 Frühlingszwiebeln, gehackt

4 EL gehackte Walnüsse

1 Prise Safranfäden

6 Eier

Salz und frisch gemahlener Pfeffer

30 g Butter

Den Backofen auf 180 °C vorheizen. Die harten Stiele von Petersilie, Dill und Koriander entfernen, das Blattwerk zusammen mit Schnittlauch, Salat und Spinat klein hacken. Mit den Zucchini, Frühlingszwiebeln und Walnüssen mischen. Den Safran im kleinen Mörser zerreiben und mit 2 TL warmem Wasser verrühren. Die Eier locker schlagen, Safranflüssigkeit zugeben, würzen und die Kräutermischung unterziehen.

Für den Backofen eine Auflaufform ausbuttern, die Mischung hineingeben und das Omelett in 45–50 Minuten goldbraun backen. Ansonsten die Butter in einer heißen Pfanne auslassen, schwenken, die Mischung hineingeben und bei schwacher Hitze etwa 25 Minuten stocken lassen.

Das Omelett mit einem Pfannenwender umdrehen und 10–15 Minuten auf der anderen Seite backen. In Tortenstücke schneiden und heiß oder lauwarm mit einem Schälchen dickem Jogurt servieren.

FISCH

Gravad Lachs

FÜR 8–10 PERSONEN

200 g grobes Meersalz

80 g Zucker

1 EL weiße Pfefferkörner, zerstoßen

1 großer Bund Dill, gehackt

2 EL Wodka oder Cognac

2 kg Mittelstück vom Lachs, entgrätet und filetiert

3 EL Dijonsenf

2 TL Zucker

1 Eigelb

150 g Sonnenblumenöl

1 EL Zitronensaft

3 EL gehackter Dill

Salz, Zucker, Pfefferkörner, Dill und Wodka mischen. Ein Viertel davon in eine Schüssel schöpfen, in die der Lachs knapp hineinpasst. Ein Filet mit der Hautseite nach unten hineinlegen, mit einem Großteil der restlichen Marinade bestreichen und das andere Filet, mit der Hautseite nach oben, darüber legen. Mit der restlichen Marinade bestreichen. Mit Klarsichtfolie und einer schweren Platte bedecken. Mindestens 18 bis max. 48 Stunden kühl stellen. Den Lachs abtupfen und ihn schräg mit einem scharfen, dünnen Messer in Scheiben schneiden. Die Haut ablösen. Er hält sich im Kühlschrank 5–6 Tage.

Für die Soße Senf und Zucker in das Eigelb rühren. Das Öl wie für Mayonnaise unterschlagen. Zitronensaft und Dill unterrühren.

Garnelencurry mit Kokosmilch

FÜR 3–4 PERSONEN

500 g mittelgroße oder große rohe Garnelen, geschält

Salz

½ TL Senfkörner

½ TL gemahlenes Kurkuma oder Zitwerwurzel

2 TL gemahlener Koriander

1 TL gemahlener Anis

3 EL Sonnenblumenöl

2 EL grüne Masala-Paste (*S. 282*)

2 Zwiebeln, dünn in Scheiben geschnitten

400 ml Kokosmilch

Bei den Garnelen den Darm entfernen, salzen und beiseite stellen. Die Senfsamen schnell rösten, dann die übrigen Gewürze hinzufügen. Umrühren und die Pfanne rütteln; die Gewürze, sobald sie duften, in ein Schälchen schütten und beiseite stellen.

In einer schweren Pfanne das Öl erhitzen und die grüne Masala-Paste 2–3 Minuten braten, die Zwiebel zugeben und eine Weile weiterrühren. Die Gewürze und die Kokosmilch zugeben. Ohne Deckel 8–10 Minuten unter ständigem Rühren köcheln lassen. Die Garnelen zugeben und weitere 4–6 Minuten köcheln lassen, bis sie gar sind. Mit Reis servieren.

Fischcurry nach Art der Seychellen

FÜR 4 PERSONEN

1 kg Snapper- oder Mönchfisch-Filet

Salz und frisch gemahlener Pfeffer

3 EL Sonnenblumenöl

2 Zwiebeln, gehackt

2 EL Massalé (*S. 288*)

½ TL gemahlenes Kurkuma

2 Knoblauchzehen, gehackt

1 kleines Stück Ingwer, gehackt

3 EL Tamarindenwasser (*S. 163*)

Blätter von 2 Thymianzweigen

½ TL Anis

450 ml Fischfond oder Wasser

Den Fisch in mundgroße Stücke schneiden, mit Salz und Pfeffer würzen, beiseite stellen. In einer schweren Pfanne Öl erhitzen und die Zwiebeln goldbraun schmelzen. Massalé mit Kurkuma dazugeben und etwas braten. Die Fischstücke und die übrigen Zutaten hineingeben. Zum Köcheln bringen und etwa 10 Minuten ziehen lassen, bis der Fisch gar ist. Mit Reis servieren.

Gebackener Seebarsch mit Sternanis

FÜR 4 PERSONEN

1 Seebarsch à 1,5 kg

1 EL gehackter frischer Ingwer

2 EL Reiswein oder trockener Sherry

1 TL Fünf-Gewürze-Pulver (*S. 284*)

4 Grüne Zwiebeln oder Frühlingszwiebeln, fein gehackt

1 EL Sojasoße

1 EL Sesamöl

Salz

3 Sternanis

Öl

Jede Seite des Barschs zweifach schräg einschneiden. Ingwer mit Reiswein und Fünf-Gewürze-Pulver mischen und den Fisch damit einreiben. Eine Stunde lang marinieren. Den Ofen auf 220 °C vorheizen. Die Zwiebeln mit Sojasoße, Sesamöl und etwas Salz mischen, Sternanis zugeben und die Mischung in den Fisch füllen.

Ein Stück Alufolie auf das Backblech legen, mit Öl bepinseln und den Fisch darin einwickeln. An den Seiten doppelt einschlagen und gut zusammendrücken.

Den Barsch etwa 35 Minuten backen. Das Paket öffnen. Wenn sich das Fleisch beim Einstechen mit einem Messer dicht an der Rückengräte auffächert, ist es gar. Mit dem Bratensaft servieren.

Snapper mit Chermoula

FÜR 4 PERSONEN

3 Knoblauchzehen

2 TL Salz

1 kleine Zwiebel, fein gehackt

1 kleiner Bund Koriander, gehackt

1 kleiner Bund Petersilie, gehackt

1 TL Paprika

½ TL Chilipulver

½ TL gemahlener Kreuzkümmel

6 EL Olivenöl

Saft einer Zitrone

2 Snapper, jeder etwa 800 g

800 g reife Tomaten

150 g zerstoßene grüne Oliven

Chermoula ist ein marokkanisches Fischgewürz. Den Knoblauch mit dem Salz zerdrücken und zu den Zwiebeln, Kräutern und Gewürzen geben. Mit Olivenöl und Zitronensaft zu einer Paste verrühren.

Den Fisch seitlich jeweils an zwei oder drei Stellen einschlitzen und mit Chermoula einreiben, auch in den Einschnitten und innen. In eine Form legen und zugedeckt mindestens 2 Stunden oder über Nacht im Kühlschrank marinieren lassen. 30 Minuten vor dem Braten herausnehmen und in eine ofenfeste Form legen. Den Ofen auf 190 °C vorheizen. Die Tomaten in Scheiben auf den Fisch legen. Etwas salzen, die Oliven darüber streuen und das restliche Chermoula darüber verteilen.

Mit Alufolie bedeckt, je nach Größe des Fischs, 35–45 Minuten backen. Er ist gar, wenn sich sein Fleisch an der Rückengräte beim Einstechen auffächert.

Muscheln mit Zitronengras und Ingwer

FÜR 4 PERSONEN

2 kg Muscheln

6 EL Wasser

2 Stängel Zitronengras (nur den unteren hellen Teil), dünn geschnitten

2 Knoblauchzehen, geschält und gehackt

4 Kaffirlimetten-Blätter

1 kleines Stück Ingwer, geschält und gehackt

frisch gemahlener Pfeffer

200 ml Kokosmilch

3 EL gehackte Korianderblätter

Die Muscheln säubern und entbarten; zerbrochene oder beim Klopfen sich öffnende Muscheln entfernen. Wasser mit Zitronengras, Knoblauch, Limettenblättern, Ingwer und Pfeffer aufsetzen. Die Muscheln darin zugedeckt bei großer Hitze kochen, dabei den Topf gelegentlich rütteln, bis sich die Muscheln nach etwa 2–3 Minuten öffnen. Die Muscheln herausheben und in eine vorgewärmte Schüssel geben. Den Sud auf die Hälfte einkochen, die Kokosmilch dazugeben und aufkochen, damit sie etwas andickt, anschließend über die Muscheln gießen. Die Limettenblätter entfernen und mit Koriander bestreut servieren.

FLEISCHGERICHTE

Langsam geschmorte Lammkeule mit Oman-Gewürzen

Dies ist die kleine Version einer Shuwa, eines omanischen Festmahls. Für die Lammkeule nimmt man die halbe Menge Bizar a'Shuwa des Rezepts auf S. 289.

FÜR 6–8 PERSONEN

1 Lammkeule

Bizar a'Shuwa Gewürzmischung (*S. 289*)

Den Ofen auf 140 °C vorheizen. Möglichst viel Fett von der Keule ablösen und sie rundum mit der Bizar-Mischung einreiben. Das Fleisch in ein leicht geöltes Stück Alufolie einpacken und das Paket mit einer zweiten Folienschicht verschließen.

Das Lamm in eine große, schwere Kasserolle oder einen Bräter legen und etwa 5 Stunden schmoren. Kontrollieren Sie, ob das Fleisch nicht austrocknet; es sollte feucht bleiben und sich locker vom Knochen lösen. Wenn nötig, die Schmorzeit verlängern. Zum Warmhalten den Ofen ausstellen und die Tür öffnen, das Fleisch aber eingewickelt im Topf lassen. Mit Reis und, falls gewünscht, mit Tomatensoße servieren (*S. 298*).

VARIANTE

Gewürzte Lammkeule oder -schulter mit Aprikosen
Anstelle des Bizar a'Shuwas verwendet man 1 ½ EL Aleppo-Mischung, Qâlat Daqqa oder La Kama (alle S. 291). Um das Fleisch vor dem Einpacken 2–3 Blätter Aprikosenleder wickeln oder es mit fein gehacktem, halb getrocknetem oder eingeweichtem Aprikosenleder ringsum belegen. Eine halbe Lammkeule oder -schulter braucht etwa 3 ½ Stunden Garzeit.

Lamm Korma

Bei diesem Moghul-Gericht wird das Lamm in einer würzigen, mit Mohnsamen und Mandeln angedickten Jogurtsoße geschmort.

FÜR 6–8 PERSONEN

450 ml dicker Jogurt

1 kleines Stück Ingwer, gehackt

4 grüne Chilis, entkernt, gehackt

4 Knoblauchzehen, gehackt

3 EL Wasser

2 EL abgezogene Mandeln

2 EL Mohnsamen

1 kleines Stück Zimt

3 Macisstreifen

½ TL Kreuzkümmel oder Schwarzkümmel

4 Nelken

4 Samen von braunen Kardamomkapseln

10 schwarze Pfefferkörner

3 EL Sonnenblumenöl oder Ghee

1 große Zwiebel, in Scheiben

1 kg mageres Lamm, in Würfel geschnitten

¼ TL Safranpulver in 1 EL Wasser aufgelöst

Salz

3 EL gehacktes Korianderkraut

Ein Haarsieb auf eine Schüssel setzen und den Jogurt darin eine Stunde lang abtropfen lassen. Die Molke weggießen. Ingwer, Chilis, Knoblauch und Wasser zu einer Paste verrühren. Die Mandeln und alle Gewürze zusammen mahlen.

In einer großen, schweren Pfanne Öl oder Ghee erhitzen und die Zwiebeln goldgelb schmelzen. Die Ingwerpaste und die gemahlenen Mandeln mit den Gewürzen hineinrühren und mindestens weitere 2–3 Minuten braten. Das Fleisch dazugeben und gut umrühren, damit es von allen Seiten gewürzt wird. Jogurt und Safran zugeben, salzen und die Pfanne gut zudecken.

Bei sehr schwacher Hitze 1 ½–2 Stunden köcheln lassen, bis das Lamm zart ist. Häufig umrühren, damit es nicht anhängt; wenn nötig etwas Wasser nachgießen. Mit Koriander garnieren.

Kürbis-Bredie

Ein Bredie ist ein südafrikanischer Eintopf, der meist aus Lamm und einem einzigen Gemüse besteht und mit verschiedenen Gewürzen und Kräutern gewürzt wird.

FÜR 6 PERSONEN

2 EL Sonnenblumenöl

2 große Zwiebeln, gehackt

1 kg mageres Lammfleisch, in Würfel geschnitten

2 grüne Chilis, entkernt und klein geschnitten

3 Knoblauchzehen, gehackt

1 kleines Stück Ingwer, gehackt

Salz

4 Nelken

½ Zimtstange

750 g Kürbis oder Butternusskürbis

Öl in einer schweren Pfanne erhitzen und die Zwiebeln goldbraun schmelzen. Das Lammfleisch hinzugeben und 10–15 Minuten von allen Seiten anbraten. Alle Gewürze, Salz und ausreichend Wasser hinzugeben, um ein Anhängen zu vermeiden. Zugedeckt bei niedriger Temperatur eine Stunde köcheln lassen. Gelegentlich umrühren und, wenn nötig, Wasser nachgießen.

Das Kürbisfleisch würfeln und hinzufügen. Aufkochen, dann bei geringerer Temperatur zugedeckt eine weitere Stunde kochen, bis der Kürbis weich und das Lamm zart ist.

Geschmortes Rindfleisch mit Süßholz

FÜR 4 PERSONEN

1 kg Oberschale oder Schwanzstück

Rotweinmarinade (*S. 304*)

3 EL Olivenöl

Salz und frisch gemahlener schwarzer Pfeffer

200 g Schalotten

200 g Karotten

Mehl

3 Tomaten, geschält und gehackt

abgeriebene Schale von einer unbehandelten Orange

2 Stücke Süßholz, etwa 2 cm lang

3 Nelken

½ TL gemahlener Koriander

Das Fleisch in eine gerade ausreichend große Glas- oder Porzellanschüssel legen und mit der Marinade bedecken. Zugedeckt für 24 Stunden in den Kühlschrank stellen. Gelegentlich wenden. Mindestens eine Stunde vor Kochbeginn auf Raumtemperatur bringen.

Ofen auf 150 °C erhitzen. Das Fleisch herausnehmen und mit Küchenpapier abtupfen. Die Marinade durchseihen und beiseite stellen, das Gemüse wegwerfen. Schalotten halbieren und Karotten auf gleiche Größe schneiden.

Das Rindfleisch salzen, pfeffern und mit Mehl bestäuben. 2 EL Öl in einem Bräter erhitzen und das Fleisch rundum anbraten. Dann herausnehmen, die Hitze reduzieren und die Schalotten und Karotten kurz anbraten. Die beiseite gestellte Marinade hineingießen und aufkochen. Tomaten, Orangenschale und Gewürze hineinrühren und das Fleisch wieder zugeben; es sollte zu etwa einem Drittel in der Flüssigkeit liegen. Den Topf gut verschließen, wenn nötig ein Stück Alufolie unter den Deckel legen und 2 ½ Stunden garen. Währenddessen das Fleisch ein- bis zweimal wenden.

Fleisch aus dem Bräter heben, den Rest zugedeckt 10 Minuten warm stellen. Das Gemüse aus dem Topf nehmen und warm stellen. Nelken und Süßholz aus der Kochflüssigkeit entfernen. Diese aufkochen, das Fett abschöpfen und bei starker Hitze zur Soße einkochen. Das Fleisch in Stücke schneiden, das Gemüse ringsherum legen und mit der Soße servieren. Dazu passt Kartoffelbrei oder ein Püree aus Kartoffeln und Sellerie.

Osso buco

FÜR 4 PERSONEN

4 Scheiben Kalbshaxe

Salz

1 ½ EL Italienische Gewürzmischung (S. 293)

2 Knoblauchzehen

1 unbehandelte Zitrone

Mehl

3 EL Olivenöl

2 EL gehackte Petersilie

1 großes Glas trockener Weißwein

Die Kalbshaxe von beiden Seiten mit Salz und der Gewürzmischung einreiben. Beiseite stellen, inzwischen den Knoblauch hacken und eine Hälfte der Zitrone dünn in Scheiben schneiden, Kerne entfernen. Das Fleisch von beiden Seiten mit Mehl bestäuben. In einer schweren, tiefen Pfanne das Olivenöl erhitzen und das Fleisch leicht anbräunen. Knoblauch und fast sämtliche Petersilie darüber streuen, obenauf die Zitronenscheiben legen. Den Wein dazugießen und so viel Wasser, dass das Fleisch fast bedeckt ist. Zum Köcheln bringen und zugedeckt bei niedriger Temperatur etwa 1 ½ Stunden garen. Nach einer Stunde prüfen, wie gar das Fleisch ist und wie viel Flüssigkeit schon verkocht ist. Wenn nötig, ohne Deckel weiter garen, damit die Flüssigkeit etwas eindickt. Es sollten für jede Scheibe Fleisch nur 2–3 EL Soße bleiben; diese wird vom austretenden Saft der Haxe etwas klebrig sein. Die Schale der restlichen halben Zitrone reiben, mit dem Rest Petersilie mischen und 5 Minuten vor dem Auftragen über das Fleisch streuen. Die klassische Beilage ist Safran-Risotto (S. 323).

Malayisches Rendang

FÜR 6 PERSONEN

8 Schalotten, gehackt

4 Knoblauchzehen, zerstoßen

5 rote Chilis, entkernt und klein geschnitten

1 kleines Stück frischer Galgant, gehackt

1 l Kokosmilch

1 kg Steak vom Rinderkamm, in Würfel geschnitten

2 EL gemahlener Koriandersamen

1 TL gemahlener Kreuzkümmel

1 TL gemahlenes Kurkuma oder 1 EL frisches, gehackt

1 Stängel Zitronengras, nur unteres Drittel, gequetscht

2 TL Zucker

1 TL Tamarinden-Konzentrat, in etwas warmem Wasser eingeweicht

Schalotten, Knoblauch, Chilis und Galgant mit 2–3 EL Kokosmilch zu einer glatten Paste verrühren. Paste und Fleisch zusammen in einen Wok geben und gut vermischen. Die restlichen Gewürze zufügen und die Kokosmilch dazugießen. Gut umrühren, aufkochen, dann ohne Deckel bei geringer Hitze etwa 1 ½ Stunden köcheln lassen, bis fast die gesamte Flüssigkeit eingekocht ist. Wenn sich das Kokosöl zu trennen beginnt, ständig weiterrühren, bis es vom Fleisch aufgesogen ist. Zucker und Tamarinde unterrühren und den Wok von der Kochstelle ziehen. Rendang wird mit Reis serviert. Er schmeckt besser, wenn er einen Tag im Voraus zubereitet wird.

Thailändischer Rindercurry

FÜR 4 PERSONEN

2 EL Sonnenblumenöl

2 EL rote Currypaste (S. 285)

750 g Roastbeef oder Rumpsteak, in Streifen geschnitten

750 ml Kokosmilch

2 EL Fischsoße

4 Kaffirlimetten-Blätter

2 rote Chilis, entkernt und klein geschnitten

1 EL Palm- oder brauner Zucker

4 EL geröstete Erdnüsse, zerstoßen

2 EL gehacktes Korianderkraut

Einen Wok erhitzen, Öl hineingeben, die Currypaste dazugeben und braten, bis sie duftet. Das Rindfleisch hinzufügen und gut anbraten. Die Kokosmilch dazugießen, aufkochen und etwa 20 Minuten köcheln lassen, bis das Rindfleisch zart ist.

Zucker und Erdnüsse hineinrühren, in eine Schüssel füllen und mit Koriander bestreuen. Zu Jasmin-Reis servieren.

Statt roter Currypaste könnte man die nach ihren indischen Gewürzen duftende Massaman-Currypaste (S. 285) wählen.

Schweine-kotelett mit Wacholder und Rosmarin

FÜR 4 PERSONEN

4 Schweinekoteletts

Salz und frisch gemahlener Pfeffer

2 TL Wacholderbeeren, zerstoßen

1 Zweig Rosmarin, fein gehackt

1 EL Olivenöl

2 Schalotten, fein gehackt

1 Glas Portwein

etwa 100 ml Brühe oder Wasser

Den Ofen auf 180 °C vorheizen. Die Koteletts von überschüssigem Fett säubern und mit Salz und Pfeffer würzen. Wacholder und Rosmarin mischen. Das Fleisch auf beiden Seiten mit der Mischung einreiben. Einen Bräter leicht einölen und das Fleisch mit den Schalotten hineinlegen. Portwein und so viel Brühe oder Wasser angießen, dass das Fleisch bedeckt ist. Zugedeckt 30 Minuten im Ofen garen.

Den Deckel abheben und weitere 20–25 Minuten weiterbraten, bis die Koteletts gut durch sind (wenn ein Bratspieß mühelos eindringen kann) und die Soße reduziert ist. Dazu passen geschmorte Apfelstücke.

Schweinefilet mit Estragon und Senf

FÜR 4 PERSONEN

2 Schweinefilets, jedes etwa 500 g

Salz und frisch gemahlener Pfeffer

2 EL Dijonsenf

Blätter von 10 Estragonstängeln

30 g Butter

1 großes Glas trockener Weißwein

300 ml Schlagsahne

2 Schalotten, fein gehackt

Die Filets zurichten und mit Salz und Pfeffer würzen. Jeweils eine Seite mit 1 EL Senf einreiben und zwei Drittel der Estragonblätter darauf verteilen. Die beiden gewürzten Filetseiten aufeinander legen und zusammenbinden.

In einer schweren Pfanne, in die das Fleisch gerade hineinpasst, die Butter erhitzen und das Fleisch von allen Seiten bräunen. Mit Wein begießen und zugedeckt bei schwacher Hitze 40–45 Minuten schmoren lassen. Ein- oder zweimal wenden und begießen. Inzwischen den übrigen Estragon fein hacken. Gegen Ende der Garzeit das Fleisch an der dicksten Stelle mit einem Spieß einstechen; wenn klarer Saft austritt, ist es gar. Aus der Pfanne heben, zugedeckt mindestens 5 Minuten warm stehen lassen, aufschneiden und warm stellen.

Unterdessen für die Soße die Sahne in einem beschichteten Topf schäumend aufkochen. In einem anderen Topf die Schalotten in der durchgeseihten Kochflüssigkeit erhitzen. 4–5 Minuten köcheln lassen, bis die Schalotten weich sind. Den restlichen Senf, Estragon und die Sahne hineinrühren. Abschmecken und heiß mit dem Filet servieren.

Indische Gewürz-Poularde

FÜR 4 PERSONEN

4 TL aromatisches Garam Masala (*S. 286*)

1 dicke Scheibe frischer Ingwer, fein gehackt

1 Knoblauchzehe, zerstoßen

½ TL Salz

30 g Butter

1,5 kg Poularde

3 EL Sonnenblumenöl oder geklärte Butter

Die Poularde 2–3 Stunden vor dem Braten vorbereiten. Das Garam Masala mit Ingwer, Knoblauch und Salz mischen, dann die Mischung mit der Butter zu einer Paste verkneten. Die Gewürzpaste unter die Haut des Huhns schieben und sie dabei in das Fleisch einreiben. 2–3 Stunden ruhen lassen, damit die Aromen ins Fleisch einziehen. Den Ofen auf 190 °C vorheizen.

In einer schweren, ofenfesten Kasserolle, in die die Poularde gerade hineinpasst, das Öl erhitzen. Das Huhn seitlich gelegt hineingeben, fest verschließen und 30–35 Minuten braten; danach umdrehen und ungefähr weitere 30 Minuten braten. Zuletzt mit der Brust nach oben legen, mit dem Bratensaft begießen und den Topf unverschlossen noch 10–15 Minuten in den Ofen schieben, damit das Fleisch bräunt. Einen Schenkel an der dicksten Stelle mit dem Bratspieß einstechen; wenn der Saft klar fließt, ist das Huhn fertig. Nach dem Tranchieren das Fleisch mit dem Bratensaft begießen. Mit Zitronenschnitzen, einem Chutney oder Jogurt mit Kräuter-Dressing zu Reis servieren.

Wat mit Huhn

Äthiopische Wats sind gut gewürzte Eintöpfe, die meist mit Fladenbrot serviert werden, doch passen auch Reis und Couscous dazu.

FÜR 6 PERSONEN

1,5–1,8 kg Hühnerteile ohne Haut

60 g Butter

4 große Zwiebeln, gehackt

3 Knoblauchzehen, fein gehackt

1 gehäufter EL Berbere oder Wat-Gewürz (S. 292)

400 g reife Tomaten, gehackt oder 1 Dose

Salz

Jedes Hühnerteil mit einem scharfen Messer leicht einritzen, damit das Soßenaroma eindringen kann. In einer großen, schweren Pfanne Butter erhitzen und die Zwiebeln goldbraun anbraten. Knoblauch dazugeben und weitere 1–2 Minuten braten. Die Gewürzmischung mit den Zwiebeln verrühren, danach die Tomaten hinzugeben.

Zugedeckt 15 Minuten köcheln, bis eine dicke Soße entsteht. Die Hühnerteile hineinlegen, erneut zum Köcheln bringen; wenn nötig, etwas Wasser hinzufügen. Zugedeckt 40–45 Minuten garen, bis das Huhn zart ist. Abschmecken und nach Belieben nachsalzen.

Karibisches Huhn mit Colombo-Pulver

Dieses Curryrezept von den französischen karibischen Inseln lässt sich mit Zicklein, Lamm, Rind, Schwein oder Huhn zubereiten.

FÜR 6–8 PERSONEN

1,5 kg Hühnerteile, ohne Haut

3 EL Sonnenblumenöl

2 Zwiebeln, gehackt

4 Knoblauchzehen, gehackt

1 kleines Stück frischer Ingwer, gehackt

2 EL Colombo-Pulver (S. 295)

2 EL Tamarindenwasser (S. 163)

300 g Kürbisfleisch, in große Stücke geschnitten

300 g Süßkartoffeln, geschält und in große Stücke geschnitten

1 Chayote oder 1 Aubergine, geschält und in Stücke geschnitten

600 ml Hühnerbrühe

Salz

1 EL Limettensaft

1 Bund Schnittlauch oder 3 Frühlingszwiebeln, gehackt

In einer großen, schweren Pfanne die Hühnerteile in Öl anbraten, bis sie auf beiden Seiten gebräunt sind. In einer Schüssel beiseite stellen. Im gleichen Öl die Zwiebeln goldbraun braten, Knoblauch, Ingwer und Colombo-Pulver hinzufügen und 3–4 Minuten rühren, bis das Aroma der Gewürze freigesetzt wird. Das Huhn in die Pfanne zurück geben, Tamarindenwasser, Gemüse, Brühe sowie Salz zufügen.

Zugedeckt kurz aufkochen und etwa 45 Minuten weiterköcheln, bis Huhn und Gemüse zart sind. Dieses Rezept kann vorgekocht und wieder erhitzt werden. In jedem Fall erst kurz vor dem Servieren den Limettensaft hineinrühren und Schnittlauch oder Frühlingszwiebeln darüber streuen.

Hühner-Tikka

FÜR 4 PERSONEN

600 g ausgebeintes Huhn

200 ml Jogurt

1 EL Tandoori Masala (S. 287)

2 EL Sonnenblumenöl

2 Zitronen

1 kleine Hand voll Koriander oder Minze

Das Huhn in 5 cm große Würfel schneiden. Jogurt mit dem Schneebesen aufschlagen und Masala und Öl unterrühren. Das Huhn

mindestens 2 Stunden im Jogurt marinieren. Den Ofen dann auf 220 °C anheizen oder den Gartengrill vorbereiten. Die Hühnerstücke auf Spieße fädeln und auf einen geölten Grillrost legen. Das Fleisch etwa 12 Minuten braten bzw. etwa 10 Minuten im Ofen grillen, dabei die Spieße einmal drehen. Beim Gartengrill rechnet man mit 10–12 Minuten, dabei die Spieße immer wieder drehen. Mit Zitronenschnitzen und gehacktem Koriander oder Minze servieren.

GEMÜSE

Auberginen mit eingelegter Zitrone

FÜR 4 PERSONEN

2 lange Auberginen

1 eingelegte Zitrone (*S. 299*)

1 EL Sonnenblumenöl

3 EL Pinienkerne

¼ TL Paprika oder gemahlener Chili

Den Ofen auf 180 °C vorheizen. Die Auberginen längs halbieren und jede Hälfte einige Male tief einschneiden. Die Schale der eingelegten Zitronen ablösen und dünn stifteln, das Fleisch wegwerfen. Die Zitronenstifte in die Schlitze schieben, die eingeschnittene Oberseite leicht mit Öl bestreichen und die Auberginenhälften mit Paprika oder Chili würzen (für den salzigen Effekt sorgt die Zitrone). Jede Hälfte mit Pinienkernen bestreuen.

Die Hälften jeweils in Alufolie wickeln und 20–25 Minuten im Ofen backen. Wenn sie weich sind, abkühlen lassen. Bei Raumtemperatur servieren.

Kartoffelgratin mit Paprika

FÜR 6 PERSONEN

30 g Butter

5 Schalotten, gehackt

2 TL Delikatesspaprika

4 Tomaten, geschält und gehackt

Salz

150 ml Sauerrahm

1 kg Kartoffeln, mitteldick geschnitten

300 ml Gemüse- oder Hühnerbrühe

Den Ofen auf 200 °C vorheizen. Butter in einer schweren Pfanne schmelzen und die Schalotten darin dünsten. Paprika unterrühren und 2–3 Minuten kochen. Tomaten zugeben, salzen und so lange kochen, bis die Mischung eindickt. Den Sauerrahm einrühren.

In eine Gratinform immer abwechselnd eine Schicht Kartoffeln und darüber eine dünne Schicht Tomatenmischung füllen. Mit der Brühe begießen. Die Form mit Alufolie schließen und eine Stunde im Ofen garen. Folie entfernen und so lange weitergaren, bis die Kartoffeln zart sind und die Flüssigkeit fast aufgesogen ist.

Gewürzte Linsen

FÜR 4 PERSONEN

250 g Puy-Linsen

2 Lorbeerblätter

1 TL gemahlene Koriandersamen

¾ TL gemahlener Kreuzkümmel

2 zerstoßene Kardamomsamen

1 mittelgroße Zwiebel

900 ml Wasser

Salz

4 EL Crème double oder Olivenöl

1 Knoblauchzehe, mit etwas Salz zerrieben

1 EL gehackte Minze

1 EL gehacktes Basilikum, vorzugsweise Thai- oder Anis-Basilikum

Die Linsen mit den Lorbeerblättern, Gewürzen und der ganzen Zwiebel in einem großen Topf mit dem Wasser aufsetzen. Zum Kochen bringen, dann bei halb geschlossenem Deckel etwa 20 Minuten köcheln lassen, bis die Linsen weich sind. In den letzten 5 Kochminuten nach Belieben salzen.

Abgießen, im Sieb gründlich abtropfen lassen, Lorbeerblätter und Zwiebel entfernen. Die Sahne oder das Olivenöl erhitzen, den Knoblauch einrühren und über die Linsen gießen. Alles gut vermischen. Mit den Kräutern bestreut servieren.

Gedünsteter Rotkohl

FÜR 6 PERSONEN

1 mittelgroßer Rotkohl

60 g Butter

1 rote oder weiße Zwiebel, dünn geschnitten

2 TL Küchenpfeffer (*S. 293*) oder
1 TL gemahlener Koriander und 3 Nelken

Salz

4 EL Rotweinessig

2 EL Wasser

90 g Backpflaumen, eingeweicht und klein gehackt

1–2 EL süßes Chutney (nach Belieben)

Den Kohlkopf vierteln, Stiel entfernen, Blätter fein schneiden. Die Butter in einer schweren Pfanne erhitzen und die Zwiebel mit dem Rotkraut darin 2–3 Minuten andünsten, dabei alles gut vermengen. Mit Küchenpfeffer oder Koriander, Nelken und Salz würzen. Essig und Wasser darüber gießen, zugedeckt 45–50 Minuten köcheln lassen, bis das Rotkraut zart ist.

Die Pflaumen und, falls gewünscht, das Chutney unterrühren und noch einmal 15 Minuten köcheln lassen, damit sich die Aromen mischen. Falls zu viel Flüssigkeit vorhanden ist, ohne Deckel kochen, damit sie verdampft.

Geschmorter Fenchel mit Sternanis

FÜR 4 PERSONEN

4 Fenchelknollen

2 Knoblauchzehen, in Scheiben geschnitten

2 Sternanis

4 EL Olivenöl

300 ml Gemüsebrühe oder Wasser

Salz und frisch gemahlener Pfeffer

1 EL gehackter Schnittlauch

Fenchelknollen oben und unten zurechtschneiden und die Außenblätter ablösen. Nebeneinander in eine schwere Pfanne setzen und den Knoblauch mit dem Sternanis dazwischen verteilen. Mit Olivenöl und Brühe übergießen, salzen und pfeffern.

Zugedeckt zum Kochen bringen, dann die Hitze reduzieren und 30–40 Minuten langsam schmoren, den Fenchel dabei einmal wenden. Wenn man den Fenchel mit dem Messer einstechen kann, ist er gar; er schmeckt besser, wenn er noch Biss hat. Die Fenchelknollen aus dem Topf heben und halbieren. Mit etwas Sud übergießen und mit Schnittlauch bestreuen.

Pilze mit Speck

FÜR 4 PERSONEN

400 g Champignons

4 EL Olivenöl

½ TL gemahlenes Macis

Salz und frisch gemahlener Pfeffer

4 Scheiben Speck, gewürfelt

3 Knoblauchzehen, in dünnen Scheiben

1 Glas Rotwein

3 EL gehackte Petersilie

Die Pilze abreiben und die Stiele abschneiden. In einer schweren Pfanne das Öl erhitzen und die Pilze kurz anbraten, bis sie hellbraun sind und beginnen, kein Wasser mehr zu ziehen. Mit Macis, Pfeffer und wenig Salz würzen, da der Speck salzig sein kann.

Speck und Knoblauch in die Pfanne geben, weitere 2–3 Minuten kurz anbraten, dann mit Wein ablöschen. Schnell aufkochen, dann die Hitze reduzieren, bis der Wein auf einen oder zwei Esslöffel Soße eingekocht ist. Petersilie hineinrühren und heiß oder lauwarm servieren.

Glacierte Karotten mit Majoran

FÜR 4 PERSONEN

500 g Karotten, in dünnen Scheiben

Salz und frisch gemahlener Pfeffer

60 g Butter

2 TL gehackter Majoran

Saft und gemahlene Schale einer halben Orange

Die Karotten in kochendem Salzwasser etwa 4–5 Minuten kochen, bis sie gerade zart sind. Die Butter schmelzen, die Karotten hineingeben, mit Pfeffer, Majoran, Orangensaft und -schale abschmecken. 1–2 Minuten kochen, dann servieren.

PASTA, REIS UND COUSCOUS

Ravioli mit Safran-Ricotta

FÜR 4–6 PERSONEN

½ TL Safranfäden

1 EL Milch

375 g Ricotta

gemahlene Schale einer unbehandelten Orange

2 Eier

Salz und frisch gemahlener Pfeffer

Muskat

500 g frische Pastablätter

125 g Butter

frische Salbeiblätter

2 Scheiben Schinken, in dünne Streifen geschnitten (nach Belieben)

Den Safran zerreiben und 20 Minuten in Milch einweichen. Mit der Orangenschale und einem Ei unter den Ricotta mischen. Salzen, pfeffern und mit etwas frisch geriebenem Muskat würzen. Das andere Ei mit 1 EL Wasser leicht aufschlagen. Pastablätter ausbreiten und mit einem Teigschneider in Kreise schneiden.

Den Rand jedes Pastakreises mit dem geschlagenen Ei leicht bestreichen. Einen Teelöffel Füllung in die Mitte jedes Kreises häufen und die eine Hälfte vorsichtig darüber schlagen, sodass Halbmonde entstehen. Die Ränder fest zusammenpressen. Mit dem übrigen Teig und der Füllung ebenso verfahren. Bis zum Kochen kühl stellen.

Einen großen Topf mit Salzwasser zum Kochen bringen, die Ravioli vorsichtig hineingleiten lassen, erneut aufkochen und 4–5 Minuten köcheln lassen, bis sie leicht aufgehen und an die Oberfläche steigen. Unterdessen die Butter schmelzen und mit einigen ganzen Salbeiblättern und nach Belieben mit Schinkenstreifen würzen. Die abgetropften Ravioli in der Butter schwenken und servieren.

Tagliatelle mit Meerrettich, Dill und geräucherter Forelle

FÜR 2 PERSONEN

250 g frische oder getrocknete Tagliatelle

15 g Butter

1 Zwiebel, fein geschnitten

2 Knoblauchzehen, zerdrückt

2 TL geriebener Meerrettich

1 EL Kapern, abgespült

100 ml Sahne

Salz und frisch gemahlener Pfeffer

2 EL Zitronensaft

80 g geräucherte Forelle, zerpflückt

2 EL gehackter Dill

Fertige Tagliatelle als Erstes aufsetzen. Für die Soße die Zwiebeln in der Butter glasig dünsten. Knoblauch hinzugeben und 1–2 weitere Minuten anbraten. Meerrettich, Kapern und Sahne hineinrühren. Würzen und die Soße langsam köcheln lassen.

Frische Pasta wird erst jetzt aufgesetzt. Während sie kocht, den Zitronensaft unter ständigem Rühren in die Soße geben, damit sie leicht eindickt. Die geräucherte Forelle dazugeben und heiß werden lassen. Ganz zum Schluss den Dill beigeben. Wenn die Pasta al dente gekocht ist, abtropfen lassen, in einer vorgewärmten Schüssel anrichten und die Soße darüber gießen.

Linguine mit Kräutern

Für dieses Gericht lohnt sich das Kochen nur mit wirklich frischen Kräutern und Olivenöl. Damit sie knackiger bleiben, hackt man die Kräuter am besten von Hand.

FÜR 4 PERSONEN

4 Zweige Basilikum

6 Stängel glatte Petersilie

3 Zweige Majoran

1 Zweig Rosmarin

1 kleiner Zweig Ysop

100 ml Olivenöl

Salz und frisch gemahlener Pfeffer

1 Schalotte, geschält und fein gehackt

3–4 EL frische Semmelbrösel

600 g frische oder 400 g getrocknete Linguine

Die Kräuterblätter abzupfen und sie mitsamt den dünneren Stängeln hacken. Darauf achten, dass die harten Rosmarin- und Ysopblätter sehr klein gehackt sind. Das Olivenöl bis auf 2 EL mit den Kräutern in eine große Servierschüssel geben und mit einer guten Prise aus der Pfeffermühle würzen.

Das übrige Öl erhitzen und die Zwiebel mit den Semmelbröseln darin bräunen, bis die Brösel kross sind. Die Linguine al dente kochen und gut abschütten. Die Pasta über die Öl-und-Kräutermischung häufen und mit Schalotten und Semmelbröseln bestreut servieren.

Laksa

Dieses malaysische Gericht mit Nudeln in einer würzigen Kokosmilchbrühe schmeckt sehr frisch. Kemiri-Nüsse sind harte, ölhaltige und etwas bittere Nüsse, die zum Andicken verwendet werden; Ersatz bieten die süßeren Macadamia-Nüsse. Kemiri-Nüsse und getrocknete Garnelen erhält man in Asienläden.

FÜR 6 PERSONEN

400 g frische Reisnudeln

2 Knoblauchzehen

3 Stängel Zitronengras, unterer heller Teil

5 cm Ingwer oder Galgant

3 rote Chilis, entkernt

8 Schalotten

5 Kemiri-Nüsse

2 TL frisches oder ½ TL gemahlenes Kurkuma

2 EL getrocknete Garnelen, in etwas Wasser eingeweicht

200 g Bohnenkeimlinge

3 EL Sonnenblumenöl

600 ml Fisch- oder Hühnerbrühe

600 ml Kokosmilch

400 g weißes Fischfilet, in 4 cm große Stücke geschnitten

300 g kleine Garnelen, gekocht und geschält

Salz

Saft einer Limette

2 Frühlingszwiebeln, fein geschnitten

1 EL gehackter Rau Ram oder Koriander

Die Nudeln in einem großen Topf mit ungesalzenem Wasser al dente kochen. Abseihen und gründlich unter kaltem Wasser abspülen.

Für die Gewürzpaste Knoblauch, Zitronengras, Ingwer, Chilis, Schalotten, frisches Kurkuma und Kemiri-Nüsse grob hacken. Mit den getrockneten Garnelen (und – falls verwendet – dem Kurkumapulver) pürieren. Wenn nötig, mit etwas Öl glatt rühren. Die Bohnensprossen eine Minute blanchieren, abseihen und abspülen – so bleiben sie knackig.

Das übrige Öl in einer großen Pfanne oder im Wok erhitzen. Die Gewürzpaste hineingeben und unter ständigem Rühren anbraten, bis sie aromatisch duftet und sich nach etwa 5 Minuten das Öl absondert. Den Fond zugießen, aufkochen und mit der Paste verrühren. Die Hitze reduzieren, die Kokosmilch zugießen, 2–3 Minuten köcheln lassen, dann den Fisch hineingeben und unter Rühren kurz gar ziehen lassen. Die Garnelen zugeben und mit Salz und Limettensaft abschmecken.

Schälchen richten, Nudeln und Bohnenkeimlinge darauf verteilen und etwas Brühe und Fisch darüber schöpfen. Mit Frühlingszwiebeln und Rau Ram garnieren.

Nudeln mit Rindfleisch und Brokkoli

FÜR 2 PERSONEN

300 g mageres Rumpsteak

3 EL Sojasoße

2 EL Reisessig

1 TL gehackter Knoblauch

1 TL gehackter Ingwer

1 TL Zucker

4 EL Sonnenblumenöl

250 g Eiernudeln

200 g kleine Brokkoli-Röschen

4 Frühlingszwiebeln, fein geschnitten

3 EL gehacktes Korianderkraut

1 EL geröstete Sesamsamen

Das Steak in dünne Streifen schneiden. Sojasoße, Essig, Knoblauch, Ingwer, Zucker und 2 EL Öl mischen und das Fleisch darin 30 Minuten marinieren.

Die Nudeln in reichlich ungesalzenem kochendem Wasser kochen, bis sie gerade weich sind. Abseihen und unter kaltem Wasser abspülen.

Einen Wok erhitzen, das übrige Öl hineingeben und ihn schwenken, damit Boden und Seitenwände eingeölt sind. Den Brokkoli 2 Minuten in der Pfanne rühren, die Nudeln hinzugeben und sie 2 Minuten wenden, dann das Fleisch mit der Marinade hinzufügen. Weitere 2 Minuten in der Pfanne rühren, dabei die Frühlingszwiebeln und den Koriander zufügen. In eine vorgewärmte Schüssel füllen und mit Sesamsamen bestreut servieren.

Reis mit Kräutern

Dies ist ein schönes Gericht – der Reis ist mit grünen Kräutern gesprenkelt, und die knusprige goldene Kruste am Pfannenboden ist eine köstliche Überraschung. Am besten sind für dieses iranische Gericht frische Kräuter, doch Sie können auch getrocknete verwenden: Rechnen sie auf 500 g Reis 15–20 g. Frische Kräuter müssen vollständig trocken sein, wenn sie in den Reis gemischt werden. Man trocknet sie vor dem Hacken am besten behutsam in einer Salatschleuder oder im Geschirrtuch.

FÜR 4–6 PERSONEN

500 g Basmati-Reis

Salz

100 g Butter oder 6 EL Sonnenblumenöl

3 EL Wasser

80 g Dill, fein gehackt

80 g Petersilie, fein gehackt

80 g Koriander, fein gehackt

80 g Schnittlauch, fein gehackt

Den Reis in einen großen Topf geben, mit kaltem Wasser übergießen, herumschwenken, dann abseihen und abspülen, bis das Wasser klar wird. Den Reis in den Topf zurückgeben und mindestens 2 Stunden (eher länger) in Salzwasser einweichen. Den Reis abseihen, dann auf 2,5 l Wasser 1 EL Salz hineingeben, aufkochen und den Reis unter Rühren hinzufügen, damit er nicht anklebt. Ohne Deckel 2–3 Minuten kochen. Danach prüfen, ob er außen weich und innen noch fest ist. Abseihen und mit lauwarmem Wasser abspülen. Die Hälfte der Butter oder des Öls mit 3 EL

Wasser möglichst in einen beschichteten, großen Topf geben. Wenn die Butter geschmolzen oder das Öl heiß ist, eine Schicht Reis hineingeben, dann ein Drittel der gemischten Kräuter. Entsprechend weiter verfahren, wobei jede Schicht etwas schmaler aufgetürmt wird als die vorige, sodass im Topf ein Kegel entsteht. Mit einer Reisschicht enden. Damit der Dampf entweichen kann, mit dem Kochlöffelstiel zwei oder drei Löcher durch den Kegel bis zum Topfboden bohren. Zum Schluss mit dem Rest Butter oder Öl begießen.

Den Topf mit einem Geschirrtuch und dem Deckel zudecken; die Tuchenden über dem Deckel verknoten, damit nichts ansengt. Den Reis 3–4 Minuten stark erhitzen, bis er dampft, dann bei schwacher Hitze 30 Minuten im Dampf garen. Das Tuch nimmt überschüssigen Dampf auf, und der Reis wird körnig. Solange Tuch und Deckel auf dem Topf bleiben, bewahrt der Reis für weitere 20–30 Minuten seine Temperatur. Zum Servieren den Reis mit einer hölzernen Gabel in eine vorgewärmte Schüssel heben. Die Kruste herauslösen und um den Reis anrichten.

Jambalaya

Louisiana ist für seine kräftig gewürzten Gumbos und Reisgerichte bekannt; für Jambalaya wird meist eine Mischung aus Meeresfrüchten und Fleisch verwendet.

FÜR 4 PERSONEN

2 EL Sonnenblumenöl

180 g Räucherspeck, gehackt

1 große Hühnerbrust ohne Haut, gewürfelt

1 Zwiebel, gehackt

2 Selleriestangen, klein geschnitten

1 grüne Peperoni, entkernt und gewürfelt

2 TL Cajun-Gewürz (*S. 294*)

3 große Tomaten, geschält und gehackt

4 EL gehackte Petersilie

600 ml Hühnerbrühe

Salz

¼ TL Cayennepfeffer

200 g Langkornreis

20 Riesengarnelen, gekocht und **geschält**

Das Öl in einer großen, schweren Pfanne erhitzen und Speck und Hühnerbrust 5–6 Minuten darin anbraten. Fleisch herausnehmen und die Zwiebeln, Sellerie und Peperoni hineingeben. Sobald sie zu bräunen beginnen, das Cajun-Gewürz hinzugeben und rühren, bis sich sein Aroma verteilt.

Das Fleisch wieder in die Pfanne geben, Tomaten, die Hälfte der Petersilie und die Brühe hinzufügen; mit etwas Salz und Cayenne würzen. Sobald die Flüssigkeit zu kochen beginnt, den Reis hineinrühren. Erneut aufkochen und bei reduzierter Hitze zugedeckt etwa 20 Minuten köcheln lassen, bis der Reis weich, aber körnig ist.

Die Garnelen mit einer Holzgabel in die Mischung geben und ohne Deckel 5 Minuten ziehen lassen, bis sie vollständig erhitzt sind. Abschmecken und die restliche Petersilie unterrühren.

Malabar-Pilaw

Dieser Pilaw stammt von den südwestlichen Hügeln Indiens, wo Gewürze im Überfluss wachsen. Er ist eine ausgezeichnete Beilage zu geschmortem Huhn oder Lamm oder zu einem Gemüse-Eintopf. Man trägt ihn mitsamt den Gewürzen auf, doch nur der Kümmel wird mitgegessen.

FÜR 4–6 PERSONEN

500 g Basmati-Reis

2 EL Sonnenblumenöl oder geklärte Butter

1 große Zwiebel, gehackt

8 grüne Kardamomsamen

1 Zimtstange

8 Nelken

1 TL Kreuzkümmel

12 schwarze Pfefferkörner

1 TL Salz

1–2 EL Sonnenblumenöl oder geschmolzene Butter (nach Belieben)

Den gewaschenen Reis abmessen, in kaltem Wasser waschen, abtropfen und so lange abbrausen, bis das Wasser klar ist; etwa 30 Minuten in kaltem Wasser einweichen. In einem Topf mit schwerem Boden Öl erhitzen und die Zwiebeln goldbraun anschmelzen. Die Kardamomsamen leicht zerdrücken, die

Zimtstange in drei Teile brechen. Alle Gewürze zu den Zwiebeln geben und etwa 30 Sekunden andünsten, bis die Gewürze etwas dunkel werden.

Den abgetropften Reis in den Topf geben. 2–3 Minuten unter Rühren anbraten, bis er glasig wird. Jeweils auf einen Teil Reis 1 ¼ Teile kochendes Wasser zugießen. Salzen und wieder aufkochen. Zugedeckt auf niederster Stufe 15 Minuten weiter köcheln lassen. Das Wasser wird aufgesaugt, und die Oberfläche des Reises bekommt unzählige winzige Dampflöcher. Wenn gewünscht, jetzt Öl oder Butter in den Reis geben. Eine Geschirrtuch über den Topf und dann den Deckel auflegen, die Tuchzipfel über dem Deckel verknoten. Den Topf weitere 5 Minuten auf dem Herd stehen lassen, dann die Hitze abschalten und weitere 5–10 Minuten dämpfen. In eine vorgewärmte Schüssel füllen und dabei etwas lockern.

Safran-Risotto

Dieser Risotto reicht als Hauptgang für 4 Personen, als Beilage zu einem Fleischgericht wie Osso buco für 6 Personen. Auf einen Teil Reis zwei Teile Flüssigkeit angießen.

FÜR 4–6 PERSONEN

Etwa 800 ml Hühner- oder Gemüsebrühe

½ TL Safranfäden, zu Pulver vermahlen

100 g Butter

2 Schalotten, fein gehackt

400 g Carnaroli- oder Arborio-Reis

1 Glas Weißwein (nach Belieben)

Salz und frisch gemahlener Pfeffer

2 EL frisch geriebener Parmesankäse

Die Brühe erhitzen und köcheln lassen. Den Safran in 3 EL heißer Brühe etwa 5 Minuten einweichen. Die Hälfte der Butter in einer schweren Pfanne erhitzen und die Schalotten darin anschmelzen. Den Reis zugeben und 2–3 Minuten umrühren, bis die Körner von Butter glänzen.

Den Wein oder eine Kelle voll Brühe angießen, mit dem Kochlöffel umrühren und warten, bis die Flüssigkeit aufgesogen ist. Eine weitere Kelle Brühe, die Safranflüssigkeit und Salz und Pfeffer hineinrühren. Wenn diese aufgesogen ist, eine weitere Kelle Brühe hineinrühren. So fortfahren, bis der Reis weich und cremig, aber immer noch körnig ist. Dies wird etwa 18–20 Minuten dauern. Den Topf von der Kochstelle nehmen und die übrige Butter mit dem Parmesan unterziehen.

Couscous mit sieben Gemüsen

Dieses traditionelle Gericht kann mit den verschiedensten Gemüsen zubereitet werden: Statt der unten angegebenen eignen sich auch Kürbis, Erbsen, Kartoffeln, Artischocken oder schlicht Gemüse der Saison.

FÜR 6 PERSONEN

3 EL Olivenöl

1 TL frisch gemahlener schwarzer Pfeffer

1 EL Paprika

1 EL Tabil (*S. 291*) oder gemahlener Kreuzkümmel und Koriander

2 Zwiebeln, grob gehackt

3 Tomaten, geschält und gehackt

60 g Kichererbsen, über Nacht eingeweicht,

oder ½ Dose Kichererbsen, abgetropft und abgespült

900 ml Wasser

2 Karotten, in dicke Stücke geschnitten

2 Zucchini, in dicke Stücke geschnitten

3 kleine weiße Speiserüben, geviertelt

200 g entschotete oder tiefgefrorene Dicke Bohnen

200 g Kohl, nur das Herz, in Stücke geschnitten

2 rote Gewürzpaprika, gewürfelt

1 Hand voll Korianderkraut, gehackt

Salz

300 g Couscous, schnellkochend

Harissa (*S. 299*)

Das Öl in einem großen Topf erhitzen, die Gewürze und die Zwiebel hineingeben und bei mittlerer Hitze 3–4 Minuten andünsten, dann die Tomaten zugeben und einige Minuten weiterdünsten.

Wenn Sie eingeweichte Kichererbsen verwenden, diese abtropfen lassen und mit ungesalzenem Wasser zu der Mischung geben. Aufkochen und zugedeckt etwa 40 Minuten kochen lassen. Dann die übrigen Gemüse, Koriander und Salz zugeben und weitere 20–30 Minuten kochen, bis alle Gemüse gar sind.

Kichererbsen aus der Dose kommen mit dem anderen Gemüse, mit Koriander und Salz in den Topf, anschließend das Wasser dazugießen, aufkochen und 20–30 Minuten bei schwacher Hitze garen.

Wenn der Gemüse-Eintopf fast fertig ist, das Couscous nach der Anweisung auf der Packung zubereiten. Zum Auftragen das Couscous in eine gewärmte Schüssel füllen, die Gemüse rundherum schichten und etwas Brühe darüber gießen. Eine Kelle voll Brühe zum Verdünnen der Harissa verwenden und den Rest in eine getrennte Schale schütten. Couscous mit der zusätzlichen Brühe und der Harissa servieren.

DESSERTS UND GETRÄNKE

Birnen mit Lorbeerblättern

FÜR 4 PERSONEN

4 harte Birnen ('Conférence')

1 Hand voll frischer Lorbeerblätter

2 EL Wasser

1 TL Zucker

12 zerstoßene schwarze Pfefferkörner

Den Ofen auf 90 °C vorheizen. Die Birnen sparsam schälen und die Stiele entfernen.

Die Lorbeerblätter leicht zerstoßen, damit sich ihr Aroma entfaltet.

Wasser, Zucker und die Hälfte der Blätter in eine schwere, ofenfeste Kasserolle geben, in welche die Birnen gerade hineinpassen. Die Birnen hineinlegen, die Pfefferkörner dazwischenstreuen und die restlichen Lorbeerblätter zwischen und über den Birnen verteilen.

Gut zugedeckt etwa 3 Stunden backen, bis die Birnen weich und fast durchsichtig sind. Heiß oder kalt servieren.

Gebackene Feigen mit Portwein und Zimt

Dies ist das richtige Rezept für nicht ganz reife Feigen. Die Gewürze kann man variieren: Ersetzen Sie etwa den Zimt durch die Samen von 4–5 Kardamomsamen oder 1 TL Lavendelblüten, den Portwein durch einen Muscat oder anderen Dessertwein, den Sirup durch Orangensaft mit etwas Zucker.

FÜR 6 PERSONEN

100 ml Wasser

60 g Zucker

6 EL Portwein

½ Zimtstange

12 Feigen

Den Ofen auf 200 °C vorheizen. Das Wasser mit dem Zucker in einem kleinen Kochtopf erhitzen, bis der Zucker aufgelöst ist, dann den Sirup 3–4 Minuten köcheln lassen.

In eine ofenfeste Form, die gerade eine Lage Feigen fasst, den Sirup gießen. Den Portwein dazugeben. Den Zimt in zwei Teile brechen. Die Feigen in die Form setzen und den Zimt dazwischenstecken.

Je nach Reife der Feigen 20–30 Minuten backen. Die Feigen auf einer Platte anrichten. Den Sud in eine kleine Kasserolle gießen, etwas reduzieren und dann über die Feigen gießen. Sofort oder erst nach dem Erkalten servieren. Feste Pfirsiche und Nektarinen lassen sich ebenfalls gut backen.

Zimtgebäck

FÜR ETWA 30 PLÄTZCHEN

300 g Weißmehl

2 TL gemahlener Zimt

1 TL Backpulver

150 g brauner Zucker

80 g Butter

1 Ei

60 g Sirup

abgezogene Mandeln oder Walnusshälften

Mehl, Zimt und Backpulver in eine große Schüssel sieben und den Zucker unterrühren. Die Butter in kleinen Flocken darüber geben und mit den Fingerspitzen in das Mehl kneten, bis es krümelig wird. Das Ei schaumig schlagen und mit dem Sirup verrühren.

In die Mitte der Mehlmischung eine Mulde drücken und das Ei mit dem Sirup hineingießen. Alles zu einem weichen Ball verkneten; sollte er zu zäh sein, 1 TL Milch zufügen. In Klarsichtfolie gewickelt 30 Minuten kühl stellen.

Den Ofen auf 180 °C vorheizen. Den Teig auf einem bemehlten Brett 5 mm dick ausrollen und mit einer Form 5 cm große Kreise ausstechen. In die Mitte jeweils eine Mandel oder Walnuss setzen. Auf einem Backblech etwa 12 Minuten backen. Danach sind die Plätzchen noch weich, sie werden aber beim Auskühlen auf einem Gitter härter.

Vanille-Eiscreme

FÜR 6 PERSONEN
450 ml Vollmilch
1 Vanilleschote, halbiert
4 Eigelb
150 g Feinzucker
150 ml Sahne

Die Milch mit der Vanilleschote in einem schweren Topf aufsetzen und langsam aufkochen. Beiseite gestellt 20 Minuten ziehen lassen. Die Vanilleschote herausnehmen und das Mark in die Flüssigkeit schaben.

Eigelb mit Zucker schaumig rühren, bis es dickflüssig und blassgelb ist. Die Flüssigkeit wieder langsam erhitzen und etwas davon mit dem Eigelb verrühren. Die Eiermischung in die Crème gießen und auf niedriger Stufe erhitzen. So lange rühren, bis die Masse dick genug ist, dass sie den Löffelrücken überzieht; das dauert einige Minuten. Nicht zum Kochen bringen. Den Topf vom Feuer ziehen und weiterrühren, bis die Masse fast kalt ist. Die leicht geschlagene Sahne unterziehen. In einer Eismaschine zu Eis verarbeiten.

VARIATIONEN

Kardamom-Eis
Die Vanilleschote durch 8 leicht zerdrückte Kardamomsamen ersetzen. 30 Minuten ziehen lassen, abseihen und wie oben fortfahren.

Zimt-Eis
Die Vanilleschoten durch 1 EL fein gemahlenen Zimt ersetzen. Die Flüssigkeit braucht nicht zu ziehen. Wie oben weiterarbeiten.

Lavendel-Eis
Die Vanilleschote durch 3 EL frische Lavendelblüten ersetzen. 1 Stunde ziehen lassen. Kurz vor dem Einrühren der Crème double 1 EL fein gehackte Lavendelblüten zugeben.

Kühler Ananasdrink mit Ingwer

FÜR 3–4 PERSONEN
60 g frischer Ingwer
1 große Ananas
Saft von 2 Zitronen und 2 Orangen
Zucker

Den Ingwer schälen und in kleine Stücke schneiden. Die Ananas schälen, Augen und Kern entfernen und in dünne Stücke schneiden. Ingwer und Ananas mit dem Zitrussaft mischen. Zucker nach Geschmack zufügen, etwa 125 g pro Liter Flüssigkeit. Im Mixer pürieren. Durchseihen, kühlen und, eventuell mit Wasser verdünnt, servieren.

Sol Kadhi

An der tropischen Malabarküste Indiens wird dieses Erfrischungsgetränk oft am Ende einer Mahlzeit gereicht. Es kann auch zu Reis und gebratenem Fisch serviert werden.

FÜR 4–6 PERSONEN
15 Stücke Kokum
5–6 EL warmes Wasser
2 Knoblauchzehen, zerstoßen
2 grüne Chilis, gehackt
600 ml Kokosmilch
Salz
2 EL gehacktes Korianderkraut

Die Kokum 10–15 Minuten in warmem Wasser einweichen; das Wasser sollte sich rosa färben und leicht sauer schmecken; andernfalls länger einweichen.

Unterdessen die Chilis mit dem Knoblauch im Mörser oder Mixer vermahlen. Die Kokum-Flüssigkeit in die Kokosmilch abseihen, die Knoblauch-Chili-Paste unterrühren, nach Belieben salzen und den Koriander zugeben. Vor dem Servieren kühlen und gut durchrühren.

Mojito

Ein in Kuba beliebter erfrischender Longdrink.

heller Rum
Limettensaft
Feinzucker
frische Pfefferminz-Stängel

Für jedes Glas eine gleiche Menge Rum und Saft mit Zucker mischen. Gut mixen und 2 Pfefferminz-Triebe mit den zerdrückten Stängeln sowie Eiswürfel hinzugeben; mit Wasser auffüllen.

LITERATURVERZEICHNIS

Andrews, Jean
Red Hot Peppers
New York, Macmillan, 1993
Peppers: the Domesticated Capsicums
Austin, Univ. of Texas Press, 1984

Arndt, Alice
Seasoning Savvy
New York, Haworth Press, 1999

Bayless, Rick
Authentic Mexican Cooking
London, Headline, 1989

Bharadwaj, Monisha
*Die indische Küche. Symphonie
der Gewürze, Düfte und Aromen.
Mit 200 Originalrezepten*
München, Collection Rolf Heyne,
2000

Boulestin, Marcel & Jason Hill
Herbs, Salads and Seasonings
London, Heinemann, 1930

Boxer, Arabella
The Herb Book
San Diego, Thunder Bay Press, 1996

Braudel, Fernand
*Das Mittelmeer und die mediterrane
Welt in der Epoche Philipps II.*
Frankfurt, Suhrkamp, 1990

Bremness, Leslie
*Das große Buch der Kräuter. Ein prak-
tischer Führer für den Anbau, die Pflege
und Verwendung von Kräutern*
Aarau, Aarau Verlag, 2000

Brennan, Jennifer
Thai Cooking
London, Jill Norman
& Hobhouse, 1981

Brierley, Joanna Hall
*Spices: The Story of Indonesia's
Spice Trade*
Kuala Lumpur, Oxford Univ. Press, 1994

Capus, G. & D. Bois
Les Produits Coloniaux
Paris, Armand Colin, 1912

Choi, Trieu Thi & Marcel Isaak
The Food of Vietnam
Hong Kong, Periplus, 1997

Clair, Colin
Of Herbs & Spices
London, Abelard-Schuman, 1961

Clébert, Jean-Paul
Le Livre de l'Ail
Paris, Barthélemy, 1987

Corn, Charles
The Scents of Eden
New York, Kodansha, 1999

Cost, Bruce
Asian Ingredients
London, Ebury Press, 1990
Ginger East to West: a Cook's Tour
Los Angeles, Aris, 1984

Dalby, Andrew
Dangerous Tastes: The Story of Spices
London, British Museum Press, 2000

David, Elizabeth
*Dried Herbs, Aromatics
and Condiments*
London, the author, 1967
*Spices, Salt and Aromatics
in the English Kitchen*
London, Penguin Books, 1970

De Jordan, Nelly
Nuestras Comidas
Cochabamba, the author, 1990

Delaveau, Pierre
*Les Epices: Histoire,
Description et Usage*
Paris, Albin Michel, 1987

DeWitt, Dave & Nancy Gerlach
The Whole Chile Pepper Book
Boston, Little Brown, 1990

Dunlop, Fuchsia
Sichuan Cookery
London, Michael Joseph, 2001

E(velyn), J(ohn). Acetaria
A Discourse of Sallets
London, B. Tooke, 1699; (facsimile
with index and glossary), Totnes,
Prospect Books, 1994

Farrell, Kenneth T.
Spices, Condiments, and Seasonings
Gaithersburg MD, Aspen, 1999

Gilbertie, Sal
Kitchen Herbs
New York, Bantam, 1988

Goldstein, Darra
The Georgian Feast
New York, Harper Collins, 1993

Grieve, M.
A Modern Herbal
London, Cape, 1974
(on-line at www.botany.com)
Culinary Herbs and Condiments
New York, Dover, 1971

Grigson, Sophie
Herbs
London, BBC Worldwide, 1999

Guinaudeau, Z.
Fes Vue par sa Cuisine
Oudaia, J. E. Laurent, 1966

Halıcı, Nevin
Turkish Cookbook
London, Dorling Kindersley, 1989

Harris, Jessica B.
The Africa Cookbook
New York, Simon & Schuster, 1998

Heal, Carolyn & Michael Allsop
Cooking with Spices
Newton Abbot, David & Charles, 1983

Hemphill, Ian
*Spice Notes: A Cook's Compendium
of Herbs and Spices*
Sydney, Macmillan, 2000

Hemphill, Rosemary
Herbs and Spices
Harmondsworth, Penguin Books, 1966
Herbs for all Seasons
London, Angus & Robertson, 1972

Holt, Geraldene
A Taste of Herbs
London, Conran Octopus, 1991

Hom, Ken
Asian Ingredients: A Guide with Recipes
Berkeley CA, Ten Speed Press, 1996

Hosking, Richard
*A Dictionary of Japanese Food,
Ingredients & Culture*
Rutland VT, Tuttle, 1996

Humphries, John
The Essential Saffron Companion
London, Grub Street, 1996

Hutson, Lucinda
The Herb Garden Cookbook
Houston TX, Gulf, 1992

Hutton, Wendy
Tropical Herbs & Spices
Hong Kong, Periplus, 1998

Jacquat, Christiane
Plants From the Markets of Thailand
Bangkok, Duang Kamol, 1990

Jump, Meg
Cooking with Chillies
London, The Bodley Head, 1989

Kennedy, Diana
The Art of Mexican Cooking
New York, Bantam, 1989

Khawam, René R.
La Cuisine Arabe
Paris, Albin Michel, 1970

Kouki, Mohamed
La Cuisine Tunisienne
Tunis, the author, 1967

Kowalchik, Claire & Wm H. Hylton (ed.s)
Rodale's Illustrated Encyclopedia of Herbs
Emmaus PA, Rodale, 1987

Lancellotti, Angelo.
Le Erbe Aromatiche in Cucina
Lodi, Bibl. Culinaria, 2001

Landry, Robert
Les Soleils de la Cuisine
Paris, Robert Laffont, 1967

Larkcom, Joy
Oriental Vegetables
London, John Murray, 1991

Loewenfeld, Claire & Philippa Back
The Complete Book of Herbs and Spices
Newton Abbot, David & Charles, 1978

Manfield, Christine
Spice
Ringwood Vict., Viking, 1999

Miller, J. Innes
The Spice Trade of the Roman Empire
Oxford, Univ. Press, 1969

Miller, Mark
The Great Chile Book
Berkeley CA, Ten Speed Press, 1991

Milton, Giles
Muskatnuss und Musketen.
Der Kampf um das Gold Ostindiens
Reinbek bei Hamburg, Rowohlt, 2002

Misia-Peta
Nueva Cocina Peruana
Lima, Mercurio, 1997

Norman, Jill
Aromatic Herbs
London, Dorling Kindersley 1989
Salad Herbs
London, Dorling Kindersley, 1989
Spices: Roots & Fruits
London, Dorling Kindersley, 1989
Spices: Seeds & Barks
London, Dorling Kindersley, 1990
Das große Buch der Gewürze
Aarau, Aarau Verlag, 1998
The Classic Herb Cookbook
London, Dorling Kindersley, 1997
Cooking with Spices
London, Dorling Kindersley, 1998

Ortiz, Elisabeth Lambert
The Complete Book of Caribbean Cooking
New York, M. Evans, 1973

Owen, Sri
Indonesian Food and Cookery
London, Prospect Books, 1986

Page, Mary & Wm T. Stearn
Culinary Herbs (3rd ed.)
London, RHS, 1992

Panjabi, Camellia
50 Great Curries of India
London, Kyle Cathie, 1994

Parry, J. W.
The Spice Handbook: Spices,
Aromatic Seeds and Herbs
Brooklyn NY, Chemical Publ. Co., 1945

Pham, Mai
Pleasures of the Vietnamese Table
New York, Harper Collins, 2001

Phillips, Roger & Martyn Rix
Herbs for Cooking
London, Pan, 1998

Pruthi, J. S.
Spices and Condiments
New Delhi, National Book Trust, 1979

Pursglove, J. W. (and others)
Spices (two volumes)
Harlow, Longman Scientific, 1981

Raichlen, Steven
The Caribbean Pantry Cookbook
New York, Artisan, 1995

Rocha, Rui
A Viagem dos Sabores: A Voyage
around Tastes
Lisbon, Inapa, 1998

Roden, Claudia
A New Book of Middle Eastern Food
London, Viking, 1985
The Book of Jewish Food
London, Viking, 1997

Rohde, Eleanour Sinclair
Culinary and Salad Herbs
London, Country Life, 1940
Herbs and Herb Gardening
London, Medici Society, 1936

Rosengarten, Frederic
The Book of Spices
New York, Livingston, 1969

Sahni, Julie
Das große indische Kochbuch
München, Heyne, 1986

Schlesinger, Chris & John Willoughby
Salsa, Sambals, Chutneys & Chowchows
New York, Wm Morrow, 1993

Schönfeld, Sybil & Ute Lundberg
Paprika: Gewürz und Gemüse
Füssen, Teubner, 1993

Scotto, Elisabeth
La Cuisine des Parfums
Paris, Ed. du Chêne, 1996

Shaida, Margaret
The Legendary Cuisine of Persia
Henley-on-Thames, Lieuse, 1992

Siewek, Fred
Exotische Gewürze
Basel, Birkhäuser, 1990

Singh, V. S. & Kirti
Spices
New Delhi, New Age, 1996

Small, Ernest
Culinary Herbs
Ottawa, NRC Research Press, 1997

Solomon, Charmaine
Encyclopedia of Asian Food
Port Melbourne, Wm Heinemann, 1996

Stella, Alain
The Book of Spices
Paris, Flammarion, 1999

Stobart, Tom
Herbs, Spices and Flavourings
London, David & Charles, 1970

Teubner, Schönfeldt, Gerhardt, Rühlemann
Kräuter und Knoblauch
Füssen, Teubner, 1993

Tidbury, G. E.
The Clove Tree
London, Crosby Lockwood, 1949

Traunfeld, Jerry
The Herbfarm Cookbook
New York, Scribner, 2000

Tropp, Barbara
The Modern Art of Chinese Cooking
New York, Wm Morrow, 1982

Tsuji, Shizuo
Japanese Cooking - a Simple Art
Tokyo, Kodansha, 1980

Tucker, Arthur O. & Thomas Debaggio
The Big Book of Herbs
Loveland CO, Interweave Press, 2000

Uhl, Susheela R.
Spices, Seasonings, & Flavorings
Lancaster PA, Technomic, 2000

Vilmorin-Andrieu & Cie
Les Plantes Potagères: Description
et Culture des Principaux Légumes
des Climats Tempérés
Paris, Vilmorin-Andrieux, 1925

Walter, Eugene
Hints & Pinches
Atlanta GA, Longstreet, 1991

Waters, Alice
Chez Panisse Vegetables
New York, Harper Collins, 1996

Wolfert, Paula
The Cooking of the Eastern Mediterranean
New York, Harper Collins, 1994
Moroccan Cuisine
London, Grub Street, 1998

Dumont's Große Kräuterenzyklopädie.
Infos zu mehr als 1000 Wildkräutern und
Züchtungen aus der ganzen Welt
Köln, DuMont, 2001

BEZUGSQUELLEN

Kräuter und Gewürzpflanzen gehören zum Angebot jeder Staudengärtnerei. Die folgenden Betriebe führen Arten und Sorten, die über das gängige Sortiment hinausreichen.

Artemisia
Hopfen 29
88167 Stiefenhofen im Allgäu
Tel. 08386-96 05 10
Fax 08386-96 15 20
www.artemisia.de

Baumschulen, Staudengärtnerei Hansuli Friedrich
CH-8476 Stammheim
Tel. 0041-52-744 00 44
Fax 0041-52-744 00 45

Biologische Gärtnerei Wiedemann
Ditzenbacher Straße 22
73312 Geislingen-Aufhausen
Tel. 07334-55 82

Blauetikett Bornträger GmbH
Arznei- und Gewürzpflanzen
Postfach 100
67591 Offstein
Tel. 06243-90 53 27

Botanische Raritäten, Bernd Wetzel
Kohlfurther Straße 141
42349 Wuppertal
Tel. 0202-47 04 43
Fax 0202-478 01 19

Dreschflegel GbR
In der Aue 31
37213 Witzenhausen
Tel. 05542-50 27 44
Fax 05542-50 27 58
www.dreschflegel-saatgut.de

Eric Schweizer Samen AG
Postfach150
CH-3602 Thun
0041-33-277 57 57
www.schweizerseeds.ch

Exotische Kübelpflanzen, G. Koitsch
Arheilger Straße 16
64390 Erzhausen
Tel. 06150-61 47
Fax 06150-823 29

Exotische Sämereien, Albert Schenkel GmbH
Postfach 1304
22872 Wedel
Tel. 04103-60 10 88
Fax 04103-60 10 89

Exotische Sämereien
Postfach 1348
72003 Tübingen
Fax 07071-731 41

Exotische Zier- und Gemüsepflanzen, Rose Willner
Blumenstraße 22
68775 Ketsch
Tel. 06202-611 46

Flora Mediterranea, Christoph und Maria Köchel
Königsgütler 5
84072 Au in der Hallertau
Tel. 08752-12 38
Fax 08752-99 30
www.flora-mediterranea.de

Friesland Staudenkulturen, Uwe Knöpnadel
Husumer Weg 16
26441 Jever-Rahrdum
Tel. 04461-37 63

Fuchsienkulturen, Rudolf und Klara Baum
Scheffelrain 1
71229 Leonberg
Tel. 07152-275 58
Fax 07152-289 65

Gartenbau H. & H. Wagner
Gutendorf 36
A-8353 Karpfenstein
Tel. 0043-3157-23 85
Fax 0043-3157-26 07

Gartengestaltung und Imkerei, Bernhard Jaesch
Allerfeldstraße 9
31832 Springe
Tel. 05045-83 83
Fax 05045-81 04
www.immengarten-jaesch.de

Hans Niedermeyer, Dipl.-Ing.(FH) und Monika Schell
Afham 6
94496 Ortenburg
Tel. + Fax: 08542-31 75
Internet: www.blumenhof-stauden.de

Hochheimer Staudengarten, Gudrun Müller
Nordenstädter Straße 90
65239 Hochheim am Main
Tel. 06146-24 66

Hof Berggarten GbR
Lindenweg 17
79737 Herrischried
Tel. 07764-239
Fax 07764-215
www.hof-berggarten.de

indu-Versand
Turmstraße 7
35085 Ebsdorfergrund
Tel. 06424-39 98
Fax 06424-49 40
www.indu-versand.de

Jekka's Herb Farm
Rose Cottage
Shellards Lane
Alveston
GB-Bristol BS35 3SY
Tel. 0044-1454-418 878
E-Mail für Versandkatalog und Informationen: farm@jekkasherbfarm.com

Kräuterzauber, Daniel Rühlemann
Auf dem Berg
27367 Stuckenborstel
Tel. 04262-22 84
www.ruehlemanns.de

Kübelgarten, Helga Mittmann
Kregenweg 2
48499 Salzbergen
Tel. 05976-10 64
Fax 05976-10 65
www.kuebelgarten.de

Küchengarten, Reinhold Krämer
Postfach 1511
73505 Schwäbisch Gmünd
Tel. 07171-694 17
www.mentha.de

Marlies Palatini
Tetendorfer Straße 18
29613 Soltau
Tel. und Fax 05191-185 99
www.querbeet-soltau.de

Otzberg-Kräuter, Burghart Koch
Neuweg 11
64853 Otzberg-Lengfeld
Tel. + Fax 06162-721 53

Sarastro-Stauden, Christian H. Kress
A-4974 Ort im Innkreis Nr. 131
Tel. 0043-664-26 10 362
sarastro.chr.kress@direkt.at

Staudengärtnerei Gaissmayer
Jungviehweide 3
89257 Illertissen
www.gaissmayer.de

Staudengärtnerei Schöllkopf
Postfach 7137
72735 Reutlingen
Tel. 07121-549 71
Fax 07121-58 09 12

Staudenkulturen Georg Arends
Monschaustraße 76
42369 Wuppertal
Tel. 0202-46 46 10
Fax 0202-46 49 57
www.arends.de

Staudenkulturen Helmut Stade
Beckenstrang 24
46325 Borken-Marbeck
Tel. 02861-26 04
www.stauden-stade.de

**Südflora Baumschulen,
Peter Klock**
Stutsmoor 42
22607 Hamburg
Tel. 040-89 16 39
Fax 040-890 11 70

Syringa Samen, B. Dittrich
Bachstraße 7
78245 Hilzingen-Binningen
Tel. 07739-14 52
Fax 07739-677
www.syringa-samen.de

**Tausendschön, Ingeborg Lichtnau
und Karin Öchslen**
Hauptstraße 9
74541 Vellberg-Großaltdorf
Tel. 07907-89 79
Fax 07907-23 86

**Tropen Express, Pflanzenimport,
Gudrun Steininger**
Dr.-Winkelhofer-Straße 22
94036 Passau
Tel. 0851-818 31
Fax 0851-876 87

**Versuchs- und Sortimentsgärtnerei
Werner Simon**
Staudenweg 2
97828 Marktheidenfeld
Tel. 09391-35 16
info@gaertnerei-simon.de

Weinland Stauden, Hans Frei
Breitestraße 5
CH-8465 Wildensbuch
Tel. 0041-52-319 12 30
Fax 0041-52-319 10 15
frei.weinlandstauden@bluewin.de

Kräutergärten

**Apothekergarten im
Botanischen Garten**
Dr.-Ziegenspeck-Weg 10
86161 Augsburg

**Aromagarten der Universität
Erlangen-Nürnberg**
Palmsanlage
91054 Erlangen
Tel. 09131-852 82 12

**Botanischer Garten für
Arznei- und Gewürz-
pflanzen**
Ökologische Stadtgüter Leipzig
Störmthaler Weg 2
04463 Großpösna
Tel. 034297-412 49

**Botanischer Garten der
Universität Innsbruck**
Alpengarten Patscherkofel
Institut für Botanik
Sternwartestraße 15
A-6020 Innsbruck
Tel. 0512-507 59 10
www.bot-garden.uibk.ac.at/
index.html

**Botanischer Garten der Universität
Tübingen**
Auf der Morgenstelle
72076 Tübingen

Gift- und Heilkräutergarten
Teufelsseechaussee 22
14193 Berlin

Heilkräutergarten Eberbach
In der Au
69412 Eberbach

Kaisersbacher Kräuterterrassen
Gartenstraße 9 a
73667 Kaisersbach

Kloster-Kräutergarten
88709 Meersburg

Kloster-Kräutergarten
beim ehemaligen Kloster am Münster
St. Maria und Markus
78479 Insel Reichenau

**Kräutergarten am Benediktinerstift
Admont**
Admont 1
A-8911 Admont
Tel. 0043-36 13-23 12-601
kultur@stiftadmont.at
www.stiftadmont.at

KräuterPark
Am Pfeifenkopf 9
24601 Stolpe
Tel. 0326-28930-0 (Fax -1)
www.re-natur.de
Kräutergarten, -fachgeschäft, -museum

Kräuterfarm Paracelsus
57567 Daaden

**Kytta-Heilpflanzengarten bei Alpirs-
bach**
(zwischen Schenkelzell und Schiltach an
der B 294)
72275 Alpirsbach
Info Susanne Eiche: Tel. 06151-85 62 44
Fax 06151-85 62 20

**Staudensichtungsgarten der
Fachhochschule Weihenstephan**
Lange Point
85354 Freising-Weihenstephan

Stiftung Kloster Michaelstein
Michaelstein 3
38889 Blankenburg
Tel. 03944-90 300
Fax 03944-90 30 30/40

**Thüringer Kräutergarten e.V.
Bad Hundertpfund**
98701 Großbreitenbach
Tel. 036781-380 36

Gewürzangebote
im Internet

www.der-kraeutershop.de
www.indu-versand.de
www.teeshop.de
www.ruehlemanns.de

Gewürzmuseum

Gewürzmuseum GmbH
Am Sandtorkai 32, 20457 Hamburg
Tel. 040-36 79 89, Fax 040-36 92
www.spicys.de

Interessante Internet-
Seiten zu Kräutern
und Gewürzen

www.allrecipes.com
www.chili-peppers.de
www.fuchs-gewuerze.de
www.kraeuter-almanach.de

REGISTER

Rezepte und Zubereitungen

Fettgedruckte Seitenzahlen beziehen sich auf Abbildungen

DANK

Dank der Autorin

An erster Stelle danke ich meinem Mann, Paul Bareman. Er half mir nicht nur bei der Recherche und fertigte das Register an, er sprach mir auch stets Mut zu.

Viele Freunde versorgten mich großzügig mit Informationen oder Anschauungsmaterial aus ihrem eigenen Umfeld oder Arbeitsgebiet. Ich danke hierfür Lynda Brown, Vic Cherikoff, Nevin Halıcı, Ian Hemphill, Richard Hosking, Philip Iddison, Aglaia Kremezi, Myung Sook Lee, Maricel Presilla, Diny Schouten, Maria José Sevilla, Margaret Shaida, David Thompson, Yong Suk Willendrup, Paula Wolfert und Sami Zubaida.

William Penzey vom Spice House in Milwaukee ließ mir unzählige Gewürze und Informationen zukommen. Dr. P.S.S. Thampi vom Spices Board of India stellte hilfreiche Kontakte in Kerala her. Summa Navaratnam und N.M. Wickramasinghe beantworteten mir Fragen zur Produktion von Zimt, Patricia Raymond von Aust & Hachmann zu der von Vanille, die Handelsmissionen Ungarns und Spaniens zu Paprika und Pimentón. Sarah Wain von den West Dean Gardens führte mich durch ihre eindrucksvolle Sammlung von Chilis. Kevin Bateman von MSK besorgte Exemplare von Kashmir-Safran und Bourbon-Vanille. Chris Seagon von der Laurel Herb Farm besorgte Kräuter. Jason Stemm übersandte mir Statistiken der American Spice Trade Association, A.C. Whitely von der Royal Horticultural Society und Dr. Mark Nesbitt von den Royal Botanic Gardens in Kew halfen mir, Golpar zu identifizieren.

Bei Dorling Kindersley konzipierte Mary-Clare Jerram als Lektorin mit ihrem Grafik-Team unter Carole Ash ein begeisterndes und ehrgeiziges Buch. Gillian Roberts erwies sich als vorbildlicher Verlagsleiter. Frank Ritter und Hugh Thompson redigierten das Buch mit Sorgfalt und konstruktiven Ideen. Toni Kay und Sara Robin sorgten für eine schöne, fantasievolle grafische Gestaltung und Dave King machte von allen Kräutern und Gewürzen lebendige, informative Fotos. Ihnen allen gilt mein Dank.

Dank des Verlags

Dorling Kindersley möchte Marghie Gianni und Jo Gray für ihre Mithilfe bei der grafischen Gestaltung danken, Sarah Duncan für die Bildbeschaffung, Jo Harris für Recherche, Nancy Campbell für Recherche und Motivsuche für die Fotos, Jim Arbury für seine bildschöne Petersilienwurzel, Patty Penzey von The Spice House, Debbie Yakeley von Richters in Ontario, schließlich all jenen, die es uns in Florida ermöglichten, viele frische Kräuter und Gewürzpaprika zu fotografieren, als sie in England nicht zu bekommen waren – Linda Cunningham in Jacksonville und Maggie von Maggie's Herb Farm, Della und Tim Baldwin von Palm Valley Peppers und Paul Figura.

Bildnachweis

Wir danken folgenden Personen und Institutionen für die freundliche Abdruckgenehmigung ihrer Fotos.

o = oben, u = unten, M = Mitte; l = links, r = rechts

Photoarchiv Anthony Blake: Sue Atkinson 79 ur; Martin Brigdale 205r; Graham Kirk 226; Andrew Pini 79 ul.

Jacques Boulay: 157ur; 192-193.

Corbis: Jonathan Blair 46ul; Chris Bland 47ol; Michael Busselle 79 or; Dean Conger 204u; 205ul; Ric Ergenbright 192ul; Owen Franken 78b, 157or, 248ol, 249ol, 249 or; Michael Freeman 156–157u; Lindsay Hebberd 248–249; Chris Hellier 47or, 156ul; Dave G. Houser 226Ml; Earl und Nazima Kowall 193ol; Gail Mooney 227ol; Caroline Penn 193or; Kevin Schafer 156o.

Flowerphotos: Barbara Gray 204ol.

Garden Picture Library: David Cavagnaro 78-79; Brigitte Thomas 157ol; Michel Viard 227or, 227ur, 248or.

Oxford Scientific Films: Deni Bown 205ol; Alain Christof 46–47; Bob Gibbons 227ul; TC Nature 249ur.

Alle übrigen Bilder © Dorling Kindersley

Das Dorling Kindersley Bildarchiv umfasst über 2,5 Millionen Bilder, u.a. zu den Bereichen Reise, Nahrungsmittel und Getränke. Weitere Informationen erhalten Sie unter www.dkimages.com